弁護士業務にまつわる税法の落とし穴

三訂版

大阪弁護士会・友新会　編

大阪弁護士協同組合　発行

本書刊行にあたって

このたび「三訂版　弁護士業務にまつわる税法の落とし穴」を、大阪弁護士協同組合から発行させていただくことになりました。

本書の初版は、大阪弁護士会の会派の一つである友新会において創立一〇〇周年記念事業として行われました「税法講座」の講演録を基に、平成一五年三月に組合員皆様の業務に役立つ書籍として当協同組合より発行させていただきました。その後、平成一九年三月初版の改訂として新版を発行させていただきました。初版・新版とも弁護士の方々はもとより会計・税務の専門職の方々からも好評をいただきました。新版発行より約七年が経過し、その間重要な法令等の改正や新たな判例が出されるなどの動きがありました。そのため、新版の改訂を求める声が多く聞かれるようになっておりました。

このような声を受け、当協同組合から、友新会及び執筆者の先生方に改訂版の編集・執筆をお願いしましたところ、快く引き受けていただき本書出版の運びとなりました。

本書が、初版・新版と同様に皆様方の業務にお役に立つことを切に願うものです。

最後に、本書発行にご尽力ご協力いただいた方々に御礼申し上げ、ご挨拶とさせていただきます。

平成二六年一二月

大阪弁護士協同組合　理事長　冨島　智雄

三訂版発刊のご挨拶

このたび、「弁護士業務にまつわる税法の落とし穴」が、新版発行後の法改正等を踏まえ、三訂版として発刊される運びとなりました。

改訂作業にあたられた先生方、出版にご尽力いただいた大阪弁護士協同組合をはじめ関係者の皆さまに深く感謝申し上げます。

本書は、大阪弁護士会友新会の創立百周年記念事業として実施された税法連続講座から生まれたものです。現在創立百十五年目になった友新会と致しましても、この発刊を大いに喜びたいと思います。

ともすれば「難解」と敬遠されがちな税法を、できる限りわかりやすく、かみくだいて解説するという税法連続講座の精神は、本書にもそのまま受け継がれています。税法を学ぶことの重要性は今後さらに増すことと思われますが、その中にあって、本書が格好の税法入門書として、引き続き皆さま方のお役に立つことを願っております。

平成二六年一二月

大阪弁護士会・友新会　幹事長　増市　徹

三訂版の発刊にあたって

水野　武夫

本書の発行の基となった友新会創立百周年記念の税法研修会が行われたのは、平成一一年九月から翌年二月までである。その成果を踏まえて、本書が出版されたのは平成一五年三月であった。幸いにして好評を得て増刷を重ね、平成一九年三月には「新版」が出版された。

本書はこれで絶版だろうと考えていたところ、再度、新しい版を出版したいという要請を受けた。出版から一一年、新版からも七年を経過している現在、さらに版を重ねることにはいささか躊躇するところもあったが、大阪弁護士協同組合の強いお勧めもあり、三訂版を出版することとした。

この間、国税通則法の改正等、重要法令の改正もあり、これを取り容れて改訂することにも意味があるし、また、本書で取り上げた各判例は古いものも多いが、税法の論点を学ぶには必要不可欠なものと考えたからである。その趣旨に心よく賛同され短い期間に改訂作業をして頂いた各執筆者に心より感謝申し上げる。

司法試験の選択科目に税法が入ったことからも明らかなように、弁護士業務において、税法の重要性はますます強まっている。最新の情報をもとに新装なった本書が、弁護士や税理士などの関係者、とりわけ若手の方々に、取り付き易い税法入門書としてお役に立つことを願っている。

平成二六年一二月

発刊のご挨拶

大阪弁護士協同組合　理事長　　南川　和茂

本書の元となりました「税法講座」は、大阪弁護士会の会派の一つである友新会の創立一〇〇周年記念事業の一つとして取り行われました。

一〇回シリーズのロングランの講座にもかかわらず、大変好評で、単行本としての発行が期待されていましたが、諸般の事情により今まで発行できずにいました。

当時、友新会の幹事長であった私にとっては、大成功に終わった様々な一〇〇周年事業の中で、唯一心残りで、画竜点睛を欠く思いでした。

今般、友新会企画調査委員会を中心に、友新会やご講演頂いた諸先生方のご協力を得て、また、その後の改正を踏まえて、講演録に大幅に筆を入れて頂けることになり、大阪弁護士協同組合から単行本として発行させて頂くこととなりました。

大阪弁護士協同組合では、「弁護士の業務にすぐ役立つ」をモットーに、出版事業には特に力を注いでおりますが、弁護士向けの税法に関するわかり易い解説書がほとんどない中で、友新会の貴重な「税法講座」の講演録資料を基に、単行本の形で『弁護士業務にまつわる税法の落とし穴』として発行させて頂けることは、協同組合の本旨にかなうものと考えております。

もとより、税法は弁護士業務にとりまして必須でありながら、難解で食いつきにくく、苦手とする弁護士も多いのも実情です。

本書は、文字通り弁護士業務にまつわる税法の落とし穴を分かりやすく解説した本となっています。特に若手弁護士の皆様が、税法の落とし穴に陥り、トラブルに巻き込まれることのないよう、本書をご活用頂きたく存じます。

本書が弁護士業務に大きく寄与することを切望するとともに、この上梓によって、友新会創立一〇〇周年の記念事業の有終の美を飾ることができることを大変喜ばしく思います。

最後に、本書の発行にご尽力頂いた友新会藪野幹事長をはじめ友新会の方々、ご執筆いただいた諸先生方、清文社の皆様に心からお礼申し上げて、ご挨拶とさせて頂きます。

平成一五年三月

ご挨拶

大阪弁護士会・友新会　幹事長

藪野　恒明

友新会は、明治三二年四月、当時未だ弁護士の社会的地位・評価が十分確立されていない状況の中で、相互に助け合って品位を高めて世間の信用を獲得し、新しい弁護士像をつくろうという意気に燃えた大阪の若手弁護士達によって結成されました。友新会という名称は、「新人を友とする」との意味を込めて名付けられたものです。以来、友新会は、一〇〇年余に亘って連綿と歴史を刻み、親睦団体としての性格を基本にしながらも、会内に企画調査委員会・研究委員会・講演委員会・広報委員会等の様々な委員会を設け、大阪弁護士会の諸会派の一つとして、その活動を支えてきました。

友新会は、平成一二年に創立一〇〇周年を迎え、様々な記念事業が行われましたが、「税法がわかる分かる」と銘打って開催された税法講座もその一つです。税務事件の各テーマごとに、第一線に立って活躍される実務法曹を講師に迎えて一〇回の連続講座が開催されました。

今般、この税法講座が、その後の税法の改正等を取り入れて改訂補充され、単行本として大阪弁護士協同組合から発行される運びとなりました。友新会は、創立八〇周年の際にも税法の講座を開催し、単行本『法律実務と租税法』（第一法規）を刊行して好評を得ましたが、今回の税法講座も同様に単行本として発行され、講座を受講した人だけでなく、より広い範囲の方々の学習・執務の参考に供せられることは、大変喜ばしいことであります。

本書の刊行にご尽力いただいた講師の方々、友新会企画調査委員会の方々、大阪弁護士協同組合の方々、清文社の方々に深く感謝申し上げると共に、本書が広く税務事件その他の法律実務の処理に活用されることを祈念して、ご挨拶とさせていただきます。

平成一五年三月

発刊に当たって

水野　武夫

税法も法なり、然れども法の専門家たる弁護士は税法を知らず。これは、昔からの定説である。税法のことは税理士に任せるというのが、今でも大半の弁護士の姿勢ではないか。

友新会が八〇周年を迎えた昭和五六年、記念事業として税法の連続講座を思い立った。当時、弁護士会の研修で、単発的な講義として税法も取り上げられてはいたが、体系的な研修は皆無だった。そこで、税法に関する一〇回にわたる連続講座を行い、予想を超える聴衆を集めた。その成果は『法律実務と租税法』とのタイトルで、第一法規から出版された。大阪弁護士会の会派による出版第一号だった。

友新会創立一〇〇周年記念事業の実行に当たり、再び税法の連続講座を行うことにした。二匹目の泥鰌を狙ったのだ。ただし、今回は、より実務に密着したものとするため、講師は全員弁護士とし（三木教授は実務に強い学者として例外）、全国から、テーマに最適な熱血講師を揃えた（小生は例外）。今だからこそ言うが、前回、学者に講師をお願いしたのは、必ずしも成功ではなかったと思ったからだ。

テーマとタイトルはできるだけ刺激的なものする、中味は弁護士実務に密着したものにする、判例はできるだけ紹介する、最終回は具体的な問題を巡って違った立場から議論し受講生にも一緒に考えてもらう、その気になってもらうため受講は有料とする等の方針を決めた。これが大当たり。多数の申し込みがあり、毎回多くの会員が熱心に受講した。最後まで聴衆は減らず、パネルディスカッションにも土曜の午後だというのに大勢の会員が集まった。

現在、弁護士が社会の多方面に進出することが要請されている。税務の面でも同様である。これまで、弁護士が税務の紛争に関与してこなかった結果、多くの納税者の権利侵害が放置されてきたのではないか。税理士にも法廷陳述権が与えられたから、これからは税務紛争の最前線にいる税理士と協同して、弁護士も大いに税務紛争に関与するべきだ。この本が、弁護士から税法に対する興味を引き出し、税務紛争に取り組むきっかけを与えるものとなることを祈っている。

この連続講座は平成一一年秋から一二年春にかけて行われたものであるが、出版に当たっては、内容をアップツーデートなものに修正して頂いた。このような形で出版され、多くの方々の参考に供されることとなったのは、大阪弁護士協同組合の南川和茂理事長の熱心な勧めがあったからである。お世話頂いた協同組合の関係者と、この講座の講師として熱弁を振るって頂いた講師の諸先生及び企画・運営に尽力された友新会の会員各位に深甚なる感謝を申し上げる。

平成一五年三月

（元友新会創立百周年記念事業実行委研究担当副委員長）

第1章　まず、所得税からやってみよう
税法もやっぱり法律だ!
《三木義一》

はじめに
● 弁護士の税法感覚　2
1　所得税法の基礎概念……6
(1) 所得とは何か　6
(2) 帰属所得　8
(3) 認定利息　12
(4) 租税回避と所得税　14
(5) 所得税＝人税　16
2　所得税法の構造……18
(1) 暦年課税　18
(2) 無制限納税義務　19
(3) 人的非課税はない　21
(4) 所得の種類　21
(5) 事業所得と給与所得　22
(6) 事業所得と雑所得　23
(7) 弁護士の所得と判例　26
(8) 収入の帰属年度　28
(9) 弁護士と必要経費　29
(10) 超過累進税率　30
(11) 税法は現代の総合法学　31

第2章　譲渡所得の落とし穴
これを知らねば弁護士はできない
《関根　稔》

1　譲渡所得の基礎……34
(1) 譲渡所得の難しさ　34
(2) 税法特有の概念　35
① 譲渡所得の本質は値上がり益課税　35
② 値上がり益課税とは　38
③ 所得税についての例外的な取扱い　40
④ 課税の根拠条文　43
⑤ 限定承認の場合　45
⑥ 相続時精算課税　47
(3) 膨大な量の特例　48
① 通常の譲渡所得課税　48
② 譲渡所得の計算方法　56
③ 譲渡所得の特例　58
④ 租税特別措置法の特例　65
2　譲渡所得の実務……71
(1) 法人に対する遺贈が問題になった事例　71
(2) 財産分与の無効を主張した事例　76
(3) 交換契約の無効を主張した事例　80
(4) 保証債務を履行するための資産の譲渡の事例　84

3 税法の学び方……88

第3章 粉飾決算はこうして見破れ

法人税法の学び方

――《山本洋一郎》

1 はじめに（粉飾と逆粉飾。税務署と逆の立場で）……96
2 法人税の計算の仕組み……98
(1) 決算書作成までの作業 98
ⓐ 生の資料の整理 98
ⓑ 仕訳伝票の作成 98
ⓒ 元帳の記入 99
ⓓ 試算表の作成 99
ⓔ 確定決算書の作成〈決算調整〉 99
(2) 申告書作成までの作業 102
① 別表二以下の「明細書」と「内訳書」を作成する 102
② 申告調整をする 107
3 経営状況の判断……109
(1) 単年度の決算書からは全体像がつかめない
――最低3年分の決算推移表を作る 109
(2) 決算書の科目からは内訳がつかめない
――申告書添付の「内訳書」を読む 110
4 粉飾決算の手口とその見破り方……113
(1) 粉飾と逆粉飾に直面する弁護士 113
(2) 偽造した申告書・決算書の見破り方 114
(3) 粉飾の手口に利用される科目 116
(4) 粉飾の手口と見破り方 116
① 売上高の過大計上 116
② 売上原価の過少計上 119
③ 一般販売管理費、製造原価の経費の過少計上 122
④ 営業外費用の過少計上 126
(5) 粉飾と税務署への対応 126

第4章 危険がいっぱい、相続事件

相続税だけではすまない相続事件

――《山名隆男》

1 相続事件の法的解決と税金の課題……130
(1) 相続案件と弁護士業務 130
① 弁護士業務にかかわる税金 130
② 相続税課税案件の増加予想 130

(2) 平成25年度改正の概要　131
① 遺産に係る基礎控除額の引下げ　131
② 相続税・贈与税の税率構造の変更　132
③ 未成年者控除と障害者控除の控除額の引上げ　132
(3) 贈与税の要注意点　132
① 贈与税回避が事件処理のポイント　132
② 贈与税の連帯納付責任　133
(4) 贈与税も悪くない　138
① 収益物件の共有化分割の問題点　138
(5) 相続税の構造　144
① 相続紛争の生起理由　144
② 事件解決と税務処理　146
(6) 相続税計算の基礎の基礎　153
① 相続税の課税価格　153
② 遺産に係る基礎控除額　154
③ 相続税の総額　155
④ 納付税額の計算　155

2　事例の検討……………156
(1) 事例1　遺産の再分割と課税問題　156
① 事例の事情　156
② 共有化分割の罠　158
③ 錯誤無効又は解除　159
④ 合意解除と更正の請求　160
⑤ 判決・裁判上の和解と更正の請求　163
⑥ 事例1のまとめ　167
(2) 事例2　遺贈の効力係争者による遺留分減殺請求　168
① 事案の概要　168
② 条件付遺留分減殺請求　170
③ 遺言無効係争中と遺留分減殺請求権の消滅時効　172
④ 遺留分減殺請求があった場合の申告　174
⑤ 代理人としての留意事項　175
(3) 事例3　代償分割・換価分割　175
① 代償分割が実務で使われる理由　175
② 代償分割と換価分割の意義　177
③ 相続税の計算との関係　177
④ 代償金と取得費性　179
⑤ 代償分割と換価分割のいずれが有利か　181
⑥ 代償分割的文言にもかかわらず換価分割と認定した例　182
⑦ 相続税を有利にする工夫　183
⑧ 譲渡所得税を有利にする工夫　183
(4) 事例4　遺産賃貸住宅の帰属　185
① 賃料収益の帰属　186
② 遺産分割の効果　188

まとめ　192

第5章 破産管財人は税金を忘れるな
倒産と税務の知識
《永島正春》

要点　破産管財人による税務申告の目的……195
第1　破産法における租税債権の地位
1　破産手続開始前の原因に基づいて生じた……197
租税債権……198
(1)　延滞税の減免　198
(2)　滞納処分差押の解除と解除料紛いの金員要求　199
2　破産手続開始後の原因に基づいて生じた
租税債権……200
(1)　固定資産税の繰上徴収　200
(2)　償却資産に対する固定資産税　201
(3)　劣後的破産債権となる開始後の租税債権　202
(4)　破産管財人報酬の超優先的財団債権性の有無　204
3　破産管財人の源泉徴収義務……205
(1)　最高裁判所平成23年1月14日判決　205
(2)　破産管財人報酬の支払者　206
(3)　破産管財人法人の創造　207
(4)　財団債権の債務者　208
(5)　管理機構人格説と租税実体法との整合性　209
(6)　自然人の破産管財人の破産管財人報酬についての源泉徴収義務　210
(7)　労働債権配当の支払者　211
(8)　破産法人が徴収納付義務を負う源泉所得税の財団債権該当性　212
第2　破産管財人の税務……214
1　破産法人の事業年度及び確定申告……214
(1)　解散事業年度と清算事業年度、申告期限　214
(2)　解散事業年度の法人税等申告義務の所在　216
2　更正の請求……218
3　仮装経理に基づく過大申告の減額更正……222
4　欠損金の繰戻しによる還付請求……224
5　法人税確定申告の目的……225
6　清算事業年度の税務申告……226
(1)　清算所得課税の廃止による各事業年度所得課税への移行　226
(2)　期限切れ欠損金の損金算入　227
(3)　残余財産がないと見込まれる場合　228
(4)　期限切れ欠損金の損金算入限度と適用要件　229
(5)　実在しない資産　230
(6)　破産管財人による法人税の申告　232
(7)　青色申告承認の取消し　233
(8)　通常所得課税下における法人税の財団債権該当性　234
(9)　財産放棄の取扱い　236

(10) 法人住民税均等割の課税物件である事務所または事業所の所在　238
(11) 土地等譲渡益重課税制度の停止　241
(12) 売買契約等における印紙税の節減　241

7 清算確定事業年度の税務申告……243
(1) 残余財産不存在の確定　243
(2) 法人事業税（清算中の課税を含む）　243

8 消費税の税務申告……244
(1) 消費税の外税転嫁　244
(2) 建物売却に係る消費税の軽減化策　245
(3) 不動産売買での固定資産税の未経過期間分精算　246
(4) 競売でも建物売却消費税は課される　246
(5) リース物件の返還　248
(6) 破産管財人による資産売却は消費税不課税か　249
(7) 破産管財人報酬に含まれる消費税の還付　250

第6章 質問検査にはこう対処せよ

質問検査と更正・決定の手続

《鶴見祐策》

1 税務調査はなぜ国民に嫌われるか……254
(1) 税務署を撃退する　254
(2) 税法は国民の権利を守るため　254
(3) わかりにくい日本の税法　255
(4) 法律家の出番　256

2 税務調査権の目的と種類にはどんなものがあるか……256

3 課税処分のための質問検査の構造と根拠規定はどうなっているか……257
(1) 申告納税方式の仕組み　257
(2) 調査の方法として質問と検査　258
(3) 質問検査の規定　258

4 質問検査権をめぐる論争のはじまりと判例の推移……259
(1) 調査権の立法の歴史　259
(2) 通則法から始まった論争　259
(3) 民商を目の敵にした税務調査　260
(4) 税務調査に関する裁判の続発　260

5 リーディングケース荒川民商広田事件の概要とその顚末……262
(1) 事件の中身　262
(2) はじめての「不答弁罪」　263
(3) 何が問題になったか　263
(4) 地裁の無罪判決とその手法　264
(5) 控訴審・東京高裁での暗転　265
(6) 上告審・最高裁決定とその持つ意義　265

(7) 「理由開示」はどうなったか 266
(8) 最高裁決定の影響と新たな論議 267
(9) 税務当局の「勇み足」 268
(10) 税務調査の濫用に歯止めをかけた 269
(11) 国税庁も「税務運営方針」を配付する 270

6 質問検査権行使の適法要件と限界を考える（所得税法を中心に）……271

(1) 質問検査権の規定を憲法上どう評価すべきか 271
(2) 質問検査権の性格と当事者は誰か 273
① 質問検査権の性格は間接強制を伴う任意調査 273
② 質問検査権の主体は当該職員 273
③ 相手方は「納税義務がある者」「納税義務があると認められる者」 274
④ 取引先や家族、従業員はどうか 275
(3) 調査および質問検査の必要性 276
① 調査の「必要性」とは何か 276
② 質問検査の「必要性」とは何か 277
③ 取引先につき、より厳格な「必要性」 278
(4) 調査理由を開示すべきか 279
(5) 質問検査の方法、対象、範囲について制約がある 280
(6) 質問・検査の方法 281
(7) 事前通知と立会いの是非をどう考えるべきか 282
(8) 調査非協力に対する罰則は、どういう場合に発動されるか 285

7 違法な税務調査は課税処分の適否にどう影響を及ぼすか……287

8 青色申告承認取消事件で示された「社会通念上当然要求される程度の努力」とは……288

9 税務調査の対応が消費税の仕入税額控除否認の口実に……291

10 税務調査の現実はどうなっているか……293

(1) 質問検査権に関する課税庁の態度——今や、最高裁決定が桎梏となった 293
(2) 税務運営方針の建前と運用の実際が違っている 294
(3) 人権無視に流れやすい税務調査の実態 294
(4) 税務職員に対する人権蹂躙——過重なノルマと勤務評定が脱線を招く 295

11 いわゆる「資料調査課」方式は違法（脱法）である……295

(1) その態様と濫用の実態——多数職員の動員と「査察まがい」の畏怖に乗ずる 295
(2) 違法性を明らかにした判例 296

12 納税者の権利を保障する法制度が是非とも必要である……296

(1) 諸外国の権利憲章や権利宣言の内容 296
(2) その現場における実践と啓蒙 297
(3) 我が国における権利保障の立法運動の経過と現状 297

13 通則法改正により、調査終了時の説明責任が明記された……298

14　むすび……299

第7章　国税債権に優先せよ
租税債権の徴収と私債権
《水野武夫》

1　租税債権の成立と確定……302
(1)　租税法律関係の性質　302
(2)　租税債権と私債権との相違　302
(3)　納税義務の成立　303
(4)　納税義務の確定　304
(5)　確定税額の是正　306
①　課税庁からの是正　306
②　納税者からの是正　313
2　租税債権と私債権との優劣……324
(1)　租税債権優先の原則　324
(2)　租税債権に優先する私債権　324
①　質権・抵当権付債権との優劣　325
②　その他の担保権付債権との優劣　327
③　ぐるぐる回りの調整　328
3　滞納処分……331
(1)　滞納処分に対する対抗手段　331
(2)　滞納処分と強制執行等との関係　331
4　租税債権の第三者からの徴収……332
(1)　連帯納付責任　332
(2)　第二次納税義務　336

第8章　マルサとの対応のポイント
査察事件への対処
《大堅　敢》

1　はじめに……342
2　調査・捜査手続の概要……343
3　ほ脱所得の立証方法……352
4　ほ脱行為の態様……356
5　租税公判……359
6　量刑事情……362
7　弁護活動……366

第9章 税務争訟はこう戦う
納税者の権利を守るために
《山田二郎》

1 はじめに……374
2 税務訴訟はなぜ少ないのか……376
3 税務訴訟はなぜ勝てないのか……377
4 個別の税務訴訟の検討
　―行為計算否認規定の適用事案……391
5 総括に代えて……401

第10章 弁護士業務にまつわる税法の落とし穴
〈パネルディスカッション〉
《関根　稔＋三木義一＋山名隆男＋山本洋一郎＋水野武夫》

事例1　取得時効と益金計上時期……404
事例2　消費税と物件引渡し時期……413
事例3　貸倒損失が否認された事例……417
事例4　保証債務の履行のための資産の譲渡……420
事例5　相続税の連帯納付義務……425
事例6　公正証書による贈与……430
事例7　相互の低額譲渡……434
事例8　M&Aと債務の処理……439
事例9　同族会社株式の譲渡……443
事例10　借家立退料についての消費税の事例……448
事例11　路線価方式を否定した事例……451
事例12　和解と更正の請求……454
事例13　財産分与に譲渡所得課税をした事例……458
事例14　遺産分割未了中の再相続……462
事例15　係争中の債権債務の相続税申告……464
事例16　遺産分割の錯誤無効……467

編集協力
古本　正（公認会計士・税理士）
三宅正人（税理士）

【第1章】まず、所得税からやってみよう

税法もやっぱり法律だ！

三木 義一
（青山学院大学法学部教授）

《三木義一　Yoshikazu Miki》
青山学院大学法学部教授。博士（法学・一橋大学）。税理士等の実務家とのつきあいが多く、税理士の新人研修や税理士会の研修で全国を飛び回っている。1998年にはドイツ・ミュンスター財政裁判所の客員裁判官としてドイツの訴訟実務を体験。著書に、『日本の税金（新版）』（岩波新書）、『よくわかる税法入門（9版）』（有斐閣）、『世界の税金裁判』（清文社）、『実務家の税務相談』（有斐閣・共著）など多数。

はじめに

●弁護士の税法感覚

大学法学部でも、税法は最も特殊な法であると見られがちです。私もしばしば税金の計算ばかりをしているように見られています。おそらく、弁護士の大部分の方も同様で、税金問題の重要性は自覚しているものの、税法問題は弁護士にとって最も苦手な会計・計算問題と思いこみ、実は法律問題であることを忘れているのではないでしょうか。

中には「税金問題は税理士さんに頼めばよい」と割り切っている方もおられるかもしれません。しかし、弁護士は依頼者の権利の実現に尽くすので、努力すればするほど、税金問題を発生させやすい仕事であるし、権利が確定し、財の移動があれば、必ず課税問題が発生しますので、最初のところで失敗してしまうと、後からでは取り返しのつかないことも少なくないのです。

次の設例を考えてみましょう。

設例1

依頼者が土地の所有権移転登記請求の訴訟を提起しましたが、過去の売買契約の事実の立証等が難しいので、取得時効を主張したいと言い出しました。これを主張すれば、間違いなく勝てる場合、すぐに取得時効を援用してよいのでしょうか。

この場合、弁護士がうっかり目先の利益に目を奪われて取得時効を援用しますと、実務ではその時点で一時所得が発生することになり、その暦年終了時に所得税納税義務が成立し、翌年の確定申告時期に申告をしなければならないことになります。この土地が援用時時価10億円もすると、所得税・地方税合計約2億円の現金を用意しなければならなくなります。しかも、現金がないためにやむなく土地を処分しようと思ったら、著しい地価下落で、売っても税金を払ったら手元に何も残らない、ということもあり得るのです。このような場合に、課税問題について説明せずにこの事態を招いたら、弁護士としても責任問題にならないでしょうか。

また、税金問題は確かに税理士の方が詳しいので、弁護士と税理士が共同で相談に応じる機会が今後増えると思いますが、弁護士自身も税法にある程度強くなり、税理士も民商法にある程度明るくならないと、一方の長所が他方の弱点を補強する関係にはならず、お互いの弱点が重なってしまう場合も出てきます。

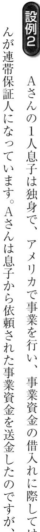

次のような例を考えてみましょう。

設例2

Aさんの1人息子は独身で、アメリカで事業を行い、事業資金の借入れに際してはAさんが連帯保証人になっています。Aさんは息子から依頼された事業資金を送金したのですが、いつもと異なり何の連絡もありません。不安になったAさんはアメリカに飛び、息子のアパートへ行きました。管理人にカギを開けてもらい、部屋の中を見たら、そこにはピストルで頭を撃たれた息子の死体。あまりのことにショックを受けながらも、Aさんは後始末をして、傷心のまま帰国します。

空港でAさんを出迎えてくれたのは、家族ではなく、息子の債権者たちでした。息子の債務1億円を保証人である父親に払え、というのです。そこでAさんは、時価1億円相当の先祖代々の土地と現金が3000万円程度ありますので、土地を譲渡してその代金で債務を弁済し、残りの

現金等で老後の生活を考えようとして、専門家に相談しました。

こんなとき、弁護士は何を考えるのでしょうか。所得税法64条2項「保証債務履行のための譲渡課税の特例」の適用を、すぐに考えつくでしょうか。一方、税理士はどうでしょう。おそらく所得税法64条2項の存在は知っていますので、そのことは想起するでしょうが、具体的に右の事例の場合にどうすればいいか、すぐに判断できるでしょうか。

Aさんは1億円の保証債務を負っている以上、保証債務を履行しなければならないわけです。そのために、この土地を1億円で譲渡すれば、譲渡収入は1億円で取得費等の控除する金額は微々たるもので、その大半が所得になり、約20％の所得税・住民税の負担をしなければなりません。しかし、「保証債務の履行のための譲渡」で、「履行に伴う求償権の全部又は一部の行使ができない」ときは、当該できなかった金額の譲渡所得がなかったものとみなされるのです。Aさんの場合、土地を譲渡した上に税金を負担したら何も残らなくなってしまうので、何とか、所得税法64条2項の要件に適合させねばならない。具体的にどうすべきなのでしょうか。

この事案のモデルとなったAさんは、専門家の適切な助言を得られずに、何もしなかったため、息子の債務等を単純承認してしまいました。すると、課税庁はAさんの資産の譲渡は「保証債務の履行」ではなく、息子の債務を相続した「Aさん自身の債務履行のため」なので、所得税の特例の対象にはならないとして課税したのです。

もちろん、Aさんは裁判で争いました。裁判所は、課税庁が主張したように、Aさんの保証人としての債務がなくなるわけではなく、主たる債務者としての地位と連帯保証人としての地位が同一人に帰属しているとして、連帯債務者としての債務を負っている可能性を一応認めました。しかし、所得税法の特例には、もう1つ「求償権を行使できない」という要件が必要です。仮にAさんが保証債務履行のために譲渡したとしても、主たる債務者である息子さんに求償権を行使することになるのですが、この場合は、亡くなっている息子自身には求償できないわけです。しかし、Aさんが相続しているので、保証債務を履行したAさんは主たる債務者になっている自分に対して求償する、ということになってしまうのです。

つまり、主たる債務者に対する求償権は自己を債務者とする債権として成立し、同一人に債権と債務が帰属したことになるので、混同により直ちに消滅することになり、混同は弁済と同視すべき事由だから求償権を行使することができない場合に当たらない、ということになるのです（この事案は、最高裁平成9年12月18日判決・税資229号1065頁のケースを簡略化している。**第10章事例4**を参照）。

要するに、父親は相続放棄をしておかねばならなかったのです。税法に明るくない弁護士や、民法に明るくない税理士が絡むと、今後もこのような悲劇が生み出されていくと思います。この事案では、国税不服審判所の審判官も裁判所の裁判官も異口同音に「お気の毒に、一言誰かが相続放棄をアドバイスすればよかったのに」と同情したそうです（そう思うなら、解釈で救済できたはずだと思いますが……）。

このような問題が、今後多発してくると思われます。税理士も従来のように申告代理だけではなく、訴訟における補佐人としての権限も認められることになりました（税理士法2条2項）。今後は、これまで訴訟以前の段階で片づけられていた問題が、訴訟にまでつながっていくケースが増え、税務訴訟の数も、現在の年間200〜300件から大幅に増えてくる可能性があり、また、企業の税務訴訟に対するスタンスが変わり、企業税務訴訟が激増しつつあります。

そこで、今回のお話では、弁護士の方々に、税法も重要だし、やってみると結構おもしろいし、計算ではなくて法律問題だ、ということを実感してもらいたいのです。税法はすぐれて法的思考能力を要し、様々な法領域と交錯し、総合的な判断を求められる領域です。ある意味では、税法こそ、現代の法哲学かもしれません。税金問題を考えようと思ったら、あらゆる領域の問題を当然考えなければなりません。相続・贈与だけではなく、あらゆる法律行為が税金問題と関連しています。そういう意味で、弁護士業務は、この税法領域にもっとかかわっていくべきだと思います。

1 所得税法の基礎概念

(1) 所得とは何か

まずは、所得税法の基礎から解説しておきましょう。

所得税法は、個人の所得を課税の対象としており、個人は法人とは異なり利益追求のための活動だけを行うわけではなく、個人としての私的生活もあります。そのため、利益追求のための支出（必要経費等）と私的生活のための支出（家事費）とを区別しなければならないことになります。

ところで、個人は様々な活動を行い、様々な形の経済的利得を得るわけです。それらの利得のうち、「所得」として所得税の対象になるのはどこまでなのでしょうか？　つまり、所得とは何か、という問題です。所得課税の大前提なので、当然所得税法に規定されていると思うでしょう。ところが、所得税法は「利子所得」や「給与所得」等の個別の所得類型については規定し、それらのいずれにも該当しない所得を「雑所得」として定めているものの、肝心の「所得」とはそもそも何なのか、ということについての定義規定を設けていないのです。したがって、所得税の中心問題である「所得」概念自体が、租税法律主義の要請を十分に満たしてはいないのです。

教科書的に言うと、「所得」概念については大まかに純資産増加説といわれている包括的所得概念の考え方と、所得源泉説といわれている制限的所得概念の考え方があります。両者の最も大きな違いは、資産を譲渡したときの譲渡益に課税すべきなのかどうかというところでの対立です。土地の流動化が少なかったイギリスなどでは所得源泉説の立場がとられ、所得というのは人が得る経済的利得のうち、継続して反復的に得られる利得だけであり、それが所得税を負担しうる経済利得であり、偶発的に得たものは入らないと考えたわけです。そのために、一生に1度か2度しか生じない個人の土地の譲渡などは、所得の対象から外されたのです。

これに対してアメリカでは、そんなことを言っていたら極めて不公平なことになります。アメリカの歴史は西部開拓史でもあり、土地譲渡を通じて巨万の富を得る者が出てくる歴史でもあるからです。そこで、所得税における所得というのは、純資産の増加、つまり、その人の暦年中に増加した純資産増加額とその期間中消費した金額を合計したもの、要するに1年間に得た利得が全部所得税の対象なんだと、こう考える理論が登場し、支持されてきたのです。これが純資産増加説といわれているものです。

日本の所得税法はどちらでしょう？　今言ったように、反復継続するものだけを所得税の対象にしているのか、それとも偶発的な利得も対象にしているのか、で判断することになります。所得税法を見てみますと、利子、配当から始まって、一時所得に加えて最後は雑所得まであります。前述のように、雑所得の定義は非常に問題があるのですが、かなり広い所得概念が前提となっていることがわかります。しかも、普通の個人が土地を譲渡した場合には譲渡所得として課税することとされています（なお、不動産業者が土地を販売する場合の所得は事業所得です）。この譲渡所得が、しばしば弁護士を恐怖に陥れることになるのですが、今回は触れないことにします。

したがって、日本の所得税法は、広い意味で純資産増加説的な立場に立っていることは間違いないと思われます。ただ、この立場を徹底すると、持っている土地が1月1日は５０００万円だったけど、年末には６０００万円になっていた場合には、１０００万円儲かっているではないか、これも所得だ、課税すべきだ、という議論になりかねません。これを評価益というのですが、こういう未実現の利益について現行所得税法は課税していません。所得は原則として「収入」から「必要経費」を控除して算出されるものであり、評価益は外部からの収入自体が欠けているとも考えられますし、所得課税の対象から外しているのです。

(2) 帰属所得

このことを前提にして、皆さんに2つほど質問してみましょう。

質問

① 甲検事は家賃10万円相当の公務員宿舎に入居し、1万円の家賃しか支払っていません。この差額9万円は、所得なのでしょうか?

② A弁護士は、大阪郊外に自宅を有しています。甲検事のように家がない人は家賃を支払わなければならないのに、この人は自宅を持っているので家賃を払わずに済んでいます。これは通常払うべき10万円の家賃相当額が儲かっていることになります。これは所得になるのでしょうか?

一般に弁護士の方々の意見を聞いてみますと、質問①では、所得になるという人と、ならないという人が半々に分かれます。質問②では、ならないという人が圧倒的に多いようです。依頼者及び自己にとって、常に有利に考える弁護士の性格がにじみ出ているような気がいたします（笑）。

質問①の場合は、通常10万円程度かかるところに1万円の家賃で住めるなら、9万円の差額を雇用者から支給

（1）（その年の建物の固定資産税の課税標準額）×0.2%

$$（2）\quad 12円 \times \frac{その建物の総床面積（㎡）}{3.3（㎡）}$$

（3）（その年の敷地の固定資産税の課税標準額）×0.22%

されているのと同じです。給与は何も現金支給に限定されているわけではありませんので、所得と解される余地があります。こういう利得はフリンジ・ベネフィット（付加的給付）といわれるものです。これも広い意味での公務員としての勤務関係に基づいて雇用主から支給される経済的利得です。したがって、現行法の仕組みからすれば、課税されるべきものです。しかし、実際に課税されている人はほとんどいないのではないでしょうか。というのは、実務上、次のような基準があり、この基準に従って課税されない限度額を家賃として設定している場合が多いからです。

従業員に対して社宅や寮などを貸す場合には、従業員から1ヵ月当たり一定額の家賃を受け取っていれば、給与として課税されません。

この1ヵ月当たりの一定額の家賃は、上記式⑴～⑶を合計した金額を基準とします。

この3つを合計した金額が、従業員に貸す社宅や寮などにおける1ヵ月当たりの家賃の基準となります。その受け取る家賃が、この基準となる金額の50％以上であれば、受け取っている家賃と基準となる金額との差額は、給与として課税されません。

なお、看護師や守衛など特殊な職業で、仕事上でのやむを得ない必要に基づいて特別に社宅や寮を貸す場合には、無料で貸しても給与として課税されない場合があります（所得税法9条、36条、所得税法基本通達36―45、36―47）。

次に、質問②はどうでしょう。こんなのが課税されるのはもってのほかだと考える方々が圧倒的多数のようです。実は、これは通常払うべきものを払わないで済んだ、という意味での経済的利得であり、理論上は「帰属所得」といわれるものです。比較法的に見ると、外国ではこのようなものを所得税の対象に取り込んでいる国もあり、その場合は家賃が多く、これを帰属家賃といいます。日本の所得税法では、帰属家賃は収入自体を欠いているので所得税の課税対象には含まれていないのです。日本では帰属家賃に課税しない上に、さらに住宅ローン減税も行っています。そこで、日本では住宅所有者を優遇しすぎているという批判もよく耳にします。皆さんも本当にそう思われますか?

こうした批判は、税法の素人の議論だと思います。なぜなら、帰属家賃を所得税法の対象に入れる場合は、家を持っていることによって家賃を払わないで済むので、確かに、その分は収入金額になります。しかし、他方で家から収入金額が生じるということは、家は所得を生み出す資産になるのですから、それに対応する経費が出てくることになります。つまり、家を持っていることから収入が出てくるのであれば、家の減価償却費、家を購入するための住宅ローン、それから固定資産税、その他家の維持にかかわる支出は全部経費になるわけですから、それを控除することが可能になるのです。それを引いた場合に、はたしてプラスの所得が出てくるでしょうか?よく考えていただきたいと思います。よっぽど豪華な家を借金なしで購入できた人以外は、その差額は赤字になるのが普通です。

ドイツの税制でも、１９８７年まで、このような帰属家賃課税制度を設けていたのですが、これは家を持っている人を税制上優遇するための制度であったことに留意してください。ドイツの場合、かってはこれによって家を持っている人たちを税制上かなり優遇してきたのですが、この仕組みはどうしても高額所得者が有利になりますので、社民党はこの制度をやめて、家を持っている人が税務署に申告すると、子供の数などに応じて税務署が補助金を支給するという仕組みに変えています。

税法、特に所得税の問題を考えるときに留意していただきたいのは、裏表を見てほしい、ということです。収入があるとされるのは、一面不利です。しかし、他方で、その収入を生み出すための経費が当然出てくるということになり、所得とはその差額であるということに留意していただきたいのです。現在の日本の住宅税制は、家を所有していても課税しませんので、日本は優遇しているのかというと、実はそうではないのです。家は収入を生み出しませんから、家にかかわる支出は経費ではなく、生活上の支出にすぎない家事費ということになります。そのために、家にかかわる支出は、生活・趣味のための支出として課税上一切考慮されていないことに気づいていただきたいと思います。

これとの関係で、配偶者控除廃止論にもふれておきましょう。廃止論を主張する人たちは、その根拠として次のように主張しています。「専業主婦がいる夫は専業主婦がいることによって賄い婦を雇わないで済んでいるのだから、その分儲かっている」、つまり、帰属所得があるので本来その分を課税すべきなのに、課税するどころか配偶者控除まで認めて、さらに税負担まで優遇している、という批判がなされます。この主張も基本的な誤解があるように思われます。もし賄い婦に払う分を帰属所得として収入金額に入れるのであれば、配偶者が家にいて家事をするために必要な支出は原則として必要経費になるはずだからです。そのような支出を控除して、なおプラスになる場合がどのくらいあるのでしょうか？　いずれにせよ、このような誤った主張が利用されて、配偶者特別控除の上乗せ部分が廃止され（平成16年）、さらに配偶者控除自体の廃止論が主張されていますので、残念としかいいようがありません。

(3) 認定利息

さて、このように所得税の課税対象となる「所得」についても微妙な問題があることを理解されたと思われます。しかし、訴訟で実際に争われるものの中には、もっとやっかいな問題もあります。次の設例を考えてください。

設例3

Aさんは H社の代表取締役で、同社の発行済株式5888万株の73・5％を所有するとともに、有価証券の保有、運用等を目的として成立されたN社の取締役も兼ねて、N社の資本金500万円の98％の出資持分を有していました。Aさんは、自己が所有する株式4000万株を平成元年3月総額3450億円でN社に譲渡しようとしましたが、N社は資金がありません。

そこで、Aさんは、平成元年のある日、銀行から3450億円を借りて、無利息、無期限、無担保で、N社に貸与しました。そして、N社はその借入金で株の代金をAさんに支払い、Aさんは代金を直ちに銀行に返したのです。約3500億円のお金を、1日のうちに自分がN社に貸して、N社に株を買ってもらって現金が戻ってきて、また銀行に戻したというケースです。1日の利息だけで約1000万円かかったようです。

こういう行為をした場合に、課税問題が生じるのでしょうか。所得があったといえるのでしょうか。

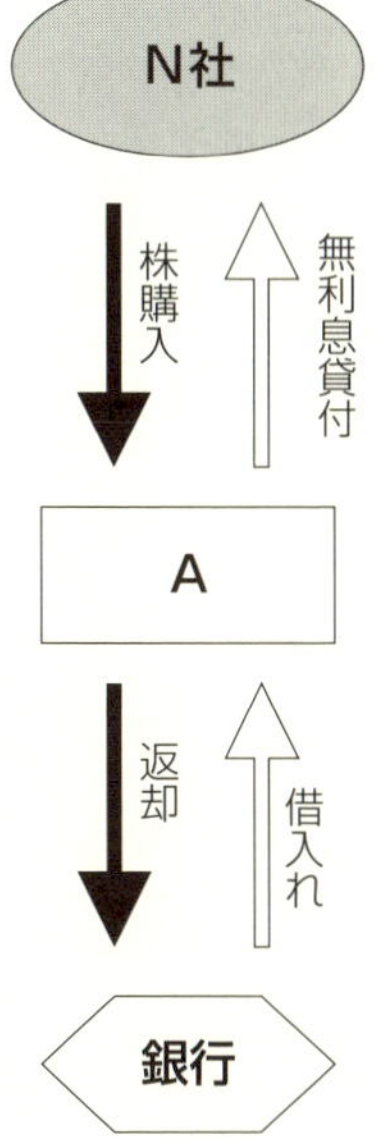

これは非常に難問です。法人は前述のように、営利追求のために活動するべきものなので、経済的に合理性のある行動しかしないはずです。法人が法人に貸した場合には当然利息は取っているはずだ、という前提で法人税法は構成されています。これに対して、個人が法人に無利息でお金を貸したりするような場合には、個人は利益追求のために生きているわけではありませんから、様々な理由から無利息で貸してあげる場合があり得るわけです。したがって、必ず利息を取れとは言えません。そこで、所得税法は、個人が無利息で貸したところで、これは原則として課税上は問題が起きないという立場を取っていました。ところが、そのような実務の隙をついて、このような行動が実行されたわけです。

このような行為をどう考えたらいいのでしょうか。実際には所得が発生していないのですが、現実の所得がないということだけで課税上問題が生じないのでしょうか。実はこの行為に対して課税庁は、これを租税回避的に考えて利息を認定したのです。認定利息課税です。ＡさんがＮ社に３４００億円を無利息、無期限で貸したが、こんなことは通常あり得ないことですので、通常の利率で貸した場合に置き換えて、通常の利息分の収入を認定するのです。そのように想定し直して、Ａさんに対して認定利息課税を行いました。これが大きな問題になったわけです。所得がないところに所得を擬制して課税していいのかということが大きな問題になりましたが、最高裁は課税処分を適法とし、「正当な理由」もないので、加算税賦課処分も適法であると判断しました（第三小法廷平成16年7月20日判決・判例時報1873号123頁）。

(4) 租税回避と所得税

税法を学習したことのある弁護士か税理士かどうかを見極めるポイントは、いくつかあると思います。その第1のポイントは、租税回避がわかるかどうか、です。租税回避の意味を正確に理解し、節税や脱税との違いを説明できるかどうかが、税法の専門家になる第一歩です。税理士の新人研修でも、新米税理士がこの概念を正確に理解しているかどうかをチェックするようにしているのです。ところが、税理士試験に受かった人たちのほとんどは、正確には理解していません。税理士試験に関係ない問題だからです。日本の税理士制度の1つの問題点なのですが、弁護士の方はどうでしょうか。

節税はご存じのように、税負担を軽減する行為のうち、法律上認められた手段を用いて税負担の軽減を図る行為です。脱税の方は、同じ税負担を軽減する行為であっても、法律上許されていない行為、つまり違法な行為を通じて税負担の軽減を図る行為です。その中間的に位置するのが、この租税回避といわれることがありますが、あまり正確ではありません。租税回避は、広い意味では節税の方に入ります。脱税とは明確に異なることに留意してください。マスコミでは、租税回避と脱税が混同されていることが少なくないようです。租税回避は脱税ではなく、違法な手段は用いずに、あくまでも私法上許された行為形式を選択して行っているものです。前述のAさんのケースであっても、私法上違法なことは何もないのです。無利息で貸してあげることは何ら非難されるべきことでもありません。しかし、1つ大きな問題があります。それは行為の異常性です。このような巨額の資金を無利息、無期限で貸与するなどというのは、違法ではないのですが、通常できない異常な行為であることも否定できないと思われます。この異常な、法律がまったく想定していないような行為形式を選択して、通常の行為と同一の経済的な目的を達成し、かつ、税負担の軽減を図るというのが租税回避なのです。

この租税回避というものに該当すると、恐ろしい結果になることがあります。弁護士が納税者の相談にのってあげて、違法ではないが、異常な行為を選択しますと、租税回避として皆さんの努力が水泡に帰してしまうことになりかねないのです。

租税回避に該当すると、まず第一に、決して租税回避は違法なことをやったわけではないのですから、処罰されることはありません。したがって、次にいう税務署の行為がない限りは税をうまく軽減できる可能性もあるのです。しかし、第二に、課税庁が当該行為を租税回避として否認できる規定がある場合には、更正処分を行うことがあり得ます。所得税法１５７条に「同族会社等の行為又は計算の否認等」という規定があります。これは、同族会社のことに関連しているのですが、所得税法は個人の問題ですので、同族会社と取引をする役員の問題を対象にしています。同族会社の役員が同族会社と取引をして、その取引が異常な形で行われて、その結果、その役員の所得税負担を不当に減少させているということが認められるときには、所得税法の１５７条を発動して、当事者の行為形式を否認して通常の行為形式に置き直して課税するということができます。しかし、これが実に恐ろしいのです。

従来は、この規定はあまり使われなかったのですが、高額管理料が問題化したあたりから使われるようになってきました。高額管理料とは、次のような問題です。

地主がビルを建てて不動産所得を得ます。このままだと、多額の所得税を負担しなければなりません。そこで、管理会社をつくって、管理会社にビルの管理を委託します。その管理料が通常の場合に比べて非常に高額で、その結果、個人の不動産所得を減らすという方法だったのです。そうすると、これは違法ではないのですが、異常ですから、それによって税負担が不当に減少されては不公平ですので、所得税法157条が発動されはじめました。その後、この157条は様々な問題に適用されるようになってきています。ですから、税理士たちはこれを「税の世界のO（オー）―157」と呼んでおり、弁護士の方々も租税回避に手をつけるときは、やっぱり手を洗ってから（笑）やっていただきたいのです。

所得税法157条のような抽象的一般規定に加えて、所得税法や法人税法には、いろいろな個別否認規定があります。例えば法人税法34条には、「過大な役員報酬等の損金不算入」の規定があり、役員の報酬が不相当に高額だと税務署が否認できるという規定があります。それから、過大役員退職金の規定などもあります。

弁護士も、依頼者から租税回避を相談されることがあると思いますが、否認規定の存在に留意し、そのリスクを依頼者に伝えるべきでしょう。

(5) 所得税＝人税

所得税は所得に着目して課税する税制ですが、大事なことは、所得税は「人税」であり、「所得」に課税する「物税」ではないということです。人税としての所得税の意味を理解していただくために、1つ質問します。

> **質問**
>
> 私と女子学生が、ともに所得500万円を得たとします。この場合、2人の税負担は同じでしょうか。

答えは3つ考えられます。

① ともに５００万円だから、２人とも同じだ。
② いや、三木が重く課税されるべきであり、女子学生の方が軽くてしかるべきだ。
③ 逆に、女子学生の方が重くあるべきだ。

授業で学生に聞くと、②が結構います。なぜだと聞くと、先生はこれまでいろいろと稼いできたはずだ（笑）、それに対して女子学生は、ようやく今年５００万円もらったんだから、女子学生は軽くてしかるべきだという答えがありました。所得税は一生累積課税ではなく、暦年ごとの所得に課税することを説明すると、それでも私の方が重くあるべきだというのです。なぜなら、先生が５００万円稼ぐ努力と女子学生が５００万円を稼ぐ努力は、女子学生の方がはるかに大変じゃないか、というのです。また、女子学生には未来がある（笑）というよくわからない意見もありました。こういう女子学生擁護論がかなりあるのです。

また、女子学生と私が同じ５００万円ですので、所得税負担は同じであるべきだ、という①の意見も多くありました。これは、所得税を物税として理解していることになります。物税というのは課税対象となるものの価値に着目している税制で、その課税対象を誰がどのような事情で所有しているか等は一切関係なく、同一評価額については同一の税負担を求める税制です。固定資産税がその代表的なものだといわれています。これに対して、人税は同額の課税対象を有していても、それぞれの人的事情を反映させて、税負担を調整する税制です。所得税は「所得」を課税対象にしていますが、人税として、各納税者の人的事情も配慮しているのです。先ほどは私の人的事情を説明しなかったのですが、私には家族があります。家族が５００万円で生活しなければいけないことになるのです。

一方、女子学生であれば、通常、独身者です。そうすると、５００万円あればかなり豊かな生活を満喫できる。こういう家族構成を抜きにして質問するなんてけしからんと言われればそのとおりなのですが、そこは常識的に判断をしていただければ、私の方が扶養者等々を抱えていて、同じ500万円を得たとしたら、税金を負担する能力は私の方が低いはずであることは推定されるであろうと思ったわけです。したがって、私の方が当然、税負担は軽くてしかるべきなのです。

これが所得税の基本的な構造になっているのです。所得税は人税であり、人税であるからこそ負担能力に適合的になるのであり、所得税だから応能的なのではないことに留意いただきたいと思います。

2 所得税法の構造

(1) 暦年課税

所得税は、個人の所得を一生累積して課税する制度ではありません。理論的には一生累積も不可能ではないのですが、現実の所得税は1月1日から12月31日までの暦年中の所得に税金をかけることになっています。所得税の納税義務の成立時点は、暦年終了時点です。ですから、控除対象配偶者がいるかどうか等の判定も暦年終了時が原則です（所得税法85条）。結婚するなら年末に、離婚するなら年明けてから（笑）が所得税法の常識ということになります。

ある暦年中に締結した契約により所得が発生し、確定申告したところ、当該契約の効力が争われ、数年後当該契約が無効になった場合の問題にも触れておきましょう。この場合、判決で無効が確定したのですが、過年度払ってしまった所得税は還付されるのでしょうか。所得税の場合は、申告期限から5年以内、それを過ぎても確定から2ヵ月以内に更正の請求をすれば可能です（国税通則法23条2項参照）。しかし、所得税でも事業所得の場合は、少し事情が異なってきます。事業所得は、譲渡所得と異なり、期間損益計算をするので、基本的に法人税と同様の処理になります。法人の場合は過年度の利益にかかわる取引が取り消され、今期に返却した場合、その損失は過年度のものではなく、あくまでも今期の損失として扱うので留意が必要です。民法上の無効等は遡及効との関係で以上のような課税問題が考えられるのですが、商法では、例えば合併無効判決の効力は遡及しないので、理論上は争いがあるのですが、合併時の課税関係も遡及しないとする裁判例がありますので留意しておくべきでしょう（大阪高裁平成14年12月26判決・判例タイムズ1134号216頁）。

(2)　無制限納税義務

弁護士の仕事も国際化されつつあります。皆さんが国外で得た所得、例えば、仮にラスベガスで500万円儲けた場合、あるいは上海の法律事務所に勤務することになり、日本に家族を残して平日は上海で働き、週末に帰国し、上海の事務所から給料を得るようになった場合など、皆さんは日本の納税義務を負うのでしょうか。

所得税法は、納税義務者と所得税納税義務の範囲を、無制限納税義務者と制限納税義務者に分けています。皆さんは、居住者、つまり、日本国内に1年以上居所もしくは住所を持っている人たちですので、無制限納税義務者です。この人たちは全世界的所得について日本の納税義務を負うのです。アメリカに行こうがどこに行こうが、日本の所得税の納税義務から逃れることはできないのです。ここでいう「住所」は民法の概念を借用していますから、生活の本拠です。上海の事務所に勤めていても、週末に家族のもとに帰ってくるのでは、生活の本拠は日本かもしれません。住所が日本である以上、アメリカで稼いで、アメリカでも所得税を負担した場合でも日本の所得税の対象になります。ただし、外国税額控除（所得税法95条）というのがありますから、アメリカ等で負担した部分については控除されて、二重課税は排除するようになされています。ただ、厳密に全部本当に引かれるかどうかというのはケース・バイ・ケースです。いずれにせよ、大部分の皆さんは永住者ですから、どこに行こうが日本の所得税から逃れることはできないのです。どうしても逃れたい。日本で所得税を払うのは嫌だ（笑）という人は次の手もあります。

例えば、皆さんが3年間アメリカのロースクールに留学している間に、アメリカで講演を行って報酬を得た場合、この報酬は日本の所得税の対象になるでしょうか？　この人の場合は、もう1年以上日本にはおりません。こうなると、非居住者になり、国内源泉所得つまり日本国内で得た所得だけが対象になります。したがって、この場合、日本の所得税の問題は起きないということになります。ただ、もちろんアメリカでは無制限納税義務を負います。よく私立大学の教員が留学をするときに1年と1週間程度留学していますが、あれはこのためなのです。1年と1週間行けば、非居住者になりますし、外国留学中に大学から受ける給料は国外源泉になります。つまり、国外で働いていることに基づく報酬なので、日本の所得税の対象にならず、しかも、住所変更届を出して外国へ行ってしまうので、自治体の地方税もかかりません。これだけでも、飛行機代が浮いてしまうことになります。もっとも、公務員の方は、こうした試みをしても無駄です。所得税法の3条に、国家公務員または地方公務員は国内に住所を有しない期間についても国内に住所を有する者とみなして、この法律を適用するということになっているからです。

ともあれ、現行の所得税は住所を基準に無制限納税義務者の範囲を決めていますが、この交通手段が発達した現代社会には、もはや対応できなくなっているというべきかもしれません。なぜなら、日本は周りが海なので実感しないのですが、欧州ではベルギーに住所を有しているが、ドイツ国内の企業に勤め、毎日車で30分かけて通勤し、所得はすべてドイツの国内で得ているようなケースが少なくないからです。このような人を、ドイツに住所を有している人と区別して、無制限納税義務者に対して保障されている人的控除を認めない合理的な理由があるといえるでしょうか。その意味で、住所だけで納税義務の範囲を区別するのは、かなり難しくなってきていることに留意しておいてください。

(3) 人的非課税はない

このように、一般の人たちの納税義務の範囲は住所が基準になっているのですが（非永住者の判断については国籍も要件になりました。所得税法２条４号参照）、関連して、天皇陛下が何か経済的利得を得た場合、天皇陛下は所得税を納めなければいけないのでしょうか。これは別にイデオロギーを聞いているわけではありませんので、所得税法でどう考えているかということです。もし、天皇陛下が納税義務を負わないのであれば、所得税法９条の非課税規定の中にそのことが明記されていなければならないはずです。しかし、所得税法９条の非課税規定を探しても、外交官についての外交特権にかかわる給与等は課税しないという規定があるだけで、特定の人の納税義務は免除するという人的非課税規定はないのです。したがって、例えば、天皇陛下に所得があれば所得税納税義務が成立しますし、皇族にも相続が起きると、相続税問題が起きることになるのです。しかし、そうであれば、確定申告のときに芸能人を使わないで（笑）、天皇陛下に来ていただいて申告をした後の御感想を一言言っていただければ、もっと申告が増えるのではないかと思われます。その答えは、実はやはり所得税法の９条にあります。９条の12号をみると、皇室経済法に基づく内廷費等は非課税になっています。つまり、物的非課税規定が設けられているのです。天皇等の特定の人には所得税は課さないという方式ではなく、一定の所得には課税しないという物的非課税規定で調整しているのです。

(4) 所得の種類

税理士が弁護士に理解しておいてもらいたい問題の１つに、所得の種類があるようです。税理士から言わせると、弁護士は所得の種類をよく混同している、という指摘がありますので、基本的な考え方だけを紹介しておきたいと思います。

所得税法は、所得を10種類に区分しています。皆さんが得る経済的利得を利子所得、配当所得、不動産所得、給与所得、事業所得、退職所得、譲渡所得、山林所得、一時所得、雑所得の10種類に分けているのです。

所得税法がこのように様々な所得に分類しているのは、所得といってもいろいろな背景があり、例えば汗水流して得た利得と寝ころがっていても得られるような利得とは、同じ所得といっても税金を負担する能力には差があり、それを反映した方がより応能負担を実現しうると考えているからです。そこで、所得を、勤労性の有無を1つの基準に、他方で、継続性の有無も加味して10種類の所得に分類しているのです。

この中で一番軽いのは不労性の利得で、かつ継続的に入ってくるものでしょう。典型的なのは利子、配当、不動産、この3つは典型的な不労性の利得です。不動産所得というのは、不動産の貸付けによる所得であり、利子所得というのは、所得税法23条に規定されている①公社債の利子、②預貯金の利子、③合同運用信託、④公社債投資信託、⑤公募公社債等運用信託の収益の分配、の5つに限定されています。したがって、弁護士が事務所の所員にお金を貸してあげて利息を得たとしても、これは利子所得ではありません。雑所得ということになります。もっとも、毎日のようにやっている人は事業所得だと認定していいかもしれませんが（笑）、これは後述のように「事業」概念に関係してきます。

(5) 事業所得と給与所得

所得区分でよく問題になるのは、事業所得の問題です。多くの弁護士さんの所得は事業所得だと思われますが、最近は給与所得の弁護士も増えているようです。給与所得と事業所得の違いは何でしょう。最も大きな差異は、事業所得は自己の危険と責任で独立して行う所得である、という点です。したがって、基本的には依頼者との関係でいうと、請負的な契約で、独立労働所得である、ということになります。これに対して給与所得者というのは、雇用契約に基づく所得であり、非独立的労働所得といわれます。これが基本的な差異なのです。

しかし、実際にある人がどちらになるのか、微妙な問題も少なくありません。顧問会社から受け取る報酬を事業所得ではなく、給与所得であるとして弁護士さんが争った事例があります。この場合は、給与所得であれば給与所得控除が適用されるので、事務所経費を他の所得で全部控除してしまったので給与所得にしたかったようです。弁護士が顧問先の会社の指揮命令に基づいて労働しているなら給与になり得ますが、専門家として時々電話でちょっとアドバイスをするだけだとすると雇用関係にあるとはいえないので、事業所得になるといわざるを得ないでしょう。

(6) 事業所得と雑所得

事業所得と雑所得の区別も大変難しいのです。ある人の所得が事業性を持っているかどうかを判断する基準は、当該行為の営利性・継続性・事業としての客観性等を総合判断します。事業という概念について所得税法を見てみますと、明確な概念を規定していません。所得税法27条によれば、「事業所得とは農業、漁業、製造業、卸売業、小売業、サービス業その他の事業で政令で定めるものから生ずる所得をいう」となっており、これは事業を羅列しただけです。そこで、さらに所得税法施行令63条を見てみますと、そこでも考えられる事業を羅列しているだけです。したがって、理論的に事業とは何かということを考えるしかないのです。一般に事業は、自己の危険と責任で独立して行い、かつ継続して、営利目的で行っている行為です。営利目的で行い、継続して行うというところが雑所得と大きく異なるといえます。

なお、不動産所得は不労性の所得です。ですから、家主さんが学生に部屋を貸してあげて家賃をもらっているだけですと、労働性がありませんから不動産所得です。ところが、もし家主さんが学生に部屋を貸し、かつ、賄い付き等の労働を提供すると、これは労働性が入ってきますね。労働性が入ってきたら、これは不動産所得ではありません。事業所得か、雑所得になります。いずれにせよ、事業所得と他の所得との区分はいろいろと難しい問題がありますが、給与との関係では雇用関係かどうか、雑との関係では、営利目的に基づいているか、あるいは継続性があるかどうかというところが区別の基準になります。それから、不動産との関係では、労働性が入っているかどうか。事業所得は労働性が入ってこなければいけません。こういう区別を基本的に理解しておいてください。

念のために、皆さんが所得税法の23条以下の所得類型を見た上で、私をどう評価しているかということをちょっと確認してみたいと思います。作家の赤川次郎さんの原稿料と私の原稿料は、何所得に分類されるのでしょうか。赤川次郎さんの原稿料は何所得でしょうね。学生などに時々聞きますと、彼らはまだあまり常識がないみたいで、出版社に雇われていると思っている人がいて、給与所得である（笑）というようなのが出てきます。赤川次郎さんは作家業として社会的地位も確保していますし、出版社の編集長の指揮命令に基づいて原稿を書いているのではなく、まさに独立して働いており、彼の能力に期待する出版社から執筆を請け負って、自己の責任で書いている原稿の報酬ですから、これは間違いなく事業所得ですね。

問題は私です。私が雑誌等に頼まれて載せる原稿の報酬は、何所得に入れるべきなのでしょうか。給与ではないので、一時あるいは雑、事業、このどれかということが想定できます。私がどう評価されているかということを見るために質問しますと、何人かの弁護士の方は、私の報酬を一時所得と答えてくださいました。何というべきか、複雑な心境です。

一時所得とは、どういう所得かご存じでしょうか。まず、私がめったに原稿を書かないということを前提にしていますね（笑）。それに加えて、一時所得というのは、「利子所得、配当所得、不動産所得、事業所得、給与所得、退職所得、山林所得及び譲渡所得以外の所得のうち、営利を目的とする継続的行為から生じた所得以外の一時の所得で、労務その他の役務または資産の譲渡の対価としての性質を有しないものをいう」と規定されています。ですから、私の原稿料が一時所得だと考えた方は、私はめったに書かない上に、何も考えずに書いている（笑）、という評価をしてくださったわけです。

そうしますと、私の所得は事業所得でしょうか、雑所得でしょうか。私は毎日原稿に追われて、毎日が締切日のような状態です。しかし、残念ながら学術雑誌の原稿料は私の学生時代とあまり変わっていません。学術書の印税もありますが、赤川次郎さんの本と比較したら、まったく売れません。おそらく私が事業所得でないとすると、彼のように売れないということが一番の原因かもしれませんね。それに私には給与所得があります。生計の中心は給与である。それを超えるほどの原稿料や印税は入ってこないのです。本を出しても学生も買わないし、弁護士も買わない（笑）。どうも、このあたりが本当の原因のようです。もし私が書いた本が間違ってかなり売れて、私の給与所得を上回るような状態になったとしたら、私は当然、事業所得で申告します。これは要するに、事業というのは相対的・総合的な判断だということです。主たる収入源、額、継続性等々を総合的に考案して事業といえるかどうかを判断するのです。

事業所得と雑所得はともに必要経費を控除しますので、わざわざ区別する必要があるのか、という質問もありますが、いろいろあると思います。例えば、雑所得になりますと損益通算ができません。つまり雑所得はどんなに赤字になっても所得税計算上はゼロです。マイナスにはしてくれません。事業所得は収入金額が５００万円しかなかったのに、必要経費が８００万円かかったとしたら、マイナス３００万円です。他に不動産所得が３００

万円あれば帳消しでゼロということになります。しかし、それが雑所得になりますと、いくら必要経費が上回っても、雑所得の金額はゼロどまりです。

昔は損益通算が可能だったのですが、政治家が雑所得の大幅赤字申告を乱用したようで、昭和43年から現行のように通算ができなくなっています。そのために一番悲劇を被っているのは大学の教員なんです。大学の先生方が主として書くのは、平均読者1・5人といわれている（笑）、非常に難しい学術論文です。執筆のために調査費等を費やした上に、原稿料も極めて安いのです。唯一の節税手段が、安い原稿料から、難しい原稿を書くために使った経費を全部引いて赤字にし、給与所得と通算する手段でした。それが政治家のおかげでできなくなったわけです。

(7) 弁護士の所得と判例

このように、所得分類には難しい問題がありますが、それぞれの経済的利得にふさわしい所得金額を計算するために設けられています。また、いうまでもなく、所得分類は形式ではなく、その真の法律関係に基づいて判断されます。例えば、弁護士さんがある紛争解決を受任し、解決したところ、報酬は一切請求せずに、市街化区域内の農地を時価より低額で相手から譲り受けることとしたら、時価との差額は弁護士報酬と推認され、事業所得となります（大阪地裁平成9年3月25日判決・税資222号1142頁、大阪高裁平成10年4月14日判決・税資231号592頁）。

次に、弁護士さんが争った事例として、弁護士さんが受ける日当は非課税かどうかという事件がありました。所得税法9条4号によれば、給与所得者の出張旅費等は非課税ですが、弁護士の日当も一種の旅費手当に該当するものであって非課税だとして争われた事例があります。しかし、裁判所はこれを、次のように否定しています。

「弁護士が事件受任の際に取り決めた報酬とは別に依頼者から受け取る日当は、弁護士が本来の業務を行う自己の事務所所在地を離れた出張先で依頼者のために業務を行う必要上あらかじめ旅費、宿泊費に含まれていない出張中の少額の諸雑費に支出することを予定して受領したものであると解されるから、その実費の弁償と認められる限りにおいて、必要経費としての性質を有するものというべきであるが、それだけでなく、交通機関により比較的長距離を往復しなければならないこと、ある程度の期間自己の事務所を離れてその事件のために拘束されること等に対する対価、つまり、報酬としての性質をも有するものというべきであるから、給与所得者がその本来勤務する場所を離れて勤務するために旅行した場合にその雇用主から支給される金品のように、現行所得税法上その旅行について必要とされる範囲において非課税所得とされる規定（同法9、1項4）の存在しない以上、事業所得者である弁護士の受ける右日当は、それが同法27条（事業所得）2項の『総収入金額』に含まれないということができない」（東京地裁昭和63年12月14日・判例タイムズ709号172頁、東京高裁平成2年2月28日・税資175号965頁、最高裁平成2年7月20日・税資180号354頁）。

弁護士さんの日当は非課税ではありませんから、総収入金額に入れます。収入金額に入れて、日当は全部必要経費だとして控除できるわけでもありません。日当は総収入金額に入れる。そこから実際に引けるのは、弁護士が出張してかかった実際の経費だけであり、日当だからということで自動的に引けるわけではないというのが、この裁判所の判断です。

以上の所得の分類について理解できたとしても、次にまた問題が出てきます。それは、いつの年度の所得になるんだろうか、という問題です。例えば、まだ給与所得を得ている弁護士の方々への質問ですが、事務所の先生が少し資金繰りが悪くて、「今月は君、ちょっと遅らせて」と言われ（笑）、本当は給料を12月25日に渡すところを、翌月の1月10日に渡してくれたとします。この場合、12月25日にもらうべき弁護士の給料は、その年の所得として申告しなければならないのか。それとも、翌年の所得として申告すべきなのか、どっちでしょうね。これは、もらうべき時で、実際もらったときではありません。税法は、基本的には収入の帰属年度は権利確定主義的に考えています。その権利が確定した年度に入れるということになります。

(8) 収入の帰属年度

この権利確定主義との関係で大きな議論を呼んだのは、沖縄の反戦地主が受け取る損失保証金でした。反戦地主の場合は契約に応じないのですから、国が土地を使用するには特別の手続が必要となり、沖縄県収用委員会が強制使用裁決をし、国から使用期間についての損失補償金を全額一括して受け取ることになっています。この場合、地主はこの損失保証金を一括して受領した年度に計上しなければならないのか、それとも使用期間に応じて収入金額を按分できるのかが争われました。地裁（沖縄地裁平成6年12月14日判決・判例タイムズ887号194頁）は「使用期間の経過に応じて権利が確定する」として、全額を支払年度の収入とした課税処分を違法としました。しかし、高裁（福岡高裁那覇支部平成8年10月31日判決・行集47巻10号1067頁）がこれを逆転し、最高裁（平成10年11月10日・判例タイムズ990号124頁）も高裁判決を支持しています。

この判断の中に、権利確定主義とやや異なるニュアンスの管理支配基準的な理解が示されています。「権利取得裁決により、国は、定められた権利取得時期に土地の使用権原を原始取得し、右土地の所有者である被控訴人らは、国から本件損失補償金の一括支払を受けているというのであるから、被控訴人らは、右支払を受けた日以後は、本件損失補償金全額を事実上管理支配しうる状況に至ったというべきであり」という表現からして、権利が確定したかどうかで判断するよりも、事実上支配しているかどうかで判断すべき視点が示されているといえます。弁護士が受ける着取金はどう考えるべきなのでしょうか。

(9) 弁護士と必要経費

さて、必要経費のことにも一言触れておきますが、弁護士界はこの問題で税法の発展のために大きな貢献をしました。

必要経費については、「必要経費に算入すべき金額は、別段の定めがあるものを除き、これらの所得の総収入金額に係る売上原価その他当該総収入金額を得るため直接に要した費用の額及びその年における販売費、一般管理費その他これらの所得を生ずべき業務について生じた費用の額」と規定しています。これを素直に読めば、必要経費というのは①売上原価等の直接経費、②販管費等の業務について生じた費用、ということになります。②については、直接間接を問わず業務について生じたものであれば必要経費になるはずなのですが、実務では法律上の根拠なく「事業に『直接』関係がない」という理由で否認され続けていました。

それを弁護士さんのある事件で覆すことになったのです。争われたのは、日弁連の役員になった弁護士さんが①役員になるための立候補費用、②役員としての懇親会費等、を経費に入れたところ、弁護士業務に直接関係ない、と言う理由で否認され、これが争点となり争われたのです。

平成24年9月19日の東京高裁判決は、課税庁の見解を支持した地裁判決を覆し、「ある支出が業務の遂行上必要なものであれば、その業務と関連するものでもあるというべきである。それにもかかわらず、これに加えて、事業の業務と直接関係を持つことを求めると解釈する根拠は見当たらず、『直接』という文言の意味も必ずしも明らかではないことからすれば、被控訴人の上記主張は採用することができない」と判示し、個々の支出の業務との関係を具体的に検討しました。さらに、平成26年1月17日最高裁第二小法廷が、この高裁判決に対する上告受理申立てについて不受理決定をし、この事件が確定したのです。

これは必要経費について狭く認定してきた課税庁の実務を根底から再検討させることを意味しています。税理士会も従来の対応を見直す必要がありそうですし、弁護士も必要経費の具体的判断基準を再検討する必要があるかもしれません。

⑽ 超過累進税率

最後に、所得税率は超過累進税率であるという意味を正確に理解してください。次のような超過累進税率の場合で、課税所得が2000万円の場合の税額はいくらになると思いますか？

〜500万円………10％
〜1000万円……20％
1000万円〜……30％

学生に質問すると、95％以上の確率で2000万円×30％＝600万円と答えます。これは超過累進税率の計算としては誤りで、単純累進税率で計算しています。世界の所得税制でこれを採用している国はないと思われます。なぜなら、このような計算をすると、所得が1000万円の場合と1001万円の場合とでは、1000万円までに抑えた方が手取金額が多くなってしまうからです。

このような経済活動に非中立的に機能する税制は有害であり、所得税法はそのような弊害をなくすために超過累進税率を採用し、500万円までは10％の50万円、500万円から1000万円までの500万円については

20％の１００万円、１０００万円を超過している1万円部分だけは30％で３０００円の負担となるようにしているのです。１０００万円を超過したから１００１万円の全額が30％になるわけではないのです。これが所得税の超過累進税率の基本的な考え方です。

所得税の申告の時にそんな計算をしたことがないという弁護士の方もいると思いますが、申告書ではいちいち積み上げて計算するのが大変なので、税率を乗じた後に控除額を設けている速算表によって、このような積み重ね計算していったものと同じようになるように工夫しているのです。

⑾　税法は現代の総合法学

さて、このように所得税の大まかなところを概説してきましたが、計算問題は小学生程度の問題しか出てこないでしょう。本来、税法問題は法律問題なんです。さらに言えば、所得税法だって憲法と密接にかかわります。様々な所得税の仕組みが憲法上の問題を抱えています。皆さんが、それを自覚していられるかどうかの問題なのです。

例えば、憲法は25条で健康で文化的な最低限の生活をすべての国民に保障しています。弁護士の方は憲法25条を社会保障の問題だとお考えになっていると思いますが、社会権の背後には、必ず基礎に自由権があります。もし、最低限の所得しかない人に税金がかかったら、どうなりますか。この人の健康で文化的な最低限の生活を守れないということになります。そうすると、課税の問題だって憲法25条の問題が出てきます。その場合、例えば日本国民が、今の状況の中で、健康で文化的な最低限の生活をするためにはいくら必要だと所得税法は考えているかというと、基礎控除額の38万円ということになります。38万円で人間が生きていけると考えているわけです。しかし、マスコミ報道では日本の課税最低限は国際的に高いと宣伝され、その引下げが検討されています。マスコミが使う課税最低限の国際比較は嘘ではありませんが、納税者に誤解させる仕組みになっています。こうした問題にも弁護士の方々が目を向けられることを期待していますし、何よりも、弁護士実務にますます税問題が不可欠になってきています。一連の会社法改正が行われましたが、その改正の正否を握っているのは、実は税法問題かもしれません。税法も会社法改正に応じて大きな改正をしましたが、なお租税回避防止の観点から慎重な対応になっていると思います。弁護士さんが、新会社法に応じた対応をする場合には、もはや税金問題を切り離して検討することはできないはずです。

現代の税法は、様々な法と密接にかかわり、社会の中で生きた法として機能していることを強調して終わりたいと思います。なお、所得税の中で一番おもしろい譲渡所得課税問題を除いてお話をいたしましたが、次回は譲渡の問題がかかわってきます。譲渡課税との関係で気をつけていただきたいのは、相続があった場合に、弁護士は相続税の問題しか考えないことが多いのですが、必ずもう1つの問題があるということです。

それは、昔、５００万円で土地を買って、ずっと持っていた人が亡くなった場合、この人は自分の資産を相続を通じて処分したことにもなります。つまり、相続に際しては、譲渡の問題が必ず出てくるんです。原理的には相続に際して、相続税と譲渡課税が原則的にあるんだということを理解しておいてください。ですから、戦後の一時期には相続に際して相続と譲渡の2つを課税していました。でも、これがあまりにも酷だということで、現行の制度は、通常の場合は取得価額を引き継ぐ、つまり相続人が取得した５００万円をそのまま引き継いで、その相続人が売ったときにまとめて税金を払うという仕組みにしているのです。だから、通常は表面に出てきませんが、時々、「みなし譲渡」として顔を出します。このことに留意して、2章以下も読んでいただきたいと思います。

【第2章】
譲渡所得の落とし穴
これを知らねば弁護士はできない

関根　稔
（弁護士・公認会計士・税理士）

《関根　稔　Minoru Sekine》
東京弁護士会（27期）。税理士試験と公認会計士試験に合格し、税法を利用した一般司法処理に強みを発揮する。毎年、弁護士会や税理士会で講師を務め、税法専門誌に司法と税法とのかかわりについて多数の論文を執筆。この頃は、税法情報をパソコンを利用して検索する方法に挑戦している。著書『弁護士のためのパソコン徹底活用Book』（トール）を利用している人も多いはず。

1 譲渡所得の基礎

(1) 譲渡所得の難しさ

譲渡所得の基礎編と応用編に分けて、検討してみようと思います。まずは、譲渡所得の基礎編です。税法的な譲渡所得の難しさには２つの理由があります。１つは「税法特有の概念」です。後に各論で取り上げていますけれども、無償で資産を贈与すると、贈与を受けた者に対して受贈益課税が行われるだけではなく、贈与した者に対しても譲渡所得課税が行われるのです。

代金をもらったのではなく、無償で贈与しても譲渡所得が発生すると考えるのが税法の理屈です。こういう特異な概念が、税法の難しさの１つであり、弁護士が実務を処理する上での落とし穴になっているわけです。あるいは地雷かもしれません。

２つ目が「膨大な量の特例」です。所得税法、あるいは法人税法はシンプルです。しかし、所得税法とは別に租税特別措置法という法律がありまして、そこに大量の特例が書かれています。

租税特別措置法とは、どのような法律かといいますと、まず、所得税法、法人税法、相続税法、消費税法は、民法や会社法と同じ基本法です。そして、租税特別措置法は政策立法なのです。例えれば消費者保護法であり、借地借家法のようなものです。

地価が上がりすぎたと思えば下がるような法律をつくるし、輸出が伸びないと思えば輸出を伸ばすような税法をつくります。逆に、輸出が増えすぎれば、輸入を奨励するように租税特別措置法を改正します。そこには租税法としての理屈は存在しません。

日本は土地の国ですから、租税特別措置法には土地に対する大量の課税の特例が存在します。何しろ日本は、資本主義ではなく、地本主義といわれた時代もあるほど、土地が経済の基準になっていました。土地の値段を税法で管理しようとの発想です。そのような政策立法が大量に存在しますので、それが税法を難しくしているわけです。

今回だけで、その大量の特例をすべて説明することはできませんので、そのうちのいくつかを紹介します。さらに、地雷か落とし穴になる税法特有の譲渡所得の概念を説明したいと思います。

(2) 税法特有の概念

① 譲渡所得の本質は値上がり益課税

この設例についての課税関係を、1分間で考えてみてください。

設例1

Aは、取得価格1億円、相続税評価額3億円、実勢価格5億円のマンションをBに贈与した。A、Bが個人の場合と、法人の場合について、各々の課税関係を述べよ。

	税金名	課税金額		税金名	課税金額	
個人A	（　　）	（　　）	から個人B	（　　）	（　　）	への贈与
個人A	（　　）	（　　）	から法人B	（　　）	（　　）	への贈与
法人A	（　　）	（　　）	から個人B	（　　）	（　　）	への贈与
法人A	（　　）	（　　）	から法人B	（　　）	（　　）	への贈与

まず答えを言いますと、個人Aから個人Bに贈与した場合は簡単です。贈与した個人Aには何の課税関係も生じません。税金名は無しで、課税金額はゼロです。個人Bには贈与税が課税されます。課税価格は相続税評価額の3億円です。これは当たり前の話です。

では、個人Aから法人Bに資産を贈与したら、どのような課税関係が生じるでしょうか。個人Aには所得税が課税されます。所得金額は4億円です。なぜ4億円かといえば、実勢価格が5億円なので、この資産は5億円で売却されたとみなされるのです。そうしますと、取得価格1億円ですから、差額の4億円が譲渡所得になるという計算です。

なぜ、無償で贈与したのに譲渡所得課税が生じるかというと、これが今回のテーマである税法特有の概念です。その理屈については後に説明するとして、なぜ「贈与」が「譲渡」になるのかとの理屈を説明します。これは弁護士の方々が勘違いしているところかもしれません。

つまり、譲渡所得課税を売買所得課税と勘違いしているわけです。譲渡という言葉から売買という概念を連想し、売買とは物を売って代金が支払われる取引で、その対価に課税されると考えてしまう。

でも、譲渡と売買の概念は異なります。例えば債権譲渡という言葉がありますが、債権譲渡は債権を売買したときだけではなく、贈与の場合もありますし、代物弁済の場合もあります。要するに、所有権を移転する一切の行為を譲渡というわけです。ですから、譲渡所得課税が問題になるのは、売買だけではなく、贈与も、競売も、代物弁済も、交換も、所有権を移転する行為のすべてが譲渡です。そのため、設例の場合は、贈与であるにもかかわらず、譲渡所得課税が行われるわけです。

では、法人Bはどうなるかというと、法人税が課税されます。これは簡単です。法人は無償で財産の贈与を受けるわけです。いくらを儲けたかといえば、5億円のマンションを無償で受け取るわけですから、5億円が課税価格になります。なぜここで相続税評価額３億円が利用できないかというと、相続税評価額が利用できるのは相続税と贈与税に限られるからです。法人が財産の贈与を受けた場合は、贈与税ではなく、法人税が課税されます。ですから、実勢価格でなければならないわけです。

次に、法人Ａから個人Ｂに贈与した場合、どのような課税関係が生じるかというと、法人Ａには法人税が課税され、課税価格が４億円です。つまり法人は無償で贈与したのですけれども、５億円で売却したとみなされてしまうわけです。取得価格が１億円ですから、譲渡価額との差額４億円に法人税が課税されます。

次に贈与を受けた個人Ｂには、５億円について所得税が課税されます。なぜ、贈与なのに贈与税ではないのかといいますと、贈与税というのは、相続税の補完税なのです。

個人から個人への無償による財産の移転というのは、贈与ではなく、相続が基本です。相続の場合なら、相続人には相続税が課税されることになります。例えば、父親が大きな財産を持っている場合なら、父親が死亡した時点で相続し、それに相続税が課税されるのが素直な関係です。

しかし、相続まで待たずに、父親が生前に息子に財産を贈与することもあります。これは生前相続であるわけです。ですから、相続税に代わるものとして贈与税を課税するという発想になります。これが、贈与税は相続税の補完税だといわれる所以です。したがって、個人から個人に対する贈与だけが贈与税の対象になるわけです。

法人が死亡し、個人が相続するという概念はありません。

ですから、法人から個人に対する贈与の場合は、贈与税ではなく、所得税が課税されます。そして、所得税が課税される場合は、相続税評価額は使えず、課税価額は実勢価格の５億円ということになるわけです。

次に、法人Ａから法人Ｂに贈与された場合ですが、これは今までの３つの課税関係の応用形で答えが出せます。法人Ａには法人税が課税されます。１億円で取得した資産を５億円で売却したとみなされるわけです。ですから、

4億円が課税所得です。受け取った法人Bは、無償で5億円の価値がある財産を取得できたのですから、これには法人税が課税され、課税金額は5億円ということになります。

このような課税関係には、当然のことながら条文上の根拠があります。それについては後ほど説明しますが、無償による取引、あるいは裁判所での和解を行う場合は、この4つの組合せを頭に描いてもらえれば課税関係についての落とし穴を事前に発見できるかもしれません。

無償での贈与には譲渡所得課税が行われるという理屈です。

これをこの項目についての結論にしてください。

② 値上がり益課税とは

無償での贈与に、なぜ、譲渡所得課税が行われるかというと、その根拠は値上がり益課税という理屈にあります。

では、値上がり益課税とはどういうものなのでしょうか。これは、次のような説明で理解してもらえると思います。

土地を1000万円で購入しました。現在は土地の値上がりが止まってしまった時代ですが、通常の時代であれば土地は値上がりします。1000万円で購入した土地が、2年目には1割だけ値上がりして1100万円になります。そして、3年目にはまた1割値上がりして1210万円になります。

そのように土地が値上がりしているとすると、本来であれば、その値上がり益に対して所得税や法人税を課税すべきです。1年目から2年目になるときに、「あなたの所有している土地は100万円値上がりしたのだから、100万円相当の利益について所得税を課税します」というのが、本当は正しい税法になるわけです。

しかし、正しい税法を実践しようとしても、特定の土地がいくら値上がりしたかということを、税額計算に耐えられるほど正確に計算することはできません。それに、会計学の基本原則として、発生主義というものもありますが、実現主義というものもあります。

実現主義というのは、利益は発生しただけではなくて、実現していなければならないという理屈です。所有している土地が１０００万円から１１００万円に値上がりした場合でも、そこで利益は発生はしたものの実現したとまではいえない。そのような解釈を会計学は採用しています。

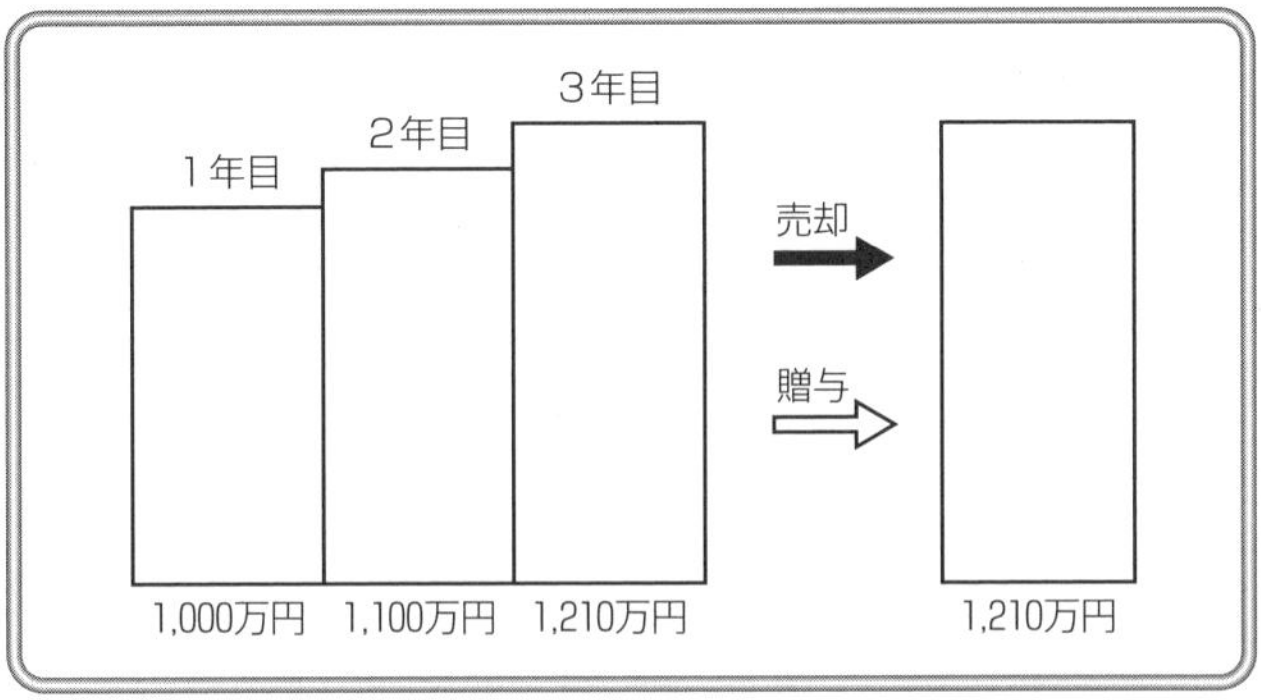

これが１２１０万円にまで値上がりした段階で売却されたとすると、そこで２１０万円の利益が実現するわけです。所得が発生しただけでは課税はできません。実現した段階で譲渡所得課税をするというのが、通常の売買の事例です。
では、所有者が１２１０万円に値上がりしている資産を贈与してしまったらどうでしょうか。つまり、１０００万円で購入した資産が１２１０万円に値上がりしていたが、これを無償で第三者に贈与してしまったわけです。その場合、どういう課税関係が生じるかが、ここでの問題です。
この場合は、時価で売却したとみなされます。なぜなら、もらった人が幾らの感謝をしてくれるかというと、１２１０万円分の感謝をしてくれるわけです。あなたは１０００万円で買った資産を贈与してくれたのだから１０００万円しか感謝しないという人には、財産を贈与しません。資産を贈与するのと引き替えに、１２１０万円分の感謝を受け取るわけです。
さて、真面目な税法の議論に戻りますと、もし、贈与の場合に、この資産の所有者に対し値上がり益２１０万円についての課税を行わなかったら、いつ、その値上がり益に対する課税が行えることになるでしょうか。Aさんは、この土地をBさんに贈与してしまいます。しかし、Aさんのところで210万円の値上がり益が発生しているわけです。会計学的には値上がり益が発生していても、それには課税できないことになります。

そして、課税されないままBさんに贈与されてしまったら、値上がり益についての課税の機会はなくなってしまいます。そこで、税務署としては、「あなたが土地を手放したのなら、その段階で、今までに発生していた値上がり益に対し、値上がり益課税をさせていただきます」ということになるわけです。これが税法的発想です。

これで、無償で贈与しても譲渡所得課税が行われるということと、その根拠は値上がり益課税だということを理解していただけたと思います。

③ 所得税についての例外的な取扱い

無償による譲渡には常に値上がり益課税が行われると考えると、前述した**設例1**について、1つの疑問が生じてしまいます。個人Aが法人Bに贈与した場合については、5億円で譲渡されたものとみなし、4億円についての譲渡益課税を行うことにしました。これは説明した理屈どおりの課税です。

しかし、個人Aが個人Bに贈与した場合は、個人Aに対しては値上がり益課税は行いませんでした。なぜ、譲渡所得課税を行わないのかというと、個人の場合が特別なのです。

1000万円で購入した資産が、2年目に1100万円に値上がりし、3年目に1210万円に値上がりしているわけです。これを贈与します。しかし、個人Aから個人Bに贈与する場合は値上がり益課税を行いません。その代わり、贈与を受けた個人Bは、この土地を1000万円で取得したという事実を引き継ぐのです。贈与の例で説明していますが、相続の場合も同じです。

1210万円に値上がりしている資産の贈与を受けたのですから、Bさんは1210万円の資産を取得したこ

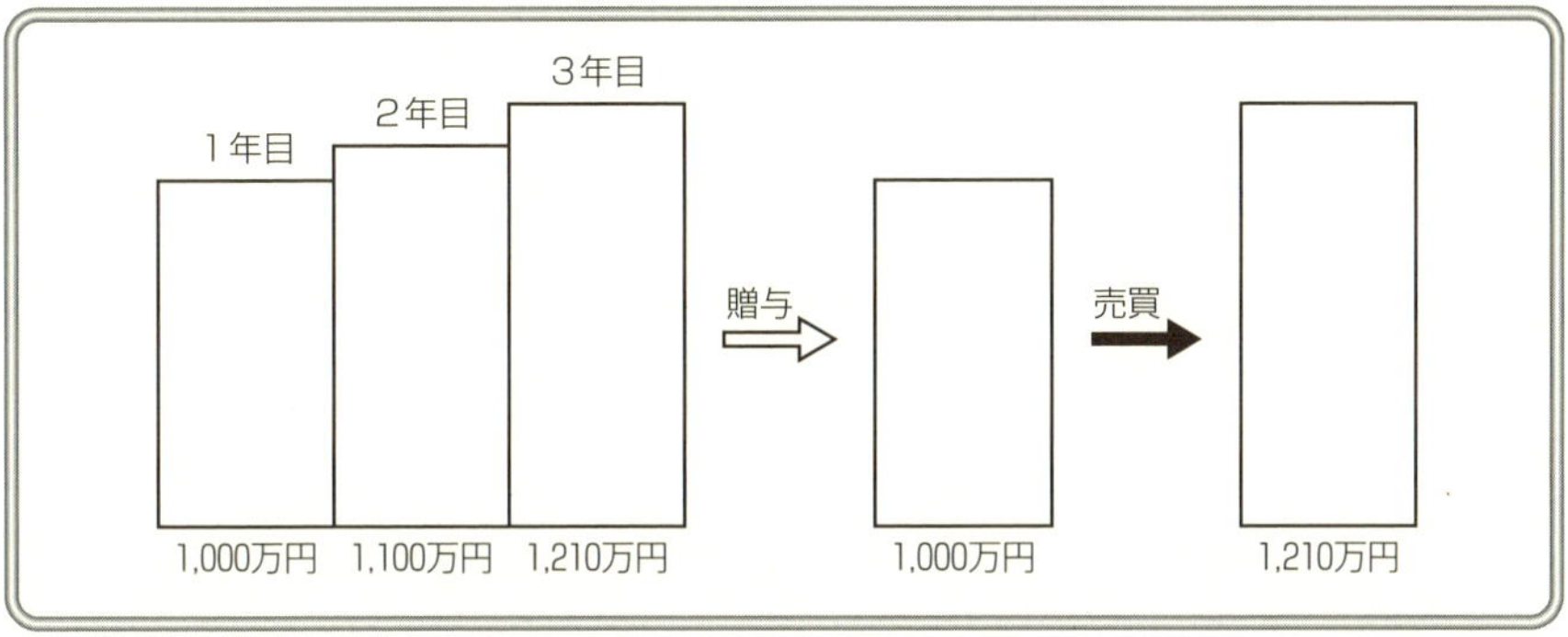

とになります。それが１３００万円に値上がりしたら、Ｂさんのところで90万円の所得が発生すると考えるのが理屈どおりの税法の理解です。

しかし、Ｂさんの場合は、Ａさんが１０００万円で取得したという事実を引き継がなければなりません。Ａさんの歴史を引き継ぐのです。ですから、贈与を受けた翌日に、Ｂさんが、この資産を第三者に１２１０万円で売却すれば、Ｂさんのもとでは値上がり益は１円も発生していないのですが、２１０万円について譲渡所得課税を受けてしまいます。

Ｂさんは１日しか持っていません。しかし、Ａさんが１０００万円で資産を取得したという過去の事実を引き継ぎますので、所有していた期間が１日だったとしても、Ｂさんのもとでは２１０万円の値上がり益が発生したと認定されてしまうわけです。

これは税法の理屈に反します。ですから、以前は、このような税法ではなく、先ほどから説明している課税関係、つまり、譲渡の場合には、個人から個人への譲渡であっても、常に値上がり益課税を行うというのが所得税の本則だったのです。

日本が戦争に負けまして、その後、所得税法が改正された時には、個人から個人に対する贈与の場合も、贈与者に対して値上がり益課税を行っていました。相続の場合も同様で、相続が開始すると、被相続人に対して譲渡所得課税を行っていたわけです。

つまり、父親が死亡し、息子が財産を相続した場合なら、息子には相続税が課税され、父親には譲渡所得課税が行われるという理屈です。しかし、これに対して二重課税ではないのかという批判が出てきました。

本当は二重課税ではありません。財産を取得した者に対して課税されるのは相続税ですが、これは財産を取得したという事実に対して課税される税金です。しかし、父親に課税されるのは過去の値上がり益に対しての課税です。

その意味では、別の利益に対する課税ですから二重課税ではないのですが、しかし、相続が発生すると、所得税の申告書と相続税の申告書の2枚を提出しなければなりません。これは二重課税のように感じてしまいます。

そこで、最初に、相続の場合の値上がり益課税を廃止し、贈与の場合だけに値上がり益課税を行うことにしました。しかし、贈与の場合も二重課税のように見えてしまいます。何しろ、贈与した者と、贈与を受けた者の2人が申告書を提出することになるわけです。

そこで、税務署に対して届出書を提出すれば、贈与の場合も、値上がり益課税を行わないとしました。つまり、贈与税だけが課税されることになります。しかし、届出書を提出するか否かで課税の可否を決めるのは疑問との声があがったのでしょうか。現在は、届出書の提出の制度はなくなりました。

そして、個人から個人に贈与した場合については、値上がり益課税は行わないとしたわけです。その代わり、贈与を受けた者は、取得価額と時期を引き継ぎ、その後の資産の処分の時点で、従前の所有者のもとで発生していた値上がり益についても、値上がり益課税を受けることになりました。

ここでの結論としては、贈与の場合に譲渡所得課税を行わないのは、個人の場合に限った例外的な取扱いだということを理解してください。

④ 課税の根拠条文

これらの理屈は、所得税法59条に書いてあります。税法を読む際のノウハウは、括弧の中を抹消して読むことです。本文と括弧内の文書を最初から読んでしまうと頭に入りません。括弧内は後に読めばいいわけです。そのように読みますと、所得税法59条は次のようになります。

「次に掲げる事由により居住者の有する山林又は譲渡所得の基因となる資産の移転があった場合」、つまり、譲渡したときには、「その事由が生じた時に、その時における価額に相当する金額により、これらの資産の譲渡があったものとみなす」と書いてあるわけです。

そして、「贈与（法人に対するものに限る。）」となっています。つまり、法人に対する贈与は時価による譲渡とみなしますが、個人に対する贈与は時価による譲渡とはみなさないのです。

次に、「相続（限定承認に係るものに限る。）若しくは遺贈（法人に対するもの及び個人に対する包括遺贈のうち限定承認に係るものに限る。）」としています。この場合は、そのときにおける時価により譲渡したとみなすということです。

限定承認については後で説明しますので、ここで注意していただきたいのは、贈与も遺贈も法人に対するものに限るということです。法人に対する贈与などについては時価で譲渡したとみなすと書いてあるわけです。

法人に対するものに限るのですから、逆に読めば、個人に対するものには課税されないということです。そのことについて、所得税法60条が定めています。

個人が贈与により取得した場合の、その資産の取得費はどうなるかということです。所得税法60条を読んでみますと、「居住者が次に掲げる事由により取得した前条第1項に規定する資産を譲渡した場合における」とありますが、要するに、居住者（個人）が、贈与を受けた資産を、その後、譲渡した場合です。その場合は、「事業所得の金額、山林所得の金額、譲渡所得の金額又は雑所得の金額の計算については、その者が引き続きこれを所有していたものとみなす」としています。

つまり、贈与や相続、あるいは遺贈によって個人が取得した財産は、「その者が引き続き所有していたとみなされる」わけです。ですから、BがAから贈与を受けたときは、Bは、Aが所有していた資産を引き続き所有していたとみなされるのです。つまり、Aの取得価額と取得時期を引き継ぐわけです。

したがって、1年目、2年目、3年目と経過し、現在1210万円になっている資産の贈与を受けた場合も、Bが1000万円で取得したものとみなされ、かつ、この資産を3年前に取得したものとみなされてしまうのです。

Bが資産の贈与を受けた翌日に売却した場合であっても、仮にAが所有していた期間が5年を超えていれば長期譲渡所得ということになります。相続してから直ちに売却した場合でも、親が所有していた期間を通算してくれますので、親の所有期間が5年を超えていれば長期譲渡所得になるわけです。

長期譲渡所得か否かは、所有期間が5年を超えているか否かによって判定されますが、父親の所有期間を加えたところで、この5年間の期間が判定されることになります。

これが条文上の根拠です。結論としては、譲渡所得の理解には、所得税法59条と60条の理解が不可欠だということです。所得税法33条に譲渡所得のことが書かれていますが、あれは所有資産を適正な時価で売却した場合の課税関係の本則のことが書かれているだけです。無償での譲渡、あるいは時価を下回る価額での譲渡のことは所得税法59条と60条に書かれています。

これは政策立法である租税特別措置法ではありません。所得税法ですから、まさに所得税法の譲渡所得に対する考え方の基本が書いてあるのです。政策ではなく、理論として、こういう考え方を所得税法は採用しているわけです。

⑤　限定承認の場合

設例２

父親は上場企業の取締役をしていたが、株主代表訴訟を起こされ、この結論を見ないまま死亡してしまった。父親が所有する資産は３００坪の居宅と預金。株主代表訴訟によって請求されている金額は80億円。限定承認の手続をしようと思う。

この場合の問題点を、また、１分間で考えてみてください。この人はどういう方法をとったらよいと思いますか。

限定承認は間違った手続だ、というのが答えです。なぜ、間違っているかというと、限定承認をしたら、父親が所有する３００坪の居宅を時価で売却したとみなされてしまうのです。

そうすると、株主代表訴訟に勝つか負けるかわからない段階で、所得税だけは先に納付するという結果になってしまうわけです。仮に敗訴すれば、結局はゼロになる遺産ですから実害は生じません。３００坪を売却したとみなされ、仮に1億円の所得税を納める場合でも、３００坪を例えば5億円で売却し、その代価の中から1億円を税務署に納め、残りの4億円を会社に支払うだけのことです。

でも、仮に、この訴訟に勝訴してしまったら問題です。相続人は３００坪の土地を売却したとみなされ、父親が死亡してから4ヵ月以内に確定申告書を提出し、その段階で1億円の税金を納めているわけです。これでは、裁判に勝訴した場合には無駄な税負担ということになってしまいます。

どういう理屈かというと、所得税法59条1項1号に「相続（限定承認に係るものに限る。）若しくは遺贈（法人に対するもの及び個人に対する包括遺贈のうち限定承認に係るものに限る。）」と書いてあるからです。限定承認の場合は、そのときにおける価額に相当する金額により譲渡したとみなされるわけです。

限定承認をしたら、そのときの時価で遺産を売却したとみなされるわけですが、その売主は亡くなった父親です。死亡したと同時に売却したとみなされるわけです。売却したとみなされたら、そこで所得税が課税されるわけですから、その所得税の納税義務を債務として相続人が引き継ぐことになります。

なぜ、このような考え方をとっているのかというと、国側の親切からです。これは次のような理由によるものです。

被相続人は３００坪の土地を持っていました。限定承認というのは、通常は、債務が資産の価値を超えている場合、あるいは同額の場合に選択される手続です。

土地を売却して5億円で売れた場合でも、その5億円は債務の返済に消えてしまうわけです。この場合に、もし、限定承認について値上がり益課税を行わなかったらどうなるでしょうか。この土地を売却したのは相続人ですが、相続人は父親の取得価額を引き継ぎますので、土地を5億円で売却した場合に、その土地は父親が大昔に1億円で購入していたものだとしたら、４億円の譲渡所得を相続人が申告することになってしまいます。

相続人は父親が取得した土地を相続し、その土地については父親の取得価額と取得時期を引き継いでいますので、相続の翌日に売却したとしても、相続人に対して値上がり益課税が行われてしまいます。

そして、相続してから、相続人が遺産を売却することによる譲渡所得課税ですから、それは相続人の譲渡所得であり、相続人が負担すべき税金です。これは限定承認の切り捨ての対象にはなりません。

相続人は、限定承認の手続により、5億円で土地を売却し、5億円を相続債務として弁済するわけですが、その上に、相続した後に売却した土地についての譲渡所得として、自分の財布から1億円の所得税を納めなければならないことになります。これは不合理です。

そこで、限定承認をした場合、遺産は、それを相続した相続人ではなく、被相続人自身が売却したとみなすことにしているわけです。つまり、４億円の値上がり益に対する課税は父親に対して行われるのです。そして、課税された1億円の所得税も父親の債務とみなしてしまうのです。これは国に対する債務です。

相続人は、父親に代わって所得税を申告し、父親の所得税1億円の納税義務を確定させます。その他に株主代表訴訟に敗訴するなどの借金が存在するのなら、それらの債務と所得税を納税すべき債務を、すべて、限定承認の手続の中で弁済すればよいわけです。弁済できない債務が残ったとしても、それは限定承認の中で精算されてしまいます。相続人は相続した財産の範囲内で債務を返済すればよいわけです。

このように、国は限定承認をした人を守ってくれているわけです。しかし、弁護士の扱う事案は簡単ではありません。つまり、借金が存在することが確実な案件なら限定承認でも良いのですが、設例の株主代表訴訟のように、将来、勝訴するか敗訴するかが分からないとの案件では、限定承認の手続は選択できません。仮に、敗訴すればよいのですが、勝訴してしまった場合は、限定承認を選択し、1億円の所得税を納めたことが無駄になってしまうわけです。では、どうすればよいでしょうか。また、1分間だけ考えてみてください。

⑥ 相続時精算課税

相続時精算課税の利用です。相続時精算課税というのは、65歳を超えた父、又は母から、20歳を超えた子が贈与を受ける場合には、２５００万円までは贈与税を非課税とし、２５００万円を超えた部分については20％の税率の贈与税を課税するという方法です（相続税法21条の9）。

仮に、通常の贈与の場合なら、２５００万円の贈与を受ければ８１１万円（平成27年1月1日以後の尊属からの贈与の場合）の贈与税が課税されます。しかし、相続時精算課税なら２５００万円までは贈与税はゼロであり、仮に、3000万円の贈与の場合でも100万円の贈与税です。

さらに、相続時精算課税の場合は、20%の贈与税は仮払いであって、相続時に精算してくれます。相続時には、その時点での相続財産に、相続時精算課税を利用した生前の贈与額を加算し、その合計額を相続税の課税財産として相続税率を乗じて、そこから支払い済みの贈与税を差し引くという精算課税をしてくれるのです。

その意味からすれば、いずれ相続税の課税対象になるという意味では、相続税の計算については中立的であり、特に有利なところはありません。しかし、民事上の事件処理を行う場合には、まさに、万能のツールとして機能します。

事例のように、株主代表訴訟で敗訴する可能性がある場合は、被相続人、つまり、被告の生前に、相続時精算課税を利用し、所有資産を子に贈与してしまえば良いのです。そして、その後に相続が開始した場合には相続を放棄してしまいます。

相続時精算課税は、紹介した事例の他にも、民事事件処理で使えることがあります。たとえば、経営している会社の営業状態に不安が生じてきた場合などは、会社の経営が本格的に傾く前に、個人財産を、相続時精算課税を利用し、息子に贈与してしまうことが可能です。

さらには、長男に会社の事業を承継させたい場合には、他の息子達には、相続時精算課税を利用し、今の段階で財産を贈与すると共に、遺留分を放棄して貰うことによって、事実上の家督相続を復活させることも可能です。

(3) 膨大な量の特例

① 通常の譲渡所得課税

所得税法は、所得を10種類に分けています。法人税法の所得は1つです。法人の場合は、すべての取引の収支を大きな1つのバケツに入れておけばよいわけです。儲かった場合も、経費を支出した場合も、すべて、そのバケツから出し入れをします。そして、最後にバケツの中に残った分が法人の利益です。その利益に対して法人税を課税します。

しかし、所得税の場合は異なります。10個のバケツを税務署が貸してくれます。なぜ、10個かというと、個人が稼いだ所得については、各々の所得の種類によって担税力が異なると考えるためです。

例えば、退職金ですが、これは1年間で儲けた所得ではなく、10年間、あるいは20年間の勤務の結果として獲得した所得です。それを今年に受け取ったという事実から、今年の所得として一時に課税するのは気の毒です。もちろん、所得税法は、所得が発生した年度に課税するという理屈を採用していますので、退職金を今年に受け取ったら、それは今年の所得として課税します。しかし、退職金は、今年だけの稼ぎではなく、30年間の勤務による稼ぎですから、それに対して所得税法の超過累進税率を適用するのは不合理だという理屈です。超過累進税率というのは、所得が増えるに従って、税率が上昇していく税率構造です。

具体的には、所得195万円までは5％の税率で、195万円を超えた場合は10％の税率になり、さらに330万円を超えたら20％の税率になります。

ですから、5年間で毎年195万円を稼げば、その人に適用される税率は5％で済むわけですが、1年間で975万円を稼げば、195万円までの部分には5％、135万円の部分には10％、365万円の部分には20％、205万円の部分には23％、75万円部分には33％という超過累進税率が適用されることになります。

つまり、所得は、毎年、平均的に確保した方が税負担は少なくて済むわけです。退職金についても、30年分を一度に受け取るのではなく、30年間の各年に分割し、給料に加算してもらった方が税負担は少なくて済むという理屈です。

そこで、一度に受け取る退職金については、通常の所得と区分し、退職金所得として特別の所得計算方法を採用することにしました。つまり、勤続年数に応じた退職所得控除を差し引き、さらに2分の1にした金額を所得にするという取扱いです。この方法で税負担を軽減しているのです。所得税法は、このように所得の種類によっての所得計算方法を定めているわけです。それが10個のバケツです。バケツごとに所得の計算方法は異なるわけです。

所得税法（所得を10種類に分類）

(1) 利子所得……23条
(2) 配当所得……24条
(3) 不動産所得…26条
(4) 事業所得……27条
(5) 給与所得……28条
(6) 退職所得……30条
(7) 山林所得……32条
(8) 譲渡所得……33条（ゴルフ会員権）
(9) 一時所得……34条
(10) 雑所得………35条

租税特別措置法（長期と短期を区別）

(11) 長期譲渡所得……31条
(12) 短期譲渡所得……32条

まず、利子所得は、源泉分離課税という方法で20・315％（所得税・復興特別所得税15・315％、地方税5％）の税率が適用され、それで課税関係は終了です。なぜ、そのようなことにしているかというと、普通預金や定期預金の利息を全体の所得に加算して所得税を申告してもらうという制度では、実務の運用は不可能だからです。大概の人たちは、銀行からいくらの利息を受け取ったかという計算はしていないと思います。この点について、弁護士はミスをしているかもしれません。つまり、弁護士業として、事務所の預金がありますが、それに利息が付いた場合の所得計算です。

几帳面な弁護士は、これを事業所得の収入金額として所得申告しているかもしれません。でも、これは不要です。銀行から受け取る利息は、利子所得として既に20・315％の課税が行われた残額なわけです。ですから、事務所の預金の利息であっても申告する必要はありません。

次に配当所得ですが、これも特異な考え方をします。というのは、配当所得は、既に課税済みの所得だと考えるのです。なぜかというと、例えば、会社が1億円儲けた場合には、会社には4000万円の法人税が課税され、税引後の利益として会社に残るのは6000万円です。それを株主に配当する。その6000万円の配分が配当所得です。これに通常の所得税を課税したら、株主の最終の税引後の手取りは3000万円になってしまうかもしれません。

しかし、株主自身が個人として商売をして1億円を儲けたら、それに所得税が課税されても、5000万円が個人の手元には残ります。そうしますと、会社に出資して商売を行った場合と、個人として直接に商売をする場合とで結論が違ってしまいます。

そのために、配当所得については、株主は6000万円を受け取るが、それは既に課税済所得だということで、株主の所得計算の段階で修正してくれることになっているわけです。これが配当控除の制度です。

しかし、この制度には批判があります。小さな会社で、オーナー自らが会社を経営している場合なら、会社が1億円を儲けたら、これは俺の儲けだとオーナーは言うと思います。そして、4000万円の法人税も、俺が支払った税金だと考えるでしょう。

しかし、トヨタ自動車の株式を購入して、トヨタ自動車が200億円を儲けた場合に、この200億円のうち、俺の持株分5000万分の1は俺の儲けだ、と考える株主はいないと思いますし、もし存在したとしたら、相当に楽天的な株主です。

この場合、株主の所得は、トヨタ自動車が稼いだ200億円ではなく、トヨタ自動車の税引後の所得100億円でもなく、現実に配当として株主に支払われた10万円と考えてよいと思います。つまり、これは預金と全く同じような課税関係でよいのではないかと思うのですが、その点については、いろいろな理屈のせめぎ合いがあり、配当所得という分類が存在します。

不動産所得と事業所得は同じ所得計算方法です。儲けから経費を差し引いて所得税を計算することになります。これは法人税に一番近い計算方法です。

給与所得は、弁護士が大学の非常勤講師を引き受けた場合などに適用される所得計算です。大学からもらう給料は給与所得に分類されます。給与所得には有利なところが2点ありまして、まずは、給与所得控除の存在です。最低でも65万円を差し引いてくれます。非常勤講師の報酬は年額65万円を超えないと思いますので、弁護士にとって、これは非課税の所得です。

第2のメリットは、給与所得には事業税が課税されないことです。この2つの違いがあることから、弁護士として3000万円を稼いだ場合と、サラリーマンとして2500万円の給料をもらった場合の手取りは同じくらいの金額になります。

給与所得は有利ですので、弁護士の中には、受け取った報酬を給与所得に分類したがる人たちがいます。顧問料は給与所得だと主張する人たちです。そして、給与所得として申告したら、そのまま税務署が認めてしまったという話も、よく聞きます。

しかし、それは理屈上から認められたことではなく、単に、泥棒が捕まらなかっただけの話です（笑）。顧問料は給与所得にはなりません。なぜ給与所得にならないかというと、給与所得と顧問料の違いについては、いくつかの判例があります。弁護士が原告となった税務訴訟の判決です。その判決は、給与所得に分類されるためには、時間的、場所的、あるいは指揮命令的な拘束がなければならないと判断しています。弁護士が、顧問契約に基づき、毎週水曜日の午後に法律相談に会社にお伺いしますとなっていても、それは場所的な拘束とはいえないし、時間的な拘束ともいえないと判断されています。

退職所得は、先ほど説明したとおり、何十年分の稼ぎの対価ですから、退職所得控除を差し引いて、その残りを2分の1にした上で課税することにしています。４年以内に2度続けて退職金を受け取ると、退職所得控除の計算の基礎になる勤続年数の計算について、重複する勤続年数を控除する必要が生じます。

しかし、4年を経過してから退職金を受け取れば、それ以前に受け取った退職金とは無関係です。ですから、オーナーが会社を４つ経営していたら、５年毎に会社を退職していけば、非常に有利な節税方式が利用できます。

退職した後、５年も経過したらまた以前の会社に復職する。５年毎に退職金を受け取り、その代わりに役員報酬はゼロにするということにしたら、それなりの節税効果が受けられるはずです。なぜ、４年を経過すればよいのかは、たぶん、天下り役人との関係です。天下って4年間ぐらい勤めて、また次のところに転職する。これが退職金を優遇する理由ではないかと勘ぐっています。

山林所得は、育成した山林の木を切って売却した所得です。木が育つのには何十年もかかるからということで、優遇しています。

そして譲渡所得ですが、これが今日のテーマです。しかし、所得税の本法に登場する譲渡所得というのは、基本的にはゴルフ会員権の譲渡だけです。というのは、土地建物の譲渡については、後に説明します租税特別措置法が適用され、所得税本法は適用されません。

一時所得は競馬の馬券で儲けた場合です。テレビのクイズ番組に出場して儲けた場合も一時所得です。これは50万円を差し引いて2分の1に課税されます。

雑所得は、どれにも分類されなかったゴミのような所得です。弁護士が雑誌に原稿を書いて受け取る原稿料は雑所得なのか、あるいは事業所得なのかと議論をすることがありますが、おそらく雑所得です。

雑所得でも、事業所得でも、所得の計算方法は同じです。要するに収入から経費を差し引くだけの計算です。雑所得に分類されて有利になるのは、事業税が課税されないということです。

この10個の所得が、所得税法に基づく課税です。しかし、土地と建物の譲渡に登場してくるのは租税特別措置法です。そこでは長期と短期を区別しています。長期、短期というのは所有期間についての区別で、5年間を区切りにしています。しかし、特例によっては10年間を要求しています。

では、なぜ長期と短期を区別しているのかというと、長期譲渡所得については、普通より軽い課税をしているのです。それは今年1年で獲得した利益ではないからと説明されています。仮に、5年間の所有なら、5年間の値上がり益の合計額について、譲渡の時点で課税することになるわけです。正しくは、譲渡所得を5で除して、それに税率を乗じて5倍にすべきです。

10年間の所有期間なら、10で除して、それに税率を乗じて、その税額を10倍にしてくれればよいわけです。そのような思想を取り入れて、長期譲渡所得については優遇のために低い税率を適用しています。また、短期譲渡所得はといえば、普通の総合課税より重い課税をします。

これは日本特有の概念です。日本には、土地を転売して儲けるのはけしからん、という思想があります。土地を転売して儲けることを認めると、地上げ屋がどんどんと土地を転売し、そのために土地がどんどん値上がりしてしまう。だから、短期に転がした場合は重い課税をするという制度をつくっています。政策立法です。バブルの頃には、２年内に売却した場合、５年内に売却した場合だけではなく、土地を売却したすべての場合について、法人についても重課税を負担させるとの政策立法がありました。しかし、現在は地価値下がりの時代ですから、法人に対する土地重課制度はすべて適用停止になりました。しかし、個人については長期譲渡所得と短期譲渡所得という区別を置いています。

長期譲渡所得の税金についても、バブルの頃、一般の所得よりも税負担を軽減するのは間違いであり、一般の所得よりも税負担を重くすべきだという説がありました。長期だろうが、短期だろうが、汗を流して稼いだ金ではない。だから、重い課税をすべきだとの説ですが、それは採用されませんでした。なぜ採用されないかといえば、税金を重くすると凍結効果が生じてしまう。つまり、譲渡しても、その大部分が税金で消えてしまうことになれば、誰も土地を売らなくなってしまうからです。

ここに10億円の土地を持っているとします。これを売り払ったら４億円の税金を取られてしまい、残るのは６億円の現金になってしまうという場合に、どのような選択をするかと考えれば明らかです。誰でも、６億円の現金よりは10億円の土地の方がよいでしょう。

10億円の土地を売却し、４億円の税金を納めて、６億円の現金を手にしたら何をするかといったら、また、土地を買うわけです。そうしたら、10億円の土地が６億円の土地になってしまうだけですから、誰も土地を売らなくなってしまいます。

国としては、土地の値上がり益で儲けてほしくはないが、そのために重い課税をすると、今度は土地の供給が止まってしまうというジレンマのところで租税特別措置法ができているわけです。

所得税の課税関係、特に、土地の課税関係の説明はこれで終わりにして、次に移りたいと思います。

② 譲渡所得の計算方法

土地を売却したら課税される、という説明をしてきますと、「土地を売ったら税金がかかるのだな」と勘違いされてしまうことがあります。しかし、土地を売却したら常に課税されるというわけではありません。

土地を売却して、利益が発生した場合に課税されるのです。ですから、例えば、現在のように地価値下がりの時代なら、1000万円で購入した土地が、2年目には値下がりして900万円になり、その段階で譲渡しても所得が発生しないという理屈になります。

それから、マンションなどの場合は減価償却をします。事業に使っている建物は減価償却していますが、住んでいる家の場合も、所得を申告する必要がないから減価償却の計算をしていないだけであって、実際には減価償却が必要なのです。

1000万円で購入したマンションを何年間か使っていれば、その間、例えば、90万円の減価償却が行われます。購入した価額は1000万円ですが、今の帳簿価額は910万円とみなされるわけです。その910万円のマンションを810万円で売却するのですから、100万円の譲渡損が発生します。

この譲渡損が発生したら、どのような効果が生じるかというと、所得税法69条に登場する損益通算です。「総所得金額、退職所得金額又は山林所得金額を計算する場合において、不動産所得の金額、事業所得の金額、山林所得の金額又は譲渡所得の金額の計算上生じた損失の金額があるときは、政令で定める順序により、これを他の各種所得の金額から控除する」としています。

しかし、土地建物譲渡所得については、平成16年以降、損益通算が禁止されています。譲渡損失がある場合に、それを他の所得と通算することも、逆に、譲渡所得があり、それを、たとえば事業所得の損失と通算することも、共に禁止されました。

バブル時に取得した土地建物については、その土地建物を譲渡し、譲渡損失を計上することによって、たとえば、事業所得と通算し、納税額を少なくするという節税をしながら、債務を返済していくという手法が、平成16年以降、使えなくなってしまったわけです。

財産分与について譲渡所得課税が問題になることは、最近では、弁護士なら誰でも知っています。離婚して財産分与をすると、譲渡所得課税が、分与した側に課税されます。通常は、夫から妻に財産を渡しますので、渡した夫の方に譲渡所得課税の問題が生じます。

もらった妻には贈与税が課税されるかというと、これは課税されません。財産分与は贈与ではないからです。なぜ譲渡所得課税が行われるかというと、最高裁が説明しているのは、「譲渡所得課税の本質は値上がり益課税にあり。ゆえに、値上がり益が実現したのだから課税する」という理屈と、「財産分与は無償による譲渡ではない。離婚と同時に財産分与支払義務が発生する。その義務に対する代物弁済としての有償譲渡なのだから課税する」という理屈です。

値上がり益課税の理屈は、私が今まで説明してきたとおりです。しかし、この理屈は財産分与には当てはまりません。譲渡所得課税の本質は値上がり益課税にあるのですが、本質が値上がり益課税にあるからといって、それで所得税の課税が行えるわけではありません。

本質論を言い出せば、サラリーマンの給与所得課税の本質は、会社に行って働くことにあるとの理屈になってしまいます。会社に行って働いていたら、給料をもらわなくても所得税が課税されるかというと、そのような理屈はありません。給料をもらうから課税されるわけです。

無償による譲渡の場合については、所得税法59条がありました。個人から個人に無償で譲渡しても、課税はできない。法人に対して無償で譲渡した場合には課税される。そのような条文が存在するから課税されるわけです。

財産分与に課税するのが正しいとすれば、それは最高裁が述べる後段の理由による課税です。つまり、財産分与は有償による譲渡なのです。

③ 譲渡所得の特例

譲渡所得には、膨大な量の特例があります。その特例の中から、普段に使うものをいくつか説明しますと、まず所得税法の本則にある3つの特例です。租税特別措置法は毎年のように改正されますが、所得税法の基本は改正されません。今後10年間も改正されないはずです。過去20年間は改正されていません。

ですから、この3つの本則については、一度理解していただければ、今後10年間は使える知識です。

(ア) 保証債務を履行した場合の譲渡所得(所得税法64条)の特例

これは、事件にもよく登場する特例です。主たる債務者が破産してしまい、保証人や、物上保証人が債務を弁済するという事案です。物上保証人の提供している担保物件が競売されてしまう場合や、第三者に所有資産を売却して保証債務を履行するような場合です。

そのようなときは、譲渡所得と、保証債務の履行のための資産の譲渡の特例を思い出していただく必要があります。先ほどから説明しているとおり、売買だけが譲渡というわけではなく、競売も譲渡です。所有権移転に関する一切の行為は、譲渡所得の課税の対象です。

「俺はいっぱい財産を持っているんだ。だけど、あいつの保証をしてしまって、この土地を処分しなければならない。任意に売却したら譲渡所得課税が発生するので、それなら競売になってしまえば所得税を支払わなくて済む」と発想してはいけないのです。競売も、任意売却も、譲渡所得課税です。

ただ、他人の借金を弁済するために資産を売却した場合については、気の毒なので、特別に非課税にする(なかったものとみなす)という制度が所得税法64条2項です。

所得税法64条2項を、括弧書きを飛ばして読むと、「保証債務を履行するため資産の譲渡があった場合において、その履行に伴う求償権の全部又は一部を行使することができないこととなったときは、その行使することができないこととなった金額を前項に規定する回収することができないこととなった金額とみなして、同項の規定を適用する」と書かれています。

そして、前項には次のように書かれています。仮に1億円で土地を売却したのだが、買主が倒産し、代金が5000万円しか入金しない。常識的には移転登記と残代金は同時履行にしますから、このような事故が起きることはありませんが、そのような事故が生じたら、1億円で売却したのではなく、5000万円で売却したとみなしてくれます。これが1項の規定です。そして、保証債務の履行のために資産を譲渡した場合は、これと同じとみなしてくれるのです。

ですから、友人の保証人になり、1億円の借金の保証人になってしまった場合に、仕方がないので自分の土地を2億円で売却し、そのうちの1億円を保証債務の履行に充てたというときには、この土地は1億円で売却したとみなしてくれるわけです。それが保証債務の履行の特例です。

ただ、これは特例ですから、少々怖いところがあります。裁判所は「この規定は特例であるから、より厳格に解すべきであり」というような判断をするのです。私は特例だから厳格に解する必要はないと思います。それは特例的な書き方をしているだけの話です。しかし、特例については厳格に解するべきであり、小さなミスがあった場合でも救済の余地はないという判決は、よく見かけるところです。

後に具体的な事例でも説明しますが、保証債務の履行のための資産の譲渡の場合の特例について問題になるのは、まず、主たる債務者が債務超過になって、弁済不能になることが確定している段階で行った保証はダメだとしています。つまり、最初から求償権不能を承知の上で保証をした場合は、それは保証ではなく、贈与だとの理屈です。しかし、現実の社会では誰もが天才というわけではありませんので、弁済不能の場合であっても、一縷の望みに賭けて保証をしてしまうことがあります。でも、それはダメだと判断されます。

ここで補足して説明をさせて頂きますと、保証債務の履行の特例を受けるためには、所得税の申告書に、この特例を受ける旨の記載をしておくことが必要でした。これを当初申告要件といいます。

そして、このミスが目立ったのです。例えば、第三者の債務の為に担保に入れていた資産に、競売が実行され、売却されてしまった。あるいは任意売却し、売却代金の全額が保証債務の履行に充てられてしまった。このような場合に自分に譲渡所得が発生したと考えるでしょうか。

自分に代価が入ってこないにもかかわらず、譲渡所得が発生し、所得税の申告義務が生じたと考えるのは難しいと思います。だからこその保証債務の履行のための資産の譲渡なのですが、しかし、この特例を受けるためには、所得税の申告書に、特例を受ける旨の特別な記載が要求されました。この記載がない場合には、特例が受けられず、後の救済もありませんでした。

しかし、平成23年12月の税制改正で、保証債務の履行の特例に限らず、当初申告要件が廃止されました。所得税の申告書に要件の記載がない場合でも、その後に、要件を記載した修正申告書などを提出することで保証債務の履行の特例が受けられるのです。

なぜ、当初申告要件が廃止されたのか、誰が廃止を要求したのか。税理士会、あるいは税法を研究する学者の先生方かと想像したのですが、違いました。実は、これは国税側自身が行ってくれた改正なのです。弁護士流に言えば、当初申告要件は、納税者側、税理士側に義務を課し、国税を有利にしていた要件です。その要件を「無駄なこと」として廃止してくれたのです。

弁護士的な発想と異なり、国税は「善意」なのです。それは立法段階に限らず、多くの税務調査の現場でも善意です。弁護士のように相手の悪意を前提にして国税と交渉するのは間違いです。国税とは善意を想定して交渉すべきなのです。

但し、この善意は税務調査段階に限ります。つまり、課税の第一線理論と訴訟段階理論の違いです。第一線段階では、社会の常識は守り、手続ミスで納税者に損失を負わせるような非道な課税処分はしません。なるべく納税者を救済するように考えてくれるわけです。税務署職員も人の子です。その意味では、どちらかというと善良な公務員です（笑）。

この善意は、異議申立ての段階までは期待できます。しかし、審査請求という次の手続に進むと、善意は期待できません。審査請求は国税不服審判所に申し立てますが、この段階まで手続が進んでしまうと、納税者の言い分を認めること、つまり、税務署が間違っていたと認めることに税務署の意地がかかってきます。納税者の言い分を認めたら、税務署がミスをしたことになってしまうので、そこでの対応は厳しくなります。そして、裁判になって税務署が敗訴したら、これは日本の国家公務員がミスをしたことになるわけですから（笑）、絶対に負けられません。

課税の第一線では常識で判断する税務職員も、訴訟になったら勝つことしか考えないそうです。勝つために、税務署職員は偽証までします。しかし、公明正大な公務員である税務署職員が偽証をしたということを裁判所に納得させることは不可能ですし、仮に、裁判所が納得しても、裁判官として、公務員が偽証をしたという判決を書くことは相当の勇気が必要だと思います。

ということで、裁判になったら手続ミスでも救済はされません。これが保証債務を履行した場合の譲渡所得の特例です。特例はありますが、このような厳しさがあるということを理解しておいてください。

（イ） 資力を喪失して換価手続が避けられない場合（所得税法9条1項10号）

次は、所得税法9条の非課税所得の特例の1つです。条文を読みますと、所得税法9条で、「次に掲げる所得については所得税を課さない」として、その1項10号には次のように記載してあります。

「資力を喪失して債務を弁済することが著しく困難である場合における国税通則法第2条第10号（定義）に規定する強制換価手続による資産の譲渡による所得その他これに類するものとして政令で定める所得」

強制換価手続というのは競売ですから、競売されてしまったときは課税しないとしているわけです。でも、競売の場合なら常に課税しないというのではないのです。その人のすべての財産が競売されてしまう場合は、課税しないわけです。

具体的には、破産の状態です。破産してしまったら、すべての財産が競売されてしまいます。そのようなときには、所有資産を売却しても所得税は課税されないことになっています。

では、破産までに至らない場合はどうかというと、競売手続によって処分される場合でも譲渡所得課税は行われます。

例えば、5億円の借入れをしている場合に、債権者に対して資産を代物弁済するとします。仮に3億円相当の財産を代物弁済して借金を免除してもらいます。その際に、代物弁済に弁護士が関与し、「3億円の資産を代物弁済するが、この資産が競売になったら2億5000万円でしか売れない。だから債務者に対して立退料として5000万円を支払ってほしい」と弁護士が交渉すると、3億円を収入金額として所得税が課税されてしまいます。

所有していた資産のすべて、つまり、3億円のすべてが代物弁済に充てられてしまう場合は、資力を喪失した場合ということで、所得税は課税されませんが、しかし、3億円の資産から5000万円を手に入れたら、その資産を３億円で売却したことについて所得税が課税されてしまいます。

その場合の所得税額は、もしかすると５０００万円を超えてしまうかもしれません。仮に、７０００万円の所得税が課税されてしまうと、５０００万円を手に入れても、結果は逆ざやです。

ですから、資力を喪失したということで資産を代物弁済するのだったら、とことん代物弁済してしまった方がよいと思います。課税の理屈はそういうことになっています。

（ウ）　固定資産の交換の特例（所得税法58条）

次が、所得税法58条の固定資産の交換の譲渡所得の特例です。これも頻繁に登場する特例です。所得税法58条を読むと、「居住者が、各年において、1年以上有していた固定資産で次の各号に掲げるものをそれぞれ他の者が1年以上有していた固定資産で当該各号に掲げるものと交換し、その交換により取得した当該各号に掲げる資産をその交換により譲渡した当該各号に掲げる資産の譲渡の直前の用途と同一の用途に供した場合には、第33条（譲渡所得）の規定の適用については、当該譲渡資産の譲渡がなかったものとみなす」としています。

要するに、交換したときは譲渡はなかったものとみなすということです。逆に言えば、交換も譲渡です。所有権を移転する一切の行為は譲渡にあたります。ですから、私が大昔に1億円で購入した土地が、今は10億円に値上がりしているという場合に、それを他人が持っている10億円の土地と交換したら、私に対しては9億円の譲渡所得が実現したものとして課税するというのが、所得税法の本則です。

でも、その本則を適用したら、隣地について、お互いの土地を侵害して家を建ててしまったという場合に、侵害している部分を相互に交換し、権利関係を調整するということもできなくなってしまいます。あるいは境界がデコボコしているので、境界をまっすぐにしたいという場合もあります。

その場合は、土地の交換になるわけです。そのときに譲渡所得課税を行ったら気の毒です。当事者は土地の交換で所得が発生するとは思っていません。ということで、要するに、同一種類の固定資産の交換については譲渡所得課税を行わないという特例をつくりました。

ただ、要件は相当に厳しいものです。まず、同じ資産でなければなりません。つまり、土地と土地の交換でなければいけないのです。それから、固定資産でなければダメです。土地は常に固定資産だという考え方ではありません。例えば、不動産屋が所有している販売用不動産は固定資産ではなく棚卸資産です。

それから、等価の交換でなければダメです。つまり、当方が10億円の土地を提供し、相手方が6億円の土地を提供して、差額4億円は現金で清算するという場合はダメなのです。

10億円に対して2割以上の交換差金がある場合は、10億円のすべてについて交換特例の適用が否定されます。6億円分だけは交換特例が適用になるという理屈は採用されていません。それならということで、当方が10億円の土地のうち10分の6の持分を提供して相手方の所有地と交換し、10分の4については売買ということで代価を支払ってもらうという処理をしても、それは否認されます。

ここで怖いのは、5億円のマンションと5億円のマンションを交換する場合です。5億円のマンションというのは、土地と建物を合計した価額です。この場合は、双方の交換提供資産の土地と土地、建物と建物が別々に等価でなければならないのです。

片方は3億円の土地と2億円の建物で、他方は2億円の土地と3億円の建物という場合は、2億円の建物と3億円の建物を交換したことになってしまうのです。土地は3億円の土地と2億円の土地を交換したことになってしまう。だからダメなのです。2割以上の交換差金になってしまいます。それが交換特例で注意していただくことです。

税法の分野では通達が幅を利かせていまして、当然のことながら、交換特例について、いくつもの通達がつくられています。代表的な国税は、所得税法、法人税法、相続税法、消費税法で、その他に酒税法とか印紙税法などがあり、別に地方税法もありますがその各税法について、すべて通達があるのです。

通達には基本通達と個別通達があります。基本通達は、言葉のとおり、基本的なことが記載してありますが、毎年のように改正されます。その他に個別通達があり、個別の問題が発生するたびに通達を出すわけです。

租税特別措置法にも基本通達があり、個別通達があります。個別通達と基本通達には、条文に書いてあることの具体的な解釈の方法が書いてあるわけです。法律ではダメだと読めそうな取扱いも、時には通達でＯＫとしている場合もあります。

そして、実務は何で動くかというと、一番重要な基準は、基本通達と個別通達です。二番目に重要なのが国税局の職員がアルバイトで書いている質疑応答集です。なぜ質疑応答集が重要かというと、多くは通達に書いてあることを重ねて説明しているのですが、その中には、まだ、通達に書くには早すぎるような取扱いを質疑応答集に書き、探りを入れている場合があるからです。「こんな場合はこのように解釈します」と質疑応答集に書き、それで実務に問題が生じなかったら通達に取り込み、問題が生じた場合、つまり、その取扱いを利用して節税してしまう人たちが登場した場合は、そのことを考慮して、さらに様子を見るという手法です。

通達は上級庁の下級庁に対する指揮命令書であり、法律的な拘束力はないのですが、しかし、通達に書いてしまうと影響が大きいので、まずは質疑応答集に書いて、問題が生じなかった場合に限り通達に取り入れるのです。その意味で、実務は通達が１番、質疑応答集が２番、３番目が法律、４番目が判例、５番目が憲法です（笑）。そのような順番になっています。そして、ここでの結論は、交換も譲渡です。

④　租税特別措置法の特例

租税特別措置法の特例のうち、利用する機会の多いものを紹介します。租税特別措置法ですから理屈はありません。政策のための立法です。

（ア）居住用資産を譲渡した場合の3000万円の控除（租税特別措置法35条　居住用財産の譲渡所得の特別控除）

例えば、所得税法の1つの条文は、民法の1つの条文に比較して非常に長文ですが、読むことができる長さの文章です。しかし、租税特別措置法の条文には、読み切れないほど長いものがあります。法人に関する租税特別措置法の条文などは、2頁、3頁の長さです。1ページに「。」が登場せず、「、」ばかりが続くことがあります。ずっと文章が続くという、判決文のような条文です（笑）。

居住用資産を譲渡した場合は、3000万円の控除ができることになっていますが、条文は次のとおりです。「個人が、その居住の用に供している家屋で政令で定めるものの譲渡若しくは当該家屋とともにするその敷地の用に供されている土地若しくは当該土地の上に存する権利の譲渡をした場合又は災害により滅失した当該家屋の敷地の用に供されていた土地若しくは当該土地の上に存する権利の譲渡……」と文章は続きますが、この条文を読んでいくと、最後の方に「3000万円を控除する」とどこかで書いてくれています（笑）。

居住用の資産の譲渡の場合は、譲渡所得から3000万円を控除してくれるわけです。これも怖い特例です。居住用の土地建物を売却すれば必ず3000万円の控除になるのかというと、これが適用されない場合がありません。

というのは、通常は土地と建物を売却します。そして、利益が生じるのは土地の売却です。普通は、建物の売却から利益は発生しません。でも、この条文は、常に家屋が主人公です。「家屋を売却した場合」と「家屋とともに敷地を売却した場合」に特例が適用されるとしています。

そして、「災害により滅失した当該家屋の敷地の用に供されていた土地」はよいとしています。つまり、土地だけを売却する場合は、それが災害によって建物が壊れた場合でないと３０００万円の控除は使えないとの条文です。

マイホームを売却する場合に、「建物は要らないから土地だけを売ってくれ」と言われ、では、建物は売主が取り壊して敷地だけを売却するとの処理をすると、３０００万円の控除の特例の適用が受けられなくなってしまうかもしれません。

でも、それではかわいそうです。そこで、建物を壊しても、取り壊してから1年以内に売却すればＯＫという通達を書いてくれているわけです。ただ、そのようなことは条文に書かれていません。

これは、通達が特例の適用の範囲を広げた取扱いです。でも、怖い場合があるのです。建物を壊して敷地の半分を売ろうと予定します。建物を壊さずに売れればよいのですが、建物は敷地の全部に建てられているので、これを壊さなければ敷地の半分が売れません。そこで建物を取り壊して敷地の半分を売却し、残りの土地に自宅を建築することを予定します。

その予定に従って建物を取り壊してしまう。それで建物が建ち上がってから、さあ分筆して売却しようということになったら、建物を取り壊してから1年が経過していた。その場合、３０００万円の控除は使えません。租税特別措置法の特例の適用を受けるときは、建物が主人公だということをくれぐれも注意してください。

（イ）　居住用資産を譲渡した場合の軽減税率

（租税特別措置法31条の３　居住用財産を譲渡した場合の長期譲渡所得の課税の特例）

居住用資産を売却した場合は、さらに特例があります。３０００万円の控除は、居住用資産の売却なら、常にＯＫですが、さらに、３０００万円を控除した残額について適用される税率を低くしてくれる特例もあります。

「個人が、その有する土地等又は建物等でその年1月1日において第31条第３項に規定する所有期間が10年を超えるもののうち居住用財産に該当するものの譲渡」の場合は通常の譲渡所得に比較して軽減した税率を適用するとしています。

土地建物の譲渡について、長期になるか短期になるかの区別というのは、現在では5年ということになっています。だから5年という期間を記憶しておいてもらえればいいのですが、この条文だけは10年という期間を定めています。所有期間が10年を過ぎていないと、軽減税率の適用がありません。

ここでも怖いのは、主人公は建物だ、ということです。しかも、建物を取り壊さず、建物と敷地を一緒に売却しても軽減税率の適用が受けられない場合があります。つまり、建物を建て替えている場合です。3年前に自宅を建て替えて新築している場合はダメです。建物は3年しか所有していません。

しかし、これは疑問です。どう考えてもおかしいと思います。土地と建物の売却の場合は、通常は土地の売却によって利益が発生するわけです。建物の売却から利益が出ることはありません。それなら、3年前に建て替えた建物であっても関係ないのではないかと思います。けれども、土地と建物の双方について10年間の所有期間を要求しているのが、この特例です。租税特別措置法に理屈はありません。

(ウ)　相続財産を譲渡した場合の取得費の特例

（租税特別措置法39条　相続財産に係る譲渡所得の課税の特例）

条文を読むと、「相続又は遺贈による財産の取得をした個人で当該相続又は遺贈につき同法の規定による相続税額があるものが、当該相続の開始があった日の翌日から当該相続に係る同法第27条第1項又は第29条第1項の規定による申告書の提出期限の翌日以後3年を経過する日までの間に当該相続税額に係る課税価格の計算の基礎に算入された資産を譲渡した場合における譲渡所得に係る同法第33条第3項の規定の適用については、同項に規定する取得費は、当該取得費に相当する金額に当該相続税額のうち政令で定める金額を加算した金額とする」としています。

要するに、相続した資産を売却した場合には、譲渡所得から差し引かれる資産の取得費について優遇してくれる特例です。ただ、相続税の申告期限から3年以内に資産を売却した場合に限っての特例です。申告期限は相続の開始の日から10ヵ月です。相続したときから3年10ヵ月以内に売却したときには、特例の適用があるわけです。相続税の申告期限は、以前は6ヵ月でした。そして、本件の特例適用期間は2年だったのです。それを納税者の有利に延ばしてくれたのは、納税者のことを考えたのかというと、そうではありません。

相続税について物納申請が溢れてしまったのです。何しろ、国に物納した場合は所得税を課税しないという特例が別に存在します。相続した資産を売却して相続税を納める場合は、その売却について譲渡所得課税を受けますが、国に物納してしまう場合は譲渡所得課税は行われません。

さらに、地価の値下がりがあります。相続財産を市場で売却するよりも、相続税評価額で国に物納した方が高く処分できるわけです。それで国は困ってしまいました。なぜかというと、物納資産は相続税評価額で引き取るわけですが、引き取った土地はさらに値下がりしています。

そこで、物納をせずに市場で売却した場合には所得税について優遇するという特例をつくり、さらに、その特例の適用期間を3年に延長したわけです。

相続税の申告期限から3年以内という期間は、相続税の取得費加算以外にも、相続財産に係る株式をその発行した非上場会社に譲渡した場合のみなし配当課税の特例（租税特別措置法9条の7）についても重要です。

非上場の株式を、会社に対して譲渡した場合は、支払われる対価の内の資本金等の額を超える部分は配当所得になります。非上場の会社からの配当所得は、総合課税の対象になりますので、金額が大きい場合は、地方税を含めた所得税額は50％になってしまいます。

しかし、相続税の申告期限から3年以内に、相続した株式を、発行会社に自己株式として売却した場合は、有価証券の譲渡所得として20%の税率が適用される特例があるのです。ただ、この特例を受ける為には、売主になる相続人が、相続税を負担していることが必要です。仮に、配偶者の相続税額の軽減を受けて、相続税がゼロの場合は、この特例は受けられないのです。

有価証券の譲渡所得として20%の税率が適用されるのですから、相続は、会社から資金を取り戻すチャンスです。仮に、長男、長女、次女の相続人が存在し、相続財産のほとんどは同族会社の株式という場合の遺産分割は、どのように行ったら良いでしょうか。

多くの解説書は、配当優先の無議決権株式にして、それを事業を承継しない長女、次女に相続させると解説しています。しかし、その場合でも、最終的には買い取らなければなりません。

このような事例では、長女、次女にも、株式を相続してもらえば良いのです。そして、相続税を納めた後に、株式を、自己株式として会社に買い取ってもらう。そうすれば会社の資金を利用した遺産分割が可能になります。事情によっては、会社が所有する賃貸ビルなどを自己株式の買い取りの対価として、長女や次女が取得することも可能です。つまり、自己株式は、会社の資産を遺産分割に取り込むことを認めたのです。

これらが租税特別措置法の特例で、弁護士に対する相談事例に登場することが多い特例です。通常の相談でしたら、所得税法本則と租税特別措置法の3つの特例で、相談事例の8割か9割はカバーしているのではないかと思います。

カバーできていないのは、例えば、土地をデベロッパーに売却し、デベロッパーが分譲地を開発する場合の軽減税率などの問題です。でも、そのような特殊な事案は条文だけを見て判断してはいけません。このような特例は、100人の税理士を呼んできても、100人の税理士の全員が知らないことです。

というのは、この地区の場合はＯＫだとか、３階以上の建物を建てればＯＫだとか、耐火建物ならＯＫだなどの色々な条件があるわけです。それから、買受人が直接に売却する場合ならＯＫだが、買受人が例えば自分の子会社に転がしてしまったらもうダメだということもあります。そのような特例を知っているのは、デベロッパーの顧問税理士だけです。

そういう特殊な事例は、デベロッパーの税理士に相談するか、あるいはデベロッパーに保証書を書いてもらいなさい、とアドバイスをするべきです。こういう特殊な取扱いを条文で調べたら間違えます。つまり、ここで説明した特例以外は判断するなということです（笑）。

2　譲渡所得の実務

(1)　法人に対する遺贈が問題になった事例

事例１

Ａの遺産は、長男が経営するビル管理会社に貸し付けているビルの敷地で、その相続税評価額は７０００万円。Ａは、この敷地を管理会社に遺贈することにした。ところが遺贈後に、他の相続人から管理会社に対する遺留分減殺請求があり、管理会社は翌年度に３０００万円の価額弁償をした（最高裁平成４年11月16日・判例時報１４４１号66頁）。

法人に対して遺贈するという遺言書を書いた事例ですが、私が相談を受けた事例と似ていますので、私の相談事例を説明しますと、次のような事情です。

夫がいて、妻がいる。そして、子供が7人もいます。ただ、夫はよそに愛人をつくっている。夫としては愛人に財産を渡したいわけです。でも、愛人に渡すという遺言書では、公序良俗違反の遺言書として無効になってしまうかもしれない。そこで、渡したい財産は賃貸ビルで、その賃貸ビルを管理するためにつくった不動産管理会社があるので、その会社の株式を愛人に贈与し、不動産管理会社に賃貸ビルを遺贈してしまうと考えたわけです。

上記の最高裁の事例も同じです。要するに、ビル管理会社に貸し付けているビルの敷地を、管理会社に遺贈することにしたわけです。このような処理をしたら、どういう課税関係が生じるのか。これを1分間で考えてみてください。

まず、この人が遺言書を作成しなかったら、課税関係は全く生じません。相続税には3000万円の基礎控除がありますし、その他に法定相続人1人当たり600万円の控除があります。

相続財産の相続税評価額は7000万円ですから、この事例では法定相続人が7人いれば、相続税は課税されません。でも、この人は法人に遺贈してしまったわけです。

ミス1は、譲渡所得課税です。最初に説明しましたように、個人Aが法人Bに財産を贈与したら、個人Aには譲渡所得課税が行われてしまいます。値上がり益課税です。これは相続の場合も同じです。

ミス2は、これも説明しましたように、法人Bには受贈益課税が発生してしまいます。法人税の課税です。

ミス3は、これも説明しましたように、所得税と法人税の課税では、相続税評価額は使えません。相続税評価額が使えるのは相続税と贈与税、それに地価税だけです。法人が贈与を受けた場合は相続税評価額が使えず、実勢価格で課税されてしまうことになります。

ここまでの３つのミスによって課税される税額を合計すると、たぶん、相続財産の評価額を超えてしまうと思います。譲渡所得課税が20％で、受贈益課税、つまり、法人税が約40％だとします。この場合に土地が時価評価されて１億円の評価になったら、１億円の資産の譲渡について２０００万円の所得税が課税され、１億円の受贈益に対して４０００万円の法人税が課税されることになりますから、その合計額は６０００万円です。相続税評価額７０００万円の物件について、６０００万円の課税が起きてしまうというミスになるわけです。

ミス４は、法人の場合は期間損益計算をするということです。後にも登場しますが、所得計算方法には２つの方法があります。１つが個別対応計算で、もう１つが期間損益計算です。

贈与などは個別対応計算です。個人の譲渡所得計算も個別対応計算です。ですから、今年に契約した売買契約について、それが何らかの理由で来年に解除された場合は、今年の譲渡所得課税について更正の請求をして納付済みの税金を取り戻すことができます。

ただし、弁護士が依頼者から着手金３００万円をもらったが、翌年になって依頼者とトラブルを起こし、着手金を返還することになっても、前年の所得を修正してもらうことも、前に納税した所得税を返還してもらうこともできません。返還した着手金は、返還した年度の経費になるだけです。

もちろん、法人も期間損益計算です。したがって、この法人が遺贈を受けたことによる利益は、遺贈を受けた年度に発生するわけです。つまり、法人は、１億円の受贈益を計上します。

法人に対して遺留分減殺請求があり、その話し合いをしているうちに翌年度になってしまった。そして、翌年度に価額弁償金３０００万円を支払ったという場合は、価額弁償金は翌年度の損金です。

会社は、価額弁償金について、遺留分減殺請求によって遺贈の効果は遡って消滅するとの民法理論に従い、更正の請求をした上で訴訟を起こしました。「当社は１億円をもらったけれども、その後３０００万円を返したのだから、7000万円の所得になる。1億円の所得として申告したのは間違いなのだから、更正の請求を認め、昨年に納めた法人税の一部を戻してほしい」との請求です。

しかし、課税庁も裁判所もダメだというのです。儲けたのは昨年で、法人は期間損益計算をすることになっている。なぜなら、法人の利益は、その後の株主総会によって確定する制度になっている。そして、翌年に3000万円を返還したのなら、それは翌年の損金だというわけです。

この会社が大きな利益を計上している会社なら、昨年の損金でも、今年の損金でも、どちらでもよいのです。いずれにしろ3000万円の損金を認めてくれます。しかし、儲かっていない会社の場合は、昨年には受贈益について法人税を納めたが、今年は赤字申告であり、そもそも法人税は課税されないということで、3000万円の損金を計上しても、何の節税効果もありません。

3000万円の欠損金は、その後9年間は青色繰越欠損金として利用できます。しかし、9年を過ぎれば切り捨てになってしまうわけです。それが期間損益計算です。

ミス5として、ちょっと難しくなりますが、借地権の評価の問題が生じてしまいました。ビル管理会社に貸していて、年6％の地代をもらっていた土地の遺贈です。

税法の借地権についての課税関係は、また極めて特殊なのです。借地契約というのは、借地部分の売却と底地の賃貸とみなすのです。ですから、借地権を設定し、その対価として権利金を受け取らないと、借地人は、借地権相当の利益の贈与を受けたものとして、受贈益課税を受けることになります。

でも、更地価格に対して年6％の地代を支払えば、更地の価値部分の地代の全額が補償されている賃貸借契約として、借地部分の譲渡を認識せず、借地人に対する受贈益課税も行われません。

本件では、そのような対策をして敷地の賃貸が行われていました。つまり、ビル管理会社は年6％の地代を支払うという条件で、土地の賃貸借契約が締結されていたわけです。

このような土地の賃貸が行われている場合は、敷地の相続税評価について、20％の評価減をするという取扱いがあります。借地部分の売買は認識されず、更地価格の全額についての利回りとしての地代が支払われている場合で、税務上は借地権は存在しないと認識される土地の賃貸です。しかし、第三者が土地を利用しているという使用制限が付いている土地であることは確かです。その使用制限について20％の評価減をしてくれる特例です。

でも、この土地について、ビル管理会社が遺贈を受けたら、20％の評価減は認めないというのが課税庁と裁判所の判断です。なぜなら、20％の評価減を行う理由は、ビル管理会社が使用し、敷地所有者の使用が制限されていることですから、敷地を利用しているビル管理会社自身が土地の遺贈を受けるのだったら、使用制限による評価減を行う必要がないとの理屈です。

この設例についての結論としては、税法のミスは取り返しがつかないということです。民法のミスにも取り返しのつかないものはありますが、何とかなる場合が多いと思います。しかし、税法のミスは取り返しがつきません。

法人に遺贈するという遺言書を書いたために、ミスが5つも発生してしまったわけです。この事案については、被相続人に譲渡所得課税を行ったのが疑問だという訴訟と、3000万円の価額弁償金を弁済したのに法人税について更正の請求を認めてくれないのは疑問という2つの訴訟が起こされています。

1つの訴訟は高裁までで、他方は最高裁まで争いましたが、両方とも納税者の敗訴です。最高裁では少数意見がついて議論していますので、読んでみればおもしろい判決だと思います。

(2) 財産分与の無効を主張した事例

事例2

Aは、昭和37年6月に結婚し、2男1女をもうけた銀行員であるが、部下の女子行員と関係をもったため妻から離婚を申し渡された。妻は、新宿区にある居宅に残って子供を育てたいとの条件を提示した。そこで、Aは女子行員と裸一貫から出直すことを決意し、妻の意向に沿う趣旨で、建物と敷地の全部を妻に財産分与することにした。その後、Aは女子行員と結婚して一男をもうけることになるが、Aは上司から、このような財産分与を行うと所得税が課税されるとの指摘を受け、試算したところ、2億2224万円余りの税額になることがわかった。Aは、そのような課税がなされることを知っていれば財産分与はしなかったから、財産分与契約は錯誤により無効だと主張して、元妻に対する本件不動産の移転登記の抹消を求めた（最高裁平成元年9月14日判決・判例時報1336号93頁）。

これは昭和60年に訴訟提起された事案です。地方裁判所の判決は昭和62年7月27日ですが、夫が敗訴しています。高裁では昭和62年12月に判決が出ていますが、これは控訴審で第1回で結審という処理だったと推定されます。7月に地裁の判決があり、12月には高裁の判決が出ています。おそらく、高裁の裁判官は、「夫の方が敗訴して当たり前じゃないか。こんなのは錯誤としては認められるか。何しに裁判所に来たんだ」と考えたのだと思います（笑）。

私は高裁判決が確定すると思っていたのですが、驚いたことに、最高裁では錯誤無効を認めました。というのは、財産分与をするときに、夫が「税金は大丈夫か」と妻を気遣う発言をしたという事実を重視したのです。「税金は大丈夫か」というのは、妻に対して贈与税が課税されると心配したということです。

つまり、この財産分与については、課税関係が動機の錯誤として相手に表示されていたということです。夫が自分には課税関係は生じないということを暗黙に表示していた。だから、それが動機の錯誤になるかどうか、もう一度、高裁で事実を調べる必要があるとの判決が出たわけです。

財産分与についての課税関係の議論は、今から20年前にも流行しました。当時は、財産分与について、分与側に課税関係が生じるとは、一般の弁護士は考えていませんでした。

しかし、財産分与には譲渡所得課税が行われます。そのため、課税庁を被告として課税処分取消の訴訟を起こしましたが、最高裁判決で納税者が敗訴しています。そこで、財産分与について税務署を訴えても仕方がない。では、女房を訴えてみようということを弁護士が思いついたのです。

財産分与についての譲渡所得課税は期間損益計算ではありませんから、２年前に財産分与をしたが、今年に取り消されたという場合は、２年前の財産分与契約についての譲渡所得について、更正の請求ができるわけです。

夫が妻を訴えた目的は、分与した財産の取り戻しではなく、財産を取り戻すことによる課税関係の取消しです。なぜなら、夫は、離婚に際しては文句も言わずに財産を分与しているのです。

訴訟の舞台は高裁に戻りました。しかし、私は高裁では敗訴するだろうと予想していました。課税関係の錯誤も錯誤かもしれませんが、重大な過失があるから錯誤の主張はできないという判断をするだろうと予想していました。しかし、高裁は夫を勝たせてくれました。

妻の方は焦ってしまったと思います。何しろ財産分与というのは2年以内に請求しなければいけませんが、土地建物をもらっているのですから、さらに財産分与を請求するとの手続はしていません。そして、最高裁から高裁に戻り、財産分与が取り消された段階では、離婚から2年を経過してしまっているのです。妻は、「今、財産分与が無効と判断されたら、既に財産分与請求権がなくなってしまっている」という主張をしましたら、「このような裁判をしている場合についてまで、2年という期間が意味を持つとは思えない」と高裁は理由部分で判断しています。でも、意味を持つか持たないかは、次の判決を待つ以外ないのです（笑）。

それから、妻は、夫が勤務していた銀行の勉強用のマニュアルには、財産分与には課税関係が発生すると書いてある。だから夫には過失があると主張したのですが、高裁判決は、「夫がマニュアルを読んだという証拠はなく」（笑）と判断しています。

その後、高裁判決は上告されていますが、最高裁判決は公表されていませんので、最高裁で和解したのではないかと思います。夫も妻も、最高裁に判断させるのは怖い事例です。

というより、税務訴訟を起こしても無駄です。税務訴訟の勝訴率は10％です。これは一部勝訴を入れての数字ですから、全面勝訴は5％程度です。税務上の戦いは、せいぜい税務署長に対する異議申立ての段階までです。異議申立ての段階までは人間語が通じます。税務署職員も人の子ですから納税者の主張する常識は理解してくれます。

しかし、審査請求や訴訟になったら官僚語の世界ですから、これは勝てません。ですから税務訴訟ではなく、民事訴訟を起こしてしまうというテクニックは使えるのではないかと思います。つまり、女房を訴えてしまえばよいわけです。それを実行したのが、この事例です。

私が相談を受けた事例では、次のような対策をとりました。父親と息子が土地を交換しました。なぜ交換したのかといえば、父親の土地の上に息子が建物を建てていて、息子の土地の上に父親の建物が建っているわけです。それでも別に構わないのですが、ただ、相続税の取扱いで不利になるのです。

つまり、特定小規模宅地の特例が受けられず、土地の評価の8割減ができなくなるわけです。では、土地を交換しようということになりました。

しかし、心配があります。先ほどの交換の特例ですが、交換する土地に2割の価額差があってはいけないのです。他人間の土地の交換でしたら、客観的には2割の価額差があっても構わないということになっています。交換する当事者が主観的に等価だと判断して行った交換は、税務署も、等価とみなすとの取扱いです。

しかし、身内間の交換の場合は、本当に等価でなければ、その差額については贈与税が課税されてしまいます。1割の価額差の場合も、5％の価額差の場合も、贈与税が課税されてしまう危険があります。しかし、不動産鑑定士に鑑定してもらえば、1つの土地について70万円の鑑定費用を要することになります。

それに、交換特例には、交換後は同一用途に使わなければならないとか、固定資産でなければならないといった要件もあります。もし、要件が欠けていたら譲渡所得課税を受けることになってしまいます。

ということで、売買契約の特約として、「この交換は等価のものとして交換する。もし後に課税庁から指摘を受けて等価でないということになったとしたら、A土地の交換持分割合を等価になるまで減額すること。それをもってしても交換特例の適用が受けられないときは、課税を受けた当事者は相手方に対してこの交換契約を解除することができる」との特約を書いておくわけです。

これが有効か否かについては、また議論があると思いますが、確かに、贈与契約について「税務署にばれたら解除する」という特約は無効です（笑）。しかし、通常の契約について、「明日に雨が降ったらこの契約は取り消す」という特約は有効です。当事者が合意すればよいわけです。

そうだとしたら、課税関係についてであっても、公序良俗に反しない特約ならば、それは有効だと思うのです。このように考えて特約を付した交換契約を締結したことがあります。なおかつ、この特約の効果としては、そのような契約書を税務署職員が見たら、交換特例が適用できないと考えて課税処分してこないかもしれません。仮に課税処分をしたら解除されてしまう契約ですから、その後の更正処分など自分の仕事を増やしてしまうだけです（笑）。ということで、この事例の教訓として、税務訴訟は民事訴訟で戦うということです。つまり、予想しなかった課税関係が発生してしまったら、税務訴訟を起こすのではなく、民事訴訟を起こすというテクニックです。

逆に、民事訴訟は税務問題で解決できるともいえます。民事のトラブルを課税関係で解決することも可能です。例えば、土地を時効取得すると、時効取得者に対して一時所得課税が行われます。それなら、税金分を相手方に和解金として支払って、20年前の売買契約の事実を確認した方が簡単です。それが嘘なら脱税かもしれませんけれども、争いがあるから裁判になっているわけですから、それも一つの真実です。

(3) 交換契約の無効を主張した事例

事例3

X法人は、A（個人）との間に、土地の交換契約を締結した。ところが、課税庁から交換特例の適用を否定され、2億7000万円の法人税が課税された。交換特例が否定された理由は、X法人が所有する土地が固定資産でないことにあるようで、同時に、Aに対しても交換特例を否定するとの課税処分（所得税）が行われている。そこで、X法人はAを被告として、交換契約の無効の訴えを起こした。X法人の主張は、「交換差金等以外の課税問題が生じないことを前提として土地の交換契約を締結したところ、課税庁から法人税法50条の適用を否定された。これは民法上の錯誤に該当し、契約は無効だ」というもの。逆に、Aは、X法人が約束していた特約、つまり、「交換により税金その他予定外の損失が発生した場合はX法人が負担する」との特約を根拠に、税額相当の損害金を請求した（東京地裁平成7年12月26日判決・判例時報1576号51頁）。

これは事案が長すぎるので、話を簡単にすると、地上げの時代のことですが、X法人は、ある土地を地上げしました。ところが、そこにくさび形にAさんの土地が残っていた。このままでは地上げが完成しません。そこで、Aさんに土地を売却してほしいと申し入れましたが、Aさんは売却しても所得税が課税されるだけだから嫌だと答えたわけです。

そこで、X法人は別の場所に土地を用意しました。「Aさん、ここに建物を建ててあげるから、土地を交換してくれ」と提案し、交換なら課税されないと説明しました。X法人が勘違いしたのは、交換のために土地を購入した場合は、交換特例は適用にならないということです。それに、土地が固定資産でなければダメなのです。法人が所有する土地で固定資産になるのは、会社が社宅や本社ビルを建てて利用している土地のことです。あるいは賃貸ビルを建てるための土地を固定資産というのです。

会社が所有する販売用の土地は棚卸資産です。しかし、貸借対照表の固定資産の部に計上すれば、それは固定資産だと勘違いしたのです。そして、交換特例の適用があるということで交換しました。

ところが、税務署から呼び出しがあり、固定資産の交換の特例の適用はないと指導されたわけです。X法人にも、Aさんにも課税関係が発生してしまいました。

そこで、X法人は税務署に対し異議申立てをしたのですが、税務訴訟をしても勝てないというのが定説ですから、それならAさんを訴えてしまおうということになったわけです。

課税関係の錯誤を理由とした交換契約の無効の主張です。先ほどの銀行員の財産分与の事例の知恵が、もう弁護士一般にまで広まっているということです。私は、このような請求が認められるはずはないと思っていましたら、これが認められてしまったのです。

判例を読むと、「交換差金等以外の」、つまり交換差金というのはAさんに建物を建ててあげたので、それが交換差金になるのですが、この交換差金以外の「課税問題が生じないで交換が実現できるという動機を相手方に表示しており、かつ課税による特例の適用が否定され多額の課税負担を免れないとすれば、原告としては本件交換の申し込みをせず、Aもその承諾をしなかったと言えるから、次の点は本件交換の意思表示の内容の重要な部分すなわち交換契約の要素になっていたものと言わなければならない」と判断し、契約の錯誤無効を認めてくれたわけです。

しかし、ここで話は終わりません。原告の予定通りの判決ですが、ここまでは課税関係についての導入部分の説明です。

さて、これでX法人は、財産分与の事例と同様に、課税処分を取り消してしまえたかというと、そこには落し穴があります。それは、法人では期間損益計算をする、という落とし穴です。

交換契約が、契約締結の2年後に無効であることが判決によって確認されたとしても、それは交換契約の締結された年度の譲渡益課税を取り消す事由にはならないのです。

X法人の場合は、交換契約について、交換特例の適用が否認され、交換契約を締結した年度に譲渡益が発生したものとして法人税の課税を受けています。そして、その後、交換契約は錯誤により無効との判決が言い渡されました。しかし、それは判決の確定した年度の損金の計上事由になるだけであって、過去の法人税について遡っての修正事由にはなりません。

交換契約が無効になったことによって譲渡益が消滅することになるのですが、これは交換契約の無効の判決が確定した時点で計上する損失ということになるわけです。つまり、販売した商品について、それが翌年度に返品され、あるいは値引きを計上した場合と同様の処理です。

裁判に勝訴した結果として戻ってくるのは、Ａさんが持っている、土地がくさびのように食い込んだ不整形地です。Ａさんは、もっとかわいそうです。せっかく交換差金でビルを建ててもらって生活をしていたら、もとの土地に戻ることになるわけです。そこにあった建物は取り壊されていますので、Ａさんの土地にはペンペン草しか生えていないと思います。

でも、Ａさんには税金が戻ってきます。個人の譲渡所得は個別対応計算ですから、契約は無効だと判決が宣言してくれれば、遡っての更正の請求理由になります。しかし、法人は個別対応計算ではなく期間損益計算ですから、過去の決算については株主総会をやり直しての修正計算は行えません。

この事案については、私自身が関与したわけではありませんので、もしかすると、私の理解が間違っているかもしれません。でも、私の理解によれば、この後にもう１つの裁判が起きることになります。つまり、交換契約を錯誤無効にすれば税金が戻ってくると思ったのは錯誤無効であるという裁判を起こさなければならないのです（笑）。

この事例の結論として、個人と法人では、損益計算についての理解が異なると考えてください。つまり、期間損益計算ということです。

課税関係の錯誤を、民法上の錯誤と認め、契約を無効にすることを認めた一連の判決ですが、しかし、この手法は、その後、多数の事案で否定されています。税務上の錯誤は、民法上の錯誤にはならないという一連の判決です。

課税関係は、民法上の取り引きの結果であって、結果が原因の取り消し理由になってしまったら、因果律が逆転してしまいます。税務上の錯誤は、民法上の錯誤とは認められないと平成18年2月23日高松高裁判決（訟月52巻12号3672頁）は次のように判示しています。

「そのような錯誤の主張を思いつかない一般的な大多数の納税者との間で著しく公平を害し、租税法律関係が不安定となり、ひいては一般国民の素朴な正義感に反することになる。それゆえ、当該法律行為が錯誤により無効であることを法定申告期間を経過した時点で主張することを許さず、既に確定している納税義務の負担を免れないと解するのが相当である」

気がついた者が救済され、気がつかない者が救済されない。これは不当では無く、法律上の正義ですから、判決理由が正しいとは思えません。しかし、結果は原因を取り消さないと宣言した判決は正しいのだと思います。

(4) 保証債務を履行するための資産の譲渡の事例

事例4

Xは、昭和61年7月、養子の事業上の債務3000万円について連帯保証した。ところが養子は、事業を開始する前に選挙に立候補して落選し、事業資金の大半を選挙資金として消費してしまった。ついで、昭和63年8月に、養子は借入金を整理する目的で、新規に農協から3800万円を借り入れ、債務を返済した。Xはこれを連帯保証し、自己所有地に7500万円の根抵当権を設定した。しかし、債務弁済を行うことができなかった。このため、Xは、本件土地を売却して保証債務の弁済に充てた。Xは、保証債務履行のための譲渡所得の特例の適用を求めた（福島地裁平成8年7月8日・週刊税務通信平成9年2月17日号）。

保証債務の履行の特例の問題です。他人の債務を保証したが、その他人が債務を弁済することが不可能になってしまった。保証人は仕方がないので、所有物件を処分して保証債務を履行した。債務者に対し求償しようと思ったが、債務者は無資力になっていた。そういうときは、求償不能になる金額について売却代金がないものとして所得を計算してくれます。5000万円で物件を売却し、3500万円の求償権が行使不能なら、1500万円で資産を売却したとみなしてくれる特例です。Xは、その特例の適用を求めたわけです。

さて、Xの主張にはどのような答えが出たでしょうか。残念ながら、特例の適用は否定されました。なぜ否定されたかというと、次のような判断です。

「求償権の行使が不可能であるか否かの判断の時期については、履行された保証契約締結時の状況によるべきだ。主債務が主債務者の債務整理のための借りかえによるものであり、保証人が整理される債務について既に保証人となっていた場合であっても、保証人は新たな保証契約を締結して保証債務を発生させたのであるから、保証人が主債務者に資力がないことを認識していた時期は当該保証契約の時を基準と解すべきである」

最初に保証契約を締結した段階では、債務者である養子は元気でした。何しろ選挙にまで立候補しているわけですから。ところが、落選してしまった。その後に借金を借り換えたわけです。当然、新たな債務について保証しなければ借り換えもできません。保証人は、新たな債務について保証をしました。しかし、新たに保証したときには、既に養子は無資力になっていました。

そのことを理由に、裁判所は、養子が資力を喪失していることを承知の上でXは保証したのだから、求償権の行使が不能である場合に行った保証であり、保証債務の履行のための資産の譲渡の特例は使えないというのです。

これは無茶です。税務署の第一線では、普通は、このような無茶はしません。でも、税務署の第一線が無茶をしなければ裁判になりませんから、この事例では無茶をしたのだと思いますが。通常は、この事例なら税務署の第一線は特例の適用を認めると思います。こんな無茶な課税はしません。何かの理由があったのだと思います。しかし、訴訟になってしまえば納税者は勝てません。

しかし、常識は最後には認められます。同様に、債務の借り換えが行われた事件について、裁判所は保証債務の履行のための譲渡所得の特例を認めてくれました。平成16年4月14日のさいたま地裁判決（判例タイムズ１２０４号２９９頁）で、次のような事例です。

事例５

Ａが経営するＸ社は、Ｋ銀行から昭和60年と平成5年に分けて６０００万円の融資を受けていたが、その後、平成8年にＳ銀行からの借入をもってＫ銀行に対する債務を弁済した。そして、Ａは、Ｋ銀行に対しても、Ｓ銀行に対しても連帯保証をしていた。その後、Ａは平成９年に自己が所有する土地を売却し、その譲渡代金をもってＳ銀行に対する保証債務を履行した。

このような事案について、課税庁は、次のように主張し、保証債務の履行のための譲渡所得の特例の適用を否定しました。

つまり、平成8年当時に、Ｘ社は大幅な債務超過の状態になっていたのだから、その時期のＳ銀行からの借入についてＡが保証人になったとしても、それは「求償権の行使が不能であるのを認識しつつ保証債務を負担した」ことになるという主張です。

しかし、裁判所は、「借換時に、保証人は、保証債務の負担を自由に免れることができるものではなく、保証人は従属的な地位に置かれているのが通常であるから、借換時において、保証人が主債務者に資力がなく、主債務者に対する求償権の行使が不可能であると認識していた場合であっても、旧契約締結時において、保証人が、求償権の行使も可能であると認識していた場合については、所得税法64条2項の適用はあると解するのが相当である」と判示して、課税処分を取り消しました。

こちらも課税の第一線段階では否認され、それが裁判所でどうにか救済された事例です。税務訴訟の勝訴率は10％を下回りますので、課税処分についての裁判所での救済は、まさに、僥倖というべき事例です。税務上のリスクを冒さないためには、弁済不能状態になってからの借り換えは避けた方が良いと思います。

税法は実質的であると同時に、非常に形式的です。税金というのは、経済の第一線を扱います。民法は5年前の判例を最新の判例といいますが、税法では1年前の条文を最新の条文とは言いません。税法は常に変化しているのです。

税法は経済と一緒に動いていくので、非常に実質的だと思います。しかし、非常に形式的なところがあります。つまり、申告書に要件の記載がなかったらダメとか、申請期日から3日を過ぎてしまったからダメという判断で、これは非常に形式的です。

事例４の場合のような非常識な例は少ないと思いますが、税法では、こういう形式的な判断がされることがあるので、気をつけなければなりません。

それから、税務署の第一線の理論と審査請求の段階、それに訴訟の段階の理論は異なります。ですから、税法を勉強して税法判例などを読んでいると、逆に、第一線の取扱いがわからなくなります。第一線と交渉するときには、菓子折を持っていくと賄賂になってしまいますが、しかし、菓子折を持っていくぐらいの気分で交渉した方が安全です。弁護士の理屈で交渉するのではなく、ちょっと気の毒だから助けてくださいという交渉です。

あと、でき得ることなら、税務署には弁護士が行くのではなく、税理士さんに行ってもらった方がよいと思います。そうすれば、仲間内の会話が成立します。

ここで結論は、税法は実質的であると同時に形式的だということです。

3　税法の学び方

今回の話を聞いて、税法はおもしろいと思ったら、ぜひ次のように勉強してください。税法は、行政訴訟や税務訴訟を担当するための知恵ではありません。私自身は税務訴訟の依頼が来たら、原則としては断ります。勝てませんから。着手金をもらっても、成功報酬をもらわなければ事務所は維持できません（笑）。

社会の常識としては勝つべき事案でも、裁判所の常識では負けます。そうであれば、敗訴は納税者の責任ではなく、裁判所の常識の上に乗っている法曹の責任です。私の責任で敗訴したのに着手金をもらってしまったら、これは泥棒です。

では、着手金をもらわないで負ける裁判を引き受けるかといったら、それほど親切ではありません。そこで、税務訴訟は原則として引き受けないことにしています。よほどやむを得ない事件、あるいは顧問先からの依頼事件、身近な人に無茶な課税がされた事件は別ですが、しかし、その場合でも、可能な限りは異議申立てまでで結論を出すようにします。

税務訴訟については、どちらが正しいかではなく、国側を勝たせる判決が書ける限りは国側が勝つというのが現実です。国側を勝たせる判決がどうしても矛盾して書けないという場合は、納税者を勝たせてくれます。しかし、裁判所は判決書きのプロですから、そこは上手に国側を勝たせる文書が書けるのが裁判官です（笑）。

最近、最高裁も納税者を勝訴させる。そのようにお考えの方もいると思いますが、最高裁が納税者を勝たせる事件には顕著な特徴があります。つまり、二度と発生しない事件に限って納税者を勝訴させているのです。貸倒引当金が問題になった日本勧業銀行事件、増資が問題になった旺文社事件、非居住者か否かが問われた武富士贈与税事件。全て、税法改正等のため、二度と発生しない事件ばかりです。

もし、二度三度と発生する事件、つまり、一般的な事件で納税者を勝訴させたら、税務行政を変更してしまうことになります。そのような怖いことは、最高裁も、おいそれとは宣言できません。しかし、二度と発生しない事件で、それが高額な事件であって、社会の注目を集める事件であれば、最高裁にとっては、まさに、裁判制度をアピールするために利用できます。

私達、一般の弁護士のところに持ち込まれる事件は、その事件が特殊に思えたとしても、税法理論一般からすれば、それこそ一般的な事件です。そのような事件では納税者は勝てません。

ということで、税法というのは税務訴訟のための知恵ではなくて、民事訴訟のための知恵だと思っています。1万円札を引っ張り出してきて、その肖像画を上手に切り抜いてから裏側をみたら、国会議事堂、つまり、国税庁がずたずたになっているということです。

つまり、民事訴訟を解決するときは、その裏側の税金関係を考えながら解決しなければなりません。だから、税金の知識は民事訴訟の知恵だと思っています。このような目的に使用するための税法の学び方です。

○　実務の利用

弁護士が実務処理をしている際、つまり、契約書を作るとき、あるいは法律相談を受けたときに、税金の問題が出てきたら、その実務から税法を学んでください。

税法を一から学ぼうという発想は間違いです。というのは、税金を一から学んでも、弁護士はその知識を使えません。税務署の担当で分ければ、個人課税課、法人課税課、資産課税課、消費税課とありますが、弁護士が扱うのは資産課税課に来る仕事だけです。

つまり、相続、贈与、譲渡所得です。法人税、所得税あるいは消費税を扱うこともありますが、原則としては資産税だけです。ですから、法人税法の参考書を読んでも、直接には弁護士業に役立ちません。法人税法の中に出てくる資産税、あるいは所得税法の中に出てくる資産税が必要なのです。ですから、読んで役に立つとしたら、せいぜい、相続税法だけです。

○ 租税判例の利用

今回取り上げたのは租税判例ですが、弁護士の中には租税判例は読まないと決めてしまっている人がいると思います。あれは行政訴訟だから私には関係ないという発想です。しかし、税務訴訟の判決を行政事件の判決だとは思わず、民事事件の失敗事例と思って読んでください。何しろ、はじめから税務訴訟になることを覚悟して、税金処理をする人はいません。理論を読むのもさることながら、判決からは事実関係を読み取ってください。世の中ではどういう処理をして、どういう失敗をした人がいるかということがわかります。

○ 税理士の利用

考えることが好きな税理士さんを見つけてください。基本的に税理士事務所というのは、90％までは法人税で維持されています。残りの６％が所得税で、４％が資産税です。ですから、資産税については不得手な税理士さんが多いと思います。そこで、「僕は資産税で考えることが好きだ」という税理士さんを見つけたら、これは財産です。

○ 税務六法の利用

税法の条文を読むときは、括弧書きを抹消して読んでください。税務六法はぎょうせいから、六法の厚さの本が3冊あります。2冊が法令編で、1冊が通達編です。毎年改正になります。でも、毎年に買い替えなければならないと考える必要はありません。ぎょうせいの六法も毎年は買い替えていないと思います。つまり、所得税法本則や通達というのは、それほどは変わりません。租税特別措置法が変わるだけです。一度買えば、3年、5年は使えます。疑問が生じたら、条文に遡って知識を身につけておく。その積み重ねが結果として違ってくるはずです。さらに最近では、ネットで条文を手に入れることができます。総務省の法令データ提供システムが代表的なものですが、その他にもいくつかのサイトで税法の条文を提供しています。試しに「関根稔」でホームページを検索していただければ、私のホームページでも利用しやすい条文と通達集を入手できます。

○ 専門書籍の利用

これはダメです。税法を学ぼうということで相続税法の参考書を買ってきても、読むだけの熱意が続かないと思います。最初の15ページを読んだら、もう嫌になってしまいます。すごく勉強熱心な弁護士、あるいは去年弁護士になったばかりで、仕事が1つもないというのなら参考書を読んでいてもいいのですが（笑）、専門書籍を読まなければならないという脅迫観念を持つ必要はありません。

○ 定期刊行物の利用

税法の雑誌が大量に発行されています。何しろ、弁護士よりも税理士の方が数が多いわけですから、雑誌は大量に発行されます。その中で読めるとしたら『週刊税務通信』という雑誌です。税務研究会が発行していて、週刊で発行されています。これが比較的読みやすい税法雑誌です。ただ、これを購読しても、毎号自分の知識として役立つものが出ているかといったら、それは無理です。それは判例時報を読んでも、毎号自分の仕事に役立つ知識が載っているわけではないのと同じです。ですから、もし税金の雑誌をどうしても読みたいなということになったら、『週刊税務通信』を購読してみてください。1ヵ月に1回ぐらい自分の仕事に役立つ知識が見つけられるようになったら、税法のプロといえると思います。はじめは、まったく見つけられないと思います。

○『法律家のための税法』

東京弁護士会の税務特別委員会が出している赤い本ですが、それを右側に置いて、税金の問題が出てきたときに読んでみてください。税法の言葉を使わずに、例えば譲渡所得や交換差金という言葉を使わずに、できるだけ民法の言葉を使って税金を説き起こすように努力しているつもりです。それから、民法の条文別に項目をつくっていますので、民法の贈与のところを引けば、贈与税の説明ではなくて、法人に贈与した場合の説明も出ているはずです。

○『実務家のための税務相談』

今日説明したような事例を、おそらく50件ほど使って民法と税法の関係を説明している書籍です。どちらかというと税理士さんに民法と税法の関連を理解してもらうために書いた本ですが、弁護士が税法と民法の境界を理解するのに使っても問題はありません。私も共著者になっています。

○『税理士のための相続をめぐる民法と税法の理解』

さらに、『税理士のための相続をめぐる民法と税法の理解／ぎょうせい刊』も、弁護士実務に不可欠な参考書です。民法相続編について、民法を3分の1、税法を3分の2の分量で、条文に添って解説した逐条解説です。これも私が共著者になり、税法実務家の議論の上で完成した本で、思いっきり実務目線で解説しています。専門書は2000冊～4000冊が売れれば良いという出版事情の中で、この本は1万数千冊は売れているはずです。

て作った本です。

「税理士のための」と名付けていますが、本当は、弁護士と、家庭裁判所の調停委員に読んでもらいたいと思っ

○『税理士のための百箇条』、『続・税理士のための百箇条』

最後に、財経詳報社から出版されたこの本も、毛色の変わった税法の本として手にとって頂けたら嬉しいと思います。税理士業務についての総論、各論、考え方などを100項目で記しています。税法の難しさは、同じ法律であっても、民法や会社法とは全く異なる思考方法をとるところにあります。その思考方法を全体のイメージとして習得してもらうために、弁護士にも役立つ200箇条だと思います。

【第3章】

粉飾決算はこうして見破れ

法人税法の学び方

山本洋一郎
（弁護士・税理士）

《山本洋一郎　Yoichiro Yamamoto》
大分県弁護士会（30期）。税理士業務と弁護士業務の2足のワラジをはいて活動中。常時5件ほどの税務訴訟も抱える。日弁連夏期研修・日本各地の弁護士会・税理士会の講師を務める。著書に『事例でわかる税務と法律』（日本評論社）など。平成19年度から日弁連税制委員会委員長。

1　はじめに（粉飾と逆粉飾。税務署と逆の立場で）

私、ごく普通の弁護士としての仕事をひとつやっています。統一地方選挙があると、大分県というのは「東の千葉、西の大分」と選挙違反が多いところでありまして、4年に1回稼がせてもらっています。それから、刑事弁護センターから『無罪事例集第4集』というものが出まして、それに放火罪で無罪をもらった判決が載っています。ちょっと前は別の刑事事件で、心神喪失で無罪の判決をもらいました。そんなことで、ごく普通の会社の事件もやるし、一般の刑事事件もやる。そういう生活を片一方でしています。

もう片一方では、ごく普通の税理士としての仕事をやっています。税務の顧問先を180から200ぐらい抱えまして、個人もしくは法人の申告書作成、決算の報告、税務調査の立会いということで、事務員を税務の方で8名とコンピューターを入れまして、ごく普通の税理士さんがやっているようなことを日常業務的にやっています。

その両方にまたがる形で、税務訴訟を常時5件ぐらいでしょうか、今、最高裁と高裁と地裁の3ヵ所に分かれているんですけれども、そういうのをやっています。

今回は、まず法人税というのはどういう計算の仕組みになっているかということをざっとお話しします。それからもう1つが、粉飾決算。つまり経営状態の悪い会社をいかにも良いように見せかけているケース、これをどうやって見破っていくのかというお話です。

後の方のテーマに関しては、意外と日本に書物がありません。逆のケースの書物はたくさんあるんですね。逆のケースとは、つまり実際は経営状態が良くて大幅黒字なのに、あたかも利益がほんの少しであるとか赤字であるという形に粉飾する。これを「逆粉飾」と呼びます。これは税務署に対して皆さんするわけで、税務署のＯＢなどが「脱税を見破るための本」とかいうのをたくさん出してはいるんです。しかし、「粉飾ケースを見破るための本」というのは、あまり出ていません。簡単に言えば、税務署が調査して逆粉飾してごまかしているのを見破る、そのちょうど反対のやり方が、粉飾してごまかしている手口を見破る方法だということです。私は税務調査の立会いなどを日常的にやっていますので、その反対のテーマで１回議論をまとめ、実務のお話をしてみたいなと思っています。

まず前半戦は、資料をもとに、駆け足で話をしていきたいと思います。それから後半戦では、生々しい粉飾決算の手口をお話しします。これは言ってみれば泥棒が、あるいはスリのベテランがどうやって財布を盗み取るかとか、どうやってマンションの合鍵を作って入り込むかとか、そういうお話に触れますので、活字にして出回るのはいかがかなと思って短くしてあります。そういう悪いことを山本という奴が全国に広めたということになると、製造物責任ではありませんが、何か責任を問われたらいかんなという配慮です。皆さん方は、泥棒やスリになろうと思って聞くのではなく、泥棒やスリのプロと渡り合い撃退できるようになる気持ちで聞いていただきたいと思います。

2　法人税の計算の仕組み

(1)　決算書作成までの作業

まず前半戦です。法人税の計算の仕組み。これについては、おぼろげながらご存知の方は多いとは思いますが、正確な把握が欠けている可能性がありますので、次に一応書いておきます。

〔決算書作成までの作業〕

ⓐ　生の資料（領収証、請求書、通帳など）の整理
ⓑ　仕訳伝票の作成
ⓒ　総勘定元帳・補助元帳の記入
ⓓ　決算試算表の作成
ⓔ　確定決算書（貸借対照表と損益計算書）の作成
　　――期末修正伝票の作成などの〈決算調整〉

ⓐ　生の資料の整理

まず、生の資料、領収書、請求書、通帳、こういうものを整理します。

ⓑ　仕訳伝票の作成

それから、仕訳の伝票というものに書いていきます。これは、例えば弁護士さんが持っている銀行の口座に、何月何日にお金が１００万円入ったというような事実があったときに、これはどの顧問先からの着手金の振込み

であるとかを伝票の左右に書いていく作業です。実際はパソコン打ち込み作業です。

ⓒ　元帳の記入

それを今度は、科目別、項目別に寄せ集める。そうしたものが総勘定元帳です。略して元帳と呼んでいるんですが、これはまず科目がずっとありまして、科目の下に、日付順にその科目内の歴史的な経過に従った出来事が打ち込まれています。それ以外に、売掛だけについての元帳だとか、買掛だけについての元帳だとか、そういう補助元帳というものも作っている所があります。

ⓓ　試算表の作成

今度はそれをもとにしまして、科目別の合計、集計を寄せ集めたものが、簡単に言えば決算書と呼ばれるものなんですね。現実には試算表という形で単純に合計したものを作っていきます。例えば弁護士の方でいうと、交際費５６３万円、交際費以外の給料だとか、その他諸経費の科目別に合計した金額が記載され、あるいは入ってきた収入でいえば顧問料収入、事件報酬、相談料というように、科目別に合計された金額が記載されたもの。これが俗に、決算書試算表と呼ばれるものです。

ⓔ　確定決算書の作成〈決算調整〉

決算書という言葉の正確な定義をご存知ない方が意外といらっしゃいます。決算書の定義というのは非常に簡単で、貸借対照表と損益計算書。基本的にはその２つ、それをひっくるめて決算書と呼んでいるわけです。そして、年度別の集計をする時点で、途中でやっていた間違いなどに気がついたときに手直しする。これは期末の修正の伝票を作成するという作業になるわけですが、これを税法上、〈決算調整〉と呼んでいます。この決算調整が済んだものが、いわゆる確定の決算書として株主総会の承認を受ける。こういう仕組みになっているわけですね。ここまでの概略は、会社法の条文で皆さん方は理解しているはずということになっていますね。ただし、そ

貸借対照表

平成26年6月30日現在

株式会社　●●建設　　　　　　　　　　　　　　　　　　　（単位：円）

資産の部		負債の部	
流動資産		流動負債	
現金	1,802,453	未払金	42,086,117
当座預金	69,508	✓ 工事未払金	110,731,268
普通預金	66,167,542	未払法人税等	51,173,800
積立預金	8,300,000	未払消費税等	4,450,100
定期預金	487,848,169	✓ 未成工事受入金	152,057,936
投資信託	70,715,215	預り金	6,186,166
✓ 未成工事支出金	140,572,775	**流動負債合計**	**366,685,387**
✓ 立替金	125,843,906	**負債の部合計**	**366,685,387**
前払費用	30,000	**純資産の部**	
✓ 工事未収入金	8,021,340	株主資本	
✓ 未収入金	2,681,859	資本金	30,000,000
✓ 仮払金	127,650	利益剰余金	
貸倒引当金	△812,600	利益準備金	7,500,000
流動資産合計	**911,367,817**	その他利益剰余金	
固定資産		別途積立金	70,000,000
【有形固定資産】		繰越利益剰余金	589,028,073
建物	7,116,058	その他利益剰余金合計	659,028,073
構築物	1,222,758	利益剰余金合計	666,528,073
機械装置	8,091,299	**株主資本合計**	**696,528,073**
車両運搬具	2,323,369	**純資産の部合計**	**696,528,073**
工具器具備品	20,649		
土地	37,413,135		
有形固定資産合計	56,187,268		
【無形固定資産】			
電話加入権	1,013,641		
ソフトウェア	1,261,702		
預託金	18,440		
無形固定資産合計	2,293,783		
【投資その他の資産】			
投資有価証券	800,000		
出資金	70,316,301		
敷金	315,000		
保険積立金	21,933,291		
投資その他の資産合計	93,364,592		
固定資産合計	**151,845,643**		
資産の部合計	**1,063,213,460**	**負債及び純資産合計**	**1,063,213,460**

こから先の「税金の計算」については、どうやっているかわからないというのが実情だろうと思います。

損　益　計　算　書

自　平成25年7月1日
至　平成26年6月30日

株式会社　●●建設　　　　　　　　　　　　　　　　　　　　　　　　（単位：円）

売上高		
完成工事高	1,234,076,192	
売上高合計		1,234,076,192
売上原価		
当期製品製造原価	1,037,360,571	
合計	1,037,360,571	
製品売上原価		1,037,360,571
売上原価		1,037,360,571
売上総利益		**196,715,621**
販売費及び一般管理費		
役員報酬	15,780,000	
事務員給料	12,621,653	
販売員給料	7,074,503	
雑給	79,678	
賞与	1,280,000	
法定福利費	3,461,312	
福利厚生費	5,554,586	
広告宣伝費	139,948	
接待交際費	585,313	
慶弔費	267,073	
旅費交通費	1,915,597	
通信費	738,933	
消耗品費	370,559	
事務用消耗品費	3,943,085	
修繕費	602,625	
水道光熱費	983,611	
諸会費	2,025,212	
支払手数料	26,000	
車両費	936,286	
地代家賃	1,266,000	
賃借料	436,480	
保険料	5,334,398	
租税公課	1,858,497	
顧問料	1,936,871	
寄付金	5,000	
研修費	776,242	
✓ 減価償却費	7,300,800	
貸倒引当金繰入	812,600	
雑費	2,681,875	
販売費及び一般管理費合計		80,794,737
営業利益		**115,920,884**

営業外収益		
受取利息	194,306	
受取配当金	5,238,394	
雑収入	11,529,262	
営業外収益合計		16,961,962
経常利益		**132,882,846**
特別利益		
投資有価証券売却益	14,614,164	
貸倒引当金戻入	876,600	
特別利益合計		15,490,764
特別損失		
前期損益修正損	10,163,935	
固定資産除却損	3	
有閑対策費	3,650,784	
調査負担費	69,000	
投資損失	29,090,823	
特別損失合計		42,974,545
税引前当期純利益		**105,399,065**
法人税・住民税及び事業税		**51,173,800**
当期純利益		**54,225,265**

(2) 申告書作成までの作業

① 別表二以下の「明細書」と「内訳書」を作成する

簡単に言うと、税務署がくれる法人税の申告書という印刷した用紙があります。後に別表という用紙が何枚も続いているんですが、本表という用紙がなく1枚目の〈申告書〉という用紙そのものが別表一と記載されています。その後ろに、別表二以下ずらっと「明細書」という用紙がついているんです。次頁に、主な別表の明細書のタイトルをまとめておきます。

簡単に言うと、税額計算のために、それぞれ別表二以下の明細書に記載している計算の仕組みに従って計算したものを別表一に流し込んでいく。別表一というのは、税額が何円です、納めるのは何円です、と最終的に書かれたものになるわけです。別表一の用紙は104頁に載せてあります。この右肩に、別表一㈠と記載していますね。この右肩の記号のことを、先ほどから別表と呼んでいるわけです。

105頁に、別表四の用紙も載せておきました。書類のタイトルが〈所得の金額の計算に関する明細書〉となっているものです。法人税の税額計算をするときには、別表一の記入の前に、別表四で一旦すべて集計します。ですから、別表四というのは非常に大事な書類で、まず別表四に集約して、別表四から別表一に移していくという仕組みになっています。

それからもう1つ、申告書には「内訳書」というものが添付されています。これは右肩に①から⑯までの番号が記され、タイトルに「何々の内訳書」と記された用紙になっています。106頁に、すべての内訳書のタイトルをまとめておきます。

〔主な別表の申告書と明細書〕

別表一(一)	「普通法人(特定の医療法人を除く。)、一般社団法人及び人格のない社団等の分」の申告書
別表二	同族会社等の判定に関する明細書
別表三(一)	特定同族会社の留保金額に対する税額の計算等に関する明細書
別表四	所得の金額の計算に関する明細書
別表五(一)	利益積立金額及び資本金等の額の計算に関する明細書
別表五(一) 付表	種類資本金額の計算に関する明細書
別表五(二)	租税公課の納付状況等に関する明細書
別表六(一)	所得税額の控除に関する明細書
別表六(二)	外国税額の控除に関する明細書
別表七(一)	欠損金又は災害損失金の損金算入に関する明細書
別表七(二)	更生欠損金の損金算入及び民事再生等評価換えが行われる場合の再生等欠損金の損金算入に関する明細書
別表八(一)	受取配当等の益金不算入に関する明細書
別表十一(一)	個別評価金銭債権に係る貸倒引当金の損金算入に関する明細書
別表十一(一の二)	一括評価金銭債権に係る貸倒引当金の損金算入に関する明細書
別表十四(一)	民事再生等評価換えによる資産の評価損益に関する明細書
別表十四(二)	寄附金の損金算入に関する明細書
別表十五	交際費等の損金算入に関する明細書
別表十六(一)	旧定額法又は定額法による減価償却資産の償却額の計算に関する明細書
別表十六(二)	旧定率法又は定率法による減価償却資産の償却額の計算に関する明細書
別表十六(六)	繰延資産の償却額の計算に関する明細書
別表十六(七)	少額減価償却資産の取得価額の損金算入の特例に関する明細書
別表十六(八)	一括償却資産の損金算入に関する明細書

別表一㈠　普通法人（特定の医療法人を除く。）、一般社団法人等及び人格のない社団等の分……平二十六・四・一以後終了事業年度分

御注意

1　期末の資本金の額又は出資金の額が一億円以下の法人のうち、次の①から③までのいずれかの法人（以下「大法人」といいます。）との間にこれらの大法人による完全支配関係がある法人又は当該法人との間に完全支配関係がある全ての大法人が有する株式及び出資の全部をいずれか一の大法人が有するものとみなしたときにその一の大法人による完全支配関係があることとなる法人に該当する場合には、この表の上段の「非中小法人等」を○で囲みます。①資本金の額又は出資金の額が五億円以上である法人　②法人税法第4条の7に規定する受託法人（2において「受託法人」といいます。）　③相互会社

2　「30」から「32」までの各欄は、期末の資本金の額若しくは出資金の額が一億円以下の法人、資本若しくは出資を有しない法人、一般社団法人等又は人格のない社団等（1に該当する非中小法人等、受託法人及び相互会社を除きます。）に該当する場合に記載します。

税務署受付印	平成　年　月　日　税務署長殿
納税地	●●市●●町□－□　電話（●●　）●●●●－●●●●
（フリガナ）	カブシキガイシャ　●●　ケンセツ
法人名	株式会社　●●建設
（フリガナ）	
代表者自署押印	○○　△△　㊞
代表者住所	●●市●●町△－△

所管 / 業種目 / 概況書 / 要否 / 別表等	
事業種目	一般土木建築工事業
期末現在の資本金の額又は出資金の額	30,000,000円　非中小法人等
同上が1億円以下の普通法人のうち中小法人等に該当しないもの	
同非区分	特定同族会社　同族会社（○）　非同族会社
一般社団・財団法人の区分	非営利型法人　普通法人（○）
経理責任者自署押印	㊞
旧納税地及び旧法人名等	
添付書類	貸借対照表（○）、損益計算書（○）、株主（社員）資本等変動計算書又は損益金処分表（○）、勘定科目内訳明細書（○）、事業概況書（○）、組織再編成に係る契約書等の写し、組織再編成に係る移転資産等の明細書

※税務署処理欄	
青色申告	一連番号
整理番号	
事業年度（至）	年　月　日
売上金額	兆　十億　百万
申告年月日	年　月　日
申告区分 / 庁指定 / 局指定 / 指導等 / 区分	
通信日付印 / 確認印	省略　年　月　日
年月日	年度処理事績　年　月　日

平成２５年７月１日から平成２６年６月３０日　事業年度分の　確定　申告書

（中間申告の場合の計算期間　平成　年　月　日　平成　年　月　日）

翌年以降送付要否	要　否（○）
適用額明細書提出の有無	有（○）　無
税理士法第30条の書面提出有	○
税理士法第33条の2の書面提出有	

項目	番号	金額（円）
所得金額又は欠損金額（別表四「48の①」）	1	107482748
法人税額（36）又は（37）	2	26567910
法人税額の特別控除額	3	2476806
差引法人税額（2）－（3）	4	24091104
連結納税の承認を取り消された場合等における既に控除された法人税額の特別控除額の加算額	5	
土地譲渡利益金　課税土地譲渡利益金額（別表三（二）「24」＋別表三（二の二）「25」＋別表三（三）「20」）	6	000
同上に対する税額（38）＋（39）＋（40）	7	
留保金　課税留保金額（別表三（一）「39」）	8	000
同上に対する税額（別表三（一）「47」）	9	
		00
法人税額計（4）＋（5）＋（7）＋（9）	10	24091104
仮装経理に基づく過大申告の更正に伴う控除法人税額	11	
控除税額（((10)－(11))と(43)のうち少ない金額）	12	766713
差引所得に対する法人税額（10）－（11）－（12）	13	23324300
中間申告分の法人税額	14	5638800
差引確定法人税額（13）－（14）（中間申告の場合はその税額とし、マイナスの場合は、（17）へ記入）	15	17685500
法人税額の計算　中小法人等の場合　(1)の金額又は800万円×12/12相当額のうち少ない金額	30	8000000
(1)のうち年800万円相当額を超える金額（1）－（30）	31	99482000
所得金額（1）（30）＋（31）	32	107482000
その他の法人の場合　所得金額（1）	33	000
土地譲渡税額の内訳　土地譲渡税額（別表三（二）「27」）	38	0
同上（別表三（二の二）「28」）	39	0
控除税額の計算　所得税の額（別表六（一）「6の③」）	41	766713
外国税額（別表六（二）「16」）	42	
計（41）＋（42）	43	766713
控除した金額（12）	44	766713
控除しきれなかった金額（43）－（44）	45	0

項目	番号	金額（円）
この申告による還付金額　所得税額等の還付金額（45）	16	
中間納付額（14）－（13）	17	
欠損金の繰戻しによる還付請求税額	18	
計（16）＋（17）＋（18）	19	
この申告が修正申告である場合　この申告前の　所得金額又は欠損金額	20	
課税土地譲渡利益金額	21	
課税留保金額	22	
法人税額	23	
還付金額	24	
この申告により納付すべき法人税額又は減少する還付請求税額（((15)－(23))若しくは((15)＋(24))又は((24)－(19))）	25	00
欠損金又は災害損失金等の当期控除額（別表七（一）「4の計」＋（別表七（二）「9」若しくは「21」又は別表七（三）「10」））	26	
翌期へ繰り越す欠損金又は災害損失金（別表七（一）「5の合計」）	27	
この申告が修正申告である場合のこの申告前の　欠損金又は災害損失金等の当期控除額	28	
翌期へ繰り越す欠損金又は災害損失金	29	
（30）の15％相当額	34	1200000
（31）の25.5％相当額	35	25367910
法人税額（34）＋（35）	36	26567910
法人税額（（33）の25.5％相当額）	37	
土地譲渡税額の内訳　土地譲渡税額（別表三（三）「23」）	40	00
剰余金・利益の配当（剰余金の分配）の金額	46	5200000

残余財産の最後の分配又は引渡しの日	平成　年　月　日
決算確定の日	平成２６年８月２６日

還付を受けようとする金融機関等	
銀行・金庫・組合・農協・漁協	本店・支店・出張所・本所・支所　預金
郵便局名等	
口座番号	ゆうちょ銀行の貯金記号番号　－
※税務署処理欄	

法 0301-0101

税理士署名押印	山本　洋一郎　㊞

所得の金額の計算に関する明細書

事業年度	平成25・7・1 平成26・6・30	法人名	株式会社　●●建設

別表四　平二十六・四・一以後終了事業年度分

区分			総額 ①	処分 留保 ②	処分 社外流出 ③	
当期利益又は当期欠損の額		1	54,225,265円	49,025,265円	配当	5,200,000円
					その他	
加算	損金経理をした法人税及び復興特別法人税（附帯税を除く。）	2				
加算	損金経理をした道府県民税（利子割額を除く。）及び市町村民税	3				
加算	損金経理をした道府県民税利子割額	4	220,358	220,358		
加算	損金経理をした納税充当金	5	51,173,800	51,173,800		
加算	損金経理をした附帯税（利子税を除く。）、加算金、延滞金（延納分を除く。）及び過怠税	6			その他	
加算	減価償却の償却超過額	7				
加算	役員給与の損金不算入額	8			その他	
加算	交際費等の損金不算入額	9			その他	
加算	投資信託　特別分配金	10	10,163,935	9,081,662	その他	1,082,273
加算	小計	11	61,558,093	60,475,820		1,082,273
減算	減価償却超過額の当期認容額	12				
減算	納税充当金から支出した事業税等の金額	13	5,804,800	5,804,800		
減算	受取配当等の益金不算入額（別表八(一)「15」又は「31」）	14	36,300		※	36,300
減算	外国子会社から受ける剰余金の配当等の益金不算入額（別表八(二)「13」）	15			※	
減算	受贈益の益金不算入額	16			※	
減算	適格現物分配に係る益金不算入額	17			※	
減算	法人税等の中間納付額及び過誤納に係る還付金額	18				
減算	所得税額等及び欠損金の繰戻しによる還付金額等	19			※	
減算	雑収入計上	20	3,242,100	3,242,100		
減算	小計	21	9,083,200	9,046,900	外 ※	36,300
仮計 (1)＋(11)－(21)		22	106,700,158	100,454,185	外 ※	△36,300 6,282,273
関連者等に係る支払利子等の損金不算入額（別表十七(二の二)「25」）		23			その他	
超過利子額の損金算入額（別表十七(二の三)「10」）		24			※	
仮計 ((22)から(24)までの計)		25	106,700,158	100,454,185	外 ※	△36,300 6,282,273
寄附金の損金不算入額（別表十四(二)「24」又は「40」）		26	0		その他	0
沖縄の認定法人の所得の特別控除額（別表十(一)「9」、「12」又は「16」）		27			※	
国際戦略総合特別区域における指定特定事業法人の所得の金額の損金算入額又は益金算入額（別表十(二)「7」又は「9」）		28			※	
認定研究開発事業法人等の所得の金額の損金算入額又は益金算入額（別表十(三)「7」又は「9」）		29			※	
法人税額から控除される所得税額及び復興特別法人税額から控除される復興特別所得税額（別表六(一)「6の③」＋復興特別法人税申告書別表二「6の③」）		30	782,590		その他	782,590
税額控除の対象となる外国法人税の額（別表六(二の二)「7」）		31			その他	
組合等損失額の損金不算入額又は組合等損失超過合計額の損金算入額（別表九(二)「10」）		32				
対外船舶運航事業者の日本船舶による収入金額に係る所得の金額の損金算入額又は益金算入額（別表十(五)「20」、「21」又は「23」）		33			※	
合計 (25)＋(26)＋(27)±(28)±(29)＋(30)＋(31)＋(32)±(33)		34	107,482,748	100,454,185	外 ※	△36,300 7,064,863
契約者配当の益金算入額（別表九(一)「13」）		35				
特定目的会社等の支払配当又は特定目的信託に係る受託法人の利益の分配等の損金算入額（別表十(八)「13」、別表十(九)「10」又は別表十(十)「16」若しくは「33」）		36				
非適格合併又は残余財産の全部分配等による移転資産等の譲渡利益額又は譲渡損失額		37			※	
差引計 ((34)から(37)までの計)		38	107,482,748	100,454,185	外 ※	△36,300 7,064,863
欠損金又は災害損失金等の当期控除額（別表七(一)「4の計」＋（別表七(二)「9」若しくは「21」又は別表七(三)「10」））		39			※	
総計 (38)＋(39)		40	107,482,748	100,454,185	外 ※	△36,300 7,064,863
新鉱床探鉱費又は海外新鉱床探鉱費の特別控除額（別表十(四)「40」）		41			※	
農業経営基盤強化準備金積立額の損金算入額（別表十二(十五)「10」）		42				
農用地等を取得した場合の圧縮額の損金算入額（別表十二(十五)「43の計」）		43				
関西国際空港用地整備準備金積立額の損金算入額（別表十二(十二)「15」）		44				
中部国際空港整備準備金積立額の損金算入額（別表十二(十三)「10」）		45				
再投資等準備金積立額の損金算入額（別表十二(十六)「12」）		46				
残余財産の確定の日の属する事業年度に係る事業税の損金算入額		47				
所得金額又は欠損金額		48	107,482,748	100,454,185	外 ※	△36,300 7,064,863

御注意　「48」の「①」欄の金額は、「②」欄の金額に「③」欄の本書の金額を加算し、これから「※」の金額を加減算した額と符合することになりますから留意してください。

法 0301－0401

〔内訳書の一覧〕

① 預貯金等

② 受取手形

③ 売掛金（未収入金）

④ 仮払金（前渡金）
貸付金及び受取利息

⑤ 棚卸資産（商品又は製品、半製品、仕掛品、原材料、貯蔵品）

⑥ 有価証券

⑦ 固定資産（土地、土地の上に存する権利及び建物に限る。）

⑧ 支払手形

⑨ 買掛金（未払金・未払費用）

⑩ 仮受金（前受金・預り金）
源泉所得税預り金

⑪ 借入金及び支払利子

⑫ 土地の売上高等

⑬ 売上高等の事業所別

⑭ 役員報酬手当等及び人件費

⑮ 地代家賃等
工業所有権等の使用料

⑯ 雑益、雑損失等

②　申告調整をする

この別表四を作るときに、税法上の間違いなどがあるかどうかをチェックします。その作業のことを〈申告調整〉と呼んでいますが、それについて今からご説明します。損益計算書については、弁護士の皆さんはご存知だと思いますが、単純に言えば売上から経費を引いて利益を出したものです。税額の計算というのは、損益計算書の売上に関して、税法上は売上に計上しなくてよいものを外す、あるいは損益計算の上では売上にしないものを加える。売上に関してはそういう作業をします。それから経費に関して、税法上は経費にならないものを削る、あるいは損益計算の上では経費にしないものを税法上経費に上げる、というような作業をするわけです。

つまり、会計学でいうところの売上とか経費という概念と、税法上の売上とか経費（それぞれ益金と損金と呼びます）という概念に違いがあるわけなんです。そのための調整をしていく作業になります。削ることを減算と呼び、加えることを加算と呼びます。ですから、損益計算書上の売上について加算減算する、経費についても加算減算する。結局、利益について増減の作業が起こるということです。

ちょっと抽象的なので、資料を使ってお話しします。先ほど掲載した損益計算書の中に「販売費及び一般管理費」という欄がありまして、先ほど言いました交際費とか給料とか、そういう細々したいわゆる「諸経費」と呼ばれるものが入っています。

その交際費について、〈申告調整〉として税額計算の場合にどういう作業をするかといいますと、別表四を見てください。別表四の左端に加算という欄がありますね。そして、区分のところの９番に「交際費等の損金不算入額」という欄があります。これは、税法上交際費として計上できる額の最高限度を、その会社の規模、資本金の規模等に応じて税法が定めているために、それを超えた部分については経費になりません、ということです。この限度額超分の算出は、別表十五の明細書で行います。

つまり損益計算書で全額経費に上がっているけれども、経費から減算します。つまり利益に加算します。こういう作業をしましたよ、というのが別表四の加算の「交際費等の損金不算入額」という欄になるわけです。

それからついでに、別表四の区分8番、「役員給与の損金不算入額」という欄があります。これはどういうことかと言いますと、役員さん、つまり取締役や監査役に対して給与を支給することは、会社法上あるいは会計学上は当然認められており、損益計算書の経費に計上されているわけです。しかしながら、税法上は、役員に対する給与は定期同額でないものは原則として損金に計上できないという条文を置いているために、損金から減算するんだと。つまり利益にその分加算します。こういう作業をしましたという痕跡が載っているのが、この別表四です。

もう一度言いますと、この別表四という紙を使って、決算書の損益計算書に書いている売上、経費について税法上の認められるもの、認められないものの調整を加えていく。どこをどういうふうに調整しましたよ、ということがこの別表四を見ればわかる。こういう仕組みになっています。それ以外の別表というのは、原則としてこの税額計算に関する別表四を作るためのさらに下請け作業といいますか、下請負みたいな明細書です。

以上の決算書を作るまでの作業、申告書を作るまでの作業がこうなっているということを、後半戦の予備知識として知っておいていただきたいのです。

3　経営状況の判断

(1)　単年度の決算書からは全体像がつかめない——最低3年分の決算推移表を作る

さて、本題の後半戦に入ります。まずは経営状況の判断について。弁護士は、決算書を手に入れる機会が非常に多いわけですね。いわゆる損益計算書と貸借対照表。そういうものが出てきたときに、どこをどういうふうに読めば、その会社の全体像がわかるのかということです。基本的には、単年度の決算書からは全体像はつかめない、というふうに割り切った方がいいだろうと思います。もちろん決算書を見れば、売上高が１００億円の会社なのか１０００万円の会社なのかということで、「大きい会社だな」「小さい会社だな」というぐらいのことは、もちろんわかります。でも、その程度で、商売人は弁護士や専門家のところに相談に来たりしません。

何年間かの決算書を比較して、「推移一覧表」にしてみる。これはかなり有益な作業になっていきます。これは何も難しいことではなくて、例えば損益計算書でいいますと、左側のタテに売上の内訳、経費の内訳、利益という欄を設けます。右側のヨコに平成22年、23年、24年、25年、26年という欄を作って、それに数字を入れていくという作業です。

出来上がった推移一覧表をじっとにらんでいると、「あ、ここ3年、急に売上が減っているな」とか、「売上は減っていないけど、粗利益率つまり（売上高－売上原価）÷売上高が急速に下がっているな」とか、あるいは「人件費が急に増大したな」、「人件費率つまり（人件費÷売上高）が上がっているな」とか、そういうことがわかりますので、５年分の損益計算書を推移一覧表にすれば、企業の利益状況の推移がかなりわかってきます。

それから、貸借対照表を同じように5年分推移一覧表にすれば、借金がどんどん増えている会社なのか、あるいはどんどんビルを建て増している会社なのかというように、資産が増えているか、負債が増えているかということも、傾向としてかなりはっきりしてきます。あと2年もすれば倒れる会社だろうとか、もっとのし上げていく会社だろうとかいう大まかな傾向が把握できるわけです。

したがって、できるだけ最低3年分の決算書を用意してもらうことが必要だろうと思いますね。破産や民事再生の申立てをするときに、裁判所によって最低3年分、慎重な裁判所だと5年分の決算書を添付資料として出すようにいわれるのは、それを見れば管財人になった弁護士さんは、当然、税務についても弁護士法3条2項で資格を持っているから、たちどころに経営状況を判断し、粉飾を見破ってくれるはずだということで出させているのです。

特に破産などでは、最後の年はもう粉飾の典型をやっていますね。粉飾を全然やらずに破産になるなんていうことは、考えられないですね。そうすると、それをチェックしたり全体像をつかむためには、一番きれいどころの厚化粧の状態だけ見たって何もわからない。5年がかりで美容整形した場合は、5年前の写真から見比べていけば、ああ、小ジワはここで取ったんだなと（笑）。そんなのが全部わかるじゃないですか。それと一緒なのです。

(2) 決算書の科目からは内訳がつかめない
——申告書添付の「内訳書」を読む

ただし、そうは言っても、決算書に書かれた科目の金額だけを見ていても、その内訳がわからないために、より突っ込んだ分析なり判断ができません。例えば、貸借対照表でいえば、左側の資産の部の固定資産の欄に「建物7111万6058円」と書いてありますが、この建物はどこにあって、いつごろ手に入った物件で、本社ビルで使っているのか、工場で使っているのか、営業所の建物なのか、そういうことは一切わからないんです。

それから、貸借対照表の負債の部の固定負債の欄に「長期借入金○○円」の欄が通常はあります（この会社は優良企業で借入金なしですが）。これはどこから借りているのか、その利率が高いのか安いのか、あるいはいつごろ借りたものか、そういうことは一切わかりません。そういう意味では、5年分なりの推移表を作ってじっとにらんでいても、ある程度おぼろげな姿あるいは今後の方向性というのはわかっても、それ以上の突っ込んだ分析はできないのです。

こんなときに、「明細書を見ろ」と言う人がいます。でも、私に言わせると、明細書は税額計算をするための補助的なことを書いているにすぎませんので、明細書を見ても勘定科目の個別の内容は一切わかりません。これは、先ほど言いました「内訳書」の方を見なければいけないんです。先ほどの説明のとおり、内訳書は①から⑯までありますが、これは今、私が言ったようなことが全部書いてあります。借金であれば、何銀行から借りているのがいくら、何銀行からいくら、それは金利がいくらで、担保の内容が何であるということが全部書かれています。他の勘定科目についても、基本的には同じです。

国は税金を取ろうと思ったら親切丁寧で、内訳書も明細書も、その用紙は全部税務署にあります。国税庁のホームページからも入手できます。

各内訳書には、50万円以上など、主なものは必ず書かなければいけないことになっていますので、借入先にしろ、売掛先にしろ、もらった手形、切った手形の相手先は、内訳書を見れば主要なものが把握できるようになっています。

推移表を見ていて、借入額が急激に増えているなと思ったとき、内訳書を見て、最初のころはみずほ銀行とか三井住友銀行とか三菱東京ＵＦＪ銀行といった名前があったのが、どんどん減って、信用金庫とか信用組合とかが増えていって、とうとう商工ローンさんみたいなところが載ってしまったとしたら、本当に危ないというか、もうだめだな、ということが読み取れるわけです。

ただ、後で話しますけれども、逆粉飾とか粉飾しようと思っている人は、ばれないように工夫します。泥棒が工夫して忍び込むのと同じように。知られたくない情報は、各内訳書の中の「その他」の行に忍び込ませているんです。で、わからないんです。町金融とかいうのは全部「その他」の中に含められていますから、簡単にはわかりません。しかし、5年分も内訳書を比べれば、「みずほ銀行は、最初のころは10億円を貸していたのに、ついこないだは1億円しか貸してないな」と。それが三菱東京UFJ銀行などにシフトしているのかなと見たら、そうでもない。都銀は皆一斉に一桁縮んでいる。どういうわけか、「その他」がえらく膨らんでいる。こうなってくると、さらに「その他」の内訳を探っていけば、足跡がつかめるなと。

「その他」のものを探っていくやり方というのは、今回の講義を聴いた人はわかるはずです。最初にお話しした決算書作成までの作業過程ⓐ～ⓔを遡っていけばいいわけですね。例えば借入金だけについて試算表を見て、元帳を見て、仕訳伝票を見て、生の資料を見て、という形で遡っていけば、どこかで必ず突きとめられるということです。ですから、この内訳書というのは非常に大事な書類です。

ただ、実務的には、内訳書は添付する義務が一応あることになっているんですが、罰則の規定などがありません。したがって、怪しげな会社の場合は、例えば借入金の内訳書が付いていない。意図的に、ある内訳書のページを出さないという実例が非常に多いわけです。

4 粉飾決算の手口とその見破り方

さて次に、粉飾決算の手口と、その見破り方というテーマに入ります。

(1) 粉飾と逆粉飾に直面する弁護士

まず、粉飾や逆粉飾の問題に弁護士が直面する場面は、皆さんの想像以上に、実に多いのです。これを、弁護士の立場で、粉飾と逆粉飾のどちらに着目すべきかという角度からまとめますと、次の通りです。どれも現代の弁護士に必須の分野です。

Ａ　粉飾に着目すべき場合

①　吸収合併・営業譲受・新規取引開始をしようとする会社から相談を受けた場合
②　取締役・監査役の第三者責任（会社法４２９条）の提訴をする場合
③　旧役員に対して会社が忠実義務違反で損害賠償提訴、特別背任罪で告訴する場合
④　株主代表訴訟（会社法８４７条）で提訴する場合
⑤　監査役に就任する場合（東京地判平４・11・27判時１４６６―１４６）
⑥　民事再生の監督委員、会社更生の調査委員・保全管理人・管財人、破産の管財人に就任する場合、各々の中立代理人になる場合

Ｂ　逆粉飾に着目すべき場合

①　リストラされそうな社員・労組から相談を受けた場合
②　脱税刑事事件の弁護人になる場合、課税処分取消訴訟の代理人になる場合（逆粉飾でない主張）

(2) 偽造した申告書・決算書の見破り方

まず、持ち込まれた「申告書・決算書」と書かれた書類が、税務署に提出された本物と同じものか、改竄されたものかを見破る方法をお話しします。

損益計算書、貸借対照表、あるいはそれに株主資本等変動計算書（旧利益金処分案に相当するもの）を載せた3点セットで「決算書」という表紙が付いた紙、これは会社の社長が判を押しているだけなんです。その社長の判さえ押していないものも結構多いです。決算書だけからでは、これが本当に作られた決算書なのか、それとも弁護士さんのところに持ち込むために、会社の社長さんなり経理部長さんが偽造した書類なのかという区別がつかないんです。

ところが、それをチェックする1つの方法として、「内訳書、明細書の添付された申告書のコピー一式も一緒に持ってきてください」と要求するのです。そうすれば、申告書の別表一にはまず税理士の判が押してあります。先ほどの別表一を見てください。その右下に、税理士署名押印という欄がありますね。ここが空欄になっていると、これくらいの規模の会社であれば当然税理士がいるはずで、税理士が税務署に出した書類だったら、そこに名前があって税理士の職印が押してあるはずだと。ここが空欄になっているということは、これはうちに持ってくるために内容を改竄してきたんだな、と一目瞭然なんですね。

それから、左の一番上に税務署の受付印を押す欄があります。ここに受付印がないと、これは税理士さんに「破産申立てに使うから」と頼んで別に作った書類なんだな、と一応思っていいです。〝一応〟というのは、この受付印に関しては、例えば1通だけを郵送した場合などは、その控えが手元に残ります。したがって、受付印を押していません。したがって、受付印がないからといって、すべて偽造であるとは即断しないでください。また、現在のe—Tax申告では、「メール詳細」という書面で受付印に代わる制度となっています。

というのも、ゼネコンさんなどの場合は、公共工事を取るときにA級とかB級というランク付けをしますね。そのときに「税務署の受付印のある申告書を持ってこい」と言われるんです。ですから、我々税理士としても、必ず税務署に提出する場合は２部持っていって、１部控えの方に受付印を押してもらったものを持ち帰る。それをコピーして県庁などに出すようにしています。それから、医療法人などの場合、同じように税務署に申告するほかに、出先の保健所に届ける制度になっていますので、届けるときに受付印の押したものをということで、受付印を必ずもらうようにしていますが、業種によっては、そこまでやっていません。

税理士さんの名前と判があれば、裏付けは取れますよね。そこの税理士事務所に電話して、「おたくの持っている申告書の控えの１ページ目をファックスで流してください」という形をとればいいわけですから。そうすると、税理士さんというのは弁護士さんほど守秘義務の感覚は薄いですから、「ああ、うちの顧問先の社長がそっちへ行ったのですか。じゃあファックス流しましょう」とパッと送ってくれる場合があるんですね。私の事務所にそんな電話がかかったら、「いいえ、依頼者の了解が取れてからでないと。依頼者から電話がない限りは出しません」と言いますが。

問題は、申告書の別表一のページだけは、税理士の署名押印・税務署の受付印のある本物からのコピーだけれども、それ以外のページが、改竄されたもののコピーだったケースです。その書類を見せられた弁護士さんが、決算書と申告書の別表とのつながりを読み取れない人の場合は、一緒にホッチキスでコピーを綴じていれば、つながりのないことを見破れずに改竄を見過ごしてしまうことがあります。その対策は、今日お話した決算書・申告書作成の作業を皆さんも実際やってみて、腕を磨くことです。

申告書の用紙というのは、だいたい、高校卒業者を対象にして作られていますので、「別表何の何番の数字と何番の数字を足しなさい。足した結果を別表何とかの何番の数字に写しなさい」というようなことを書いていますので、司法試験合格者であれば、数字が違ったり飛んでいたりすれば、何とかわかるんじゃないでしょうか。私のところでは高卒の女性を採用することがありますが、彼女たちも、半年もすれば見破りますので、皆さん方も見破れるようになるのではないでしょうか。

(3) 粉飾の手口に利用される科目

粉飾の手口に利用される勘定科目には、だいたい常連さんの科目というものがあるんです。先ほどの貸借対照表と損益計算書の科目欄の左側に、チェック印（✓）をつけてあります。これが粉飾や逆粉飾の手口に利用される科目です。

(4) 粉飾の手口と見破り方

① 売上高の過大計上

例えば、損益計算書の売上高。これは要するに、架空のものを含ませて過大に計上してしまうことが、粉飾につながるわけですね。その手口としてどういうことをやるかというと、会計学では、お金の流れときちんと照合するようになっていますので、売上をいじるときにお金の流れまでいじらなければならないと大変です。そこで、お金の流れを伴わずに売上を増やす方法として、売掛金を増やすという操作をします。

ちょっとここから先は難しい話になるかもしれませんが、租税法には「発生主義」といって、権利義務が発生したら、未だお金が払われていなくてもその時点で課税するんですよ、というものの考え方があります。会計学上も、権利義務が発生したらその時点で売上に計上するんですよ、というルールがあります。したがって、掛売りであっても、掛けが発生した時点で売上高に含めて計上するという仕組みになっています。

そうすると、いつもは10億円売上がある会社で、今年は６億円に縮んでしまったと。このままではみっともなくて、銀行から追加融資を受けたり、手形の借入れのジャンプをお願いできなくなる。どうすればいいか。じゃあ、４億円ぐらい売上を水増ししよう。水増しするといったって、売り上げたお金が入ってきていないのでは、すぐにばれてしまうから、掛売りをしたことにしておこうという形で、売掛金を過大に、あるいは架空に計上するという手口があります。

この手口をどこでどうやって見破ったらいいかと言いますと、先ほどの貸借対照表の「売掛金」という欄がありますが、この金額と売上高を比べると、売上の中に占める売掛金、掛売りの割合というのが出てくるわけですね。そして、３年ないし5年の比較表で見ると、この会社はいつも10億円ぐらい売り上げていた。その中で売掛けの占める割合は、常にその12分の1ぐらいしかなかったと。つまり、今月売り掛けたら翌月金が入ってくるというような、１ヵ月交代で転がっている会社の場合でしたら、１ヵ月分だけが掛けで、年度末で締めたときに残るわけです。そうすると、１ヵ月分くらいのものが5年分を見たら出てきていると。

ところが、どういうわけか平成26年を見ると、売掛金の割合が３割も４割も占めているということになると、「これは何か異常な事態ではないだろうか」と。異常な一番の典型が、さっき言いましたように、本当は６億円しか売上がなかったんだけれども、４億円売り掛けたことにして、売掛金を膨らませてしまえということをやっている、ということです。だから、貸借対照表と損益計算書の比較表があれば、それだけ比べれば、売掛割合が異常に変化しているときは、売掛金を過大に計上している危険があるのではないかというヒントにはなるわけですね。

そうすると、次に売掛金の内訳書を見て、売掛先を抑えます。そうすると、これまでは、あの弁護士先生のところの売掛金先は一部上場の立派なところが並んでいたのに、突然今期に限って山本商店宛に売り掛けている。こういうことになってくると、「山本商店は今まで取引関係は全くなかったところだ。しかも、学会その他で仲のいい人らしい。これは架空売上に協力してもらっているのではないか」とだんだんわかってきてしまうんです。もちろんさっき言ったように、内訳書でも「その他」のところに私なんかの売掛先は潜り込んでしまうわけですけれども、元帳やら伝票やら生の資料まで突っ込んでいけば、わかってくるということですね。これは、最も悪質な手口の売掛けの過大計上による売上高の粉飾ですね。

その一歩手前くらいにあるのが、さっき言いました債権債務の発生主義・確定主義を悪用する手口です。この主義は、債権債務として発生したら、現金が入っていなくてもその期に計上しなさいという会計学上の原則であり、税法上の原則です。

逆に言いますと、債権債務として発生する前は、債権債務として上げてはいけませんよということも当然含んでいるわけですね。そうすると、商売の予約が入ったけれども、まだ契約書まで正式に行っていない。あるいは正式の注文書まで来ていないけれど、今度新大阪の駅ビル工事が取れそうだというような段階では、次の期になってから債権債務として発生し確定するので、翌期で本来売上として計上されるべきです。これを建築契約ができたとして、売上高を前倒しして当期に潜り込ませるという操作をするわけです。

1年順調に経てば、当然翌年の売上に上がるべきものですが、目の前の銀行の追加融資を受けるためには、売上がこんなに落ちていたのでは困るから、予約の段階のものを前倒しで今年の売上に上げてしまえと。そして、その決算書を持ち込んでしまえと。こういうやり方の粉飾があります。

先ほど言ったのは、全くの架空です。もう前倒しするものすらない。婚約者を前倒しで自分の妻だと言って偽る、そんな暇も余裕もない。目の前を歩いている人を自分の妻だということにしないと間に合わないというようなやり方ですね（笑）。

それから、売上に関して言うと、もう1つは、売り先が関連会社、社長一族の場合、これが粉飾のときに使われます。相手が自分の関連会社、子会社とか自分の家族だとかいうことになれば、契約ができたということにして、その直後にキャンセルあるいは返品があったという操作が、いくらでも後で辻褄合わせができますから。関連会社を使うのは非常によくやる手口ですね。例えば、自分のところに今ある在庫商品を同族会社に全部売り掛けたことにしてしまえ、月が明けたらキャンセルになって返品になってしまったということにしてしまえと。そうしたら、今期の決算書だけは非常にきれいな、売上10億円というのが達成できるわけですね。これは非常によく行われる手口です。

売掛金操作による粉飾のやり方をまとめると、１つが関係先を使うという今説明した手口。次に、来期に立つべき売上を前倒しして当期に立てるというやり方。それから、全くの架空の売掛けを作るというやり方。だいたいこの３つですね。

② 売上原価の過少計上

それから、先ほどの損益計算書に「売上原価」という欄があります。売上原価とは、簡単に言えば仕入れとか在庫という科目なんですが、この粉飾の手口は、第一に、仕入れを実際よりも小さく、過少に計上するというやり方があります。つまり、現実にはもう品物を仕入れているにもかかわらず、仕入れていないようなふりをするということなんですね。

仕入れが大きいということは、わかりやすく言えば経費が大きいわけですから、利益がそれだけ減るわけです。だから、仕入れを少ししかしていないように粉飾してしまおうというわけです。しかし、金は現実に、その仕入先の問屋さんに出てしまっている。これをどのようにごまかすか。現金が出たことを仕入代金の支払の科目ではなく、仮払いという科目に付け替える操作をして潜らせるのが常套手段ですね。仮払いはどこに載るかといいますと、先ほどの貸借対照表の左側の資産の部に「仮払金12万７６５０円」という欄がありますね。ここに潜らせているんです。

ですから、見破る方法としては、仮払金の内訳書をチェックして、普通なら仕入先の問屋に対する仕入代金、買掛金の支払としてのはずのところが、常連の問屋さんの名前が仮払金で出ていると。こうなってきたら、これは本来仕入れがあったのを外して、その出金の辻褄合わせのために仮払金という科目に持っていったんだな、という判断の手がかりができるわけです。もちろんそれは、何らかの事情で仮払いになっていることもありますけどね。

それにはさっき言ったように、それこそずっと遡って、生の資料までチェックしていけば、それが本当の仮払金だったのか、仕入れたのを仕入れていないように装うために仮払金に含ませたのかということは、すぐ見破れます。

この仮払金という科目はごみ箱のようなところで、仮払金という科目を使わずに悪さをしている会社は非常に少ないですね。粉飾とか逆粉飾をやるとき、仮払金、仮受金は悪の巣窟という感じですね。税務署は逆粉飾決算を見破って税金を取っていくわけですが、その調査では、仮払金、仮受金は必ずチェックされます。というのは、もともと、出金時に何のための出金であるか特定していないものを計上する科目が仮払科目ですから。その中に何かわからないから仮の払いとなったのではなくて、わかっているけど言いたくないから、隠したいから仮の払いを装いますというのが、どうしてもそこに集中するわけです。

粉飾の手口の第二は、例の債権債務発生主義が、ここでも出てきます。本来は当期に仕入れて買い掛けた金額だから、当期の仕入れとして計上しなければいけないものを、仕入れに計上せずに、翌期の仕入れのように装う手口です。買掛金の後ろ倒しといいますか、そういう操作の手口です。

粉飾の手口の第三は、期末の棚卸しを過大に計上するという手口です。これはどういうことかといいますと、経費と俗に呼ばれるものの中には、大きく分けて、売上原価というものと、それ以外の一般の販売管理費というものがあります。この売上原価はどうやって算出するかというと、在庫の材料だとか商品に関していえば、年の初めに倉庫にあった材料に過去1年間で仕入れた材料を足せば、使える材料の総額がわかります。そして、年末に倉庫に眠っていた材料を数えれば、使える材料がこのぐらいあったにもかかわらず、今、倉庫にこのぐらい眠っているということになれば、その差額は当然使われて製品になって外に出たと考えていいという、会計学の考え方で算出するわけです。

粉飾をする場合は、この期末の在庫がたくさんあるように過大に膨らませる。初めに50個ありました。途中で１００個仕入れました。30個残っています。使えるのが50に１００を足した１５０個です。30個残っていますから、使われたのが１５０から30引いた１２０個で、これが原価です。これが正しいのに、残ったのを勝手に40膨らませて70にしてしまう。そうすると、１５０から70引いて80個が原価となってしまいます。期末の在庫を余分に膨らませると、その分売上原価が小さくなる、売上原価が小さくなるということは経費が小さくなるわけですから、利益が増える。こういう仕組みなんです。これは比較的やろうと思えばやりやすいですね。

現物を数えるなんていうことは、何サイズのネジが何個あって、とかいったものは、工場に行って本当にカウントした者以外はわからないんですね。したがって、ここはコンピューターであれ手書きであれ、パッと操作することによって、例えば在庫を4億円増やしてしまえば、4億円の利益がパッと出てくるわけです。在庫が本当にプラス4億円分もあるのかどうか、そんなことは工場の中に入って勘定しないとわからない仕組みですから。

それで、経理の担当者も工場の責任者も、誰も教えてやらないというようなことになれば、1個1個数えていけば夜が明けてしまいますから、在庫の水増しという手法は比較的ばれにくくて使われやすいですね。

この手口の見破り方として、期末の棚卸表という表が、最後の生の資料なんですね。ただし、この表を見ても、期末時点の、例えば平成26年3月末に作られた棚卸表しか残っていないんです。そして、「本当かな?」と思って、平成26年の秋になって工場に行って数えたって、この半年間で物が出たり入ったりしていますから、今年の3月末に何サイズのネジが何個あった、出来上がった製品が何個あったということを検証するのは、非常に難しいわけです。ただ、毎月の仕入れの納品書・請求書・出荷の納品書控えなどを徹底して洗えば、解明できることもあります。

③ 一般販売管理費、製造原価の経費の過少計上

次に、販売管理費のところの粉飾ですが、これはわりと見破りにくいです。例えば交際費とかいったものは、生の資料や支出先まで当たるしかないですから。ただ、この販売管理費を過少に計上する手口は、意外と少ないんです。

というのは、売上とか売上原価に比べると、販売管理費は案外額が小さいんですね。危ない会社というのは億単位で思い切って粉飾をしないといけないわけですから、交際費の社長の飲み屋に行った分を外してみても、年間100万円とか500万円くらいの操作にしかなりません。ですから、販売管理費のところで、大口で粉飾するのは比較的難しいわけです。その例も比較的少ないんですが、そのほとんどが、金が、本来からすれば交際費や人件費で外に出ているにもかかわらず、それが経費性を帯びた金として外に出たのではないですよ、という形で取り繕う必要があるわけですから、ほとんどが仮払いの中で処理されています。

したがって、仮払いの相手先を調べたら会社の社長の一族だった、というようなことであれば、これは給料とか何とか手当と言って去年まで払っていたものを、経費を圧縮した形式を粉飾するために、手当分は全部仮払いで処理しているんだな、と見破れるわけです。

例えば、先代社長が死んで役員の退職金を払う。そうすると販売管理費の中で、ポンと億の金額が、役員の退

職金として出てくるわけです。そして、退職金を払って、その金を会社の資金繰りのために、引退した社長から同額を直ちに借入れをして使う。こういうケースはよくあるんです。

けれども、損益計算書上は、販売管理費として億という退職金が出てしまうと、利益が飛んでしまいます。ですから、社長には悪いけれど、社長の退職金は、本当は退職金できちんと出したんだけれども、経費のところの退職金としては上げずに、仮払いで出した形で、とりあえず銀行のつなぎ融資をとりつけてしまおうと。

こういうケースを、和議の整理委員をやっていて見つけたことがあります。そのときは、税務署にはちゃんと退職金で上げていたんですよ。上げておいて、和議申立代理人のところに持ってきたものは仮払いに振ってしまって、利益が出ているように銀行用に最後に作ったものを持ってくるという手口でした。

それから、販売管理費のところで、違法な粉飾ではなくて、合法的な処理がされているケースがあります。例えば一番わかりやすいやり方が、役員報酬が激減している。これはもちろん役員報酬を３００万円から30万円に落としましょうということで落としたのであれば、当然役員報酬は30万円しか計上されていないことは正しいわけです。ただし、その会社の資金繰りはきついのか、危ないのか、そういうことをチェックする立場でみると、役員報酬が激減している決算書というのは、もう資金繰りが回らなくなって役員が給料も取れなくなったんだな、ということがわかる。役員報酬の比較表を作って比べてみればわかりますね。

粉飾決算の後始末に使われる科目は、仮払いの他にもあります。

貸借対照表の資産の部か負債の部によく出てくるものに、「代表者勘定」という科目があります。これは貸借対照表の資産の部に上がることもあるし、負債の部に上がることもあります。

例えば、代表者勘定で資産の部に上がる場合として、会社が、代表者である社長さんに１００万円を貸した場合、それを貸付金と表示せずに、代表者勘定として資産の部に上げることがあります。それから逆に、負債の部に代表者勘定がある場合として、会社が代表者から、資金繰りのために金を借りたということです。

話を戻しますが、社長さんが給料を下げたために愛人への生活費に困ったという場合は、会社から金を、それも給料ではない形で現実には引っ張り出す。それを資産の部の代表者勘定で経理課長に上げさせておく。こういうことが行われることがあります。その場合は、決算書の上では月30万円だけ社長の給料が経費に計上されて、まあまあの利益が出ている会社に見える。しかしながら、現実には月３００万円が相変わらず会社から出ていて、差額の２７０万円は代表者勘定が毎年増えていくという形で、会社には金がない。こういうことがあります。

ですから、役員報酬が減額になっているからといって、「これはまじめな会社だ、立派な経営者だ」と思ったら、それは考えが浅いわけです。代表者勘定や仮払いをチェックすると、「会社が倒れそうだというのに自分だけ良い目を見ているなんて、とんでもない話だ」ということがわかるわけです。仮払いの他に、代表者勘定というのも必ずチェックすべきですね。

先ほど、違法な粉飾ではなく合法的な処理の例として役員報酬の話をしましたが、もう1つは減価償却費の話です。

減価償却費という科目があって、そこにある金額を上げるか上げないかは、法人が納税者として自由に選択できるんです。わかりやすく言うと「今年は上げるのをやめておこう」ということができる制度になっています。したがって、見た目に利益を出すためには、この減価償却費を、極端な場合、今まで1億円あったものを今年に限ってマイナス1億円、つまりゼロにすれば、経費はその1億円分縮みます。そして、利益が1億円出ます。単純な作業でできるわけです。しかも、これは合法的だということです。

ですから、逆に言いますと、決算書を我々が手に入れて、損益計算書も3年分見て、「ここの会社は、だいたい減価償却費が毎年1億円ぐらい出ているな」と思ったら、直前期を見ると、「あら、ゼロになっている」と。

まあ、銀行などはすぐに見抜いてしまいますけれども、これは粉飾の合法的な手口を使って、友人に保証人を頼むときに、「うち、こんなに黒字が出ているよ」と見せれば、素人は利益と売上の欄だけを見ますから、「こんなに売上があって、こんなに利益が出ているのか、すごいな」ということで、あっさり保証人になってくれると。そういうときのために使うことがあります。

したがって、逆に見破り方としては、減価償却費がゼロ計上とか異常に小さくなっている傾向が最近の決算書に見られる場合は、見てくれの利益を合法的に出すために、今期は減価償却費を計上するのをやめておこうという操作をしたんだな、ということがすぐわかるということですね。これは合法的ですからしょっちゅうやりますので、よく目につく例です。

それから、減価償却費のところの、もう1つの見破り方は、先ほどの貸借対照表の資産の部の中に「建物」とか「機械装置」とか「車両運搬具」「工具器具備品」という項目がありますね。これは全部、「減価償却資産」と呼ばれているものです。

この当期の数字と1年前の貸借対照表の数字を見れば、本来は、前期末の貸借対照表の数字から、当期の損益計算書の減価償却費に計上した額を差し引いた残額が必ず貸借対照表の当期末に載る仕組みになっているわけですから、全然数字が減っていないということがあれば、端数まで合っていれば、それだけで明らかに減価償却費を未計上にしたんだなとわかります。

ところで、全部の減価償却費を全くゼロ計上にすると、目立ってしまうんですね。減価償却費欄が空欄になってしまうから。銀行だとすぐ気がついてしまう。それじゃあ、機械の減価償却費だけはきちんと減価償却費として上げておいて、建物の減価償却費をごっそり外して、今回計上するのを見送ろうというような工作をするわけです。

結局、去年と今年2年分ぐらいしか決算書が手に入らない場合でも、貸借対照表の減価償却資産に該当する科目を見ると、建物が全く動いていない。「じゃあ建物の減価償却費を見送ったんだな」ということがわかりますので、貸借対照表の資産の部の減少の有無を見ることによっても、減価償却費の内訳のどれが計上見送りになったのかわかる仕組みになっています。

④ 営業外費用の過少計上

営業外費用では、支払利息の過少計上です。この手口は、ある年度で商工ローンなどの高金利に手を出すと、支払利息が前年までに比べ急激に増えます。それを目立たなく装うために、高利分の支払を仮払金・貸付金などに回す手口です。貸付の内訳書を何年分か見て、生の資料や相手方の調査をすることで見破れます。また、高利借入れの返済を支払手形の減（落し）としてごまかす手口も使われます。

それから、これは粉飾ではないんですが、土地だとか有価証券だとか、こういうのは簿価といいまして、基本的には購入したときの値段で計上されています。したがって、バブルの最盛期に土地を購入した場合は、それが10億円した場合は10億円で載ったままになっていますので、今だったら2億円の資産価値しかないようなこともあります。そのために、民事再生などの場合は、監督委員が公認会計士を補助者に使って時価に洗い直す、引き直す作業をやっていくわけですね。資産の部の土地や有価証券というのは、帳簿価格、つまり購入価格で載っていますので、洗い直す必要があるということになります。これも少なくとも、経営の状態を読み間違える危険のある所ということになります。

(5) 粉飾と税務署への対応

最後に、もし粉飾を発見した場合の税務署との関係はどうなるのかといいますと、粉飾ということは、利益が出たように、あるいは過大に出たように装っているわけですから、納税をしているのが通常なわけです。その場合は、税務署に対して更正の請求というものをします。

これは、税金を間違えて納め過ぎたという場合に、税務署に対して、更正の請求書という書類を出すことによって税金が返ってくる制度です。これは、以前は1年間しか使えませんでしたが、日弁連税制委員会の改正運動の結果（詳しくは、「自由と正義」２０１２年4月号参照）、平成23年11月30日の法改正によって、５年間に延長されました。そうすると、直近の年度で粉飾をやって利益を出して、納税してから5年経過していない場合は、更正の請求書を出せばそれが返ってくることになります。ただし、更正される時期は、翌期以降で修正経理すべき事項を修正して確定申告してから更正するという制度（法人税法１２９条、１３５条）になっています。

５年より前の分に関しては、更正の請求はできないことになっています。たまに破産管財人をするときなどは、税務署も、ある程度協力的にしてくれることがあります。というのも、「更正の請求という制度も知らない弁護士さんが管財人になっているのが多いからね」と税務署の人がおっしゃっていました。「私たちが全部してあげますから、とにかく何か税金のことでわからないことがあったら言ってきてください。破産だったら、吐き出す分は吐き出しますから」と。

脱税したり、変な粉飾をした納税者に金が渡るというのは、絶対に後ろ向きでしか取り組まないけれども、一般の債権者に配当される財源になっていく金だったら、協力的な形をとってくださる例があります。

【第4章】

危険がいっぱい、相続事件

相続税だけではすまない相続事件

山名隆男
（立命館大学法科大学院教授・弁護士・税理士）

《山名隆男　Takao Yamana》
京都弁護士会（27期）。法律実務と税法実務の両視点から、弁護士会、税理士会、公認会計士協会、各種団体の研修等で講演多数。論文「未必的所得に対する課税問題」で第17回日税研究賞優秀賞受賞。著書として『遺産分割の法律と税務』（清文社）、共著『不良債権をめぐる法律・会計・税務』（清文社）、共著『実務家のための税務相談（第2版）』（有斐閣）

1　相続事件の法的解決と税金の課題

(1)　相続案件と弁護士業務

①　弁護士業務にかかわる税金

税金の話になりますと、本当は、皆さん自身の事業所得に関する話をするのが一番関心を持っていただけます。「弁護士の仕事と所得申告」などという講演を開くと、たくさん集まっていただけます。しかし、今回はそういう講演ではありません。その点では皆さん自身の懐には直接かかわりませんが、皆さんの業務にかかわります。われわれの言い方では単に「資産税」という言い方をしますが、相続税、贈与税、それから所得税の譲渡所得税部分も含めて、このあたりは、弁護士の事件処理に必ずかかわってきますね。相続事案というのは、これはもう弁護士になればだれもが扱われる案件です。弁護士になりたての若い先生だって扱います。その点では、非常に身近な事案です。

②　相続税課税案件の増加予想

相続の相談、事件の数は多くこなしていても、「相続税」がらみとなると弁護士の腰が引けます。弁護士はあまり相続税の税金申告などの業務はされていないと思います。この相続税の申告ですが、これまでは、申告しなければならない案件はそれほど多くなかったのです。というのは、これまでは、いわゆる「遺産に係る基礎控除」の金額が比較的高額だったのです。これは、バブルのときに相続税の基礎控除をどんどん上げていったという経緯があります。ところが、バブルがはじけて、土地の評価がどんどん下がりました。いわゆる路線価、相続税評価額というものですね。これがどんどん下がったのですが、基礎控除額は据え置かれてきました。そのため、土地価額の下落につれて、非課税の枠に入る相続が増えて、相続税が課税される案件が減ってきたわけです。そこで、国も放置できないということで、基礎控除額を従来の6割という水準まで下げたのが平成25年度の改正です。改正法の適用は平成27年1月1日の相続からです。26年はこの相続税の増税が取り上げられて、その対策講演会が花盛りの年になりました。街中に土地をお持ちの方の相続を扱わせていただくと、不謹慎な話かもしれませんが、26年中でよかったなとつくづく思います。逆に、来年の相続については、申告をする仕事をさせていただくときにはどんな思いがするのか複雑です。

(2) 平成25年度改正の概要

この改正については重要ですから、ここで概略を説明しておきます。重要な改正部分は次のとおりです。いずれも、平成27年1月1日以後に開始する相続から適用されます。

① 遺産に係る基礎控除額の引下げ

相続税の非課税限度額のボーダーラインとなる基礎控除額が、大幅に引き下げられました。相続財産の総額、正確にいいますと相続財産の「課税価格の合計額」から控除される定額控除の金額が、５０００万円から３０００万円に引き下げられました。法定相続人の比例控除額が、１０００万円から６００万円に引き下げられました。

相続税法の解説書に必ず載っている計算式は、次のようになります。

３０００万円＋６００万円×法定相続人の数＝基礎控除額

おわかりのように、従前の控除額の6割の水準になります。基礎控除額が少なくなるのですから、課税される相続財産事案がそれだけ増えることになります。基礎控除額を超えて相続税の課税対象になり得るという点では、都市部や街中の相続では普通のことになると思います。いわゆる、小規模宅地等や配偶者についての特例の適用を受けられれば、課税されないで済む相続案件はかなりあると思います。ですから、その適用が受けられることが非常に大事なことになりますが、これは今回のテーマの一つです。後でお話しします。

② 相続税・贈与税の税率構造の変更

いずれも税率構造が6段階から8段階に変更されました。最高税率も50％から55％に引き上げられました。これにより、遺産総額が高額になる富裕層の相続税の負担が大きくなりました。

③ 未成年者控除と障害者控除の控除額の引上げ

1年当たりの控除額が、6万円（特別障害者は12万円）から10万円（同20万円）に引き上げられました。

平成27年1月1日からの相続に適用される相続税の改正点はこのようなものですが、相続税が大増税となるのは間違いありません。しかし、今回の講演で私が言いたいのは、相続事件というのは、実は相続税だけでは済まないのです。相続税が課税されなくても、相続事件では税金の問題が発生します。それも「落とし穴」になります。今回は、このことをあわせて考えていきたいと思います。

(3) 贈与税の要注意点

さきほど、贈与税を弁護士業務にかかわる資産税の一つと話しましたが、実は「贈与税」という法令はありません。相続税法に規定されていて、相続税の補完税と言われています。

① 贈与税回避が事件処理のポイント

この贈与税、皆さんも税金のなかでは贈与税が一番怖いという認識だと思います。なぜでしょうか。それは、とにかく税率が高いからですね。タダでもらったのだから、不労所得だから、たくさん税金をとられるんだろう、と漠然と思っておられるかもしれません。一般的な感覚としてはそうだと思います。基礎控除額は、現在は特例で引き上げられていますが、それでも年間110万円です。非常に高い税率ですから、もう、贈与税がかかると半分以上持っていかれるとか、ほとんど持っていかれるという先入観があろうかと思います。

実際、贈与税の税率は高いです。税額も高くなります。「ほとんど持っていかれる」ということはないのですが、納付税額が高額になることは確かです。それで、事件処理にかかわる税金問題では、なんとしても贈与税は回避しなければならないということになります。贈与税回避は事件処理のポイントの一つと思っています。しかし、税率が高いということだけが贈与税の怖さというわけでもないのです。また、贈与税が必ずしも他の税金よりも常に負担が大きいというわけでもないのです。相反するようなことを話して混乱されるかもしれませんが、今日は贈与税についてはその両方について話をしたいと思います。

② 贈与税の連帯納付責任

(i) 解決金

一つ例をあげて説明します。あまり品のいい例とは言えませんが、実例ですのでご容赦願います。例えば「手切れ金」。皆さんの中でも、支払ったことがある方がおられるかもしれません。それとも、皆さん紳士ですから「手切れ金」なんて言いませんか。「解決金」なんて澄まして言っているのでしょうか。同じですよ（笑）。弁護士は解決金という言葉が好きですね。和解では「原告は被告に対し、解決金として」なんてやっています。これは税理士さんの方から言うと非常に評判が悪いです。内容がわからないと言いますね。税務署の方もそう言います。それは置くとして、とりあえず手切れ金、解決金の話を考えることにしましょう。

(ii) 事例

私が受けた相談の例で、少々品が悪くて恐縮ですが、ご容赦ください。ある会社の社長が、クラブのママさんといい仲になりまして、一緒になることも考えるところまでいったそうです。ところが、社長の方もいろいろ事情があったのでしょう、やっぱり結婚はできないということになってしまいました。ここまではよくある話ですが、社長はその女性に、「もっと一等地でお店を持てばよい。自分が力になる」とか言って、ママさんもその気になって、その準備をしていたらしいのです。しかし、結局、話が流れてしまった。ママさんは途方に暮れるし、腹を立てるし、泣くし、社長は当然責められます。自分はその気になってですね、所帯を持ったとしても、店でお仕事しながらその社長と仲良くやっていけると信じて、もう今の店は閉めて新しい店もメボシをつけて。その気になって準備していたというわけです。それがパーになってしまったのですから、かなり深刻な話です。ま、その経緯はいろいろあったのですが、それはどうでもいいのです。社長からの相談というのは、解決金（社長は「手切れ金」という表現をしていましたが、品がないし、ちょっと意味も違いますから、ここでは「解決金」ということにします）を支払って解決したいということです。この際、金額も思い切ったということです。いくらだと聞いたら、3000万円払うということで何とか話がつきそうだということでした。

(iii) 法人の経費性

まずここで一つ問題。その社長、会社の経費で払うことを考えています。しかしこれは駄目です。3000万円という大金を経費で落とす、プライベートなトラブルの解決金に会社のお金を使うなんて駄目です。社長は会社のお金は全部自分のお金という意識かもしれませんが、法人であれば他人のお金です。こんな支出が経費になるわけがない。だから、それは駄目。しんどくても、何とかしてその解決金は自分の懐から出さないといけないと私は言います。社長だって、それはわかります。少々のことならともかく、3000万円は大金ですから、出所を訊かれたら説明できないことはわかります。会社から借りたことにするのもやめておいた方が無難です。否認されて役員報酬として課税されることもあり得ます。

(iv) 贈与税の納税義務者と連帯納税義務者

しかし、ここで言っておきたいのは別の問題です。そのママさん、大丈夫なのでしょうか。何が大丈夫なのかというと、ちゃんと税金を払ってくれるんでしょうか。解決金と言おうと、手切れ金と言おうと、これは社長からママへの贈与です（笑）。贈与を受けた人が贈与税を払わないというのは、例えば親子間で納得づくでするのならいいのです。親が息子に贈与して、息子に「贈与税はお前が払うことになっているが、払えなかったら援助してあげるから言ってきなさい」とかいう話もできるんですけれども、他人間で贈与してしまった場合には、相手が税金を払ってくれるかどうか、これはわかりません。こんな京都なんかにもういたくない。東京へ行って、赤坂でも、あるいは銀座ででも一旗あげようかと行ってしまうかもしれません。そのままどこへ行ったかわからなくなってしまうかもしれませんね。それで、贈与税なんか知りませんと払ってくれなかったら、これはどうなるでしょう。国は贈与した側に贈与税を納付してくださいと請求することができます。これを連帯納付責任とか連帯納税義務といいます。相続税法の34条４項というのがありまして、読みますと、「財産を贈与した者は、当該贈与により財産を取得した者の当該財産を取得した年分の贈与税額に当該財産の価格が当該贈与税の課税価格に算入された財産の価格の内に占める割合を乗じて算出した金額に相当する贈与税について、当該財産の価格に相当する金額を限度として連帯納付の責めに任ずる」となっています。税法の条文というのは長ったらしくてわかりにくいですね。読んでいて嫌になります。それはともかく、これは、要するに贈与を受けた人が納付しなければならない贈与税額のうち、贈与者が贈与したことによって生じた贈与税額は、贈与者が受贈者と連帯して納付する義務があると言っているわけです。

「解決金をもらったママさんが贈与税を申告して納付してくれなければ、社長がその税金を納付しなければなりませんよ」と言うと、社長は慌てました。喧嘩状態で別れるのだから、どこに行くのかわからないし、贈与税なんて申告してくれるとは思えないというわけです。贈与税をもらった側が申告したり払ってくれるのを監督したり、指導したり、税務署に居場所を教えるなんてこともできないわけです。これは皆さんご存知の方も多いと思うんですけれど、共同相続人ならまだ「おい、お前、税金払ったか」という話もできようかと思うし、情報も入ろうかと思います。けれども、贈与の場合は、受贈者が他人の場合だと、もうどうなっているかわからない。安心していたら払っていなかったということもあります。贈与は、無償での財産の移転ですから、贈与者の相続税の課税対象を減らすことになります。受贈者が高い税金を支払うことになっていたとしても、そこから税金がとれなければ贈与者は相続税についての節税効果を得られますが、国は相続税を取り損ねることになります。そんなことが、このような残酷な規定の存在理由かもしれません。相続税の連帯納付責任の規定は若干改正されましたが、贈与税のそれはそのままです。だから、税金の心配はないとは言えません。もっとも、社長がまったくの個人的なお金を現金で渡していればわからないこともあります。しかし、3000万円を現金で持っているとは限りません。銀行の預金から引き出すこともあるでしょう。それだけではもちろん問題ないのですが、ママさんがこれでお店の権利でも買うとか、不動産を買うとかするとちょっと危ないです。そのお金の出所を税務署が訊いてくることがあります。タンス預金の蓄えをいっぱい持っていたとかで説明がつけばいいのですが、社長からもらったことでしか説明がつかないとなると、「それは贈与ですね」となります。

(v) **求償権の放棄と免除益**

もう一つ怖い話があります。今度は代わりに仕方なく税金を納付した場合。代わりに払ったのですから法的には求償権が発生します。あくまで他人の租税債務の弁済ですから、本来の納税義務者に弁償してもらえます。でも、経緯からしてどうせ払ってくれそうにないので「もういいや」と放棄してしまうとどうなるでしょう。これは皆さんご存知のように免除ですね。この免除した場合は免除益がまた贈与になります。これもまた免除を受けた方が贈与税を納付しなかったら、また同じように連帯納付義務があることになります。理屈だけから言うと、そうなりますね。

この事例のような場合は、まあそこまでいくことはないでしょう。「おれは放棄しない」「見つけたら返してもらうつもりだ」と言って頑張っていたら求償権の免除をしたとは言われないかもしれません。ただし、よくあるのは、親子間の贈与で親父が息子に贈与した場合。息子は贈与税が払えないから親父が代わりに払うということになります。あまり深く考えずにする方があります。しかしそれは、息子から返してもらうつもりでなければ、代わりに払ったこと自体がまた贈与になります。理屈の上ではそうなりますけれども、実際に税務署がそこまで追及するかというのはちょっと疑問ですが。しかし、免除益に贈与税はかかります。これは相続税法8条で規定されていますので、一義的にはかかるものだと、こういうふうにお考えください。

ⅵ　贈与税の回避策

ついでですが、社長から贈与税トラブルを回避するためのアドバイスを求められたとすると、どんなアドバイスをしますか？　結論からいうと、そんなアドバイスをしてはいけません（笑）。妙案と思えるようなものは大概危ないのです。

税金がかからないお金といえば、みなさんまっ先に思いつかれるのは損害賠償金です。これもそれほど単純ではないのですが、それは置くとして、社長が慰謝料としてママさんに領収証をもらっておくというのはどうでしょう。この社長、ずいぶんとママさんにひどい仕打ちをしているようですから、慰謝料を支払う理由がないとは言えません（笑）。慰謝料なら非課税と言い張れそうです（所得税法9条1項17号、同施行令30条1号）。問題はそれが税務署に通用するかです。金額も大きいし、贈与を慰謝料に仮装していると疑うでしょうね。領収証の但書きを「慰謝料として」と書いただけで3000万円が非課税になるとは思えません。本当にママさんにそれだけの精神的、経済的損害があったと証明できれば、裁判では非課税となるかもしれませんが、普通の感覚では無理と思います。それでは、貸したことにして借用証を作成しておけばどうでしょう。これも、社長にそれだけのお金を無担保、無保証で貸す理由がないと疑われます。返済期限がどうなっているのか、返済催促しているか、回収努力をしているか、などなどの事実関係から、貸金ではなくて贈与と認定される可能性が高いと思います。「ある時払いの催促なし」は貸借ではなくて贈与になります。

税金は思わぬところで、思わぬ課税をされることがあります。また、外形は課税されないように思えても、実質、実態の如何が問われるのです。そういう意味で、われわれにとっては「落とし穴」がたくさんあるわけです。

(4) 贈与税も悪くない

贈与税がかからないようにするのが事件処理のポイントだと最初の方で話しましたが、同時に、贈与税が必ずしも他の税金よりも負担が大きいというわけでもないとも言いました。これはその後者の例です。贈与税の課税構造を理解するために事例で検討します。

① 収益物件の共有化分割の問題点

事例

相続した賃貸マンション
相続人　乙、Aが各持分2分の1共有
遺産分割済み

(i) 共有化遺産分割と収益分配

実際にあった事案です。

遺産が賃貸マンションだったのですが、乙とＡという母娘で共有にする遺産分割をしました。現物は分けられないから持分平等の共有です。共有にしたことで遺産分割はしたことになります。しかし、これは相続問題の最終解決にはなりません。いずれは共有物分割の争いをするようなことになります。その意味では問題の先送りです。できるだけ避けた方がよいのはわかっています。しかし、本件では共同相続人間の対立が厳しくて、共有にする以外に分割ができませんでした。このマンションを共有するのは、共同相続人の乙とＡです。被相続人が所有していたときから事実上このマンションを管理していた乙が引続き賃料の集金などの管理をすることになりました。そして、その収益の半分を娘のＡに渡すことにする。それで相続税は延納で払ったらいいじゃないかと。こういう話になったのです。

他にも相続した遺産はありましたし、土地の評価額が高くて、相続税も高かったのです。確かに相続税の延納手続をしてマンションの収益金で延納分割金を納付すればいいということだったんですけれども、まず、ここで相続税以外の税金問題がありますね。

(ii)　共有賃貸マンションの賃料の帰属

この乙、Ａには本件賃貸マンションからの賃料収入がありますから、その申告をしなければなりません。共有であっても、遺産分割ができてからの賃料収入は共有持分の割合で共有者それぞれに帰属します。つまり不動産所得の収入金額になります。でも、遺産分割が成立するまでの分はどうなるのでしょう。相続の開始から共有の遺産分割をするまで結構年月が経っています。その間、マンションを管理していた乙が収受していた賃料の帰属が問題です。

この件では、相続人はＡの他にも子が２人いましたから法定相続分は乙２分の１、Ａ６分の１です。遺産分割ができれば、その効力は相続開始時まで遡って生じます（民法９０９条）。そうであれば、法定果実の賃料も元本であるマンションの持分割合で相続開始の時から帰属していたことになって、乙は少なくとも6分の1相当額をAに支払って清算しなければならないのかという問題です。これについては、最高裁判決が出て決着がついています（最判平成17年9月8日判時1913号62頁）。結論は、各相続人が法定相続分に応じた賃料を当然に取得するというものです。つまり、今言った遺産分割の結果に応じた割合で相続人が取得するというのは1・2審の判断ですが、これを覆したのです。賃料債権は遺産ではありませんから、遺産分割の対象にしない限り、可分債権として当然に相続人に帰属するという理解です。

ここで確認しておきたいのは、賃料請求権は遺産分割の対象にはできますが、特にそうしなければ、預金の払戻請求権などと同じように当然に相続人に帰属して、遺産分割の結果はそれに影響しないということです。そうすると、収益マンションの賃料については、マンション本体をだれのものにするかを争っている場合でも、相続人らはそれぞれの持分に応じて賃料収入があるものとして不動産所得の申告をする必要があります。弁護士は、賃料債権がだれに帰属するか、それに応じた清算をどうするかということだけを考えて終わりそうですが、清算をしただけでは足りません。それとは別に各相続人の不動産所得の申告、又は代わりに申告していた人との税金の清算が必要になります。とはいえ、実際に共同相続人が毎月の賃料をその都度分配しているわけでもないし、経費がどれだけあり、だれがいくら負担しているのかわからない相続人もいるはずです。それぞれが申告をするといっても簡単ではありません。不動産所得の申告、これが次の問題です。

(iii)　共有賃貸マンションの収益の分割計算

事案にもどって、乙の収益計算とAへの分配金額ですが、この計算がひどいのです。不動産所得税の申告内容を基にするのはいいのですが、所得金額の半分という計算をしていました。収入金額も過小にしているのですが、それは別にしても、所得税の「所得金額」とこの場合の「収益」とは違いますね。本マンションを共有にした際の当事者の合意は、マンションの純然たる収益金を公平に分割するということです。所得金額は収入金額から必要経費を控除して算出しますが、この必要経費には、例えば当該マンションの建築費の減価償却費がかなりの金額あがっています。それを控除してAへの分配金を計算するのはおかしいですね。これは相続人が支出したわけでもないし、その年に乙が支出した費用でもありません。それから「給与」というのが控除されているのですが、乙への支給だというのです。それも半端な額ではありません。不動産所得の事業主乙が自分で自分の給与を人件費として控除するなんて考えられないのですが、そんな所得申告がされていました。これは、収益の分配金を計算する際なら乙の「管理費用」として考慮してもいいのですが、見かけの収益金額を少なくするために必要経費に算入していたわけです。もちろん、こんな申告をしているのがおかしいのであって、いずれは当局から否認されて更正されるものです。他にもびっくりするような経費控除をしていたのですが、それはここでの税金問題とは関わりがないのでこのくらいにして、要は、遺産分割ができるまでの間も不動産所得は相続人に生じていること、それが後の遺産分割ができたからといって、従前の賃料債権の帰属に影響するわけではないというのが判例です。たとえ、このマンションを乙が遺産分割で全部取得したとしても、それまでの賃料収入が全部乙のものであったことにはならないのです。ただし、相続開始後の賃料について遺産分割ができないわけではありません。こういう収益マンションの遺産分割は大概そうしています。それまで共同相続人のだれかが物件を管理して収支計算をして申告もしているというのが普通ですから、それに合わせて遺産分割をするというのがもっとも合理的です。

ⅳ　賃料の独占と受贈益

さて、乙、A共有の本件マンションの収益の分配をめぐる裁判は、裁判所の勧告で和解することになりました。これまでの賃料収益については改めて正しく計算して清算してもらうことになったのですが、今後の賃料収益をどうするかの問題で意外なことを乙が提案しました。Aとしては、今後は共同管理、それぞれが申告するというのが公平と提案していたのですが、乙は、もう手を引く、今後はAが管理しろと言い出しました。自分が賃料を収受して賃借人の募集から契約、苦情を聞いたり、建物を修理したりしてきたのに、Aからは分配金に不満を言われて、不正があるとまで言われて、やる気がなくなったというのです。Aは、管理はしてもいいけれど、その分は見返りがほしいと都合のいいことを言います。ところが、乙は不思議なことに「賃料の分配金は要りません。Aが全部自分のものにしても結構」というのです。まあ、乙は別の収益物件を相続しているので生活には困らないという事情があったからだと思うのです。それにしても、Aにとって損な提案ではありません。もちろん受けることにしました。ここで乙が念を押したことがあります。「その代わりAに贈与税がかかってもAの責任ですよ。それでもいいですか。これまではマンションの収益は乙が全部申告してきたけれど、今後はAが全部申告してください」というのです。乙の収益権能をAに全部渡すけれど「贈与税がかかればAの方で全額納付することを保証してくれますか」とまで言われました。乙は、贈与税が課税されるかもしれないとなれば、Aがびびって、贈与税がかかるんだったらやっぱり管理を今までどおりやってくださいと、Aが折れてくると読んでいたのかもしれません。

私の側、Aですが、これを承知しました。「いいですよ、和解条項にAが贈与税を負担すると書いてもらっても結構です」と回答しました。なぜそうしたかというと、贈与税というのは、確かに税率が高いと先ほど話ししたけれども、このマンションは、部屋数も20室そこそこですから、収益といってもそれほど多額ではありません。その収益の半分です。収入金額ではなくて収益金です。ですから、実際に要した経費は控除できます。それに、贈与税というのは国税一本です。所得税の場合は地方税と連動していますね。そこが違います。マンションは不動産賃貸業ですから、「不動産所得」として所得税が課税されて、それに対応して住民税が課税されます。

また、所得税、住民税は累進税です。そんなことを考えると、金額によっては贈与税を払っても国税一本ですから、それほど負担でもないわけです。マンション収益の半分を受贈益にすれば、不動産所得は所得金額の半分だけになりますから、税負担としては、合わせてもさほど不利なことにはならないと計算ができたのです。実際には得することになります。

「それでいいですよ」ということになったのですが、乙は言ってました。「これでもう自分は管理権を放棄して、半分の収益（持分相当額）についても権利を放棄して賃料を一切もらわないのだから、このマンションに関してはなにがあってもそちらで処理してもらわないと困ります」と。それはＡとしては仕方ないのですが、乙が心配しなければならないのは実は他にあるのです。Ａは、それ以来、マンション収益の半分相当の金額については乙からの贈与としてキチンと申告するようにしました。乙には、いくら受贈額で申告するかを毎年確定申告前には書面で通知しました。おそらく乙の方ではそんな通知に関心を持ってなかったと思います。通知するのが確定申告期限の４・５日前になったことがあるのですが、別段催促もされませんでしたし、遅いと咎められるようなこともありませんでしたから。

(v)　贈与の原資と課税

さて、何が問題かおわかりでしょうか。乙は、このマンションの収益の半分をＡに贈与したことになるんですね。Ａは言われたとおり贈与税の申告をしています。どこから贈与されたかというと、乙が一旦収受した収益分ですね。一旦収受した収益をＡが贈与されて、それを申告しているわけです。したがって、乙はその贈与相当金額を自分の収入、所得として得ているわけです。でなければ、乙はＡに贈与する利得がありません。乙は、このマンションからの収入は一円も得ていませんから、申告など考えていないと思います。でも、申告していなかったら、税務署は乙の方に調査に行くと思います。修正申告は免れないでしょう。Ａがマンションの収益全部を不動産所得として申告していればこんな問題にならないのですが、税金についての誤解か思慮不足の例です。

(vi) 共有収益物件の所得申告

ついでに実務的なことを言っておきますと、共有物件からあがる賃料収入はたしかに持分割合で共有者に帰属するのですが、それでは共有者めいめいが必ず不動産所得の申告をしなければならないかというと、そうでもありません。共有者の一人が代表で全部について申告をしている場合は、他の共有者が申告をしていないことについて無申告の扱いをしていません。それは、不動産の収益について全額を申告している限り弊害がないからです。むしろ、共有者間で所得を分散する方が納税者には有利なのです。ですから、税負担の軽減手段に利用するようなものは否定されます。例えば、その申告共有者に他の所得があって、それが赤字なら、その共有者に賃料収入を独占させれば不動産所得と通算できます。これは弊害がありますから否定される可能性があります。

(5) 相続税の構造

① 相続紛争の生起理由

弁護士の先生方に対して、釈迦に説法みたいなことで恐縮ですが、どうしてこの相続争いというのが起こるかというと、法定相続分が機械的に平等になっていることに原因があります。おそらく相続事件を扱った方なら同じ思いをされているかと思います。というのも、被相続人との関係でいえば、相続人間には、物理的に近い・遠い、寄与の度合い、看護の度合い、好き嫌いも含めて濃淡があります。決して同じではありません。これを法定相続分で割り切ろうとしたって、それは無理というものです。特に兄弟姉妹がまったく同じというのは、平等といえば聞こえはいいですが、親にすれば、こと自分の財産を分けるということに関してはだれも同じというわけにはいきません。それを同じにする、あるいは法律が定めた割合で相続する財産を決めようとすれば、どうしたって不満が出ます。その不満が不公平感に由来していることが多いのです。つまり、法律のとおりだと実際には不公平になるのです。また、共同相続人のそれぞれの関係というのも、家族とはいえ、なかなか微妙なものです。そこに欲が絡みますから争いになる要因はいくらでもあるということです。被相続人は、相続人のいろんな事情を考慮して、遺言で相続分を指定することができますが（相続させる遺言）、これは相続人から見ればえこ贔屓に見えます。容易に妥協しない遺留分減殺請求相続人が現れることになります。

　それから、現物分割が困難だということ。遺産がたくさんある相続事件が紛争になるかといえば、そうとは限りません。不動産が一つだけ、遺産としては自宅の不動産と少々の預貯金だけという場合も結構争いになります。相続税の心配はないけれども、めぼしい遺産は不動産一つだけしかないというのも、分けるのには困難が伴います。売却して分けるのが一番分けやすいし公平にできますが、相続人のだれかの住居になっている場合は売るわけにはいきません。住んでいる相続人が代償金を支払えるくらいお持ちであればいいのですが、こういう案件に限ってそういうことは少ないものです。それに、被相続人と同居していて相続後もそこに住んでいる相続人は、その家を自分がもらうのは当然みたいな意識でいることが普通です。他の相続人はそういう態度に腹を立てます。相続人のだれもが法定相続分相当をもらう権利があると思っていますから、分割して分けられない不動産だけが主な遺産という場合は、いよいよ解決ができないということも珍しくありません。

　遺産を分けるために、いま言ったように、遺産不動産を売却して換金することもよくあることです。そうすると譲渡所得税がかかわってきます。分離課税で、史上もっとも低い税率とはいえ、遺産不動産の場合は取得時期が昔で取得価額も低額というのが普通ですから、譲渡益が高額です。つまり、税金はあなどれません。ここでも、税金のことをしっかり考えながら相続問題を解決しなければなりません。相続税が非課税であれば税金の問題はないというわけにはまいりません。

それから、弁護士の方が必ず経験されるのが遺留分減殺請求です。皆さんは、相続争いを避けるために遺言を勧められると思います。信託会社などでも勧めていますね。これは、亡くなった後の相続人らによる争いを防ぎたいというのが動機です。確かに、遺言書というのは一つの方法に違いありません。遺産分割というもっとも利害が対立する場を必要としませんから。そうではあるのですが、遺言書で誰々に全部あげるとか、あるいは兄弟のうち長男にやるというふうに相続人を指定したとしても、もらわなかった側に遺留分という権利が認められています。兄弟姉妹以外は遺留分権利者ですから大概は遺留分権利者がいるものです。その方々から遺留分減殺請求権が行使されますと、その時点で遺留分権利者と遺言で財産をもらった相続人らとの紛争が生じます。これがなかなか避けられない懸念です。遺留分減殺請求がされると相続税に変動が生じますから、当然税金の問題が発生します。それは後でまとめて話しますが、紛争の生起理由の一つに遺留分制度があるわけですから、まず、遺留分権利者との財産取得相続人の争いを、できるだけ生じないようにする工夫をしてください。それが、遺言作成を依頼された弁護士の大事な仕事です。また、それが税金問題も回避することになるのですが、とはいえ、それほど妙案があるわけではありません。法的な効果があるものとして、減殺請求の対象遺産と順番を指定する方法があります。生前に相当な贈与をしていることを具体的に遺言書に記載して、遺留分減殺請求をしないように諭す文言を挿入する人もおられます。公正証書遺言とは別に「覚書」のようなものを作成して、そこに生前にどれだけ恩恵を与えたかを書いておいたり、家や事業の存続のために遺留分減殺請求をしないように命じる遺言者もいます。精神的なものであっても、まったく無意味ということはないように思います。

② 事件解決と税務処理

(i) 遺産分割と相続税の軽減特例の適用

次に、相続事件の解決と処理ですが、紛争の法的かつ最終的解決は遺産分割です。遺産分割によって相続事件は紛争のけじめがつきます。これが普通ですが、ただ、相続税の関係でときどきあるのが「とりあえずの遺産分割」です。相続税の申告期限が迫っているが相続人間の調整ができないので、それは後でじっくりと協議をして決着をつけることにして、とりあえず今だけの遺産分割をするのです。なぜか。これは、相続税をかなり減額できる制度が二つあることに関係します。

一つは配偶者の税額軽減特例。これを配偶者控除と言う人がいますけれども、配偶者控除は所得税の方の話ですから、言葉は正確ではありません。いろいろな言い方がされますけれども、私は配偶者の税額軽減特例と言っています。これはご承知のように、配偶者に1億6000万円もしくは配偶者の法定相続分に相当する課税価格との比較で多い方、そこまでは配偶者が相続財産を取得しても相続税を課税しないという制度です。もう一つは、小規模宅地等の軽減特例です。これは、面積制限がありますが、居住用又は事業用建物の敷地土地を相続した同居相続人らの課税価格（相続税額の計算の基になる取得財産の価額）が最大8割カットできます。つまり、ケースによりますが、土地の評価は2割でもよいという制度です。

この配偶者軽減特例と小規模宅地等軽減特例、これを組み合わせることができれば相続税額の負担は激減します。そこで、とりあえずの遺産分割はこの特例の適用を受けて税額を下げたいからです。二つを同時に適用できれば、相続税が課税されないようになるのも珍しくはありません。

では、なぜ遺産分割をとりあえずでもするのか。適用要件があるのです。遺産分割ができていることがこれらの特例の適用要件なんです。とりあえずでも、形だけでも、遺産分割をしなければ特例の適用が受けられないから、相続税を納税しなければならないから、とりあえず遺産分割をしましたというわけです。これは紛争の解決にはなりません。むしろ身動きがとれない深刻な事態になりかねません。なぜかといいますと、遺産分割に「とりあえず」はないのです。後から本当の遺産分割ができたとしても、税法では通用しないのです。相続税の申告の基になった遺産分割が唯一です。これを変更して新しい遺産分割をしても、相続税に影響しません。更正の請求も修正申告も認められません。新しい遺産分割による権利や財産の移転があれば、それを無償ですれば贈与税が課税される恐れがあります。ここは失敗できないところですから、後で事例問題を素材にじっくりと検討します。

(ii) 遺産分割ができない場合の対処

とりあえずの分割とか、共有化分割などの遺産分割をする必要はありません。確かに、相続税の法定申告期限までに遺産分割ができているのが要件ですが、それは原則であって、遺産分割の協議をしているとか、調停中だとかの理由で、まず3年間延長できます。延長というのは特例の適用を受けられる期間の延長のことです。3年経ったらもうできないかというと、そうでもありません。これはまた延長できます。ただし、法定申告期限に遺産分割ができていなければ特例が適用されないのは変わりないのです。後で、延長を許可された期間内に遺産分割ができれば特例の適用が認められるということです。ですから、暫定的に相続税は支払わねばなりません。遺産未分割の相続税申告になります。その暫定的な相続税でも納付するのが困難とかどうしても嫌だという場合に、とりあえず遺産分割をしたいというのはわかりますが、後からのやり直しは事実上不可能ですから、それを予定しての「とりあえずの遺産分割」は絶対にしてはいけません。

(iii) 特例の適用期間の延長

適用申請可能期間の延長について**資料1**を見てください。

資料1　相続税法19条の2（配偶者に対する相続税額の軽減）

2　前項の相続又は遺贈に係る第27条の規定による申告書の提出期限（以下この項目において「申

告期限」という。）までに、当該相続又は遺贈により取得した財産の全部又は一部が共同相続人又は包括受遺者によってまだ分割されていない場合における前項の規定の適用については、その分割されていない財産は、同項第二号ロの課税価格の計算の基礎とされる財産に含まれないものとする。ただし、その分割されていない財産が申告期限から３年以内（当該期間が経過するまでの間に当該財産が分割されなかったことにつき、当該相続又は遺贈に関し訴えの提起がされたことその他の政令で定めるやむ得ない事情（条文）がある場合において、政令で定めるところにより納税地の所轄税務署長の承認を受けたときは、当該財産の分割ができることとなった日として政令で定める日の翌日から４月以内）に分割された場合は、その分割された財産については、この限りでない。

相続税の法定申告期限に遺産分割ができなかったとしても、それから３年以内に遺産分割ができれば配偶者税額軽減特例の適用が受けられるわけです。これは税務署長の許可を得ることが要件にはなっていませんが、実務では「申告期限後３年以内の分割見込書」という文書を税務署長宛に提出しています。そして、その３年が過ぎても、**資料２**の政令で定める「やむを得ない事情」がある場合は、所轄税務署長の承認を得て当該やむを得ない事情が解消するまで更に延長することができます。遺産分割の訴訟や調停、審判などが継続している場合が典型的なやむを得ない事情ですが、それらに限りません。遺産分割ができないだけの客観的な事情があれば認められます。判決が確定したとか、調停が成立してその事情がなくなった日の翌日から４ヵ月以内であれば特例の適用が受けられます。これは、いわゆる小規模宅地等の課税価格計算特例（租税特別措置法69条の４、１項）の適用についてもまったく同じです。

資料2 主な「やむを得ない事情」

遺産分割が次の①の事情があるがために未了の場合は、遺産分割が可能となった②の翌日から4ヵ月以内に分割ができれば、配偶者税額軽減特例の適用を受けられる（相続税法19条の2、2項、「政令で定めるやむを得ない事情」及び「政令で定める日」）。

1 ① 申告期限から3年経ても、訴訟の提起があって継続している。
② 判決確定日又は取下日その他訴訟完結の日
（相続税法施行令4条の2、1項1号）

2 ① 申告期限から3年経ても、和解・調停・審判が申し立てられて継続している。
② 和解・調停の成立日、審判の確定日又は取下日その他これらの事件終了日
（同 2号）

3 ① 申告期限から3年経ても、遺産分割禁止期間中である。
② 期間経過日
（同 3号）

4 ① 申告期限から3年経ても、未分割であること又は分割遅延について、やむを得ない事情があると認められる。
② 事情消滅日
（同 4号）

ⅳ　弁護士の務め

いったんはどうにかして相続税を納めて、そして遺産分割はじっくりと腰を据えて、相続人間で解決するというのが理想です。弁護士としては、相続事件はできるだけそうありたいものです。特例の適用があれば納付税額がなくて済むとか激減することは確かにあります。だからといって、とりあえずの遺産分割をするというのは取り消しができないことを承知しておいてください。

税金は結果に課税されます。都合が悪ければ、みんなで白紙に戻してやり直すということはできないのです。税理士さんと勉強会をやっていて聞かされるのですが、「自分たちは、遺産分割協議書は作るけれども、遺産分割の紛争の中には入れない。それで、弁護士に頼んで処理してもらう。それが自分のところに戻ってきたときにはもう分割が終わっていて、一応事件は解決しているけれど税金も確定しているから計算するだけになる。もう少し何とかしてくれと言われてもどうすることもできない」という趣旨のことを聞きます。つまり、「ここをこうしておけば」あるいは「これは別の相続人が取得することにしておけば」、税額がこれだけになったのにという思いを税理士さんも抱くそうです。しかし、もうその段階では手直しはできません。それができたのは遺産分割にかかわった弁護士です。普通の民事事件の和解でもそうです。和解にしても、遺産分割にしても、その事件処理の権利関係、経済的利害関係を調整して合意を形成していくのは弁護士です。ですから、税金の知識を持っておられたら、税金面でも後で悔やまない処理ができるのではないでしょうか。少なくとも、税金の問題を見過ごすというミスはしないようにしたいものです。

「税金の問題はわからなくても、友達、知り合いに税理士がいるので、その人に教えてもらえる」「今さら税法の勉強をしなくても仕事で困ることはほとんどない」と弁護士から聞きます。確かにこれは当たっています。いつでも相談できる税理士は絶対に持っておかれた方がよいです。ただし、先生方が気をつけなければならない和解の席には税理士さんはいてくれません。気になるときは「税理士に相談する」と言って和解案を持ち帰ってください。それにしても、まず自分が税金の問題点のあることに気づかなければ相談できません。ですから、弁護士業務と関係がある範囲で結構ですから、基礎的な税法の知識はやはり持っていただくべきです。

それから、税金問題に関しては慎重になっていただくのが一番です。法律家というのは、法的知識があるがゆえに、かえって落とし穴にはまってしまう危険があります。税法は、私法的な考え方とは若干違うように思います。弁護士の方が、一般の人よりも税法の落とし穴に嵌りやすいかもしれないと、いろいろな勉強会に出ていると感じることがあります。

先ほどの共有マンションの賃料所得でもそうでした。管理は退いて、賃料の権利は放棄して1円ももらわないのですから、「自分の方はもう無関係、まして税金なんか全然関係ない」と考えていたと思います。でも、先ほど言ったような落とし穴がありました。相続税だけではなくて、こういう所得税やその他の税法も絡んできます。遺産を売って分ける場合には譲渡所得税が絡んできます。このくらいのところは弁護士も知っています。不動産の分離課税に関しては税率も含めて周知されています。ですが、むしろ不動産が分離課税であるというのが、実は租税特別措置法で例外的で、特別の課税をされているのです。といっても、分離課税方式はずっと続いていますから、みなさんこれが普通だと思ってしまっています。でも、やはり不動産の譲渡から生じる所得の例外なのです。他にも、不動産の譲渡所得については特例がたくさんあります。よく知られているのは、居住用財産を譲渡した場合の特例、譲渡益の3000万円までが非課税になることはよく知られています。しかし、その要件となると、細かいところまで知っている人はやっぱり少なくなってきます。しかし、非課税や税金が減額される特例は、税法にはいっぱいあります。「租税特別措置法」というのは、この特例を定めている法律です。所得税や国税通則法、相続税法などは見ても、普段はあまり目にすることがない法律ですが、その特例を活用して節税を図るということは必要なテクニックです。

遺産分割のためにする財産の換価、それから財産の取戻し、分割して取得した後の売却、これはすべて税金がかかわることになります。再分割は、先ほど言いましたように、してはいけません。仮の分割、節税のための分割をやり直すというのは税法では通用しません。遺産分割をしたけれど、思わぬ税金がかかることがわかったので、もう一度遺産分割をするというのは、いったん申告してからは無理です。

申告期限前に税理士さんに計算してもらうなどして税額が想像以上にかかってしまう、それならこんな遺産分割をしないという場合、法定申告期限前の申告前であれば、新たな遺産分割協議書を作成して、それに基づいて相続税の申告ができます。申告期限前にいったん申告書を提出していても、期限内であれば申告書の差し替えはできます。しかし、申告期限後にいったん申告書を提出した場合は無理です。相続税が想定外に高額であったことで錯誤の主張も考えられますが、それだけで錯誤無効が認められた例はありません。民法的には遺産分割の合意解除が認められているのに、税法ではそれが別の課税原因になるという税法の特殊性の一つです。

(6)　相続税計算の基礎の基礎

①　相続税の課税価格

基本的なことで恐縮ですが、事例検討に入る前に、税法用語の一例について少し触れておきたいと思います。相続税法の条文でも、参考書でも再々出てくる「相続税の課税価格」についてです。これは相続税を計算する基になるもので、相続又は遺贈によって取得した財産の価額の合計額のことをいいます（相続税法11条の2、1項）。「課税価格」は所得税の課税標準に当たるもので、相続税、贈与税の課税財産の価額のことです。財産を取得した相続人らの「課税価格」は、取得財産の価額に「みなし相続財産」の価額を加算したものを「課税財産の価額」

といいます。この価額から3年以内贈与の額を加算して、相続債務の額を控除したものが各人の「課税価格」です。その課税価格を合計したものが「相続税の課税価格の合計額」です（同15条1項）。ここからいわゆる「遺産にかかる基礎控除額」を控除した金額を「課税遺産総額」といいます。これが相続税の総額を計算する基です。

② 遺産に係る基礎控除額

この遺産に係る基礎控除額ですが、平成27年1月1日以降に開始する相続から、次のような計算式で計算することは、既に説明しました。

3000万円＋（600万円×法定相続人の数）

これは、既に平成25年度の税制改正で法律が成立しています。施行を待つだけになっています。従前の6割程度まで大幅に基礎控除額が引き下げられることになります。相続税の課税対象となる相続が大幅に増える増税です。

ここで「法定相続人の数」といっていますが、これは条文が「民法第五編第二章（相続人）の規定による相続人の数」としているからです（相続税法15条2項）。これには、養子の場合の制限や相続放棄者を含めるなどの特別な定めがあります。ここでの相続人の数が増えるのは基礎控除額の増額になります。納税者に有利なことですから、節税の目的でする養子には制限をしているわけです。養子が「相続人の数」にカウントできるのは、実子がいる場合は1人まで、いない場合は2人までとなっています。代襲相続人が3人とか4人もいる場合はずいぶん有利になります。本来ならカウントできる相続人は1人だったのに、被代襲者が先に亡くなったというだけで、相続分が増えるわけでもないのに基礎控除額が増額します。これでいいのだろうか、相続分が変わらないのだから代襲相続人も合わせて被代襲者1人分が法定相続人の数ではないだろうか、と迷いませんか。考え過ぎるとこうなります。ここは「法定相続人」「被相続人の相続人」と単純に考えていただければ結構です。

③　相続税の総額

相続財産の総額がこの基礎控除の額を超えなければ、相続税は課税されません。正確にいうと、先ほどの「相続税の課税価格」の合計額です。相続人が配偶者と子供２人の標準的な例でいえば、基礎控除額は４８００万円です。でも、法律相談で、「５００万円しか相続財産をもらっていない」という人から「相続税なんてかかりませんね」と確認的に訊かれても、「大丈夫です」とは答えないでください。法定相続人１人当たりの基礎控除の計算基準が６００万円だからといって、その範囲内なら相続税が課税されないというわけではありません。この遺産に係る基礎控除額を超える場合は、先ほど言いましたように「相続税の総額」がプラスになります。そうすると、いくらであろうと、財産を取得した限りは、その財産の価額に応じた額がその人の負担相続税額になります。まったく遺産をもらわなかった人は課税されませんが、ほんのわずかでももらうと税額が発生するということです。相続税の総額が０円以下であれば、それ以上相続税の計算をする必要はなくなります。

④　納付税額の計算

これでおわかりのように、相続税の総額というのは、税額をいったん算出しただけです。各相続人らが実際に負担する相続税額はそれぞれの取得財産の価額（課税価格）に応じて振り分けられます。つまり按分されるのです（相続税法17条）。

その相続税の総額の計算の仕方が大事になりますが、相続税の課税価格の合計額から基礎控除の金額を控除した金額が「課税遺産総額」ですね。これを相続人が法定相続分の割合で取得したと仮定した金額を計算します。そして、その金額に相続税の税率を乗じて算出した税額を合計したものが相続税の総額です。法定相続人が法定相続分で取得したと仮定して算出するというのがポイントです。ここから各相続人らの具体的な負担相続税額が計算されるのは先に言ったとおりですが、さらに、各相続人の特別な事情によって税額が減額されたり、増額されたりした後に各自の納付税額が確定します。いわゆる配偶者の税額軽減特例（相続税法19条の2）や未成年者控除（同19条の3）、2割加算又は兄弟姉妹加算（同18条）といわれるようなものが、この特別な事情です。これで各相続人の最終的な納付税額が確定します。

相続税の計算の流れはこのようなものです。これを承知していることが相続税の問題を考える上では非常に役立ちます。でも、実際に相続税の申告書を作成してみると案外難しいものです。申告書を作成する経験をされるのが一番ですが、相続税の計算の流れを図解している参考書はたくさんありますから、常にそれを参照しながら問題を検討するのもよい方法です。

2　事例の検討

事例問題を通じて、相続事件の法律、税務にかかわる論点を検討します。テーマはもちろんあるのですが、それにとどまらず、周辺問題もあわせて考えながら、相続事件の特徴も知ってください。

(1)　事例1　遺産の再分割と課税問題

①　事例の事情

事案は複雑そうにみえますが、読んでいただければ、それほど複雑でもありません。

相続人は後妻の乙と先妻の子丙、丁です。遺産はA物件（乙の居宅）とB物件（賃貸用収益マンション）です。

事例１　遺産の再分割と課税問題

１　甲（被相続人）には後妻乙と先妻の子丙・丁がいる。遺産は甲・乙の居宅であったＡ物件と賃貸用マンションのＢ物件である。
２　乙と丙・丁の遺産分割協議は紛糾したが、乙と丙・丁が養子縁組をして、将来遺産が乙の親族らに相続されない見通しとなったので、丙・丁は大幅に譲歩して次の分割協議が成立した。
　①　Ａ物件　　乙３／５、　丙１／５、　丁１／５
　②　Ｂ物件　　乙１／２、　丙１／４、　丁１／４
３　上記内容によって乙・丙・丁は相続税の申告をし、相続登記も完了した。
４　それから間もなく、乙は丙・丁との養子縁組の解消を申し立て、Ａ物件の売却か、それができなければ共有物の分割請求をすると申し入れてきた。

問題１　丙・丁が遺産分割の無効、解除を主張することはできるか。
問題２　丙・丁の乙に対する遺産分割無効確認訴訟の結審後、裁判所の勧告により再分割の和解をした場合の課税問題。
問題３　乙・丙・丁による遺産分割の合意解除の有効性と課税問題。

論点１　丙・丁の思い。

　　遺産分割に応じたのに裏切られた。

　　遺産分割協議成立の前提が崩れた。

　　遺産分割の白紙化と再分割。

論点２　丙・丁が遺産分割に錯誤があったとして無効確認の訴えを提起、和解での再分割
　再分割はできるか
　(1) 無効原因があった場合
　(2) 無効原因の存在　　確認できる方法
　　　　判決
　　　　和解　　要注意
　(3) 相続人全員の合意解除
　　合意解除　　後発的更正事由になるか
　　　　合意解除についての一般的な傾向
　単純な再分割
　　課税問題
　　合意解除　私法的視点
　　　　税法的視点

相続人の人間関係からおわかりいただけると思いますが、遺産分割の話し合いがスンナリとは決まらないこともあります。この事案でも「紛糾」しました。しかし、丙と丁が譲歩して遺産分割がまとまりました。その遺産分割はA、Bの両物件を共有にする内容です。A物件の方は乙の持分が5分の3ですから法定相続分を上回ります。なぜ丙と丁は譲歩したかというと、乙と養子縁組をしたからです。前にも言いましたように、共有化分割というのは問題の先送りに過ぎません。丙も丁もそんな遺産分割を望んだとは思えません。それでも応じたのは、乙の養子になっておけば、いずれ乙の相続時にはこれらの物件全部が自分ら兄弟の所有になるからです。被相続人の家系といいますか、血筋で承継できることが大きいのです。筋道が読めるわかりやすい事例です。

② 共有化分割の罠

相続税の申告をして、共有の相続登記も完了したのですが、それから間もなく、乙は、丙・丁との養子縁組の解消を申し立てて、A物件を売却して代金を分けるか、それができなければ共有物分割請求をすると言ってきたわけです。乙の考えていることはわかりますね。遺産分割ができればもう養親子関係でいる必要はないのです。縁組は丙と丁を安心させて譲歩を引き出すための方便だったというわけです。乙の要求する縁組解消が認められるか否かはわかりませんが、この遺産分割は丙と丁には失敗でした。乙には得るものがたくさんありました。それぞれから教訓を学ばねばなりません。乙は甲相続の相続税について、A物件、B物件の取得については配偶者の税額軽減特例（相続税法19条の2）の適用を受けることができます。おそらく乙には納付しなければならない相続税はないでしょう。次に、A物件は乙が居住している建物と敷地です。売却した場合でも、共有物分割のために競売される場合でも、換価代金の5分の3を取得して、しかも譲渡所得税については居住用財産の譲渡特例を使えます。譲渡益の3000万円までは譲渡所得税を課税されません（租税特別措置法35条）。丙・丁は居住していないでしょうから税金がかかります。相続開始から3年以内の譲渡なら一定額を取得費として控除できる特例がありますが（同39条）、それにしても乙の有利性は明らかです。共有物件になっていますから、丙と丁が拒んでも、乙は共有物分割請求をすることができます（民法２５６条１項本文、２５８条１項）。競売による換価分割（同２５８条２項）となる可能性が高いですが、譲渡所得課税という点では任意に売却した場合と同じです。さらに、乙が縁組の解消を申し立てているのは何故でしょう。遺産分割で丙と丁の譲歩を引き出せば、後は他人に戻りたいのです。次の自分の相続では、乙自身の親族に相続させたいのです（丙、丁との縁組が切れていれば、子供でも親でも兄弟でも相続人になれます）。これを、丙、丁の側から見れば、**論点１**にありますように乙の裏切りです。丙、丁は、血縁のない乙の親族に甲の遺産が流れるのを阻止するための養子縁組であったのに、解消を求められているわけです。

③　錯誤無効又は解除

(i)　錯誤

丙と丁にすれば、乙に譲歩して遺産分割をした前提が崩れてしまっています。養子縁組の解消をするなら、こんな遺産分割はするはずがなかった、乙が共有物分割請求をするなら遺産分割に応じるはずがなかった、だからこの遺産分割には要素の錯誤がある、無効だという主張は認められるでしょうか。いわゆる動機の錯誤です。縁組とその解消が遺産分割の動機にかかわるとはいえ要素の錯誤とまで認められるか疑問です。錯誤の理屈では無効主張は無理と思います。**問題２**ですが、丙・丁が遺産分割に錯誤があったとして無効確認の訴えを提起して、和解で再分割するということになった場合の課税問題です。まあ事案が事案ですから、裁判所が和解勧告をするのは普通ですね。本当に無効原因があれば無効です。遺産分割がなかったことになるのは税法でも変わりません。その場合は遺産分割がなかったことになります。ですから、再度の分割に基づく相続税の計算をして更生の請求をすることが可能です。しかし、裁判上の和解であっても、和解で無効の確認をするだけで済むかということです。弁護士が誤解してはならないのはこの点です。和解条項で遺産分割が無効であると確認したところで、それだけで当該遺産分割が無効になるわけではありません。こういうお互いの合意による法律関係の無効確認は、後で検討する合意解除と似ています。税法は、当事者の合意だけで、課税関係を決定する権利関係を消滅させるとか変更するなどは基本的に認めていないと考えてください。課税関係を当事者が任意に変更できるのであれば、国の租税徴収システムは著しく不安定なものになってしまうからです。都合が悪ければ、お互いの合意で課税を免れることが自由にできるはずがありません。和解を含めて、当事者の合意だけで課税関係を都合よく変更することはできないのだと承知しておいてください。

遺産分割の錯誤無効と再分割による申告、更正の請求が認められた希少な判例があります。株式評価方法について錯誤があること、動機の錯誤ながら表示がされていてそれが要素の錯誤となること、しかも表意者に重大な過失まではないとして遺産分割の無効主張を認めた東京地裁平成21年2月27日判決（判タ１３５５号１２３頁）です。ただし、これは、税金が予想外に高いから錯誤の主張をしたという単純なものではありません。解説文献もたくさんありますから読まれることをおすすめします。

(ii)　**解除**

では、契約違反だから解除だという主張はどうでしょうか。遺産分割協議書には、離縁しないとか共有物分割請求をしないなどという約定はないと思います。乙に契約違反があるという主張は無理と思います。また、そもそも、遺産分割合意については債務不履行があっても解除できないというのが判例です（最高裁平成元年２月９日判決。判時１３０８号１１８頁、なお、裁決平成24年3月8日）。

④　合意解除と更正の請求

丙・丁が遺産分割無効確認訴訟を提起して、その訴訟において再分割の和解をしたという想定です。

(i)　合意解除と再分割の税法効果

先ほどから「再分割はだめです」と言っています。けれども、弁護士が相続事件を扱うと、遺産分割をやり直したい、再分割しなければ解決できないと思うケースは結構あります。法律上の権利関係の調整だけならそれでもいいのです。和解というのは当事者の合意ですから、相続人の全員が遺産分割をいったん白紙にして、遺産分割をもう一度合意できます。遺産分割の合意解除は認められています。法律上はできるのですから、裁判官にすれば遺産分割のやり直しを念頭においた和解を勧告するのかもしれません。さすがに、最近の裁判官は課税問題をまったく無視した提案をすることはありませんが、相続税が課税されないような案件であれば税金の問題は気にしないかもしれません。しかし、本事例のように、遺産分割ができてそれを反映する持分登記も済んでいるような場合は気をつけてください。その登記を変更するような持分の移転登記をすると、それに対価の授受がなければ無償での贈与だと認定される恐れがあります。贈与税が課税される人が現れます。これも、遺産分割の合意解除の効果が税法上はほとんど認められないからです。遺産分割の合意解除や無効が文字通りには通用しないのです。その点が税法の難しいところで、落とし穴になりかねないところです。

何が何でも再分割がだめだと税務署も言い切っているわけではありませんが、遺産分割がいったん合意して成立すれば、相続財産は相続開始時点まで遡って、その時から分割したとおりに帰属していたことになるのです。再分割というのは、いったんできた遺産分割を帳消しにしなければできません。この帳消しにするというのが合意解除です。遺産分割だって、先ほど言ったように、合意解除は法律上できるわけです。これを明言している判例があります（最高裁平成２年９月27日判決、判時１３８０号89頁）。合意解除は法律家が紛争の解決手段によく使う便利なものです。別に遺産分割に限りません。税法ではこの合意解除が曲者です。法律的には確かに権利関係は帳消しになるのですが、税法では、合意解除は当事者が新たにする契約と見るのです。なるほど、当事者

係に戻すものであっても、それは契約による法律効果とみるのです。

立している課税関係、課税原因を当事者が自由に消滅させることは許されないのです。ですから、もとの権利関係に戻すものであっても、それは契約による法律効果とみるのです。

(ii) 更正の請求ができない

もう一つ、実定法からの制限をみておきます。遺産分割の合意解除をするというのは遺産分割がなかった原状に戻すということですが、税法的にはその遺産分割によって発生、確定した相続税の納税義務を消滅させて税金を取り戻すということです。それが先ほどの「更正の請求」です。国税通則法23条2項3号の「政令で定めるやむを得ない理由がある場合」をうけて、同施行令6条1項3号が「契約が、解除権の行使によって解除され、若しくは当該契約後の成立後生じたやむを得ない事情によって解除され又は取り消されたこと」と規定しているわけですが、ここでの、「解除権の行使」はいわゆる法定解除権、約定解除権の行使であることは明白です。これらに「やむを得ない事情」は不要です。「取り消されたこと」もやむを得ない事情は不要です。そうすると「やむを得ない事情」を要する解除というのは合意解除しかありません。私は、合意という当事者が任意にできることと「やむを得ない」ということは、本来的に相容れないことではないかと思っています。ともかく、合意だけで契約関係を遡って解消できる合意解除に限れば無制限に更正の請求を認められていないわけです。遡及効がない継続的な契約の合意解除は問題ありません。賃貸借の合意解除をしても、更正の請求の問題は通常生じません。

(iii) 設問の結論とまとめ

問題2と3の結論とまとめですが、遺産分割をした当事者が全員で合意解除することはできます。ここで止まらずに一気に遺産分割をしてしまうということが考えられますが、本件遺産分割について丙、丁に錯誤があるとしても、動機の錯誤でありそれは表示されていないでしょう。仮に表示されていたとしても丙、丁には重大な過失があります。それでは、無効原因が客観的に存在するとは言えないので無効確認の合意解除とも評価できません。合意解除は新たな契約とみなされて、和解条項に盛り込んだ第２次遺産分割にもとづく権利関係は、相続税ではなくて、贈与税ないし所得税等の課税対象になりかねないことになります。

⑤　判決・裁判上の和解と更正の請求

(i)　無効判決と更正の請求

判決で法律行為が私法上無効であることが確定すれば、税務署もそれを認めてくれます。条文上そうなっています。課税の根拠となる契約等の法律関係が無効になれば課税は間違っていたことになります。納税者は過大な税金を納付していたことになります。その場合は、納税者から更正の請求をして課税庁に課税処分を取り消させて過大税額の還付を受けることができます。次の**資料３**を見てください。

資料３　更正の請求のポイント

1　概要
提出した申告書に記載した課税標準や税額の計算が法律の規定どおりでなかったり、計算に誤りがあったことにより納付した税額が過大になったときは、所轄税務署長に対して更正の請求を行うことができる。請求が認められると過大納付税金が還付される（国税通則法23条１項）。

2　期間制限
(1)　原則　法定申告制限から５年以内
(2)　後発的事由の場合　その事実が発生した日の翌日から２ヵ月以内

3　後発的事由（国税通則法23条２項）

① 判決確定（判決と同一の効力を有する和解を含む）により計算根拠とした事実が申告時の事実と異なることになった場合
② 申告時に自己のものとして申告していたが、他人について更正などがあり、自己の所得でなくなった場合
③ 法定申告期限後の政令で定めるやむを得ない理由がある場合

⬇

4 政令で定めるやむを得ない理由の主要なもの
① 税額等の計算の基礎になった事実が、官公署の許可その他の行為が取り消されたことにより異なるようになった。
② 税額等の計算の基礎になった事実に係る契約が、解除権の行使により解除された。あるいは契約成立後のやむを得ない事情によって解除されるか、取り消された。

申告した税金の計算の基礎となっていた法律関係が無効であったとすると、遺産分割に限りませんが、それは相続税の計算が法律に従った計算ではなくなります。課税される根拠になる権利やそれに伴う経済的利得を得られなくなります。いったんは手中にしていても返還しなければなりません。しかし、遺産分割が無効であるかないかというのは、だれがみても疑いないという場合は稀です。例えば、相続人のだれかが外れたまま合意した遺産分割は要件を欠いていることが明白です。税務署もおそらく無効であると認めてくれると思います。しかし、錯誤があったから無効だという問題になると、極めて高度な事実認定の問題になります。当事者が「錯誤があった」というだけでは税務署だって認めてくれません。先ほど話しましたように、当事者が無効であることを相互

に了解、納得しているとしても、それは税務署に判断できることではありません。それなら、裁判所が当該遺産分割を無効だと判決してくれて確定すればなんとかなるでしょうか。上記の資料の「3　後発的事由」に「①判決確定（判決と同一の効力を有する和解を含む）」とあります。国税通則法23条2項の条文です。遺産分割の無効を確認する判決が確定した場合は、それから2ヵ月以内に更正の請求ができることになっています。これは、基になる遺産分割がなかったことになるのですから、遺産分割も税金の申告も一からやり直しをするということです。2ヵ月以内に新たな遺産分割ができなければ、遺産分割がない未分割の相続税の計算をして、それを基にした更正の請求をすることになると考えます。遺産分割に期限はありませんから、再度の遺産分割ができれば改めて相続税の計算をして、もう一度更正の請求をするということになります。

一応、条文を見ていると、このようになるのですが、じゃあ、判決で遺産分割の無効を勝ち取ればいいのだと考える方もおられると思います。それが、なかなかそうでもないのです。そもそも、合意ができたから遺産分割が成立したのです。相続人が欠けているとか公序良俗に違反するという理由ならともかく、合意の意思表示の瑕疵を理由とする無効の主張は、錯誤無効の要件の厳しさを考えていただいてもわかると思います。

(ii)　裁判上の和解と合意解除の類似性

ここではあまり深入りできませんので、国税通則法23条2項1号の条文を確認しておきます。条文上の要件を整理すると、次のようになっています。

① 課税標準又は税額等の計算の基礎となった事実に関する訴えについての判決・和解であること
② その判決・和解によって、計算の基礎としたところと異なることが確定したこと

この「計算の基礎となった事実に関する」裁判であることが結構ハードルになっています。

次に、この「判決と同一の効力を有する和解」という条文に過大な期待をしてはいけません。和解は、確かに

国税通則法上、更正の請求の後発的事由に挙げられているのですが、税務署は弁護士のする和解を信用していません。たとえ、裁判上の和解であってもです。なぜなら、和解というのは、当事者が合意すればできるわけですから、都合の悪い法律関係を任意に解消して、新たに法律関係を創り出すことだってできると見ています。極端な言い方をすれば、馴れ合いでできるということです。もちろん、弁護士がそんなことしているわけではないのですが、ここが当局と法律家の立場の違いで、法律家の方は私的自治の範疇であると考えていることを、税務署の方は自由に法律関係を創り直していると疑っています。和解というのは合意でできるわけですから、合意解除とどこが違うんだ、という思いがあるのではないかと思います。これは私の想像ですが、課税庁から見ると、結局、和解というのは合意解除と差がないと思っているのではないでしょうか。ですから、和解をしたからといっても、いわゆる即決和解は疑われますね。即決和解が国税通則法23条2項1号の「和解」に該当しないというわけではありませんが、争いもないのにしている和解だと疑われてしまいます。もちろん、争いがあるから和解をしているはずです。和解の前提となっている紛争を説明できるようにしておく必要があります。それから、和解でも「馴れ合い和解」はだめです。即決和解は、これが疑われるのだとも思います。

資料4　馴れ合い和解

仙台地裁　判決

昭和51年10月18日

昭和48年（行ウ）第7号

訟月22巻12号P2870

判決要旨　原告ら間でなされた所有権者の変更を内容とする起訴前の和解は、真実の所有関係に変動がないのに、専ら多額の法人税を免れる目的のもとになされたものと認められるから、国税通則法23条2項1号にいう「和解」には当たらない。

これは即決和解ですが、結局、「通則法の第23条2項1号にいう和解には当たらない」と言っています。国税通則法上の更正の請求というのは税金の還付を受けるための請求ですね、そこに書いてある和解は含まれません、というわけです。租税法律主義と言いながら、条文には、和解に括弧して「馴れ合い和解は除く」と書いてあるわけでもないのに、なぜだろうという問題はありますが、結論に異議をいう人はいないと思います。馴れ合い和解で更正の請求ができたら困ります。課税実務での弊害を考えたら当然です。これは脱税の目的でする馴れ合い訴訟でも同じです。たとえ判決があっても更正の請求は認められません。

⑥ 事例1のまとめ

事例に戻って「再分割の課税問題」ですが、遺産分割によって権利関係は確定しているのですから、それを変更するというのは財産の移動も伴います。これが無償なら贈与になります。交換の場合もあるでしょうけれども、一番恐ろしい贈与税の課税問題が起こる可能性があります。それで、再分割はだめですよ、税法が認めませんよ、税務署が認めませんよ、と口を酸っぱくして言ってきたわけです。これは慎重の上にも慎重になっていただかなければなりません。税金が思いがけなく高くなってしまったとしても、そんな税金がかかるとは思ってなかったんだからこれは錯誤だとか言って、お互いで無効を確認する和解とか合意解除で解消してしまう手を安易に使ってはいけません。相手が了解してくれていても、裁判官が立ち会っている訴訟上の和解であっても、それで税金の負担をなくしてしまうことはできません。新たに贈与税などの税金を課税される恐れがあるのです。

(2) 事例2 遺贈の効力係争者による遺留分減殺請求

事例2に行きます。遺留分に関する紛争は相続事件でも最も多い部類に属します。弁護士がかかわることも少なくありません。そして、ある意味では遺産分割よりもシビアで深刻です。

① 事案の概要

これは、ちょっと変わった設例の仕方になっていますけれども、こういう体裁になっています。「調停条項・遺産分割協議書条項・合意書条項」がありますね。これに対する「前提事実」というのが頭です。それに「実際にありそうな想定」を理解の補助のために挙げています。かえってわかりにくいかもしれませんが、メインは「調停条項等」の1と2です。ここでは調停条項と割り切りましょう。

前提事実と実際にありそうな想定はそこに書いてあるとおりです。それで、このような調停をした理由ですが、乙は遺言の無効確認訴訟を提起しています。ですが、それが認められるかどうか、裁判のことですからわかりません。それで、とりあえず遺留分減殺請求もしておくということです。しかも、とりあえずの遺留分減殺請求であることは受遺者であるAにも確認させて、遺言無効事件の決着がついてから、その結果に応じて遺産の帰属者

事例２　**遺贈の効力係争者による遺留分減殺請求**

［前提事実］
被相続人甲は内妻Ａに対して、遺産不動産及び預貯金の遺産全部を遺贈していた。
甲の妻乙はＡに対して、遺言無効確認の訴えを提訴している。

【実際にありそうな想定】遺言の無効確認訴訟を提起していても、訴訟の帰趨はわからないので、とりあえず遺留分減殺請求もしておく。判決はいつ出るかわからないが、その結果待ちであることを相互に確認しておく。

調停条項・遺産分割協議書条項・合意書条項**【趣旨】**
１　乙はＡに対して、万一遺贈が有効であるならば、乙が侵害された相続分の２分の１の限度で遺留分減殺請求をする。
２　乙・Ａは、京都地裁平成○○年（ワ）第○○号遺言無効確認請求事件の判決確定を待って遺産の名義変更等を行う。

問題１　条項第１項の遺留分減殺請求の効力
私法的視点
税法的視点
判例
問題２　乙の遺留分減殺請求権の消滅時効進行は、遺贈無効について提訴・係争中でも進行するか。
問題３　乙・Ａは、どのような相続税申告をするのか。
乙は相続税の申告（期限後申告）をしなければならないか。
Ａは更正の請求ができるのか。
裁判結果を待って更正の請求をするのは許されるか。
問題４　乙の代理人になった場合の留意事項

に財産の名義変更をするということを約束している調停です。これで、乙は落ち着いて遺言無効の裁判ができます。Aにしても、裁判の結果の移転登記手続きなどで乙の協力が得られるのなら、スムーズにできるメリットがあります。

調停条項の第1項、「乙はAに対して、万一遺贈が有効であるならば、乙が侵害された相続分の2分の1の限度で遺留分減殺請求をする」となっています。これが「とりあえず遺留分減殺請求もしておく」という部分ですね。

② 条件付遺留分減殺請求

問題1で、条項第1項の遺留分減殺請求の効力。これはまず私法的視点と税法的視点で違います。私法的視点でも、これがいいとか正解だとかは言えませんが、この条項を作った乙の意図は、条件付きの遺留分減殺請求にあります。「遺贈が有効なら」という条件を付けています。遺贈が無効なら減殺請求をする必要がないわけです。これに法的効力を認めていいのかという問題があります。私は疑問を持っているのですが、判例は、このようなケースで、遺留分減殺請求の意思表示をしたことになると言っています。そもそも、これが条件付で行使したことになるのかさえ疑問はあるのですが、遺言無効の主張をする遺留分権利者にすれば、そうせざるを得ない深刻なジレンマがあります。というのは、遺言も無効を主張しながら遺留分減殺請求権を行使するのは矛盾しているのです。両者は両立しません。とはいえ、減殺請求権の消滅時効は1年（民法1042条）と極端に短いですから、裁判をしている間に1年が経ってしまうこともあります。もし、遺言が有効なら、遺留分を侵害されている相続人は遺贈の減殺請求をする権利があります。それが裁判をしている間にできなくなるのは困ります。ですから、乙のように、遺言が有効の場合は遺留分減殺請求をするということが必要ですし、これを無効だということもできません。

では、税法的に見るとどうなるか。これは、遺留分減殺請求権が形成権であることから、元々は非常に困難で厄介な問題を含んでいました。しかし、平成15年の条文改正で、ほぼ立法的に解決されました。理解のために、何が問題であったかを少しだけ触れておきます。

遺留分減殺請求権は形成権ですから、それを行使するとそれだけで法的効果は発生します。本例でいうと、乙は相続財産の一部を取得したことになりますから、相続税の申告をしなければならないことになります。これを認めた判例が福岡地判平成元年3月28日、福岡高判平成元年7月20日です。「訴訟の決着いかんに関わらず、本件意思表示により少なくとも減殺分相当の相続資産を確定的に取得したことになる」として、相続税法上の租税債権が成立しているというわけです。ずいぶん乱暴な理屈です。遺留分減殺請求権があっても、そこから交渉が始まります。相続財産の全容がわかっていれば侵害されている遺留分相当額の計算はできるかもしれませんが、それが確定とは言い切れません。相続財産の評価額にしても当事者間で一致するとは限りませんし、税務署だって口を挟みます。Aは価額弁償金を支払って遺贈された財産の返還義務を免れることもできます（民法1041条1項）。その弁償金の金額は当事者間の合意で決まることが多いのです。ともかく、遺留分減殺請求があっただけで、乙が取得した財産の価額が確定するなどということはありません。ですから、乙に相続税の申告義務を認めるなどというのは無理です。同時に、Aにも、遺贈された財産の課税価額が減殺された遺留分相当額だけ減額したとして、更正の請求を認めるのも相当ではありません。後に確定することが予定されていても、この段階では不確定です。

相続税法32条1項3号の旧規定は「遺留分による減殺の請求があったこと」という規定であったため、上記の判例のような解釈もありえたのです。もっとも、減殺請求があっても、相手方がこれにスンナリ応じない場合は、後に遺留分減殺請求訴訟の和解が成立した場合はその和解成立の時が「更正の事由が生じたことを知った日」（相続税法32条）の起算点だというのが実務でした（平成9年7月18日裁決）。これが調停の場合は調停が成立した時になります（昭和51年1月19日裁決）。更正の請求をすべき額あるいは申告額を確定できない不都合を考えると、やむを得ないのです。ただ、それでも先述の福岡地裁、高裁の判決などもあって、理論上の疑問は依然として残っていたのです。

それが平成15年改正によって相続税法32条1項3号が「遺留分による減殺の請求に基づき返還すべき、又は弁償すべき額が確定したこと」と改められたのです。これによって、Aは実際に返還する遺産の範囲とか価額弁償の金額が確定した日の翌日から4ヵ月以内に更正の請求をすればよいということになったのです。これに対応して、乙は期限後申告（相続税法30条2項）もしくは修正申告（相続税法31条1項）をすることになります。

③ 遺言無効係争中と遺留分減殺請求権の消滅時効

2番目の問題に行きます。乙の遺留分減殺請求権の消滅時効は、遺言無効について提訴・係争中でも進行するのか。ここは法律家が悩むところだと思います。代表的な判例を確認しておきます。

資料5　遺留分減殺請求権の消滅時効の起算点

最高裁　判決

昭和57年11月12日

昭和54年（オ）第907号

判決要旨　本条にいう減殺すべき贈与があったことを知った時とは、贈与の事実及びこれが減殺できるものであることを知った時と解すべきであるから、遺留分権利者が贈与の無効を信じて訴訟上争っているような場合はこれに当たらない。しかし、被相続人の財産のほとんど全部が贈与されたことを遺留分権利者が認識している場合には、その無効を信じているため遺留分減殺請求権を行使しなかったことがもっともと首肯し得る特段の事情が認められない限り、右贈与が減殺できることを知っていたと推認するのが相当である。

札幌高裁　決定
昭和48年３月23日
昭和48年（ラ）第５号
家月25巻10号Ｐ62
判決要旨　民法１０４２条に「減殺すべき贈与があったことを知った時」とは、当該贈与がなされたことおよびその贈与が有効であることを知った時を指称し、遺留分権利者においてその贈与の有効を争っている場合には、これを争うことが明らかに不合理である場合を除き右の消滅時効は進行せず、それが遺産分割審判で争われている場合には、その審判において、その贈与が真正になされたとの判断があった時をもって時効の起算点と解するのが相当である。

一応、最高裁の場合は「遺留分権利者が贈与の無効を信じて訴訟上争っているような場合はこれに当たらない」と言っています。つまり減殺請求の消滅時効はいつから進むかというと、解釈上、「贈与の事実及びこれが減殺できるものであったことを知った時」からとなります。そこで、贈与の無効を信じて訴訟上争っていたような場合には、これは当たらないと最高裁は言ってくれています。ただし、その後で「その無効を信じているため遺留分減殺請求権を行使しなかったことがもっともと首肯し得る特段の事情が認められない限り、右贈与が減殺できることを知っていたと推認するのが相当である」とどんでん返しのようなことをします。判例特有の言い回しですが、これではほとんどが減殺できることを知っていたと推認されてしまいます。訴訟で争っていても、減殺請求をしておかないと、訴訟の結論が出た時点では減殺請求権を行使できないということになります。

札幌高裁の決定はもう少し好意的です。「遺留分権利者においてその贈与の有効を争っている場合には、これを争うことが明らかに不合理である場合を除き右の消滅時効は進行せず」と言っています。争うことが明らかに不合理な場合だけが消滅時効の進行を妨げないように読めるのですが、判決文をよくよく読むと「右のような事実関係のもとでは、抗告人ら遺留分権利者が本件贈与の有効性を、本件遺産分割の調停および審判手続で争っていることは、十分納得し得ることであり、これが明らかに不合理とは断じ難いのである」と事案の特異性が認められます。たしかに、遺言が無効だと主張しながら、もし有効であれば遺留分減殺請求をするというのは抵抗がありますす。しかし、やっぱり1年の消滅時効を考えると、代理人としては遺留分減殺請求はしておくべきという結論になります。

④ 遺留分減殺請求があった場合の申告

次に問題の3番目です。乙、Aはどのような相続税申告をするのか。これは先に話しましたように、まだこの調停が成立した段階では、乙が更正の請求をすることにはなりません。Aは「返還すべき、又は弁償すべき額が確定」していないからです。乙の方も、相続税の申告又はその修正申告をする必要はありません。京都地裁の遺言無効確認請求事件の結果、甲の作成した遺言書が有効であるとの判決が出て、それが確定してから乙とAは交渉を開始して、具体的な返還物、価額弁償金額などを確定させるでしょう。それからのことです。それが確定したときから4ヵ月以内にAは更正の請求ができます。乙の期限後申告又は修正申告も、Aが更正の請求をしてからです。

⑤ 代理人としての留意事項

問題の4番目。乙の代理人になった場合の留意事項。もう言い尽くしましたけれども、乙代理人としては、遺留分相当の財産だけは最小限確保したいわけです。この最小限を時効によって喪失するのは耐えがたい。先ほどの最高裁の判決もあり、札幌高裁の決定もありますけれども、やっぱりこれは、弁護士としてはリスクを回避するために減殺請求をしておいた方がいいのではないかということです。たとえ、遺留分を侵害している遺言が無効であると信じていてもです。

(3) 事例3　代償分割・換価分割

① 代償分割が実務で使われる理由

遺産分割では、この「代償分割」は非常によく使われます。なぜかといいますと、遺産を処分しないで、しかも共有化分割を避けようとすれば、この方法くらいしかないからだと思います。例えば自宅不動産が主な遺産であり、被相続人は他にはさしたる財産を遺していなかったとします。その不動産に住居にしていた相続人がいれば、その人が相続するのが相当だし、そうでなければ住居を奪うことになります。他に分けるものがないと、その不動産を取得した相続人はいいのですが、他の共同相続人は相続する財産がないので、不動産を取得した相続人がその相続人らにお金を渡すことにします。これが代償金です。代償分割の場合は、分割の時点では現物の相続財産を取得した相続人が代償金債務を負担するという形で遺産分割をするのが普通です。もちろん、遺産分割と同時に支払っても問題ありません。代償金の金額は、その相続人及び包括受遺者の相続分相当額であるのがもっとも理屈に合いますが、遺産分割ですから、当事者が承諾して合意するのなら、法定相続分相当額に及ばなくとも差し支えありません。

事例3　代償分割・換価分割

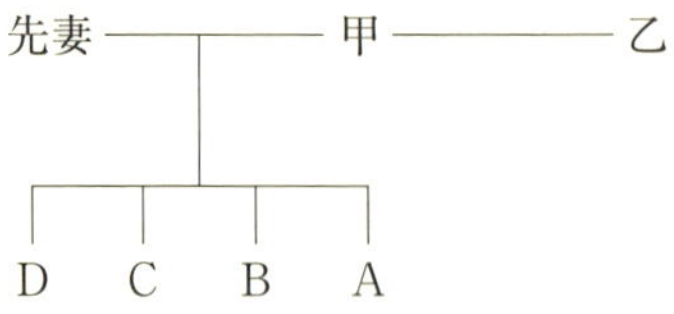

被相続人　甲
相続人　乙　A、B、C、D

分配合意金額

乙	1億5,000万円
A	7,000万円
B	7,000万円
C	7,000万円
D	9,000万円
譲渡費用	9,000万円

分割条項　1
1　Aは本件遺産土地全部を取得する。
2　Aは乙外他の相続人に対し下記の代償金を支払う。

乙 1億5,000万円　　B　7,000万円
C　7,000万円　　D　9,000万円

分割条項　2
1　相続人全員は、本件遺産土地をM不動産に対して金5億4,000万円にて売却のうえ、譲渡費用9,000万円を控除した代金4億5,000万円を、下記のとおり分割する。

乙　1億5,000万円
A・B・C　各　7,000万円
D　9,000万円

2　前項の売却のため、全相続人は、本件遺産分割によってAが本件遺産土地全部を取得し、Aが売却手続の全部をすることに合意する。

問題1　Aの代理人なら、いずれの分割条項が有利とみるか。
問題2　乙の代理人ならどうか。

関連問題
・相続税額を有利にするには何を活用すべきか。
・譲渡所得税を有利にするための分割、手順等（地上に相続人居住家屋がある場合なども想定）。

②　代償分割と換価分割の意義

用語の意味を確認しておきます。**資料６**に定義通達があります。

資料６　相続税基本通達19の2―8（分割の意義）

(注)「代償分割」とは、共同相続人又は包括受遺者のうち一人又は数人が相続又は包括遺贈により取得した財産の現物を取得し、その現物を取得した者が他の共同相続人又は包括受遺者に対して債務を負担する分割の方法をいい、「換価分割」とは、共同相続人又は包括受遺者のうちの一人又は数人が相続又は包括遺贈により取得した財産の全部又は一部を金銭に換価し、その換価代金を分割する方法をいうのであるから留意する。

「代償分割」と「換価分割」の言葉の意味ですが、代償分割はこれでよくわかります。先ほどの話ともあわせていただければイメージはできると思います。しかし、換価分割というのは、私自身はこの通達の定義ではいま一つわかりにくいと思っています。相続又は包括遺贈によって取得した財産を売却換価して、その代金を分割することになっています。ですから、分割割合はその代金の分割割合のはずですね。換価代金１０００万円を５０0万円、３００万円、２００万円と分けたとします。しかし、換価代金は遺産そのものではありません。換価された資産が遺産、例えば土地ですね、その遺産土地を10分の5、10分の3、10分の2という割合で遺産分割したということです。

③　相続税の計算との関係

大事なことは、それらの遺産分割が相続税の計算にどのようにかかわっているかです。遺産分割ですから、当然、相続人らが取得した財産の課税価格の金額にかかわります。つまり、各人に相続税が課税される基準となる金額です。

資料7　代償分割の場合の課税価額

1　代償財産を受領した者　＝相続又は遺贈により取得した財産の価額
　　＋交付を受けた代償財産の価額

2　代償財産の交付をした者　＝相続又は遺贈により取得した財産の価額
　　－交付をした代償財産の価額

代償分割の場合の課税価額の**資料7**にあるとおりです。見ていただければわかるように、現物の相続財産（代償財産）を取得して代償財産を渡す人は、その代償財産の価額を取得相続財産の価額から控除します。通達は正確に網羅的に表現しているため「代償財産の価額」としていますが、「代償金債務の金額」又は「代償金の金額」が普通というか一般的でしょうね。もちろん、土地などの資産を代償財産として渡してもいいわけです。ただし、この場合は資産を譲渡したことになりますので譲渡所得税などの別の税金が課税される場合もあります。

事例3の分割条項1の例でいえば、Aの取得財産の価額は明記されていませんが、分割条項2の方をみると5億4000万円で売却していますから、これが本件土地の時価であり課税価格なんでしょう。そうするとAが取得した相続財産の課税価格は5億4000万円から乙、B、C、Dらに支払うことになった代償金債務合計4億5000万円を控除した9000万円、これがAが取得した相続財産の課税価額ということになります。

乙やBらは「代償財産を受領した者」です。分割条項1では、乙に1億5000万円、Bに7000万円支払われることになっています。他に取得した相続財産がないとすれば、これが取得財産の価額です。

④　代償金と取得費性

代償金の支払と取得費性の問題。これは、いくつか判例がありますが、裁判で争われる問題を含んでいるということです。しかし、今はもう判例が定着しています。代償金を払った場合（代償債務を負った場合）にそれが取得費になるかという問題です。

共同相続人が兄弟ばかり５人いたとします。５人のうちの１人が不動産を取得して、他の共同相続人に代償金としてお金を渡して、そして単独取得するというケースです。不動産を単独取得して売却するわけです。その不動産が値打ちものであれば、あるいは市況がよければ高く売って利益を出せるというわけです。これは、代償金が売却代金から控除できるから成り立つ計算です。しかし、間違いです。弁護士の思考回路からくる間違いかもしれません。遺産が不動産の場合は、代償金を支払って相手の相続分を取得することが、その人の共有持分を買うような錯覚をするんじゃないかと思います。確かに、未分割の不動産を相続登記すれば共有登記をしますから、そんな錯覚もわからないわけではないです。

他の共同相続人の共有持分を代償金を支払って取得したのなら、これは取得費です。取得費なら取得資産を売ったときには取得費として控除できるのです。譲渡益というのは譲渡収入金額（売却収入）から取得費と譲渡費用を控除した残りです。取得費を超える分が譲渡益、いわゆるキャピタル・ゲインです。それを下回ったら譲渡益はありません。その取得費に該当するというのが間違いの源です。これは残念ながら取得費にはなりません。通達があるのですが、そもそも、共有持分を買い取ったことにはなりません。相続分を買い取ったという構成は可能です。それが代償分割ですね。

弁護士の思考に合うような理屈で説明しますと、代償分割も遺産分割に変わりはありません。遺産分割の効力は相続開始時に遡及します。民法909条です。そうすると、代償金を支払って相続財産を取得したのは、相続開始の時に相続によってそれを取得したことになります。他の相続人の持分を買い取って取得したことにはなりません（最高裁平成6年9月13日判決、判時1513号97頁参照）。

資料8 所得税基本通達38—7（代償分割に係る資産の取得費）

遺産の代償分割に係る資産の取得費については、次による。

(1) 代償分割により負担した債務に相当する金額は、当該債務を負担した者が当該代償分割に係る相続により取得した資産の取得費には算入されない。

この通達は、明確に「資産の取得費には算入されない」と言い切っています。この通達を知らないでいるから、共同相続人に払った代償金は持分の取得費になるという思い違いをしても気付かないままになります。税法というのは、法律家の常識とは若干違うのだという、一種の恐れも持って対処していれば、確認のために税理士に相談することもできたと思います。あるいは判例を調べるということもするのでしょうけれども、どうも法律家の頭だけで「これは取得費になる」「持分を買い取ったんだ」という錯覚に陥っているわけです。もちろん判例とか通達を知っている方には何でもないんです。

この**事例3**では、子供が4人、A、B、C、D。乙は配偶者。被相続人は甲で、これは遺産土地を全部売ったわけですね。分配の合意金額が、乙配偶者が1億5000万円、Aが7000万円、Bが7000万円、Cが7000万円、Dが9000万円。譲渡費用が9000万円。これは実際の事例を素材にしているのですが、分割条項を2つ考えてみました。

１は、既に話しましたように、代償分割です。

２は、本件遺産土地を相続人全員が同意して売却して、その売却代金を各相続人が上記の金額のとおり分割することにしていますから、換価分割になります。

⑤ 代償分割と換価分割のいずれが有利か

問題１「Ａの代理人なら、いずれの分割条項が有利とみるか」。これはやはり代償分割よりも、Ａの立場から見れば換価分割が有利です。なぜかと言いますと、相続税というのは取得財産に応じて課税されますね。代償分割であれば、相続税の計算では代償金債務の金額は控除できます。本件遺産土地の時価相当額が５億４０００万円としても、相続財産評価額ならそれよりも低額と考えられます。そこから、乙、Ｂ、Ｃ、Ｄに支払った代償金の合計額３億円を控除できます。残りがＡの取得財産として課税価格になります。ところが、売った場合には、先ほどのように、代償金は取得費として控除できませんから、マルマル譲渡益となって譲渡者に税金がかかってきます。ここでの譲渡者は共同相続人全員です。そこで、この場合、譲渡所得税はどうなるのかというのが問題点。

問題２「乙の代理人ならどうか。」

Ａの代理人と乙の代理人は立場が違います。相反するとはいいませんが、乙が有利であれば相手のＡが不利というのが普通でしょうね。私は代償金をもらう方が有利だと思います。なぜかといえば、それは相続税課税だからですね。先ほど言いましたように、払った側の取得費にはなりませんから、共有持分の譲渡でも何でもない。遺産土地を売却する側と違って相続税だけで済みます。ですから、代償金をもらう側の方が有利だということが言えると思います。遺産に対する相続分の割合に相当する代償金を得たとしたら、譲渡所得税を課税されないで売却代金を得たようなものです。

⑥ 代償分割的文言にもかかわらず換価分割と認定した例

横浜地裁の判例を見てみましょう。
これは本事例と似た事案ですが、形の上では代償分割という体裁を取っているけれど、本当は換価分割なんだというふうに認定した判例です。

資料9 横浜地裁平成3年10月30日判決
昭63（行ウ）15号　判時1440号66頁
〔判示事項〕　Aが本件分割協議に際してなした意思表示を合理的に解釈すれば、前記2の各事実の存在にもかかわらず、それは、単に内心的な効果意思のレベルにおいてのみならず、表示行為の客観的な意義においても、Aが遺産たる本件借地権を単独で取得し、その代わりに、他の共同相続人に対して代償金支払債務を負担するというものではなく、遺産共有の状態にある本件借地権を換価して、その代金を共同相続人間で分割するという趣旨のものであると解するのが相当である。

裁判所が換価分割と事実認定をしたポイントを、判決文の中から拾い出してみると、次のようなものに整理できます。

① 遺産分割協議書が完成した時には本件借地権の売却契約内容が確定していた。
② 分割協議書には売却代金を原告らに支払う旨の約定がある。
③ 本件借地権をAが実際に利用することは予定されていなかった。
④ 譲渡に係る税負担についてAの納得を得ていたとはいえない。

⑤　Ａの単独名義で売却したのは売買契約上の便宜のため。判決は、こういう指摘をして、遺産分割協議書は、形の上では代償分割と言っているけれども、実質は換価分割であると認定したわけです。ここのポイントは、譲渡にかかる税負担についてＡの納得ないし承諾を得ていたとは言えないという部分ですね。Ａは税金の負担がものすごく多くなる。これは今までの説明でおわかりだと思いますが、Ａがその説明を受けていたら、この遺産分割に同意していたかどうか非常に疑わしいというところが、やっぱり裁判所の認定のポイントだと思います。Ａに代理人がついていて、そういうミスをしていたとすれば、これは弁護士過誤になりかねません。これはＡに税負担を押しつける結果になった事案です。もっとも、事案の真相はわかりかねますが。

⑦　相続税を有利にする工夫

関連問題として、相続税を有利にするためには何を活用したらいいか。これは冒頭で言いましたように、配偶者の税額軽減特例とか、小規模宅地等の課税価格の計算特例、これらを可能な限り活用する。この事例では普通の宅地の事例にしていますけれども、先ほどの横浜地裁の判決は借地権の譲渡の事例でした。これは皆さん読まれたかもしれませんが、借地権の譲渡は土地の譲渡と同様に扱われています。他の要件をクリアすれば、いずれにもこの配偶者税額軽減特例を使えます。それから、小規模宅地等の特例も使えます。

⑧　譲渡所得税を有利にする工夫

(i)　居住用財産譲渡の特別控除

この事例では載っていませんが、地上に相続人の居住用家屋があった場合を想定していただきたいのです。そうすると、譲渡する場合に相続人が居住している場合は居住用財産の３０００万円の特別控除が使えますね。これは３人が住んでおれば、１つの家でも、３人がいったん相続して、３人の共有にして、それから売れば、居住用財産の3000万円控除は3人全員が使えます。

(ii) **譲渡所得税申告後の遺産分割と更正**

もう一つ、これが難しいところですが、譲渡所得税の申告では、一応法定相続分で相続したことにして、それで売却して、そして今言いましたように、居住者については居住用財産の特別控除をそれぞれが適用を受けることにします。で、ここまではよしとしまして、後で遺産分割をして、法定相続分と全然違う割合で分けたらどうなるでしょうか。

話が複雑になりそうなので、シンプルな事例で考えます。6000万円の土地付きの居宅が遺産であったとします。相続人は3人ですが、そのうち2人がこの家屋に住んでいたとします。平等の相続分とします。兄弟という場合ですね。その遺産不動産を6000万円で売りました。居住している相続人は2人とも法定相続分相当の2000万円（6000万円×1／3）について居住用財産譲渡の特別控除の特例を使えますね、3000万円の特別控除。そうすると、居住相続人については譲渡所得税は譲渡益を計算するまでもなく課税されません。そうしておいて、遺産分割でその相続人が取得しないで、居住していない相続人が全部を取得するような遺産分割をしたらどうなるか。非常に難しいところなんですけれども、私は、課税関係に特に影響しないと思っています。つまり、所得税について税務署から更正ないし決定をされることはないだろうと考えています。なぜなら、最高裁の理屈は、共同相続財産である土地・建物は共有財産です。不動産を売却した時点で、あるいは譲渡代金を得た時点で、代金債権はそれぞれに共有持分に応じて帰属しているわけです。それぞれが2000万円の譲渡収入を得ているわけです。2000万円について譲渡所得の申告をして、その際に先ほどの特例の適用をして所得金額、譲渡所得税をゼロとする申告をしていても、間違った申告をしていたわけではないのです。ですから、それを遺産分割で、後から違う分割内容になったからといっても、この所得税を訂正しなければならないという根拠はないと思うのです。あるとすれば、遺産分割の遡及効によって当該不動産の持分を最初から有していなかったという理屈でしょうけれど、そうなると譲渡代金を得たことまでも否定することになりますから、それは無理と思います。未分割遺産であっても、判例は共同相続人の共有という理解ですから、共有持分の譲渡とその対価の収入を得たという事実にもとづく譲渡所得税の課税関係は、その時点で完結しています。事案によっては、上手にすれば、換価分割でも譲渡所得税の負担を軽くする方法はありそうです。

(4) 事例４　遺産賃貸住宅の帰属

相続財産を元本として発生する果実は元本の所有者に帰属します。そうすると、遺産分割で元本に当たる資産の帰属者が確定すれば、果実もその人に帰属すると考えそうなものですが、必ずしもそうではないということです。法定果実の典型である賃料を生じる賃貸マンションが遺産の場合を例として検討します。相続税だけでは済まない、弁護士業務に関わりそうな税法上の論点があります。ついでになりますが、遺産預金の払戻しの実務に触れておきます。

① 賃料収益の帰属

(i) 可分債権の相続

・当然分割

遺産預金1億円はいわゆる可分債権です。ご承知のように、このような債権は相続と同時に共同相続人が法定相続分に応じて法律上当然に取得すると解されています（最高裁昭和29年4月8日判決、判例タイムス40号20頁）。当然分割説です。もっとも、遺産分割の対象にできないことはありませんし、現に遺産分割をしている例はいくらでもあります。

・預金の単独払戻し請求

したがって、設問にはありませんが、乙が遺産預金の払戻し請求を銀行にすれば、銀行は応じなければなりません。ですから、納税資金が必要な場合は、反対する共同相続人がいる場合でも、先行して払戻しを受けて納税することができます。銀行は連名による共同申請が必要と言ったりしますが、法定相続分相当額であれば、特に遺留分権利者からの通告でもされてない限り、拒否できません。

・軽減特例の適用が可能

乙が相続分相当の5000万円の払戻金を得たとすると、遺

事例4　遺産賃貸住宅の帰属

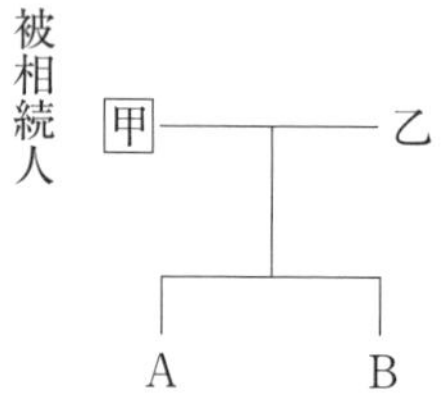

●遺産
賃貸マンション　賃料収入
月額200万円
乙が管理、賃料収受
預金　1億円
遺産分割　賃貸マンションはAが取得
預金は乙とBが各2分の1を取得

問題1　遺産分割前に乙が賃料全部を収受して、全額について不動産所得を単独で申告していることの当否。

問題2　後日の遺産分割結果はそれぞれの課税関係に影響するか。

産分割ができないまま相続税の申告をする場合でも（相続税法55条）、その金額について、いわゆる配偶者税額軽減特例の適用が受けられます（同19条の２、１項）。なぜかと言いますと、乙が取得した払戻金は「分割されていない財産」（同２項）ではなくなるからです。特例適用の分割要件をクリアできるからです。

(ii)　不動産所得の申告

・未分割遺産から生じる賃料

相続開始後に発生する賃料は相続財産ではありません。それを遺産分割に際して遺産不動産とあわせて相続人で分割、分配することはできますが、賃料自体は遺産ではありません。遺産の賃貸マンションは、遺産分割されるまでの間は、共同相続人の共有状態にあるというのが判例です。したがって、乙、Ａ、Ｂが法定相続分の割合で、相続開始と同時に賃料債権をそれぞれが有していることになります。この理屈をそのまま推し進めると、毎月の賃料は乙に１００万円、ＡとＢに各50万円が帰属することになりますから、それぞれが不動産所得の申告をすることになります。

・乙の全部申告

しかし、共有者、共同相続人のだれもが共有不動産を管理して、各自の経費を計算して所得金額を算出して申告するというのは、実際には無理だと思います。収入こそ共有持分、相続分の割合で計算できますが、必要経費は、単純に共有持分で按分するわけにはいかないと思います。実際に管理して汗を流している人と、遠くにいて何もしていない人が同じでは不公平です。実際に経費を支出するにしても、必要性について意見が分かれることもあるはずです。それぞれが申告するのは無理です。そうすると、実際に管理している一人が代表で全部について相続税の申告をするのはやむを得ないし、普通のことです。それに、乙が全部の賃料収入について申告するのは、脱税でも節税でもありません。不動産所得の課税という点では課税漏れになっているわけではありません。

特に不都合がなければ問題にされません。不都合な事情というのは、例えば乙に別の所得があって、それが赤字となっているので、不動産所得をその赤字と通算して所得金額を圧縮するために乙の所得として申告することにした、というような場合です。

問題1の解答はこれで出ますね。普通は、乙が遺産賃貸マンションの収益の全部について不動産所得を申告していても、問題にされないということです。ただし、理屈どおりであれば共有持分、ここでは法定相続分相当の賃料収入があったとして乙、Ａ、Ｂはそれぞれ申告するということは承知しておいてください。それができれば、むしろ所得が分散できますから、累進税率の関係で有利といえます。

② 遺産分割の効果

問題2にいきます。普通は、マンションの管理をしている乙がそれを取得するのがそれまでの経緯、事実関係に合うので都合がよいと思うのですが、それと異なる遺産分割などすると、税金問題で悩まなくてはならないように思います。遺産分割は税金問題にかかわるということです。

(i) 問題2の論点

ご承知のように、遺産分割には遡及効があります。民法９０９条です。本件の賃貸マンションは乙ではなくＡが取得しました。遡及効があるわけですから、Ａが甲の死亡直後からこのマンションを所有していたことになります。そうすると、乙が収受していた賃料も本当はＡのものだったため、清算しなければならないのではないのでしょうか。不動産所得の申告も、Ａがやり直さなければならないのではないでしょうか。こんな疑問が生じます。

(ii) 判例の結論と理由

これについては、参考になる最高裁判決があります。資料として判決文を載せておきますが、要するに共同相続した遺産の賃料債権は各共同相続人が共有持分ないしは法定相続分の割合に応じて単独債権として取得する、つまりそれぞれが賃料を相続分に応じて取得できるし、権利を持っているのだから帰属しているというわけです。そして、後に遺産分割があって、法定相続分と異なる権利関係、ここではAの単独所有となっても影響しないというのです。

資料10　最高裁（一小）平成17年9月8日判決

平成16年（受）第1222号預託金返還請求事件

判時1913号62頁

遺産は、相続人が数人あるときは、相続開始から遺産分割までの間、共同相続人の共有に属するものであるから、この間に遺産である賃貸不動産を使用管理した結果生ずる金銭債権たる賃料債権は、遺産とは別個の財産というべきであって、各共同相続人がその相続分に応じて分割単独債権として確定的に取得するものと解するのが相当である。遺産分割は、相続開始の時にさかのぼってその効力を生ずるものであるが、各共同相続人がその相続分に応じて分割単独債権として確定的に取得した上記賃料債権の帰属は、後にされた遺産分割の影響を受けないものというべきである。

したがって、相続開始から本件遺産分割決定が確定するまでの間に本件各不動産から生じた賃料債権は、被上告人及び上告人らがその相続分に応じて分割単独債権として取得したものであり、本件口座の残金は、これを前提として清算されるべきである。

(iii) 本事例へのあてはめ

・賃料についての権利関係

これを本事例にあてはめますと、Ａが最初から本件賃貸マンションの所有者だったことはそのとおりですが、そこから発生している賃料については、Ａが相続時から単独で収受する権利を持っていたとか、賃料の全部がＡに帰属していたということにはなりません。最高裁判決の事案は、分割協議ができるまでプールしておいた賃料の帰属をめぐる事案でしたから、遺産分割の結果がどうであれ、そのプールしていた賃料を法定相続分の割合で分配すれば済みますが、本件では乙が全部収受して申告しています。

確実なことは言えませんが、遺産分割があっても、それまで共有者、共同相続人が賃料債権を分割取得していたという結果には「影響しない」というのですから、未分割の期間については遺産分割がなかったのと同様に考えてもよさそうに思います。ＡとＢが相続分ないしは共有持分相当の賃料を取得できる権利があったとして乙に清算を請求したとすれば、放棄していたと認定される可能性はあると思いますが、そうでなければ、乙は拒否できないと思います。しかし、それは遺産分割をしていなくても同じことです。もっとも、普通はＡに本件賃貸マンションを単独取得させる遺産分割をしたのなら、その際に、それまでの賃料についてもだれが取得するか決めると思います。特に問題にしなければ、乙が取得する合意をＡとＢを含めてしていたと意思解釈されそうな気もします。

・賃料についての課税関係

これらは民法上の権利関係の議論です。別に税金の問題が生じます。相続税については、賃料は課税対象になりません。不動産所得が問題ですが、それまでの乙による全部申告がＡとＢの了解のもとにしていたのであれば、遺産分割後はＡが賃料全部について不動産所得の申告をすることになります。それまでの乙の申告についても是正する必要はありません。影響がないのですから。当然分割、当然帰属説からいうと、ＡとＢは乙に賃料相当額を贈与しているようにも見えますが、乙はＡとＢの分も含めて不動産所得の申告をしているのであって、Ａ・Ｂが自分らの不動産所得について申告していたという場合ならともかく、そのような課税関係にはならないと思います。

しかし、乙の賃料全部収受と申告は、乙が管理していることから事実上申告をしていたのであって、ＡとＢは乙に清算を求めていたという場合を想定しますと、後日に調停等でＡとＢがそれぞれの相続分相当の金額として乙から支払を受けることが考えられます。必要経費分もありますから単純に賃料総額の相続分相当額とはいかないでしょう。解決金とか和解金名目で、ともかく清算をしたとします。乙はそれまでの不動産所得について遡って更正の請求ができるでしょうか。

私はできないと思います。更正の請求をするとして、その事由として考えられるのは、賃料の一部回収不能か損失の発生くらいです。前者は所得税法64条１項、同１５２条の適用問題です。後者は所得税法51条２項の問題です。難しくなりますが、乙の所得が事業的規模の不動産所得であった場合は、解決金等を支払った年の必要経費になるだけです。実務では「５棟10室基準」といってアパート、マンションの場合は概ね10室以上の貸室があれば事業的規模の不動産所得と扱われています。それに及ばない規模の不動産所得の場合は、回収できなかった又は返還した賃料であれば、遡って更正の請求ができる可能性がありそうですが、こういう解決金のような形で共同相続人に返還したようなお金は、賃料の返還とは言えません。また、賃借人からの賃料が回収できなかったのでも賃借人に返還したのでもありません。単に清算したというだけでは、更正の請求は難しいと思います。ＡとＢも、不動産所得の期限後申告をしなければならないとは思いません。

まとめ

相続事案では、相続税に限らず税金がかかわってくるということを、少しはおわかりいただけたかと思います。話している途中で、あちらこちらに話は飛びましたが、一つの事件を解決しようとすると、いろんな論点を考えねばなりません。それに税金問題が付いてきます。相続事件は、遺産分割をするにしても、しないにしても、思わぬところで税金問題を考えて対処しなければならないことが頻繁に起こります。思わぬところ、予想外というところが「落とし穴」になる可能性があります。一貫して言っているのは、税金の問題に気がつかない、あるいは思い違いをして事件処理をしてしまうのが、一番怖いということです。税金の問題は、法律問題を調整して解決したら自動的についてくるものではありますが、それだからといって弁護士の責任はないでは済まされません。

【第5章】破産管財人は税金を忘れるな

倒産と税務の知識

永島正春
（弁護士）

《永島正春　Masaharu Nagashima》
東京弁護士会（33期）。倒産と税務に関心を持ち、倒産法分野の執筆多数。税法関係の執筆も倒産と関係したものが多い。
平成6、7年度東京弁護士会税務特別委員会委員長、平成13年度東京弁護士会倒産法部部長、平成17、18年度日弁連司法制度調査会税制部会長。

随分前ですが、水野武夫先生から、日弁連内で国選弁護人報酬からの源泉徴収の当否を巡る議論がされていたことを伺ったことがあります。国選弁護人報酬は、その後の裁判員制度の施行その他で、かつてに比べて基準が相当に上げられたようですが、現在でも割の良い仕事ではありません。その奉仕的報酬からも源泉徴収するとは世知辛いという議論であったと記憶していますが、これは感覚の相違です。国選弁護人報酬も非課税所得ではないので、源泉徴収がされなくとも、収入計上して翌年3月15日までには所得税を支払わなければなりません。源泉徴収がされていれば、一度に多額の納税となることはないので、納税資金に頭を痛めることもありません。

源泉徴収税額が所得税額よりも多ければ、超過額は還付加算金（平成26年1月1日以降は、租税特別措置法95条により同法93条2項の特例基準割合が年7・3％を下回るときは、前々年10月から前年9月までの各月における短期貸付けの平均利率の合計を12で除した割合として前年12月15日までに財務大臣が告示する割合に年1％を加算した割合。平成26年は1・9％）が付いて還って来ます。私はそういう感覚で考えているので、報酬の多寡にかかわらず、源泉徴収されることには賛成です。

破産管財人として、裁判所から報酬決定をいただき、管財人預金口座から払戻しを受けて、自分の預金口座に振り替えるときに、源泉徴収をしない先生が、かつては相当おられたようです。破産管財人には自己の報酬について源泉徴収義務があるとの最高裁判所平成23年1月14日判決（民集65巻1号1頁、判時2105号3頁、判タ1343号96頁）が出された後は、当然、源泉徴収をしておられると思いますが、この判決の前でも、破産管財業務外で法人の依頼者から報酬をいただく際には、当然に源泉徴収がされていたので、税法の議論に疎い先生でも、源泉徴収を要するのではないかとの平衡感覚はお持ちであったのではないかと思います。加えて、源泉徴収がされないと、多額の報酬が入った年の翌年は、予定納税が大変です。お金は、手許にあれば使ってしまいますから。

その点に関連して、破産管財人報酬は、事業者である弁護士に対する報酬であり、裁判所は内税で報酬決定をするので、報酬には消費税（および地方消費税）が含まれています。破産管財人報酬の支払は、破産法人にとっては課税仕入なので、報酬中の消費税相当額は仕入税額控除の対象になります。消費税申告の際には、そのようなことにも配慮していただく必要があります。

要点　破産管財人による税務申告の目的

破産管財人による税務申告は、裁判所もこれをするよう指導しており、平成22年度税制改正によって、清算法人に対し、財産法による清算所得課税が廃止されて、損益法による通常所得課税が行われる前においても、破産管財人には予納法人税の予納申告納付義務があるとの最高裁判決もありました（平成４年10月20日判時１４３９号１２０頁）。

しかし、破産管財人による申告の目的は、破産財団の増殖と減少の防止にあり、清算人として清算法人の税法上の義務を履行することではないので、この改正前、私は、税金の還付や減免を受けられる可能性があるときは、申告・申請を怠ってはいけないが、本税が発生しないときは申告不要であると述べていました。これは、公法上の権利関係として述べたものではなく、破産財団の増殖と減少防止という破産管財人の申告目的から、そのように述べたものです。申告不要ということは、納付すべき本税が発生しないということです。本税額が発生しなければ、附帯税も発生しません。

ところが、平成22年度改正によって、破産管財人による申告要否を巡る議論の前提は一変しました。破産手続や特別清算についても通常所得課税に移行した一種の見返りとして、青色欠損金（および白色申告の災害損失金）の要件を満たさない期限切れ欠損金の損金算入が認められ、清算所得課税時代と同様に、残余財産の生じない破産法人が法人税を課される事態の回避策が設けられたのですが、期限切れ欠損金の損金算入は、確定申告が要件とされたため、改正後は、法人税について確定申告を毎期行う必要が生じました。

改正後の法人税の財団債権該当性については、未だ手探りの状況と思われます。特定の益金に係る課税所得に対する法人税については、その全部又は一部の該当性は疑問なしとしませんが、それを巡って訴訟になるのは、確定申告を怠って賦課決定がされた場合なので、予納法人税一般部分等の財団債権該当性を否定した最高裁判所昭和62年4月21日判決（民集41巻3号329頁、判時1236号43頁）後の安定した状況が再び訪れることは、当面期待できません。

したがって、改正後は、破産財団の規模がごく小さな場合を除き、継続企業と同様に、消費税と法人住民税均等割の申告・納付だけでなく、法人税、法人事業税、法人住民税付加価値割・所得割などの申告をもする必要があります。これは、破産管財人を務める先生方自身の身を守るためでもあります。

本書の前回版である新版には、私が清算確定事業年度について消費税申告書だけを提出し、国税局の資料調査課から法人税の清算確定申告書の提出がなければ、消費税申告の当否判断ができないので、適法な消費税申告があったとは認めないと言われたこと、法人税申告書を消費税申告書の添付書類とする規定はないので、その予定はないと拒絶し、収支計算書を提出することで落着したことを載せていました。

しかし、法人税申告書の提出は義務となりました。これには、貸借対照表、損益計算書及び株主資本等変動計算書などのほか、税法上の附属明細書である勘定科目内訳明細書及び事業等概況書の添付を要するものとされています（法税74条3項、同規35条）。改正前も、最高裁平成4年判決が述べるように、予納法人税の申告義務があったのですが、清算所得課税下で、最高裁昭和62年判決が予納法人税の一般部分は財団債権に当たらないとの結論を出し、清算所得が最終的に生ずる事態は稀有であったので、実際には、予納法人税等に関する限り、申告をする破産管財人は殆どいなかったのが実情です。このような対応は、改正後は通用しません。

第１　破産法における租税債権の地位

平成17年1月1日に現行破産法が施行され、破産手続開始前の原因に基づいて生じた租税債権の地位が旧破産法と大きく変わり、租税の優先性が大きく制限されました。施行後約10年が経過し、租税債権の地位についての理解が進んだと思われるので、一般的な事項の解説は大幅に割愛しました。

なお、本書新版において、破産手続開始前にした滞納処分の続行の場合に、換価代金ないし取立金額を劣後的破産債権に充当することは、債権の優先順位を定めた破産法秩序を破ることになるから許されないと述べていましたが、劣後的破産債権への充当も許されると訂正します。破産法１００条2項は、破産手続開始前にした滞納処分によって破産債権である租税等の請求権を行使する場合に、その破産債権から劣後的破産債権を除外しておらず、破産手続開始前にした滞納処分の続行を認めることは、別除権者と類似した優先的地位の承認と考えられることなどによります。

また、破産管財人の源泉徴収義務は、破産手続開始後の原因に基づいて生じた租税債権の問題なので、**第１の３**で述べることとします。

1　破産手続開始前の原因に基づいて生じた租税債権

(1) 延滞税の減免

破産手続開始前の延滞税については、国税通則法に免除規定がなく、原則として免除を受けることはできません。もっとも、会社更生事件において、手続開始前の延滞税1億円余につき、会社更生法にも明示的な免除規定がないため、意見書を東京国税局長宛に提出して免除を受けたことがあるので、若干の柔軟性はあるようです。

地方税法20条の9の5第2項3号、同法施行令6条の20の3にも延滞金免除規定があります。しかし、その内容は、国税通則法63条6項4号、同法施行令26条の2第1号と同様、破産管財人が交付要求のあった本税等の総額以上の金銭を取得した日の翌日以降の延滞金を免除することができるとの規定であり、破産手続開始前の延滞金の免除規定はありません。

しかし、地方税については、各自治体が独自の条例制定権を有するので、破産手続開始前の延滞金を免除してもらえる場合もあります。交付要求のあった本税全額を納付し、併せて延滞金の免除申請をして、破産手続開始前の納期限翌日以降の延滞金全額の免除を受けたことがあります。駄目でもともと、手続開始前の延滞金をも含めた免除申請をしてみる価値はあります。

本税等が多いときは、それに達するまでの換価・回収に時間を要する場合があります。そのときに役立つのが、破産管財人報酬その他の手続費用に充てられる引継予納金です。金額次第では、破産管財人預金口座に入金になった途端、税務署等に対して、翌日からの延滞税の免除を申請することができます。かつての高金利時代は、財団預金が交付要求税額を遥かに超えるに至っても、税金をいつまでも支払わずに、預金金利による財団増殖を図りましたが、現在の実質零金利時代では効果の乏しい手法です。

国税通則法も地方税法も、延滞金を「免除することができる」と規定しているので、免除しないこともできるのかとの疑問が生じます。要件該当性を認める限り、免除しなければならず、これは、法律効果についての裁量権を税務署長等に認めた規定ではないと理解すべきです。そうでないと、法適用の平等を確保できません。

(2) 滞納処分差押の解除と解除料紛いの金員要求

抵当権その他の別除権の対抗要件具備が滞納租税の法定納期限の前であれば、別除権が滞納処分差押に優先します（税徴16条、地税14条の10）。その別除権の被担保債権が差押不動産の処分評価額を明らかに超えると判断される場合、破産管財人は、任意売却の実現のために、証拠資料を揃えて差押解除の申請をすることになります（税徴79条1項2号）。

ところが、滞納処分庁である国税局長は差押解除に中々応じてくれず、その挙句、解除料紛いの金員を要求されたことがあります。法律上の根拠のない金員なので、当然支払を拒絶し、国税局長宛に売買契約予定日の前々日位までに差押解除するよう要求する内容証明郵便を送り、期限間際に漸く解除されました。

差押解除についての国税局の考え方を知ったのは、滞納者破産法人の代表者名義の有価証券取引口座に係る金銭債権が破産法人に属するとの認定の下に差し押えられ、取り立てられたことにつき、代表者の破産管財人として、国に対して起こした不当利得返還請求訴訟においてでした。訴訟自体は、国税局の認定に証拠上の根拠がないため、損害金の起算日が訴状送達日の翌日とされたことを除き、請求どおりの判決が出されて一審で確定しました。

この訴訟で、争点とは関連性の乏しい差押解除料紛いの金員要求を受けた事実を主張をし、国側からは「虚偽主張を取り消せ」と迫られましたが、自らの実験事実であるから取り消す必要などない、誹謗中傷を謝罪せよ、などの争点外の争いをした中で、差押解除に関する国側の考え方が判明しました。

私がした差押解除申請は、無益差押禁止を定める国税徴収法79条1項2号を根拠とし、同項は「解除しなければならない」と規定しています。国側主張は、同項は徴収職員に対する命令的規定すなわち行為規範に過ぎないから、滞納者に解除請求権はない、滞納者が解除請求権を有するのは、「解除することができる」と規定する同条2項の場合だけであるというものです。

形式論理はともかく、国側の主張は、徴収職員は法の命令を無視して構わないとの主張なので、到底納得できるものではありませんが、一つ参考となることがありました。延滞税の免除について、「免除することができる」との規定の理解の仕方を述べましたが、この規定振りは差押解除と同じなので、交付要求庁に対する単なる命令ではなく、執行機関である破産管財人には免除請求権があることを明らかにしたものだということです。

2　破産手続開始後の原因に基づいて生じた租税債権

(1)　固定資産税の繰上徴収

破産手続の開始により、開始した年の翌年以降の固定資産税についても、納期限までに完納されないと認められるとして、繰上徴収（地税13条の2第1項1号）によって第二期以降の納期限を第一期の納期限まで繰り上げる市町村がありますが、これは地方税法の誤解というべきです。

手続開始前の原因に基づく租税の納期限が繰り上げられるのは当然とも考えられますが（破産103条3項）、

優先的財団債権であり（同１５２条２項）、完納可能性の高い、開始後の原因に基づく租税について、一方的に期限の利益を奪われ、原則的な納期限が未到来の租税についてまで延滞金を課される理由はありません。

地方税法13条の２第１項本文は、「…次の各号のいずれかに該当するときは、『既に納付又は納入の義務の確定した』地方団体の徴収金…に限り、その納期限前においても、その繰上徴収をすることができる。」と規定し、同項１号は「納税者又は特別徴収義務者の財産につき…破産手続…が開始されたとき。」と規定しているので、破産手続開始時に納付・納入義務が既に確定している徴収金でなければ、繰上徴収の対象にはなりません。

(2) 償却資産に対する固定資産税

不動産を除く事業の用に供することのできる資産で、減価償却費が損金に算入される償却資産についても、毎年１月１日現在において償却資産課税台帳に所有者登録されている法人に対し、固定資産税が課されます（地税３４３条１項・３項）。償却資産は、事業の用に供することのできる資産であれば足り、現に事業の用に供されている必要はないので、破産法人所有の償却資産に対しても固定資産税が課されるのかとの問題が生じます。

私は、破産手続開始後に事業継続し、翌年１月１日現在でも破産財団にあって、事業の用に供していた場合を除き、破産法人は償却資産に対する固定資産税の納付義務を負わないと解しているので、この固定資産税を支払ったことはありません。その理由の一は、既に事業を廃止し、再開する予定もないこと、その二は、そのため破産手続開始後の償却資産は、事業の用に供しない換価又は廃棄目的の動産（および構築物）に過ぎないことです。したがって、課税時期においては、既に償却資産でないので、固定資産税を課されるべき理由はありません（結論同旨、金子宏「租税法（第19版）」６２８頁）。

しかし、破産手続開始後最初の年末近くになると、市町村役場が破産法人に宛てた償却資産申告書が回送されます。放置しても良いのですが、物自体が未だ存するときは、全物件「有姿除却」済で課税価格0と書いて提出しています。

(3) 劣後的破産債権となる開始後の租税債権

破産財団の管理・換価に関しない本税及びこれに対する加算税、延滞税は、劣後的破産債権となります（破産99条1項1号、97条4号）。

破産法97条4号は、「国税徴収法又は国税徴収の例によって徴収することのできる請求権であって、破産財団に関して破産手続開始後の原因に基づいて生ずるもの」と規定しています。旧破産法では、「破産財団ニ関シテ生シタ」か否かは財団債権性を画する基準として機能していました。旧破産法的表現をすれば、劣後的破産債権に当たる租税は、破産手続開始後の原因に基づいて生ずるもののうち、「破産財団に関しないもの」又は「破産財団の管理又は換価に関しないもの」となります。そのため、現行破産法の「破産財団に関して」との文言は、97条1項本文が「財団債権であるものを除く」との括弧書をしていることから明らかなように、何らの限定機能をも有していません。

劣後的破産債権に当たる開始後の租税には、(イ)破産宣告のあった年の破産者所得に対して課される所得税（最判昭和43年10月8日民集22巻10号2093頁）、(ロ)各清算事業年度の所得に対する予納法人税の一般部分、(ハ)租税特別措置法による土地重課税の対象となる譲渡利益金額中に別除権目的である土地等の譲渡によるものが含まれ、かつその土地等の譲渡による収益額から譲渡経費額及び別除権者に対する優先弁済額を控除した残額が譲渡利益金額に満たない場合に、その残額を超える部分の譲渡利益金額、つまり実質的に破産財団に帰属しない部分を基礎に計算される土地重課税額の一般部分、(ニ)法人住民税法人税割のうち予納法人税一般部分に対応する部分および予納法人事業税（(ロ)〜(ニ)は最高裁昭和62年判決）、(ホ)破産財団から放棄された年の翌年以降の破産法人所有不動産に対する固定資産税（都市計画税を含みます）、(ヘ)破産財団から放棄後の建物が売却された場合の消費税（地方消費税を含みます）、(ト)労働債権配当に係る源泉徴収所得税（最高裁平成23年判決）などがあります。

土地重課税額の財団債権性についての最高裁昭和62年判決を根拠として、オーバーローン状態にある不動産に対する破産手続開始翌年以後の固定資産税は財団債権ではなく、劣後的破産債権であるとする見解があるようです。しかし、法人税と固定資産税は性質を異にするだけでなく、そのような不動産を破産財団から放棄せずに、破産債権者共同の利益の実現すなわち任意売却による破産財団組入額の実現を目指して、自己の管理下に置き続けるか否かは破産管財人の判断によるのであって、破産手続開始翌年以降の固定資産税が財団債権となるのは、オーバーローンか否かとは関係ありません。

また、前記(ホ)について、破産登記は、現行破産法では法人破産の場合にその旨の商業登記が行われるだけで、不動産については行われず（破産２５７条１項・２５８条１項対照）、東京地裁では個人破産の場合も、特に必要ある場合を除き、不動産について破産登記は行われていません。個人破産で破産登記がされ、不動産の破産財団からの放棄許可が年末近くであったため、破産登記の抹消が翌年になった場合、翌年の固定資産税は財団債権か破産者の自由財産の負担かという問題があります。

旧破産法下で議論されましたが、破産登記は権利登記ではなく警告登記の一種に過ぎず、不動産の所有権は破産手続開始後も破産者に帰属し、破産管財人は管理処分権を有するだけです。従って、破産登記が翌年１月１日現在で残っていても、放棄許可によってその不動産は破産財団から確定的に離脱しているので、翌年の固定資産税は財団債権とならず、破産者の自由財産の負担となります。

(4) 破産管財人報酬の超優先的財団債権性の有無

破産財団が財団債権全部の弁済に足りないときは、法令に定める優先権にかかわらず、未だ弁済していない財団債権額の割合に応じた按分弁済となります（破産152条1項）。この場合、特別法優先の原則から、国税優先の原則（税徴8条）及び地方税優先の原則（地税14条）は停止します。

債権者による破産申立又は第三者による費用予納など、破産債権者の共同の利益のためにする裁判上の費用の請求権（破産148条1項1号）及び破産財団の管理・換価に関する費用の請求権（同項2号）は、他の財団債権に優先します（破産152条2項）。

破産管財人報酬は租税に優先する財団債権であるとされ（最判昭和45年10月30日民集24巻11号1667頁）、破産管財実務では、破産財団の管理・換価の費用及びそれによって発生する租税は、破産宣告前の原因に基づく租税に優先して弁済していましたが、破産法152条はこの問題を立法的に解決したといわれています（伊藤眞「破産法・民事再生法（第3版）」316頁注181）。

しかし、破産管財人報酬と、租税等の請求権を含む破産財団の管理・換価及び配当に関する費用の請求権との間の優先関係は、現行破産法でも定かでありません。財団債権の債務者は管理機構としての破産管財人であるとの立場では（伊藤・前掲310頁）、破産管財人が手続開始後に破産財団の管理等によって発生させて未払の2号該当債権との関係では、破産管財人報酬は優先性を持ち得ないであろうと考えられます。

したがって、裁判所決定の破産管財人報酬額を加えた1号・2号債権の未払額について按分弁済をするか、裁判所は報酬額決定に当たって未払の1号・2号債権額を斟酌すべきことになると思われます。

3　破産管財人の源泉徴収義務

(1)　最高裁判所平成23年1月14日判決

この最高裁判決は、①破産管財人報酬については、破産管財人が支払者であるから、破産管財人は源泉徴収義務を負い、この源泉所得税は財団債権である、②退職金債権配当については、破産管財人は支払者でないから、破産管財人は源泉徴収義務を負わないと判示しました。

破産管財人は、自らの報酬について源泉徴収義務を負うが、労働債権配当については源泉徴収義務を負わないとの結論自体には異存ありません。むしろ、破産管財業務の実情を理解し、不安定な課税関係に終止符を打ったものとして評価したいと思います。ただ、その理由付けには大きな違和感が残ります。

事案は、旧破産法下で、原告破産管財人は、破産管財人報酬及び退職金債権配当の支払をしたが、いずれについても源泉所得税の徴収納付（以下「源泉徴収」）をせず、破産法人の所轄税務署長が、破産法人に対し、源泉所得税の納税告知及び不納付加算税賦課決定の処分をし、破産管財人は、これを不服として、国に対し、これら処分に係る納税義務の不存在確認を求め、控訴審で予備的に財団債権の不存在確認を求めたものです。

一審の大阪地方裁判所平成18年10月25日判決（判時１９８０号55頁）及び控訴審の大阪高等裁判所平成20年４月25日判決（金法１８４０号36頁）はいずれも、破産管財人報酬及び退職金債権配当の支払者は破産法人であるから、源泉徴収義務者は破産法人であり、破産管財人は破産財団の管理処分権者として源泉徴収義務を負い、いずれの源泉所得税も財団債権であると判示しました。

(2) 破産管財人報酬の支払者

地裁・高裁は、源泉徴収制度は、一定の所得に係る経済的利益が、支払者から受領者に移転する際に、その経済的利益を課税対象と認識して、これに対する税金を、本来の納付義務者である受領者に代えて、支払者に徴収・納付させようとする制度であるから、所得税法２０４条1項2号の報酬に当たる破産管財人報酬の支払者とは、「経済的出損による債務消滅の効果が帰属する者」であると判示しました。

破産法は、破産財団の管理処分権を破産管財人に専属させているので、破産法人は、報酬の支払資金を持たず、支払行為もできないが、破産管財人は、その管理処分権に基づき、破産財団の資金で配当や弁済をするので、その配当や弁済は、法的には破産法人による支払と同視できるうえ、破産法が定める管財業務として支払うのであるから、それに付随する職務上の義務として源泉徴収義務を負うという考え方です。破産管財人が所得税法上の源泉徴収義務を負わない理由として、地裁は、「破産者は、破産宣告後も破産財団に係る実体的権利義務の帰属主体であり、破産管財人に法主体性は認められない。」と判示し、高裁もこれを支持しました。

これに対し、最高裁は、所得税法が報酬の支払者に所得税の源泉徴収義務を課したのは、報酬の支払者が受領者と特に密接な関係にあり、源泉所得税を天引き徴収することができる点を考慮したものであり、「破産管財人の報酬は、破産財団を責任財産として、破産管財人が、自ら行った管財業務の対価として、自らその支払をしてこれを受けるのである」から、弁護士である破産管財人は、その報酬について所得税法上の支払者に当たり、自らの報酬の支払について源泉徴収義務を負うと判示しました。

「特に密接な関係」にある者の意義及び範囲につき、古田孝夫最高裁調査官は、「基本的には、支払を受ける者との間で当該支払につき法律上の債権債務関係に立つ本来の債務者を予定し、これに準ずると評価できる程度の関係にある者」が含まれ、破産管財人報酬は同一人間で授受されるので、究極の密接性が認められると述べています（ジュリ1432号100頁）。

最高裁判決では、破産管財人報酬の支払をする破産管財人が本来の債務者なのか、これに準ずる者なのかは明らかにされていません。破産法人が本来の債務者であれば、準ずる者に過ぎない破産管財人が支払者であるとして所得税法上の源泉徴収義務を課すには、その理由を明らかにしなければならないので、最高裁は、破産管財人が本来の債務者であると考えたものと推測されます。

(3) 破産管財人法人の創造

最高裁は、破産管財人に破産法人とは独立の法主体性を認めたわけですが、破産管財人報酬が、「破産管財人が、…自らその支払をしてこれを受ける」ものであれば、支払をする破産管財人は、支払を受ける弁護士と独立の人格を有する者か、又は別の地位・資格に基づいて支払をする者でなければなりません。所得とは、収入等の形で外部から新たに取得する経済的価値であると考えられているので（金子・前掲178頁）、支払者が、受領者と同一人で、別の地位・資格に基づく支払でもないとすれば、経済的価値の移転は認識できず、認識し得るのは、価値の保管場所又は保管方法の変更に過ぎないからです。

受領者である弁護士と別の地位・資格を有する破産管財人は、支払の効果が破産法人に帰属する破産管財人の外には考えられません。しかし、破産管財人が支払者であれば、法律上は破産法人が支払者であって、支払行為者に過ぎない破産管財人を支払者とはいえません。

破産法人及び破産管財人と独立の人格を有する破産管財人が実在する筈もないですが、そのような破産管財人を創設しなければ、源泉徴収義務の発生は認識できないので、一人法人である破産管財人法人が破産手続開始決定によって法律上当然に成立し、破産管財人は破産管財人法人の機関（代表者）に選任されたとでも考える外ないわけです。

(4) 財団債権の債務者

財団債権の債務者を管理機構としての破産管財人であるとする見解は、管理機構人格説の外には見当たりません。同説に立つ伊藤眞教授は、破産管財人に選任された弁護士は、その職務を行う私人であって、それとは独立の存在である破産財団の管理機構としての破産管財人とは異なると述べます(伊藤・前掲203頁)。したがって、管理機構としての破産管財人とは、五感で認識し得る具体的実在ではなく、破産管財人としての地位ないし職務の観念であると考えられます。

そのような破産管財人が財団債権の債務者となり得るとすれば、その破産管財人は法人でなければならないので、管理機構人格説は、管理機構としての破産管財人に法主体性を「認める」のです(伊藤・前同頁)。観念的存在に法人格を認めるのは、それを権利義務の帰属主体とするためですが、法人は機関なしには行為できないので、裁判所選任に係る機関としての破産管財人が不可欠です。しかし、法人格を認めるか否か及び認める要件は、法律の固有領域に属し、裁判所や学説が法人格を創造することはできません。

法人は、設立登記をすることによって成立します。法律関係処理の必要から法人とみなされる相続人不存在の相続財産は設立手続を欠きますが、「法人とする」との民法951条があります。

ところが、破産管財人の影法師に過ぎない破産管財人法人についてはそのような規定がある筈もないので、管理機構人格説は、実定法上の根拠を欠くといわざるを得ません。そのような破産管財人法人が実体法上の債務者になり得る筈もありません。

また、破産管財人法人が財団債権の債務者であるということは、その債務の弁済をするに足りる責任財産を有することが前提の筈です。ところが、最高裁は、「破産財団を責任財産として」と判示し、破産管財人法人には責任財産がないことを自認しています。

そうであれば、破産法35条が、破産手続開始後も清算目的の範囲内で手続終了まで存続するものとみなし、破産財団所属財産の所有者である破産法人が存在するにもかかわらず、それとは別に、実定法の根拠もなく、自らの責任財産を持ち得ない影法師である破産管財人法人の成立を構想することは、法律関係を複雑化し、混乱させるだけであろうと思います。

(5) 管理機構人格説と租税実体法との整合性

所得税法12条は、「資産又は事業から生ずる収益の法律上帰属するとみられる者が単なる名義人であって、その収益を享受せず、その者以外の者がその収益を享受する場合には、その収益は、これを享受する者に帰属するものとして、この法律の規定を適用する。」と規定し、実質所得者課税を明らかにしています。法人税法11条、地方税法24条の2の2、72条の2の3及び294条の2の2、消費税法13条なども同様です。

管理機構人格説は、課税物件である破産管財人報酬は、破産管財人法人が裁判所選任の破産管財人から役務提供を受けた対価であり、その報酬債権の債務者は実質的にも破産管財人法人であって、破産法人ではないから、破産管財人法人が源泉徴収義務を負うと考えるのであろうと推測されます。

そうだとすると、破産管財人法人は、破産者に帰属する破産財団を責任財産として、破産管財人報酬及びそれに係る源泉所得税を支払うことができるのか甚だ疑問です。管理機構人格説によれば、破産管財人報酬の対価的役務である破産管財業務の実質的享受者は、破産管財人法人の筈だからです。

破産財団を責任財産として破産管財人報酬及びそれに係る源泉所得税を支払うことが許されるのは、破産管財業務の実質的享受者が破産財団の所有者である破産法人だからです。破産財団に関する訴えについて破産管財人が当事者となった判決が、破産者に対して効力を有するのは（民訴115条1項2号）、破産管財人は、形式的当事者に過ぎず、固有ないし独自の利益を有していないからです。その法定訴訟担当の考え方は実質所得者課税と共通します。

破産法人は、破産手続終了により法人格を失うまでは、国内に本店又は主たる事務所を有する内国法人としての地位を有し、法人税等の納税義務を負いますが（法税2条3号・4条1項、法人住民税均等割に関する大阪高判昭和59年9月27日判時1137号42頁）、破産管財人法人は、本店や主たる事務所を持ち得ない観念的存在なので、納税義務を負いません。消費税の納税義務者は、個人事業者及び法人ですが（消税2条1項4号・5条1項）、破産管財人法人には法人格がないので、消費税の納税義務は生じません。

破産法人に対する法人税及び消費税は、破産財団の換価処分による所得及び課税売上を課税物件とします。その納税義務者は、所得及び課税売上の法律上の帰属者である破産法人であるにもかかわらず、所得及び課税売上の発生に係る対価的債務である財団債権についてのみ、破産管財人法人が債務者であり、破産管財人法人は、本来的納税義務もないのに、源泉徴収義務だけ負うとの考え方は、税法体系と全く整合しません。

(6) 自然人の破産管財人の破産管財人報酬についての源泉徴収義務

報酬・料金等の支払に当って源泉徴収義務を負う自然人は、居住者に対し国内において給与等の支払をする者に限られます（所税204条2項2号・183条1項）。したがって、源泉徴収義務を負うのは従業員を雇用する個人事業者に限られ、給与所得者には源泉徴収義務がありません。

ところが、破産管財人報酬の支払者は破産管財人法人であり、同法人が源泉徴収義務を負うということになると、破産者が給与所得者であっても、その破産管財人は、破産管財人法人の機関として源泉徴収義務を負うとの結論になると考えられます。破産管財人の職務を行う者が勤務弁護士であっても、源泉徴収義務の有無はその弁護士を基準としないので、この結論は左右されないだろうと思います。

所得税法は、給与所得者による源泉徴収を予定せず、税務署は、その受入体制も用意していません。そのため、破産管財人が、破産管財人法人の機関として源泉所得税を納付しようとしても、法人破産の場合と異なり、所轄税務署における破産者の整理番号を流用して納付することもできません。納付されても税務署は取扱に困るだけで、最高裁判決後も、給与所得者破産の破産管財人報酬は、給与所得者である破産者が支払者であるから、源泉徴収対象外であるとの課税実務が変更されることはないと考えられます。

(7) 労働債権配当の支払者

地裁・高裁は、退職金債権配当の支払者も、経済的出損の効果の帰属を基準として、破産法人であると判示しました。これに対し、最高裁は、特に密接な関係の有無を基準として、破産管財人は、破産宣告前の雇用関係については、労働債権者と直接の債権債務関係に立たず、退職金債権配当も破産手続上の職務として行うに過ぎないから、雇用関係に準ずる特に密接な関係はないとし、また、退職金債権配当の支払の際に「所得税の源泉徴収をすべき者としての地位を破産者から当然に承継すべき法令上の根拠はない」として、破産管財人は退職手当等の支払者（所税１９９条）に当たらず、源泉徴収義務を負わないと判示しました。

破産管財人が、労働債権者と特に密接な関係がないことについては、異論がないと思われます。したがって、最高裁は、そのことをもって直ちに、破産管財人は支払者でないから源泉徴収義務を負わないとの結論を出すこともできた筈です。

ただ、破産法人は、破産宣告時において、退職金債権配当の支払がされた場合には、退職手当等の支払者として源泉徴収すべき停止条件付地位を有しており、破産管財人はその地位を承継するとの考え方もあり得るので、この考え方をも否定しておく必要があったのです。最高裁は、承継すると解すべき法令上の根拠はないと判示しましたが、承継しないと解すべき法令上の根拠を明らかにしてはいないので、理由不備判決といわれてもやむを得ません。

この点につき、伊藤教授は、「法が破産手続開始を原因として従来の法律関係を変更する特別の規定を設けていない限り、破産管財人の法的地位は破産者と同視される」と述べています（伊藤・前掲３２７頁）。また、最高裁判所平成18年12月21日判決（民集60巻10号３９６４頁、判時１９６１号53頁）は、敷金返還請求権質権設定者の破産管財人が、設定者の質権者に対する質入財産の担保価値維持義務を承継する理由として、質権設定者と質権者との間の法律関係が破産管財人に承継されないと解すべき法律上の根拠がないことを挙げています。原則承継なのか不承継なのか、最高裁の平成18年判決と平成23年判決は整合していません。

(8) 破産法人が徴収納付義務を負う源泉所得税の財団債権該当性

私は、破産管財人報酬及び労働債権配当の支払者は、地裁・高裁と同様に、経済的出損による債務消滅の効果が帰属する破産法人であり、破産法人が源泉徴収義務を負うが、破産管財人報酬に係る源泉所得税は財団債権であるのに対し、労働債権配当に係る源泉所得税は劣後的破産債権であると考えます。

旧破産法47条2号但書の「破産財団に関して生じた」とは、最高裁昭和62年判決によれば、「破産財団の管理のうえで当然支出を要する経費に属するものであって、破産債権者において共益的支出として共同負担するのが相当であるもの」をいいます。

破産管財人報酬が共益性を有し、破産債権者が共同負担すべき経費として、旧破産法47条2号（現行破産法148条1項2号）の財団債権に当たることは異論がないと考えます。破産管財人報酬の支払に係る源泉所得税は、財団債権である破産管財人報酬の天引き預り金です。これを所得税法の定めに従って国に納付することが預った趣旨なので、旧破産法47条2号の財団債権に当たると考えます。したがって、破産管財人は、支払者である破産法人に帰属する破産財団の管理処分権者の地位において、自らに対する報酬を支払う際に源泉所得税を徴収し、国に納付すべき職務上の義務を負います。

これに対し、労働債権の弁済及び配当は、それを受ける労働債権者の利益となるだけで、一般破産債権者にとっては、その利益を抽象的にも増大させるものでなく、共益性のない負担でしかありません。現行破産法は、給料債権及び退職手当債権の一部を財団債権に格上げしましたが（149条1項・2項）、これは、労働者保護のための政策的措置であり、共益性の承認に基づくものではありません。

労働債権の弁済及び配当に共益性が認められない以上、その支払に際し、源泉所得税を天引き徴収して納付することに、共益性は認められません。地裁・高裁は、労働債権配当の支払に係る源泉所得税も財団債権であると判示するに当たって、公益性を共益性に置き換え、また源泉所得税の支払によって附帯税の発生を防止できるから共益性があるとしています。

しかし、源泉所得税の徴収納付の公益性と、それが一般破産債権者にとって共益的支出として共同負担することが相当かは、別次元の問題です。公益性があるから共益性があるとはいえません。附帯税の発生防止を理由とする議論に至っては、財団債権でなければ、国税通則法上発生する附帯税も、破産手続上は納付不要かつ不能なので、結論をもって理由を述べる論理矛盾を犯しています。

破産管財業務との関係では、源泉徴収簿ないし賃金台帳、扶養控除等（異動）申告書及び労働者名簿などの申告資料が整備され、労働債権者数が少ない場合は、破産管財人の努力によって対応不可能とはいえません。分離課税で計算簡便な退職所得についても同様です。しかし、その数が多くかつ年末調整をも要する場合には、管財業務上の負担は過大となり、そのための事務費用の発生も余儀なくされます。その費用は一般破産債権者の負担に帰します。源泉徴収による利益を受けるのは、徴収の手数が省ける国と申告の手数が省ける労働債権者であって、一般破産債権者ではありません。

労働債権の弁済又は配当に係る源泉所得税債権は、財団債権に当たらないと考えます。最高裁は、破産法の土俵において解決すべき問題すなわち財団債権性を、論理的に先行する所得税法の土俵において解決すべき問題すなわち支払者性と区別せず、所得税法の土俵上で一挙解決しようとする誤りを犯したものです。支払行為者に過ぎず、支払の法律効果が自らに生じない破産管財人には、所得税法の土俵に上がる資格はなく、その破産管財人に所得税法上の義務を課すことはできません。

第2 破産管財人の税務

1 破産法人の事業年度及び確定申告

(1) 解散事業年度と清算事業年度、申告期限

破産手続開始決定は法人解散事由の一なので（会社471条5号）、破産法人はその日をもって解散します。

破産手続開始前に進行していた事業年度は、破産手続開始決定の日に終了し（解散事業年度）、その翌日から清算事業年度が開始して、定款上の事業年度の末日までが清算第１期の事業年度になります（法税14条１項１号、消税２条１項13号）。したがって、定款上の１事業年度が、解散事業年度と清算第１期の事業年度とに二分されます（みなし事業年度）。清算第２期以後、残余財産確定の日が属する清算確定事業年度の前事業年度までは、定款上の事業年度に従います。

解散事業年度及び清算事業年度の確定申告期限は、各事業年度終了日の２ヵ月後ですが（法税74条１項、消税45条１項）、法人税申告については、会計監査人監査を要する等の理由で１ヵ月間の延長特例の適用を受けた法人は３ヵ月後となります（法税75条の２第１項）。主要な法人地方税（道府県民税、事業税、市町村民税）は、いずれも申告納付方式であり、その事業年度及び申告期限は、法人税と同様です（地税53条１項、３２１条の８第１項、72条の25第１項、72条の28第１項）。

その外に、人口30万人以上の都市等が都市環境の整備・改善事業の費用に充てる目的で事業者に課す事業所税があります。事業所の面積合計１０００㎡超の場合の資産割及び従業者数１００人超の場合の従業者割が課されます。解散事業年度については申告納付を要する場合がありますが、清算事業年度について事業所税の申告を要する場面は、清算第１期が短期間でありかつ事業継続をする場合を除いてはないと考えられます。

残余財産が確定（破産では、ほぼ例外なく残余財産の不存在確定となります）した時は、その日に事業年度（清算確定事業年度）が終了して（法税14条１項21号、消税２条１項13号）、その１ヵ月後が確定申告期限となります（法税74条２項、消税45条４項）。清算確定申告については、法人税申告期限の延長特例の適用はありません。

事業年度が６ヵ月を超える継続法人は、各事業年度開始の日から６ヵ月を経過した日（開始日の６ヵ月後の応当日）から２ヵ月以内に法人税の中間申告をしなければなりません、清算法人は、必要性と事務負担の観点から、中間申告義務を免除されています（法税71条1項）。

しかし、消費税については、清算法人も直前の課税期間における確定税額に応じて中間申告及び中間納付の義務があり（消税42条1項・4項・6項、48条）、中間申告書を期限までに提出しないときは、提出期限に税務署から送付された申告事項記載済内容に従った中間申告があったものとみなされます（消税44条）。

平成22年度税制改正によって、従来の清算所得課税制度が廃止され、法人税の課税方式が通常所得課税に一本化されましたが、事業年度及び申告期限についての変更はありません。

(2) 解散事業年度の法人税等申告義務の所在

破産管財人に解散事業年度の法人税等の申告義務があるか否かについて、以前から議論がされてきました。私と同じ東京弁護士会に属する永石一郎先生は、破産管財人が会社の帳簿書類一切を自分の占有下に置いていて、従前の会社代表者は申告しようとしてもできないこと、従前の会社代表者と会社との委任関係は会社の破産手続開始によって終了することなどの理由から、破産管財人に申告義務があるとの見解のようです。

解散事業年度の法人税等の申告が破産財団の増減に関係することを考えると、永石先生の見解は筋が通っています。法人税法74条1項は、「確定した決算に基づいて」確定申告をすべきことを定めています。これは、会社法の定める手続、すなわち会計監査人設置会社でない多くの破産会社の場合、代表取締役が定時株主総会に提出して承認された計算書類に基づいて申告すべきことを意味します。

清算事業年度の確定申告を破産管財人がするのは、破産法人の決算確定権限が破産管財人に専属するからです。破産手続開始によって、取締役及び株主総会は計算書類の作成及び承認の権限を失い、その権限は破産管財人に専属します。したがって、解散事業年度の確定決算に基づく法人税等の申告権限も、破産管財人に専属すると考える次第です。

解散事業年度の前事業年度についての確定申告もされていない場合、例えば前事業年度末に近い時期に債権者が破産手続開始の申立てをし、債務者が破産手続開始原因の存在を争った場合、申立後直ちに破産手続開始には至らず、一定の審理期間が必要なので、その間に事業年度が変わってしまうことがあります。

その場合、申立時の事業年度についての決算確定権限は、破産管財人にあるとしか考えようがありません。解散事業年度の前事業年度における欠損金について繰戻還付請求をする場合、これは破産財団の増殖に繋がるからするのですが、同時に破産管財人に権限があるからするのです。

権限の所在は、義務の所在を示唆します。破産手続開始時には会計帳簿等が散逸してしまっていて、解散事業年度以前の事業年度について適正な決算及び申告をすることができないとか、破産財団の規模が小さく、税理士に依頼する費用も賄えないというような場合を除き、申告を要すると考えるべきです。適正な決算・申告といっても、帳簿や証拠書類の完備を前提とする完全なものが期待されているわけではありません。資金繰りに追い掛けられていた破産者に帳簿等の完備を望むのは無理です。破産管財人は、集められただけの資料を基に、不完全ではあっても決算・申告をすることになります。

清算所得課税下では、「この問題は、理論的にどうかではなく、戦略的ないし便宜主義的に考えると、本税が発生せず、かつ確定申告によって還付が受けられないのであれば、法人税の確定申告までする必要があるのか、大いに疑問です。」と述べました。全部に近い破産事件において、債務超過が歴然としていて、清算所得が発生しないことが明らかであったからです。通常所得課税下でも、青色申告承認の取消を恐れる必要はありませんが、解散事業年度以前だからと決算申告をしなければ、損金算入することのできる欠損金の存在を明らかにできず、後に臍をかむことになるおそれもあります。

消費税の確定申告は、法人税とは趣を異にします。大多数の破産は、借入元利金の支払ができず、資金繰りに詰まったことが直接の原因です。破産法人だからといって、売上高よりも売上原価・販管費の方が多いというわけでは必ずしもありません。消費税の課税仕入高には、売上原価を構成する仕入だけでなく、販管費も含まれます。多額の営業損失を計上していても、従業員に対する給与その他の人件費の大部分は不課税ですから、破産法人であっても納付すべき消費税が生じないということは殆どありません。極端な例は人材派遣会社です。売上は課税、仕入に相当する派遣従業員の給与は不課税だからです。その意味で、消費税の確定申告は欠かせません。

2 更正の請求

更正の請求とは、確定申告によって一旦確定した課税標準や税額を、納税者に有利に変更するよう税務署長に求める手続です。申告書記載の課税標準や税額の計算に税法解釈や計算の誤りがあって、過大に税額を申告したときにすることができます。通常の更正の請求期間は、従前は法定申告期限から1年でしたが、平成23年度改正によって、同年12月2日以後が法定申告期限である国税及び地方税について、5年に延長されました（税通23条1項、地税20条の9の3第1項・17条の5第1項）。また、課税標準や税額の計算に誤りがあって法人の純損失等の額が過少又はその記載漏れであった場合の更正の請求については、平成24年4月1日以後、従前の請求期間7年が9年に延長されました（税通23条1項、同附則36条2項）。

平成23年12月1日以前が法定申告期限である国税についての更正の請求期間は1年ですが、その経過後も、改正前の増額更正期間3年以内であれば、実務上の経過的な運用措置ですが、税務署長に対し、更正の申出をすることができます。増額更正期間は、平成23年12月2日以後が法定申告期限である国税について、更正の請求期間が5年に延長された際、公平の観点から、同じく5年に延長されました（税通70条1項1号）。

改正前は税務署長の職権発動を促す更正の嘆願ないし上申が広く行われていました。更正の請求期間が1年と短かったことが原因です。税務署長が職権で減額更正できる期間が5年であったうち、3年が更正の申出期間となりました。誤りを証する書類を添付して申出がされ、調査の結果、減額更正原因が認められれば、税務署長は減額更正をします。それがされない場合でも、職権発動を促す手続の性質上、申出人は不服申立できません。反対に、増額更正をされることもあり得ます。

3年経過後の2年は、従前どおりの嘆願です。増額更正される危険はありません。改正後にした嘆願についての法人部門担当総括の話では、実務上の運用は、更正の請求と申出・嘆願とで基本的な差異はなく、嘆願でも、提出された主張や証拠書類を調査し、証拠不足の場合には追加提出も求め、更正しない場合は、その理由を書いた書類を作成して決裁を受けなければならないとのことでした。

破産法人については、更正の請求事案は少なくないのではないかと思っています。例えば、適時の貸倒損失処理が行われていない場合です。古い消費税の減額更正事案ですが、その破産法人は、1月に第1回手形不渡、4月に第2回不渡を出し、10月に破産しました。事業は、その間殆ど動いていませんでした。破産法人の顧問税理士であった公認会計士に法人税・消費税等の確定申告書を作成してもらいました。詳細は覚えていませんが、その申告書は頸を傾げざるを得ない内容であったので、別の公認会計士に依頼して、財務調査と報告書作成、修正決算、更正の請求書等を作成してもらい、２０００万円余の還付を受けました。実質は控除不足還付税額１８００万円余であり、差額２００万円余は当初申告の差引税額が過大であったものです。

この会社は、破産宣告の数年前から毎期、売掛金が売上高の3分の1前後に上っていました。受取手形は売掛金とは別の勘定科目ですから、売掛金が売上高の３分の１もあるのは異常な事態です。貸倒償却が適切に行われていないとの見当をつけ、会計士にもその点を中心に調査してもらい、過年度の申告書に添付された売掛金内訳書の数値が変動していないことなどによって貸倒れを証明しました。還付請求なので、税務署職員が破産法人事務所に帳簿書類等の調査に来ました。実質的には申告書添付の売掛金内訳書の残高が長期に亘って全く変動していないことなどをもって貸倒れ税額控除を受けたと理解していましたが、会計士任せであったので、次に述べるどの要件で貸倒れが認められたのかは定かでありません。

消費税の貸倒れ税額控除は、法律上の債権消滅又はこれに準ずる場合に初めて認められます（消税39条１項、同令59条、同規18条）。貸倒引当金では、債務者倒産の場合の個別貸倒引当金であっても、貸倒税額控除の対象にはなりません。

その要件はかなり厳しく、(イ)更生計画認可による債権切捨て（消税39条１項）、(ロ)再生計画認可による債権切捨て（消税令59条１号）、(ハ)特別清算の協定認可による債権切捨て（同条２号）、(ニ)合理的基準により債務者の負債整理を定めた債権者集会の協議決定による切捨て（同規18条１号イ）、(ホ)行政機関・金融機関等が斡旋した当事者間協議で締結され、内容が(ニ)に準ずる契約による切捨て（同号ロ）、(ヘ)債務者の財産状況・支払能力等から債務全額の弁済不能が明らか（同令59条３号）、(ト)債務超過状態が相当期間継続し債務弁済が不能と認められる場合の書面による債務免除（同規18条２号）、(チ)継続的取引先債務者の資産状況・支払能力等の悪化により取引停止して１年以上経過後に(担保物がある場合を除く)、債権額から備忘価額を控除した残額につき貸倒れ経理(同規18条３号イ)、(リ)同一地域の債務者に対する債権総額が旅費その他の取立費用に満たず、支払を督促しても弁済がなく、(チ)の貸倒れ経理（同号ロ）に限定されています。法人税や所得税でも基本的に同様です（法基達９―６―１～３、所基通51―11～17）。

そのため、回収不能債権がいつまでも資産計上されます。消滅時効期間が経過しても、債務者が時効援用するまで債権は消滅しないので、債権回収業者に売却することになりますが、債権譲渡損では貸倒れ税額控除を受けられず、法人所得計算上の特別損失にしかなりません。

ところが、多額の債権について貸倒れ損失や債権譲渡損を計上すると、金融機関から新規融資を受けることが難しくなり、場合によっては現在の借入金まで引き揚げられて、資金繰りが一層圧迫されるので、敢えて貸倒損失を計上しないという病理現象が生じます。

税務事案ではありませんが、売上高等に比してかなり多額の原反在庫を倉庫寄託していた服飾業者がいました。資金繰りが苦しいのに、陳腐化して加工価値のなくなった原反を寄託していた理由は、寄託料を支払って生きた在庫に見せ掛けなければ、金融機関から資金を引き揚げられて、街金から借りなければならなくなるからとのことでした。

また、例えば破産者が会計事務所に帳簿等の作成を丸投げしていて、取引内容が複雑かつ取引量膨大で、証拠提供その他の情報交換が不十分な場合です。損失が発生しているのに、それが帳簿計上されないまま放置されたり、計上すべき取引先を誤ったりで、帳簿計上の漏れや遅れが大きく、過年度損益修正損の計上すらも不十分となります。

管理体制が杜撰な破産法人の場合、損失の年度帰属の正確性などを調査して更正の請求をすると、過年度の課税所得が軒並みマイナスとなって、相当の還付を受けられる場合もあります。

こういう事態は、過年度の決算報告書から比較貸借対照表及び比較損益計算書を作成して、この数字おかしいぞと直感して税理士に依頼するのでないと、なかなか見つけ難いと思われます。比較貸借対照表及び比較損益計算書の作成は、計数的時系列的に事業を把握し、破産法人の代表者や経理責任者に対して的を射た質問をするのに不可欠です。

3　仮装経理に基づく過大申告の減額更正

粉飾決算と税法上の仮装経理とが異なるのは、仮装経理とは、架空売上や架空資産の計上、原価・費用や負債の過少計上（除外）といった事実に反する会計処理を指すことです。純資産減少、利益減少・欠損増大などを隠すために、行うべき減価償却や貸倒引当金繰入れ、繰延資産償却などをしないのは、粉飾決算には当たりますが、仮装経理には当たりません。

仮装経理に基づく過大申告の更正によって減少する法人税額（仮装経理法人税額）は、原則として還付されません（法税135条1項）、更正の日の属する事業年度開始の日前1年以内に開始する各事業年度（通常は前事業年度）の所得に対する法人税があるときは、その法人税額を限度として還付されます（同条2項）。その還付額を除く仮装経理法人税額は、更正の日の属する事業年度から、その事業年度開始の日から5年を経過する日の属する事業年度までの各事業年度の所得に対する法人税額から順次控除し、控除し切れなかった仮装経理法人税額は、その最終事業年度の申告期限後に還付されます（同法70条、135条3項）。

この控除期間中に破産手続が開始したときは、控除未了の仮装経理法人税額は、解散事業年度の申告期限後に還付されます（法税135条3項3号）。再生手続開始その他の企業再生事由が生じたときは、その事実が生じた日以後1年以内に控除未了の仮装経理法人税額の還付を請求することができますが（同条4項）、破産手続開始の場合は、税務署長がその事実を通知又は届出によって把握し得るということで、破産管財人の請求がなくとも還付されます。

法人税法135条3項は、既に仮装経理過大申告の更正をされた法人が破産した場合に関する規定振りのため、仮装経理過大申告の更正が破産管財人による更正の請求に基づいて行われた場合の取扱いが明確でありません。税務署長による更正後の還付を制限する規定がない以上、原則に従って、還付に要する事務期間後直ちに還付しなければならないと考えられます。

仮装経理過大申告の更正も、手続上は更正の請求に対して行われるので、更正の請求期間による制限を受けます。平成23年12月1日以前が法定申告期限である場合の更正の申出及び嘆願も同様です。期限前6ヵ月以内にされた更正の請求については、その請求日から6ヵ月が経過する日まで更正することができます（税通70条3項）。

仮装経理過大申告の更正の請求に当たっては、仮装事実に基づく経理をした事業年度後の事業年度において仮装事実に係る修正経理をし、それに基づく確定申告書を提出することを要し、税務署長は、それまでは更正しないことができます（法税129条1項）。この場合、損益計算書において仮装経理額を一括して過年度損益修正損（特別損失）として計上し、この損失は当期に発生したものではないので、申告書別表4では当期利益に加算し、留保の処理をすることになります。

仮装経理過大申告の更正の場合でも還付加算金が支払われ（法税135条8項）、また税務署長の更正により、地方税の通常の更正の請求期間経過後であっても、更正通知書到達後2ヵ月以内は更正の請求をすることができ（地税20条の9の3第2項1号）、還付加算金も支払われるので（地税17条の4第1項2号）、還付効果が地方税に及ばない欠損金の繰戻し還付に比べて、財団増殖効果が大です。

4 欠損金の繰戻しによる還付請求

欠損金の繰戻しによる法人税の還付は、継続法人の場合は、事業年度終了時の資本金が1億円以下の中小企業を除き、平成28年3月末日以前に終了する各事業年度に生じた欠損金については停止されているので（税特措66条の13第1項）、欠損金は繰り越すほかありません。

例外として、解散、事業再生その他の事実が生じた場合は、資本金額の大小を問わず、その事実が生じた日から前1年以内に終了したいずれかの事業年度又はその事実が生じた解散事業年度に欠損金が生じていて、その欠損事業年度の開始日前1年以内に開始したいずれかの事業年度に課税所得があったときは、その所得に対する法人税に、その所得に対する欠損金の割合を乗じた税額の還付を受けることができます（法税80条4項・1項）。

「前1年以内に終了（開始）したいずれかの事業年度」とされているのは、事業年度の期間を1年未満に定めた場合、事業年度が4月から翌年3月の会社が事業年度を10月から翌年9月に変更したような場合、破産手続や更生手続の開始によりその日で事業年度が終了する場合などがあるためです。

大多数の法人は事業年度が1年なので、ここではそのような法人を前提とします。この場合、破産手続開始前1年以内に終了した事業年度は、解散事業年度の前事業年度となります。解散事業年度の前事業年度及び前々事業年度のいずれも課税所得がなければ、欠損金は繰り越すほかありません。

繰戻し還付を受けるには、欠損金の繰戻しをする所得のあった事業年度（還付所得事業年度）及び欠損事業年度のいずれも青色確定申告をし、欠損事業年度については期限内申告をしていること、また解散その他の事実が生じた日以後1年以内に還付請求をすることが必要です（法税80条3項・4項）。還付所得事業年度の法人税額が還付限度なので、全額還付の場合は、その事業年度の所得と同額までの欠損金を繰り戻し、繰り戻し切れない欠損金は繰り越します。欠損金の二重利用は許されないので、繰戻しに使った欠損金額は消滅します。

5　法人税確定申告の目的

清算所得課税下での清算確定申告のメリットは、寄託金利息等に対する源泉所得税及び地方税利子割の還付を受けることにあると、かつてどの書物にも書かれていました。

しかし、銀行に１億円を定期預金した場合の預金利子は、メガバンクの場合、ゴミ金利と書いた本書新版時の年０・３％が、今やその１桁下の割合に下がり、金融大緩和で市中に資金が溢れているので、上がる気配は当面ありません。ないに等しい雀の涙の利子から、所得税15％、復興特別所得税０・３１５％（15％×２・１％）、利子割５％が源泉徴収されますが、これはもはやどうでも良い額です。

その還付を受けるには、清算確定申告をする必要がありました。平成22年度改正で、破産法人も事業年度毎に確定申告をすべきことになりましたので、同年10月１日以降に破産手続が開始した法人については、破産管財人が確定申告することによって、源泉徴収された所得税、復興特別所得税及び利子割がその都度還付されますが（法税78条１項）、どうでも良いような源泉徴収税額の還付は、確定申告のメリットとは到底言えなくなりました。

反対に、平成22年度改正によって、確定申告をしないと期限切れ欠損金の損金算入ができず（法税59条３項・４項）、法人税を課される事態が現実のものとなり、更に平成23年度改正によって、青色欠損金の損金算入額が、その算入前所得の80％に制限されるに至ったので（法税57条１項）、法人税確定申告の主目的は、むしろ収入の伴わない計算上所得に対する法人税課税を回避することに変容しました。

6 清算事業年度の税務申告

(1) 清算所得課税の廃止による各事業年度所得課税への移行

清算所得は、残余財産の時価評価額から解散時の簿価純資産価額（資本金等の額及び利益積立金額等）を控除して算出されます。その中身は、清算期間中の事業損益及び解散時保有資産の譲渡損益すなわち含み損益の実現であり、その結果である所得に対して課税するのが清算所得課税です。

清算法人は清算目的の範囲内で存続するものとみなされるので（破産35条）、清算の方法として直ちに現務を結了せず、一定期間の事業継続をする場合でも、清算期間中の損益は、解散時資産の換価回収ロスその他の清算費用により、例外的な場合を除いてマイナスとなります。

清算所得課税は、清算手続に適合した課税方式です。清算手続の目的は、人為的に期間を区切って事業損益を測定し、それに基づいて株主に剰余金配当をすることにではなく、簿外資産を含めた解散時資産を換価回収し、それに基づいて債権者に公平な分配をすることにあるからです。手続的な目的合理性の観点からは、清算手続では期間損益計算に基づく損益計算書の作成は必要なく、清算貸借対照表・財産目録と収支計算書の方が適しています。

ところが、廃止前の清算所得課税下では、事業継続不能で解散・清算に至った法人が、債権者等による監視の下で、目的達成に不要な過大支出をすることなど想定せず、役員給与・退職金や交際費について全額の損金算入が認められるなど、支出の損金算入について特別の制限を設けておらず、また、黒字清算や、形式的に解散手続をとって別法人で同一事業を継続するなどの濫用事例が少なくなかったといわれています。

そこで、解散前後を通じて課税方式を各事業年度所得課税に統一し、それによって租税回避行為を抑圧して、課税上の不公平を是正する目的で、平成22年10月１日以降に解散した法人に対して各事業年度所得課税を適用することとしたというのが、財務省筋による説明です。

ただ、いわれる濫用事例に対しては、支出の損金不算入その他の措置による対処ができなかったのか、そのような措置によって対処せずに、一足飛びに清算所得課税を廃止した平成22年度改正は、裁判所の監督下で破産手続や特別清算を誠実に遂行する弁護士にとっては、迷惑の一語に尽きます。

(2) 期限切れ欠損金の損金算入

解散した法人に残余財産がないと見込まれるときは、清算中に終了する事業年度前の各事業年度において生じた欠損金の合計額から損金に算入される青色欠損金（又は白色災害損失金）を控除した額は、青色欠損金の損金算入後の所得金額を限度として、その事業年度の所得金額の計算上、損金に算入するとされています（法税59条３項、同令１１８条）。

債務超過で残余財産のない破産法人でも、清算中の所得に対する各事業年度所得課税が行われると、青色欠損金を超えて、収入の伴わない計算上収益が発生した場合、法人税が発生することがあります。

その一は、土地等の譲渡による含み益の実現です。担保付不動産の売却では、担保権者に担保解除してもらう必要があるものの、多くがオーバーローンのため、担保解除料は不動産の取得価額を上回る場合が少なくありません。そのため、財団組入額は、売却価額から取得価額及び譲渡費用を控除した譲渡利益金額を大幅に下回ることになります。

その二は、特定債務の免除による債務免除益です。債権者が積極的に債権を放棄してくることは通常考えられませんが、配当実施までに要する期間や見込配当率との関係で、書面で債権放棄をして貸倒れ損失を発生させ、それを損金に算入して法人所得を圧縮し、また貸倒れ税額として消費税から控除した方が、早期に実質回収できると考える債権者もいないではありません。

迷惑なのは破産管財人です。現実には収入がないのに、計算上の所得に課税され、円滑な清算事務の遂行が阻害されます。そこで、破産や債務超過による特別清算のように残余財産がないと見込まれるときは、青色欠損金の損金算入後に残る所得金額を限度として、継続法人では認められない発生時期の古い期限切れ欠損金の損金算入を認めることとしたのです。

更生手続や再生手続の開始決定があった場合の期限切れ欠損金の損金算入と異なるのは、期限切れ欠損金の使途（損金算入先）に制限がなく、不動産譲渡益なども損金算入の対象となることです（法税59条3項）。法的又は私的な事業再生では、期限切れ欠損金を損金算入し得る利益は、債務免除益、私財提供益及び評価損控除後の資産評価益の3種類に限定されています（同条1項・2項）。

(3) 残余財産がないと見込まれる場合

残余財産がないとは、清算中の各事業年度末において債務超過であることをいいます。債務超過の判定は、処分価額評価に基づく実態貸借対照表によることが原則とされています。

しかし、破産手続や特別清算が開始した清算中の法人について、各事業年度末における清算貸借対照表をその都度作成させるのは、煩瑣な作業を強いることになります。それだけでなく、例外的な場合を除き、資産を換価回収して債権者に全額弁済することなどできず、残余財産は生じません。

そこで、①破産手続又は特別清算が開始した場合、②再生手続又は更生手続の開始後に清算が行われる場合には、裁判所が手続開始原因の存在を確認していること、③公的機関が関与し又は一定の準則に基づき独立した第三者が関与して策定された事業再生計画に基づいて清算が行われる場合は、法的手続に準じて考えることができることから、これらの場合は、期限切れ欠損金の損金算入の都度、実態貸借対照表を作成させる意味が乏しいので、清算期間中は残余財産がないと見込まれるときに当たるものとされています。なお、②③における清算は、収益性に応じて事業の切分けをし、再建見込のない事業と負債を既存会社に残して清算するものです。

(4) 期限切れ欠損金の損金算入限度と適用要件

期限切れ欠損金の額は、期限切れ欠損金の損金算入の適用を受けようとする事業年度（適用年度）の前事業年度以前の事業年度から繰り越された欠損金の合計額から、青色欠損金（又は災害損失金）の額を控除した残額です（法税令118条）。

前事業年度以前の事業年度から繰り越された欠損金の合計額は、具体的には適用年度の法人税申告書別表５(1)（利益積立金額及び資本金等の額の計算に関する明細書）の期首現在利益積立金額の合計額として記載されるべき金額で、それがマイナスである場合のその金額（絶対値）です（法基通12—3—2）。そして、期限切れ欠損金の損金算入限度は、青色欠損金を損金算入（控除）した後の所得金額です（法税59条3項）。

期限切れ欠損金の損金算入は、確定申告書に、期限切れ欠損金の損金算入に関する明細書及び残余財産がないと見込まれることを説明する書類を添付しなければ、認められません（法税59条4項、法税規26条の6第3号）。ただし、平成23年度改正で当初申告要件が廃止されたので、期限切れ欠損金の損金算入を更正請求書で行い、それに明細書等を添付する方法でも構いません。明細書等の添付漏れだけであれば、常識的な処理としては、税務署の担当職員からの架電連絡を受けて追完することになります。

なお、期限内申告や青色申告は、期限切れ欠損金の損金算入の要件とはされていません。また、明細書等の添付のない確定申告書等が提出された場合でも、税務署長は、やむを得ない事情があると認めるときは、損金算入を認めることができますが（法税59条5項）、救済規定に頼るのは危険です。

残余財産がないと見込まれることの説明書類としては、適用事業年度末の実態貸借対照表（清算貸借対照表）が予定されていますが（法基通12―3―9）、破産手続や特別清算の場合には、清算中の各事業年度を通じて、開始決定の写しで足ります。

(5) 実在しない資産

粉飾決算をしていて、貸借対照表に計上された資産が実際には存在しない場合、その資産の簿価相当額を損金に算入できないと、債務免除益等を消し切れないおそれがあるとの問題が提起されていましたが、破産手続その他の裁判所等の独立した第三者が関与する公正な手続では、資産が実在しないことの客観性・真実性が担保されているとして、帳簿書類等の調査の結果、計上根拠等が判明しなかった場合でも、その資産の簿価相当額を欠損金とすることが認められました。

特別清算では、資産・負債を零にしないと清算結了に至らないので、債務免除を内容とする協定又は和解が不可欠です。しかし、破産手続は、破産財団に属する財産を全部換価回収して債権者に弁済し又は配当すれば終了の手続ですから、実体法上の効力をもつ債務免除は、債権者が貸倒損失を計上して損金算入するために債権放棄書を送付してくる場合を除けば、手続構造上はありません。したがって、そこでいう債務免除益とは、最後配当後の未払債務額についての事実上の債務消滅益を指すと考えられます。

破産手続開始時に実在しない資産とは、貸借対照表に資産計上されてはいるが、その計上根拠等が判明しないものをいいます。これには、当初から粉飾目的で帳簿計上された発生根拠不明の場合と、廃棄・回収等の帳簿計上漏れ・誤りによる消滅根拠不明の場合があります。

調査しても計上根拠等が判明しなければ、過年度の会計処理について修正すべき時期の特定もできないので、修正経理をした事業年度の確定申告において、期首利益積立金から実在しない資産額を減算し、期限切れ欠損金とするほかありません。

具体的には、修正経理をする事業年度の損益計算書に過年度損益修正損（特別損失）を計上し、税法上の損益計算書である申告書別表４（所得金額計算明細書）において修正額の加算すなわち自己否認をすることになります。そうしないと、税務上の当期利益が過少に又は当期損失が過大に計上されてしまうからです。加算するのは架空利益ですから、社外流出しておらず、別表４の処分欄は留保とします。そして、税法上の貸借対照表である別表５⑴において、修正額を期首利益積立金から減算することになります。そうしないと、課税済の利益積立金の過大表示又はマイナスの利益積立金の過少表示を修正できないからです。実在しない財産の問題は、仮装経理過大申告の更正の一場面です。

調査によって計上根拠等が判明した場合は、更正の請求又は職権更正が可能な期間内であれば、修正経理をしたうえ、更正の請求又は更正の申出・嘆願をします。更正期間が経過済のときは、計上根拠等が判明しなかった場合と同じく、期限切れ欠損金とするほかありません。

問題は、実在しない原因の調査をどの程度まで行うかです。破産管財人による原因調査は、それによって減額更正がされ、納付済法人税の還付を受けることが主目的です。青色欠損金が増大するだけでは、事業継続を目的としない破産法人では意味がありません。破産法人については期限切れ欠損金の損金算入対象となる利益に制限はないので、青色でも期限切れでも、欠損金の損金算入効果に違いはないからです。

そこで、原因調査に当たっては、元帳調査及び聴取によって、原因の発生時期を絞り、更正の請求又は職権更正までの期間的余裕があり、かつその事業年度又はその後の事業年度に相当額の法人税の納付があったことを確認したうえ、集中的に原因を証する証拠を収集する必要があります。

(6) 破産管財人による法人税の申告

破産手続開始によって破産財団の管理処分権は破産管財人に専属するので、破産管財人は、清算事業年度に係る確定申告について職務上の義務を負います。清算所得課税下における破産管財人に予納申告義務があることは、最高裁判所平成４年10月20日判決（判時１４３９号１２０頁）が認めています。もっとも、予納法人税の納税義務者は破産法人なので、破産管財人が法人税法上の予納申告義務を負うわけではありません。

清算第1期の確定申告は、解散事業年度の確定申告と連続性を保った形で行うのが原則です。ただ、実際には、会計帳簿が散逸していたり、経理担当従業員を申立以前に解雇していて、手続開始時以降の情報のみで申告書を作成せざるを得ない破産法人が数多く存在するといわれています。

そのような場合、破産管財人は、手続開始時の清算財産目録、開始後の収支計算書、債務総額及び資本金額のみに基づいて申告書を作成せざるを得ず、そのような状況にあることを説明できるようにしておけば、そのような申告でもやむを得ないと国税庁も回答しています。解散事業年度についても破産管財人に申告義務があるとの立場でも、そのような事件では申告が不可能です。

破産手続開始の申立直前は、破産者は資金繰りなどに追われて、帳簿作成を事実上放棄してしまっている場合が少なくありません。その不備を手続開始後の資料収集等によって不十分ながらも補充して、手続開始後2ヵ月、法人税の申告期限延長特例の適用を受けた法人で3ヵ月という短期間で、解散事業年度の申告をしているのが実情です。

その意味で、解散事業年度の申告ができるのであれば、手続開始時以後の情報のみで申告書を作成せざるを得ない場合には当たらないので、実態貸借対照表に基づいて清算第1期の確定申告をする事案は、破産手続開始の申立直前まで事業を行っていた法人についてはごく僅かであろうと思います。

(7) 青色申告承認の取消し

法人税確定申告書の期限内提出を怠った納税者について、税務署長は、怠った事業年度以降について青色申告承認を取り消すことができます（法税127条1項4号）。国税庁長官が平成12年7月3日に国税局長宛に発遣した「法人の青色申告の承認の取消しについて」と題する事務運営指針には、「無申告又は期限後申告の場合における青色申告の承認の取消しは、2事業年度連続して期限内に申告書の提出がない場合に行うものとする。この場合、当該2事業年度目の事業年度以後の事業年度について、その承認を取り消す。」と書かれています。

青色申告承認に係る主な特典として、原則停止中ですが破産事件で重要な欠損金の繰戻しによる還付（法税80条4項）、欠損金の繰越しによる損金算入（同57条1項）、更正の理由附記（同130条2項）、推計課税の禁止（同131条）などがあります。このうち更正の理由附記は、平成23年度改正により、平成25年1月1日から（個人の白色申告者は1年遅れ）、すべての不利益処分について理由を附記することとなったので（税通74条の11第2項）、青色申告承認の特典ではなくなりました。

青色申告承認の取消しの破産管財業務に対する影響は、平成22年度改正前は、予納法人税等一般部分は財団債権に該当せず（前掲昭和62年最判）、ごく例外的な場合を除いて破産法人に清算所得は発生しないため、青色申告の承認を取り消されても、解散事業年度の欠損金の繰戻し還付のほかは、破産管財業務に影響を与えることはありませんでした。

改正後は、期限切れ欠損金の損金算入には確定申告を要しますが、それによって課税所得は発生せず、また期限切れ欠損金の損金算入については青色申告も期限内申告も要件になっていないので、青色申告承認の取消し自体は恐れる必要ありません。法定申告期限を過ぎてしまったからもう駄目だと諦めずに、申告することが肝要です。

但し、無申告のまま放置して青色申告承認を取り消され、税務署長から帳簿等調査に基づく法人税の賦課決定をされると、それによって所得金額・税額等が確定し（税通16条1項1号）、納税者は決定に対する不服申立をすることはできても、期限後申告等をすることができないため、期限切れ欠損金の損金算入ができなくなるので、この点は注意を要します。

(8) 通常所得課税下における法人税の財団債権該当性

清算所得課税下における予納法人税について、破産債権者において共益的支出として共同負担すべき破産財団管理上の経費とはいえないとして財団債権該当性を否定した最高裁昭和62年判決は、その理由として、清算所得が生じ又は継続した破産法人に課される清算所得に対する法人税の予納は破産財団とは直接関係ないこと、破産法人に清算所得が生じ又は破産法人が継続するのは例外的な場合であるから、破産管財人に予納法人税を一旦納付させ、清算所得不存在が確定した段階で還付することは合理性を欠くことを挙げています。

通常所得課税下における法人税は、例外的にしか生じ得ない清算所得に対する法人税の予納とは異なり、各事業年度の所得に対する確定法人税なので、この判決の理屈では財団債権該当性を否定することはできません。

また、法人税は、収益から費用（原価・経費）を控除した残額である会計上利益を基準として、公平課税等の立場から加算・減算を施した後の所得に対して課されます。しかし、この判決は、土地譲渡利益重課に係る予納法人税を財団債権であるとしており、そこでいう破産財団管理上の経費とは、会計上利益の算出に当たって控除する費用よりも広い概念です。

したがって、通常所得課税下における法人税は、財団債権に当たる可能性が高いと考えられます。平成22年度改正では、計算上所得に対する課税回避の方法として、確定申告を要するものの、期限切れ欠損金の損金算入が認められました。そのため、破産管財人には清算事業年度に係る法人税等の職務上の申告義務があるとの前提の下では、確定申告をして期限切れ欠損金の損金算入をしなかったことによる法人税は財団債権に当たるとの結論に結び付き易いと考えられます。

ただ、例外的な場合を除いて、破産法人は破産債権全部を弁済することはできず、残余財産が生じないことは明らかなので、その場合の法人税は、実体的な所得に対する課税ではなく、破産管財人の申告懈怠による計算上所得に対する制裁的ないしゲーム的な課税の性格を帯びます。その場合の法人税も財団債権であるとすれば、その根拠条文は、破産法１４８条１項２号（破産財団の管理、換価及び配当に関する費用の請求権）ではなく、同項４号（破産財団に関し破産管財人がした行為によって生じた請求権）であると考えられます。

最高裁昭和62年判決は、土地譲渡利益重課予納法人税の財団債権該当性を認めたうえ、その範囲を破産財団に組み入れられた別除権行使後の余剰部分を基礎に計算される税額に制限しました。破産手続開始後に発生した土地重課予納法人税のうち財団債権に当たるのは、破産債権者の共同的満足の引当となる別除権行使後の余剰部分に対する重課税額だけであるとの考え方に立てば、通常所得課税下における法人税についても、譲渡価額から取得価額及び譲渡費用を控除した譲渡利益金額のうち、別除権者に対する弁済に充てられた部分の金額を除き、実質的に破産財団に帰属する部分に対する法人税額のみが財団債権となるとの理解もあり得るものと考えます。

特定の債権者の一方的な債権放棄による債務免除益は、破産管財人が破産財団の換価回収を目的とする和解においてする債権の一部放棄とは異なり、破産管財人による破産財団の管理と無関係に生じたもので、それによって他の破産債権者に対する配当率が高まることはあっても、破産財団に何らかの財産が帰属することはないので、この場合の債務免除益に係る法人税相当額は財団債権に当たらないとの理解もあり得ると考えられます。

破産手続の終結又は廃止による債務消滅益は、会計上の貸借均衡原理からは、その発生を想定すべきことになるものの、破産法及び法人税法には、破産手続の終了又は廃止の場合に、配当額充当後の残破産債権額は消滅する又は消滅したものとみなす旨の規定はないので、債務消滅益に対する法人税課税は法律上の根拠に欠けると考えます。

法律上も破産債権の全部又は一部の消滅が生ずるのであれば、破産債権者は担保権行使による回収未了の場合を除き、その消滅額について当然に貸倒れ損失を計上することができなければなりません。ところが、少なくとも実務上そうはなってはおらず、事業再生研究機構税務問題委員会は、平成23年度税制改正要望事項として、法人税基本通達9―6―1（金銭債権の全部又は一部の切捨てをした場合の貸倒れ）に規定されている貸倒れとして損金の額に算入する金銭債権に、破産手続の廃止又は終結があった場合の破産者に対する破産債権を含めることを掲げています。

(9) 財産放棄の取扱い

裁判所の許可に基づく権利の放棄を規定する破産法78条2項12号は、権利の絶対的放棄の場合と破産財団からの放棄の場合を含みます。権利の絶対的放棄は相手方のある放棄であり、最も多いのは債権回収のための和解における債権の一部放棄であり、共有財産に対する持分放棄もこれに含まれます。破産財団からの放棄は相手方のない放棄であり、管理処分権を破産管財人から破産者に移転するものです。

破産財団からの放棄をした場合、放棄した清算事業年度の損益計算書には財産放棄損を計上し、貸借対照表からその財産を除外することになりますが、申告書別表４では放棄損を自己否認して所得に加算して処分は留保とし、別表５⑴では利益積立金の当期増として加算することになると考えられます。別表４の加算は、破産法人としては損失未実現のためであり、別表５⑴の加算は、放棄財産が破産法人所有に留まっているためです。

清算確定事業年度では、破産管財人報酬及び配当手続費用を見越計上し、「現預金（破産配当予定額＋見越計上費用）＋欠損金（青色＋期限切れ）＝負債（破産債権）＋資本金等」、「負債－破産配当額＝債務消滅益」との等式が成立しなければならないと、貸借均衡原理を崩さない会計専門家は考えます。

そのとおりであれば、清算確定事業年度の損益計算書では、放棄財産に係る別除権行使不足額を最後配当の除斥期間内に証明しなかった別除権者の有する根抵当権極度額以下の被担保破産債権額について債権調査益を計上し、放棄財産については、清算確定前の事業年度における別表４及び５⑴での経過的な加算を取り消して、その額を減算することになります。

経過的な加算を残余財産確定時に取り消さないと、放棄財産簿価１億円、除斥された別除権付債権２億円の場合、消滅益が１億円（債権調査益２億円－放棄財産１億円）でなく２億円になってしまうためです。

破産財団会計は、破産法人会計の部分会計に過ぎず、破産財団からの放棄財産について放棄後における破産法人の処分等までを破産会計に反映することはできず、破産管財人にはその権限も義務もありません。そのことは平成22年度改正の際に財務省にも分かっていた筈ですが、破産管財人が管理する破産財団会計及びそれに基づく申告と破産管財人管理外の破産法人会計及びそれに基づく申告をどのように調整するのかの道筋は未だ示されていません。そのような中で、法律上の根拠に欠ける債務消滅益を法人税法上の益金と構想することは、身体に合わない衣服を無理矢理に合わせようとするもので、徒に混乱を拡大するものであると考える次第です。

⑽ 法人住民税均等割の課税物件である事務所または事業所の所在

これは、法人住民税均等割の課税物件である事務所または事業所（地税24条1項3号、294条1項3号）は、登記簿上の本店にあるのか、破産管財人の事務所にあるのかという問題です。会社には本店ないし本社事務所のほか、営業所や工場があり、それらの所在地の道府県税事務所長や市町村長から、事務所・事業所について法人住民税の均等割を課されます。

しかし、換価業務の進行によって順次これが整理されていき、最終的には破産管財人である弁護士の事務所において、債権回収や配当準備等の無体的な残業務を行うことになります。有体物を占有していると、破産財団の負担が継続的に発生するため、破産管財人は有体物の早期処分に努めます。その処分が終われば、自分の事務所で破産事件の事務処理を続ける状態になります。

そうなったときに、法人住民税の均等割が課税されるのか、課税されないのかということです。既に営業を廃止し、人的要素を欠いて単純な換価用不動産となった支店営業所や工場について課税されないのは当然ですが、問題は、登記簿上の本店住所に事務所ありとして課税されるのかということです。

事務所・事業所の廃止届を出せばよいと書いたものが多く、登記簿上本店を除けばそのとおりなのですが、登記簿上本店についてはそれで解決するのかということです。

この問題につき、最高裁昭和62年判決は、「均等割は事務所又は事業所を有することに伴い資本等の金額及び従業者数に応じて課税されるから、破産法人が破産目的の範囲内において存続することに伴い負担すべき経費に属し、財団債権に当たる。」と判示しています。これをもっと直截に述べたのが、原審の大阪高裁昭和59年判決です。この判決は、「破産法人は、破産手続が終了して清算が完了するまでの間は、営業を継続していない場合でも、その事業は存在しており、また、その事務所又は事業所は、たとえその実質を備えていなくとも、破産手続開始決定当時の登記簿上の本店又は営業所に存在している。」と判示しています。

要するに、未だ清算結了せず、その登記もされていない以上、法人格が残っているのだから、事務所・事業所としての物理的実質を有するか否かにかかわらず、均等割は発生するということです。破産法１４８条１項２号は、破産財団の管理等に関する費用の請求権と規定しているので、何ら実体のない登記簿上本店が破産管財人による管理の客体である破産財団に属する財産といえるのか、甚だ疑問の残るところです。

この事務所・事業所という概念は、事業継続中はいうまでもなく物理的な実体概念ですが、大阪高判によると、事業廃止後は規範概念ないし擬制概念に転化します。したがって、大部分の業務を終わりながら、回収不能な債権の放棄を躊躇して残余財産不存在の確定が遅れると、実体概念としての事務所・事業所は存在しないにもかかわらず、本店所在地の地方租税庁には、資本金等の額に応じて、年額で最低７万円から最高１２１万円（大阪府の場合、平成13年４月１日から同28年３月31日の間に開始する事業年度の府民税均等割だけで最高１６０万円）のいわば人頭税を納付しなければならないことになります。

その意味で、自然人の場合、誕生直後でも瀕死状態でも、この世に生ある限り住民税均等割を課税されるのと同様、法人にも、設立登記をしてこの世に生を受けたときから、死亡証明である清算結了登記がされるまで均等割が課税されるということです。実体は何もないにもかかわらず、最後の締めが遅れると、破産財団の負担がそれだけ増えてしまいます。

債務超過でも従業員を抱えて事業存続している会社はいくらでもありますから、均等割の課税標準である資本金等の額や従業者数が全く無意味であるというわけではありません。事業存続している以上は、債務超過を解消して、資本金等の額を超える純資産を回復する余地がないとまではいえず、地方行政上の便益を実際にも受けているのですから、均等割を課税されて当然でしょう。

しかし、事業を廃止し、物理的にも事務所・事業所を全く失った破産法人については、形式的な資本金等の額など全く意味を持ちません。それにもかかわらず、課税標準とすべき合理的根拠もない資本金等の額に応じた課税が続けられます。破産管財人には組織法上の権限がないため、本店廃止はもちろんのこと、減資もできず、その結果、破産法人独自の事業活動ではなく破産管財人事務所における債権回収や配当準備といった通常の弁護士活動があるだけなのに、均等割を支払い続けなければならないのは、不合理この上ありません。

なお、平成13年度税制改正後は、利益積立金の資本組入があった場合にも、資本積立金の資本組入があったものとみなして、みなし配当課税をしないこととした見返りに、それと論理的整合性を保つために、資本金減少によって生ずる資本剰余金で欠損金を填補した場合には資本金等の額は減少しないので（法税令8条1項12号・16号ロ）、仮に減資されたとしても、均等割は減少しません。

そこで、日弁連では、既に10年近くも前でしょうか、このような担税力なき課税を不当として、破産法人に対する法人住民税均等割の課税は、遅くとも事務所、事業所又は寮等の保有を物理的に失った時以降、これを廃止し、仮に廃止できない場合には、資本金等の額にかかわらず、これがない又は１０００万円以下の法人とみなして均等割の負担を軽減する改正をすべきであるとの意見書を関係機関宛に送りました。

その後、事業再生研究機構税務問題委員会も、事業再生支援の立場から、欠損填補は法人の事業活動の規模縮小を意味するから、そのために資本金又は資本金等の額に当たる剰余金を減少した場合には、その金額を均等割の課税標準から控除する法令改正をするよう要望しています。

⑾ 土地等譲渡益重課税制度の停止

土地や借地権を譲渡した場合に、譲渡した年の1月1日現在における保有期間が2年以下の超短期保有土地等の譲渡益に対する追加課税は平成9年12月31日をもって廃止されています。

また、平成10年1月1日から同29年3月31日までの間にした土地や借地権の譲渡については、保有期間5年を超える長期保有土地等譲渡益に対する5％の追加課税及び5年以下の短期保有土地等譲渡益に対する10％の追加課税のいずれも停止されています（税特措62条の3第1項・第13項、63条1項・7項）。

⑿ 売買契約等における印紙税の節減

不動産の任意売却では、代金が1000万円を超える場合が多いため、売買契約書に貼付すべき印紙代は2万円（租税特別措置法91条2項により、平成26年4月1日から同30年3月31日までの間に作成される不動産譲渡契約書については税率が従前より一層軽減され、契約金額1000万円超5000万円以下の場合1万円）以上になるので、これを節約する方法はないかという細かな税金の問題です。

契約書は売主買主各1通所持との先入観念からは、2通作成して売主所持分にも印紙を貼付する必要がありますが、印紙税を節約しようと思えば、破産管財人による任意売却においては、原本は買主所持分1通の作成で足ります。1通に売主・買主が署名押印し、印紙は買主負担で貼付してもらい、双方消印をした原本は買主が所持し、破産管財人はその写しを所持します。契約書の末尾にも、原本1通を作成し、買主が原本を所持し、売主は写しを所持すると記載します。

買主によっては写しの所持では不安を感じるときもありますが、そのときは、立会人として記名押印した仲介業者だけに写しにも再度押印してもらいます。印紙税の納税義務者は原本を作成した契約当事者ですから、仲介業者だけの押印が写しにあっても、それはあくまでも写し又は仲介業者の証明文書に過ぎず、それに印紙を貼付すべき理由はないからです。

破産管財人による財団所属財産の換価は営業に関しないから、売買代金領収証に印紙貼付は不要との見解があるようです。自宅の売却についての代金領収証のように営業に関しないものは非課税である関係で、破産管財人（である弁護士）は営業者ではないから、その作成する領収証は営業に関しないものであり、印紙貼付不要との考え方であろうと推測します。

この問題は、破産管財人が財団所属財産を売却した場合に消費税の申告納付義務があるかという問題と共通です。大阪におけるかつての破産管財実務が、領収証への印紙貼付も不要とまで徹底していたか否かは分かりません。私は、法人の破産管財人は消費税を納付すべき破産財団管理上の義務があると考えているので、領収証には印紙を貼付しています。

この印紙代をも節約するには、担保解除料支払先及び破産管財人の預金口座及び各金額を記載した振込先指図書に記名押印して買主に引渡し、対面決済ではなく銀行振込をしてもらうほかありません。

7 清算確定事業年度の税務申告

(1) 残余財産不存在の確定

清算確定事業年度及びその確定申告期限については、1(1)解散事業年度と清算事業年度、申告期限において述べましたので、省略します。

残余財産の確定とは、破産財団に属する財産全部の換価回収の完了を意味します。裁判所の許可を得て破産財団に属する財産の一部を放棄したことにより全部の換価回収が完了した場合も含まれます。

清算確定事業年度の所得計算においては、その事業年度に係る法人事業税は、その事業年度の損金に算入します（法税62条の5第5項）。事業税の損金算入時期は、申告書提出日の属する事業年度とされていますが（法基通9－5－1(1)）、清算確定後の事業年度はなく、損金算入の機会がないため、清算確定事業年度の損金に前倒しで算入することとしたものです。

平成22年度改正前の財産法による清算所得課税下では、事業税の損金算入の機会がないため、法人税率を各予納事業年度の所得に対する予納税率よりも事業税相当分低い税率とすることで調整していましたが、改正後は損益法による各事業年度所得課税が適用されるため、損金算入時期を清算確定事業年度に前倒し算入する方法で調整することとしたものです。

(2) 法人事業税（清算中の課税を含む）

法人事業税の課税標準は、各事業年度の付加価値額、資本金等の額及び所得ですが（地税72条の12第1号）、清算中の法人には資本金等の額がないものとみなされるので（72条の21第1項但書）、資本割は課されず、付加価値割及び所得割のみ課されます（72条の29第4項）。

清算確定事業年度においては、円滑な清算終了の観点から、付加価値割は課されません（72条の29第3項）。付加価値額は、各事業年度の報酬給与額、純支払利子及び純支払賃借料の合計額と各事業年度の単年度損益との合計額によるので（72条の14）、青色欠損金等の損金算入は認められませんが、期限切れ欠損金は損金に算入し（72条の18）、所得額も付加価値額の単年度損益と同様の方法で計算されます（72条の23第1項）。

8　消費税の税務申告

(1)　消費税の外税転嫁

裁判所は、消費税は外税にして転嫁することが望ましいと述べ、それは正しいことですが、外税転嫁は容易でない場合も少なくないのが実情です。破産財団に属する財産の売却について、破産管財人は常に足元を見られる立場にあります。消費税を当然に外税転嫁することができるのは、棚卸商品等にそれなりの取引価値があり、破産手続開始の直後で、商品としての腐りがない新鮮な間です。破産財団に属する財産は基本的には生ものですから、時間の経過によって換価が難しくなります。そのときに、消費税を外税転嫁しての取引は、言うは易く、行うのは難しくなります。商品や機械などの売却の場合には、相手方が事業者なので、転嫁が原則ですが、常に転嫁できるわけではありません。

とりわけ、中古不動産の売買では、消費税は内税が原則です。中古不動産は法人だけが売るのではなく、個人も居住用不動産を売ります。個人は原則として事業者ではないので、建物の売買代金に対して消費税は課されません。そのため、法人が居住用不動産を売った場合に消費税を上乗せすれば、売買市場で不利な立場に置かれます。したがって、法人が売る場合であっても、中古の居住用不動産の売買取引は内税取引が基本となります。

また、不動産は土地と建物にそれぞれの売値を付して売り出すのでなく、土地・建物一体の価格表示をして売り出すのが通常ですので、価格配分によって外税転嫁する場合の消費税額が異なってしまいます。そのため、個人との競合が生じない事務所・事業所用不動産や収益用不動産の売却で、売出広告をせずに買受人を見付ける方法でないと、建物売却に係る消費税の外税転嫁は簡単でないと思われます。

(2) 建物売却に係る消費税の軽減化策

そこで、建物売却に係る消費税を減らす方法はないかということになります。買主が建物の使用を継続する場合には、建物の価格を零にすることはできません。使用継続する以上、建物に取引価値があると認められるからです。この場合は、簿価、固定資産税評価額又は当事者間で合意した建物売買価格などを契約書に明記して、消費税の軽減を図るほかありません。土地譲渡利益重課がされた時代には、建物価格をできる限り大きくしましたが、現在では、逆に建物の価格を小さくすることになります。

私が実践している方法は、買主が建売業者やマンション分譲業者のように、その取得目的が敷地にあるときは、買主は建物を解体するのですから、土地だけの売買契約をし、担保抹消の登記書類と滅失登記申請の委任状、さらに裁判所の解体許可証明書をも引き渡して、契約書には買主負担による解体を明記するか、あるいはごく名目的な売買価格を設定する方法です。

建物の簿価や固定資産税評価額が何千万円であろうと、買主は解体収去してしまうため、その価額で購入しても土地の取得価額を構成するだけなので、建物価額は零でも何ら不利益は生ぜず、借入先の銀行等の要求で一旦移転登記を受けて抵当権設定登記をする場合には、贈与を登記原因とするわけにもいかないので、その場合には10万円以下の名目的な価額で売却します。このほかに、土地建物合計いくらとして、内訳は土地代が全額、建物代は0円で売却する方法もあろうと思います。

(3) 不動産売買での固定資産税の未経過期間分精算

土地・建物に対する固定資産税は、賦課期日である毎年1月1日現在において所有者として登記され又は固定資産課税台帳に登録された者に課され、また都市計画税は、市街化区域内にある土地・建物の所有者に課される、いずれも市町村税です。固定資産税（都市計画税を含みます）は、1月1日現在の所有者に対してその年1年分が課され、その年の中途で所有者が変更しても、新たな所有者は、その年の固定資産税について納税義務を負いません。

そのため、年の中途で売買がされたときは、引渡日を基準として、未経過期間に応じた固定資産税の精算が当事者間で行われますが、買主にとっては、売主に支払義務のある固定資産税の支払を売買契約上の特約によって負担したに過ぎないので、その支出は買受不動産の取得費の一部となります。

これに応じて、売主が受け取った固定資産税精算額は、譲渡代金の一部となります。そのため、固定資産税精算額のうち建物に関する分は、建物の契約上売買価額に加えて、消費税の課税売上高を構成します。

(4) 競売でも建物売却消費税は課される

競売で売却代金の全額が申立債権者・担保権者等に配当された場合でも、所有者である破産法人は消費税を免れません。消費税は、国と事業者との間の法律関係であり、売主と買主との間で授受される代金の中には、消費税などというものはありません。取引の際に本体いくら、消費税8％でいくら（内訳は消費税6・3％、地方消費税1・7％、平成27年10月1日施行予定の10％の内訳は消費税7・8％、地方消費税2・2％）と書かれることが多いですが、売主が買主に対して消費税を請求し得る法律の規定はないので、当事者間に消費税相当額を買主負担とする合意がない以上、これを請求することはできません。もっとも、明示的合意がなくとも、四囲の状況や従前の取引経過から、黙示的合意が認められる場合が多いので、意思表示解釈上は請求することができますが、中古居住用不動産売買のような事例では、後になって消費税加算を忘れていたから支払えと請求したところで、そのような請求は認められない場合が多いと思われます。

会計上は、仮受消費税、仮払消費税などの勘定科目を設けて処理することが多いですが、これは消費税込の計数によって正確な損益把握が歪められないようにするための会計上の仕訳に過ぎません。売主と買主との間で授受されるのは、あくまでも消費税相当額を含んだ代金です。その意味で、任意売却の見込みのない不動産の破産財団からの放棄は、固定資産税の回避だけが目的ではなく、これを放棄せずに財団に帰属させたままにしておくと、破産財団には一円の入金もないのに、建物売却消費税を納付しなければならなくなるので、この不利益の回避をも目的としています。

民事執行では不動産の売却代金の中から建物の売却代金相当額に対する消費税を控除した残額を担保権者等に配当するわけではありません。競売の売却代金は全部内税であり、その内税相当額も代金の一部ですから、代金全部が担保権者や差押債権者に配当されます。そのため、破産法人所有不動産が物上保証物件の場合、他人のために不動産を失い、代金も全部取られた上に、消費税の納付までしなければならない場合が生じます。

(5) リース物件の返還

平成19年度改正により、同20年4月1日以降に締結されたリース契約に係るリース物件の返還は、リース会社に対するリース料債務の代物弁済とみなされ、それによる破産債権への充当額については消費税が発生します（消税2条1項8号、同令45条2項1号、同基通9—3—6の3）。他方、破産者がリース取引につき賃貸借方式での会計処理を行い、リース料の仕入税額控除についてリース期間内の各事業年度に分割して控除を行っている場合、破産管財人は、残リース料の全額に係る仕入税額控除を行うことができます（鹿子木康・島岡大雄編「破産管財の手引（増補版）」Q86）。

ファイナンス・リースでは、リース料全額を支払っても、リース物件の所有権がユーザーに移転しない所有権移転外リース取引が原則です。その税法上の取扱に関する平成19年度改正は、企業会計基準委員会が同年3月に公表した「リース取引に関する会計基準」（企業会計基準13号）及びその適用指針（16号）の考え方に従って、特殊な賃貸借契約であるリース取引を、税法上は、売買契約によってリース物件の所有権がユーザーに移転したものとみなして課税関係を整理し、課税根拠を従前の施行令ではなく法律に定めたものです。

この会計基準は、中小企業には強制適用されず、適用指針自体も、重要性の乏しい一定の場合には賃貸借処理を許容しています。賃貸借処理は会計処理が簡便なので、この処理方法を続けている中小企業は少なくありません。この場合、各事業年度の支払リース料は、税法上は減価償却費として取り扱われ、リース期間定額法といわれる計算式による償却限度額までの損金算入が認められます。会社法は中小企業にも適用されるため、会社計算規則108条は、現在でも、注記をすれば賃貸借処理でも差し支えないと読むことのできる規定となっています。

リース物件の返還による残リース料債務の減少は、改正税法の取扱いでは課税売上となるので、消費税の発生は避けられませんが、残リース料債務が全部消滅することはないので、そのリース物件の返還に限れば、仕入税額が消費税額を上回り、差引税額マイナスすなわち消費税還付となって、破産財団が増殖します。

(6) 破産管財人による資産売却は消費税不課税か

大阪地裁管内の破産管財実務では、破産管財人が商品等や建物を売却しても、事業としての反復継続性がないから、消費税の納税義務はないとの取扱いが、旧破産法下のある時期までされていたと仄聞します。このような取扱いが何故通用していたのか、甚だ理解に苦しみます。

消費税法５条１項には、納税義務者とは課税資産の譲渡を行った事業者と、同法２条１項４号には、事業者とは個人事業者及び法人と、それぞれ規定されています。同法２条１項８号、９号に課税資産の譲渡等の定義が規定されていますが、事業として対価を得て行われる資産の譲渡及び貸付け並びに役務の提供であって、非課税取引を除いたものとされています。

事業とは、同種の行為を独立の取引主体として反復継続して行うことを意味します。消費税法13条には、「法律上資産の譲渡等を行ったと見られるものが単なる名義人であって、その資産の譲渡等に係る対価を享受せず、その者以外の者がその資産の譲渡等に係る対価を享受する場合には、当該資産の譲渡等は、当該対価を享受する者が行ったものとして、この法律の規定を適用する。」と規定し、実質帰属者課税を明らかにしています。

大阪でのかつての取扱いが前述の通りだとすれば、その根拠は、破産法人は清算目的の範囲内で存続するにすぎず、旧破産法下では、破産宣告によって営業を休止し、第１回債権者集会において営業廃止決議をするのが原則ないし通常であったので、破産管財人の行う換価事務には事業としての反復継続性はないという考え方に基づいていたのだろうと推測します。

問題は、破産管財人と破産会社の関係にあります。破産財団に関する訴えの当事者適格は、破産法80条により破産管財人にありますが、これは、破産財団の管理処分権が破産管財人に専属するとの破産法78条1項を根拠とする法定訴訟担当であると理解されています。したがって、破産管財人は形式的には訴訟当事者となるが、その訴訟の結果は、すべて破産者に帰属します。

これは破産管財人による資産処分の場合でも同じことであって、破産管財人による資産譲渡等の法律効果はすべて破産法人に帰属しますから、前述の消費税法13条や清算法人も消費税の申告納付義務を負うとする同法45条4項、49条などとの関係で、破産管財人による資産譲渡は消費税の課税対象外であるとの議論には無理があります。

(7) 破産管財人報酬に含まれる消費税の還付

破産管財人報酬は内税方式で決定されるので、消費税が含まれており、清算確定年度を含む手続開始後の各年度に係る消費税申告においては、報酬決定の度にその仕入税額控除、さらには還付の問題が生じます。

清算確定した、すなわち残余財産の不存在が確定した日が、破産財団に属する財産全部の換価処分が終了した日となり、破産管財人報酬の決定は最後配当の許可申請に対する許可と同時にされるので、法人税の清算確定申告においても消費税の確定申告においても、破産管財人報酬の決定が遅れると、欠損金の損金算入額が決まらず、また、仕入税額控除ができないことになってしまいます。

破産管財人報酬中の消費税相当分は破産財団の利益に還付され、あるいは還付充当されるべきです。ところが、破産財団全部の換価が終了した時に清算確定するとはいっても、報酬はその段階では未だ決まっていませんから、消費税がいくら還付されるのかわかりません。報酬決定後に消費税の確定申告をし、あるいは更正の請求をして還付を受けるのでは、最後配当はさらに遅れてしまいます。

そこで、私は、破産財団に属する財産全部の換価は未了だが、いくら位になるかほぼ見込める、残余の資産が僅かになった段階で、破産管財人報酬について消費税の仕入税額控除をする必要がある旨を述べて、裁判所から最後配当の許可申請前に報酬決定（正確には内示）を得たことがあります。その結果、破産管財人報酬についての消費税還付を待つ必要がなくなり、その相当額を自分で立て替える必要もなくなりました。

ただ、破産管財人報酬についての仕入税額控除は常にできるわけではなく、その効果が殆どないこともあります。例えば、課税売上が生ぜず、またはごく僅かな額となって課税売上割合が下がると、仕入税額の控除ができず、または僅かな割合しか控除できなくなります。また、基準期間（前々事業年度。清算第2期の基準期間は、消費税法2条1項14号括弧書により、解散事業年度ではなく、その前事業年度になります）の課税売上が１０００万円を下回ると、免税事業者となってしまい、仕入税額控除が不可能となりますから、財団財産の内容や処分状況によっては、課税事業者選択届をすることも検討する必要が生じます。

破産管財人報酬は、配当実施の許可申請毎に決定されるのが実務上の取扱いですから、中大型事件では、配当実施を最後配当1回で終えるのでなく、課税売上の金額や割合に応じて中間配当の許可申請をし、中間報酬決定を受けて、報酬に含まれる仕入税額の控除をすることも考える必要があります。破産財団からの消費税の流出を圧縮し、還付を受け得る場合も生ずるからです。

課税売上の生ずる資産の換価を次期以降に繰り延べる方法もありますが、単純な換価時期の繰り延べでは、換価自体が不能又は困難となってしまう場合もあります。したがって、課税売上の発生時期を繰り延べたい場合は、売買契約を締結しておいて、その中で引渡時期でもある残代金の支払時期を次期にずらすなどの確実な方法を取る必要があります。

【第6章】質問検査にはこう対処せよ

質問検査と更正・決定の手続

鶴見祐策
（弁護士）

《鶴見祐策　Yusaku Tsurumi》
東京弁護士会（14期）。納税者の権利擁護の立場から租税事件に取り組む。質問検査権に関しては最判昭和48年7月10日（判例時報708号）、東京地判平成3年1月31日（判例時報1376号）など多数の事件に関与。論稿としては、「課税処分のための質問検査権」（『日本税法体系第3巻』（学陽書房）所収）、「質問検査権関係の刑事訴追の実態」（『質問検査権の法理』（成文堂）所収）など。

1　税務調査はなぜ国民に嫌われるか

(1)　税務署を撃退する

法人個人を問わず、大方の事業者にとって、税務署の調査というものは鬼門に違いありません。少なくとも好きな人はいないと思います。書店の棚には『税務調査の上手な受け方』とか『調査のポイントはここだ』とか、いかに調査の網と目を無難に潜り抜けるかというテクニックを説いた種々の本が並んでいます。税務調査が事業者から嫌われている証拠でしょう。

私が弁護士になりたてのころ、税務署に呼ばれたら赤ん坊を背負って行くという人がいました。質問や検査がポイントにかかってきたときに、赤ん坊の尻をつねると火がついたように泣くから、調査員が根を上げて「もう結構です」ということになるというのです。真偽のほどは定かではありませんが、この種の税務署「敬遠法」「撃退法」には事欠かないようです。そういう手練手管を私の話に期待すると、失望されるだろうと思います。

(2)　税法は国民の権利を守るため

税金は経済活動を営むすべての人にとって日常的な問題であり、課税庁と納税者という図式の中で、必然的に調整を要する法律の問題ということができます。課税権力と納税義務の相克があることは否定できません。したがって税金問題は人権問題でもあります。「代表なくして課税なし」「法律なくして刑罰なし」と言われます。市民社会の歴史をひらいたイギリス革命の権利請願や権利章典、アメリカ革命の独立宣言、フランス革命の人権宣言には、罪刑法定主義と租税法律主義の原型が示されているわけです。統治者の課税権と刑罰権はワンセットでした。その専断に対する人民の抗議と抵抗の高揚が市民革命を遂行させた原動力でありました。

日本の憲法が30条と31条にこの２つの大原則を並べて掲げているのは、そのような世界の歴史的な位置づけをふまえてのことだと思います。84条にも租税法律主義が定められていますが、30条の「法律の定めるところ」という文言に規定の生命があります。つまり、法律に明記されない限り課税されないという権利を保障したものにほかなりません。

(3) わかりにくい日本の税法

それでは租税国家の財源である税金が、なぜ日本では国民一般から疎まれるのでしょうか。それは見返りなしの重い負担だということよりも、課税権の現実の行使が、現実に不透明であり、不明確であり、しばしば恣意的であり、強権的かつ一方的であり、その計算や予測が困難であり、それらが相乗して、納税者に底深い恐怖感を抱かせるからではないでしょうか。特別措置法を含めた日本の税法は厖大にして複雑であり、一般国民にとって分かりやすくできていません。憲法の建前からすれば、通常の読解力があれば、自分の経済生活がいかなる課税問題と結果をもたらすか、判別できなければなりません。しかしそうなっていない。「一読して難解」「二読して誤解」と言われるくらいです。

そして驚くことには、その法律の解釈と運用は法律でもなんでもない、課税庁が作った内部的な、厖大な量の通達が現場に氾濫して、実務を我が物顔で支配している現実です。しかも秘密のものがある。ですから、善良な納税者ほど、税務署員の背後に得体の知れない「怪獣」の姿を描いてしまうのではないでしょうか。

(4) 法律家の出番

本来、租税の領域は、純粋に法律関係として捉えられるべきです。課税庁と納税者の法的利害の透明な調整の場であるべきだと思います。

弁護士は、刑事手続における人権保障には熱心であるといえると思います。被疑者や被告人の法的権利を主張して裁判所に適正手続の履践を求め、そのために警察や検察と争うことは珍しくありません。それが職責ですから当然でしょう。

ところが、税金問題ではどうでしょうか。私たちは、課税庁の専横に苦しむ納税者の立場を擁護するために、十分力を尽くしてきたといえるでしょうか。刑事弁護に比すると関心が薄く、努力も足りないという感じを否めないのです。不適切な税務行政に敢然と挑んで正しい意味での「法の支配」を貫徹させ、税務調査に関しても納税者の権利を主張して闘うような弁護士が求められているように思いますが、いかがでしょうか。

2 税務調査権の目的と種類にはどんなものがあるか

納税者が税務署と相対するのは、税務調査に始まります。行政目的を達成するために国民を対象とした調査が必要な場合があり、これを行政調査といいますが、税法の調査権は即時強制と区別して行政調査と解されています。

大別して三種類に分けられます。①国税通則法（平成23年改正）74条の2ないし7に定められている課税処分のための調査、②国税徴収法による滞納処分のための調査、③国税犯則取締法による犯則事件のための調査です。

他に、国税通則法97条を根拠として④不服審査の審理のための調査を挙げる見解もあります。

③のうち、臨検、捜索、差押は裁判官の令状を得て行う強制調査ですが、それ以外は質問検査を受けるかどうかは、基本的に調査対象者の意思にゆだねられているという意味で「任意調査」とされています。ただし、対象者が正当な理由なく拒否すると罰則が発動される場合があります。制裁を避けるべく、質問検査に応じざるを得ない方向に誘導する法構造になっていることから、「間接強制調査」とも呼ばれるわけです。③のうち質問、検査は任意調査です。間接国税に関する検査には罰則の裏付けがあります。ただし、国犯法上の調査は犯則処分や刑事訴追のための告発につながるので、行政調査とは区別することが必要です。

3　課税処分のための質問検査の構造と根拠規定はどうなっているか

(1)　申告納税方式の仕組み

国税通則法15条2項は、納税義務の成立の時期を、所得税は「暦年の終了の時」、法人税は「事業年度の終了の時」、相続税は「財産取得の時」と定めています。税額の確定については、同法16条が納税者の申告によって確定するのを原則とし、例外的に税務署長の更正によって確定する「申告納税方式」を定めています。事業所得は所得税法、法人税法とも「申告納税方式」をとっており、所得税では毎年3月15日までの法定期限内に前年12月末日に成立した納税義務につき、自分で計算した税額を記載した確定申告書を税務署長に提出することによって納税義務を確定させ、その確定税額を納付して納税義務を果たすことになるわけです。相続税も同様です（相続税法29条）。しかし、確定申告書に記載された課税標準（所得金額）や税額の計算が誤っていたとき、あるいは税務署長の調査したところと異なっていたときは、税務署長は国税通則法24条に基づき、その調査によって更正することになります。納税義務があると認められる者が確定申告書を提出しなかった場合は、同法25条により決定します。

つまり我が国の税法は、所得税・法人税など直接税について申告納税制度を採用し、納税者の申告で納税義務が確定することを原則とし、これに誤りがあるときに限って、例外的に税務署長の調査に基づく更正処分によって補完する構造をとっているわけです。

(2) 調査の方法として質問と検査

この場合の「調査」の方法の一つとして、税務職員による質問検査権が認められています。所得税・法人税・消費税に関しては国税通則法74条の2、相続税に関しては、74条の3の規定です。これに協力しない者に対しては、1年以下の懲役または50万円以下の罰金の制裁を準備しています（通則法127条）。

(3) 質問検査の規定

その仕組みを見ると、国税通則法74条の2、1項では「当該職員」は「調査について必要があるときは」「納税義務がある者」等に「質問し」「帳簿書類その他の物件を検査し」「又は当該物件（その写しを含む）の提示若しくは提出を求める」ことができると定めています。そして国税通則法74条の8では「犯罪捜査のために認められたものと解してはならない」と注意書を置いています。

4　質問検査権をめぐる論争のはじまりと判例の推移

(1) 調査権の立法の歴史

遡れば明治20年、所得税創設に伴う所得調査委員会の尋問権にはじまりますが、日清、日露の戦争を経て、軍備増強の必要から、徴税体制の強化とともに税務調査権の補強が図られてきました。対中国戦争が開始された昭和12年の臨時租税増徴法の中で質問検査権と罰則が設けられ、昭和15年の所得税法全文改正と法人税法が創設されました。敗戦後の占領下、財政再建の徴税強化を目指す昭和22年の所得税法全文改正で不答弁と虚偽答弁に罰則が追加され、さらにシャウプ勧告に基づく昭和25年の所得税法の改正に引き継がれてきたわけです。つまり国庫増収の施策と調査権の強化は表裏の関係にあるわけです。

(2) 通則法から始まった論争

質問検査のあり方をめぐって論争が表面化したきっかけは、やはり昭和37年の国税通則法の制定に関係があります。その背景には、歴史的に興味深いものがありますので触れておきましょう。昭和35年の安保闘争の後、「高度経済成長」を旗印に登場した池田内閣は、有効需要の増大を目指して積極財政を指向し、このときから国と地方の予算規模は肥大化の一途をたどりました。

昭和37年２月、ナチス政権下のドイツ租税調整法を手本にしたといわれる国税通則法案を国会に提案したわけです。その中で、立入権を含む質問検査権の強化など五項目（他は全納税者の記帳義務、推計課税、人格なき社団に対する課税、訴願前置の徹底）は、中小零細自営業者に対する権力的な徴税体制を目指すものだと法案反対運動が急速に盛り上がり、この激しい世論を前にして、政府大蔵省（現 財務省）は、これらの部分につき削除を余儀なくされ、国会の審議も紛糾を重ねた末、一部修正で同年4月にやっと成立にこぎつける経過がありました。

この反対運動で主導的な役割を果たしたのが、全国商工団体連合会に結集する全国の民主商工会（民商）でした。そして2年にわたる運動の期間中に会員を倍加させたために、ときの政府や税務当局の目には、大変おぞましい存在に映ったことは推測に難くありません。そのときから撲滅すべき対象となったわけです。

(3) 民商を目の敵にした税務調査

昭和38年5月に、各国税局長あての秘密通達が発遣されました。これは民商の会員を対象とした徹底的な税務調査を指示したものでした。このときから、特定の会員を名指しで取引先に照会を求めたり、会員に個別に脱会を勧告する文書を送りつけたりするようになりました。あわせて税務調査を口実とした執拗な嫌がらせや権力を背景にした威嚇が広範かつ組織的に行われました。その担当専門の部門も設けられました。「特団係」と呼んでいます。調査臨場の機会を利用した会員に対する脱会の強要、勧告、干渉が精力的に展開されました。これに逆らう会員や事務局員に対しては、容赦なく告訴告発が実行されました。10月末には直税部長会議で「他の事務が圧縮されてもやむを得ない。検査拒否犯、検査妨害犯、脱税犯、税理士法違反の事実があるときは告発する。」との方針が確認されていたのです。

(4) 税務調査に関する裁判の続発

この時期を境として起こった「調査」の顕著な様変わりが、各地で紛争の続発をもたらしました。詳細は北野弘久教授編『質問検査権の法理』（成文堂）に私が当時のレポートを書いておりますので参照してください。それから、平成10年に自由法曹団が出版した『憲法判例をつくる』（日本評論社）に、その渦中にあった増本一彦弁護士と私がそれぞれ担当した個別事件の中で触れています。些細なトラブルにも警官隊が動員されて、公安事件並みの扱いでした。

昭和38年６月の新潟民商の事務局員が、後に無罪で確定するのですが、私文書偽造で起訴されるのを皮切りに東京の中野、神奈川の川崎、大阪の旭都島などで税務調査に関する刑事訴追が相次ぎ、さらに福岡、京都、岐阜、愛知、静岡に及びました。

この年の９月、会員宅に臨店の税務職員に「帰れ」と怒鳴ったという川崎民商の事務局員が検査妨害犯（旧所得税法70条10号）で起訴されました。これは身分犯かどうかで争われた事件で、東京高裁の昭和43年５月24日判決（判例時報５２３号）は無罪にしたのですが、最高裁で逆転されました。10月には「だめだ」「帰れ」と大声をあげたという川崎民商の会員が検査拒否犯で起訴されました。これが鈴木事件といわれる事件で、後に税務調査のような行政手続にも憲法35条、38条１項の適用があり得ることを認めた判例として知られる最高裁昭和47年11月22日大法廷判決（判例時報６８４号）となるわけです。

大阪では昭和39年11月に「概況調査」に来た税務職員に対して暴行したということで、事務局員が公務執行妨害犯で起訴されています。旭都島民商小貫事件と呼ばれますが、事前調査の適否が問題となり、最終的には大阪地裁昭和49年３月22日判決（税経新報59号）で無罪となりました。ちなみに中野民商に対する税務調査を口実とする組織破壊について国家賠償判決を認めた東京地裁昭和43年１月31日判決（判例時報５０７号）が著名です。ただし控訴審で破棄されています。

昭和40年には「高度経済成長」が急速に行き詰まり不況に転ずるわけですが、昭和41年後半からは小規模ながら発展途上の民商が目標とされ、東京の荒川、広島の福山、群馬の前橋、兵庫の尼崎、静岡、岩手の盛岡などで税務調査を理由とした事件が相次ぐことになりました。こうなると私の身辺も慌ただしく、荒川、前橋、静岡、盛岡と弁護活動に巡り歩く事態となりました。

5 リーディングケース荒川民商広田事件の概要とその顛末

(1) 事件の中身

それらの中でも荒川民商広田事件は、私が最初にかかわった点で思い出深いものがあるばかりでなく、今回のテーマでもある税務調査の法的要件と限界が厳しく問われた事件として特筆に値します。少し立ち入ってお話ししたいと思います。

東京の荒川でも、「特団係」による執拗な調査と推計課税による更正が濫発されていました。更正を公表し、民商誹謗の文書が配布されました。税務署長が民商会長に内容証明を送りつけ、全会員にも警告文が郵送されました。そのような雰囲気の中で、昭和41年9月、プレス加工業を営む会員広田さんの家に2名の「特団係」がやってきて、得意先の住所氏名を質問し、帳簿書類を呈示するよう求めたのです。

応対した広田さん本人と専従者の長男が「申告と納税は済ましている。申告のどこがおかしいか」と問うたわけです。係官は「調査理由は言う必要がない」と突っぱねました。その押し問答が繰り返され、結局「話にならない」と屋内に引き上げかけたとき、長男が持つノートが係官の指先に触れたということらしいのです。長男は否定しています。その係官は税務署にとってかえすと、上司の指示で嘱託医から「示指全治3日間の打撲傷」という珍しい診断書を作ってもらって、長男と会員本人を共謀の公務執行妨害と傷害の罪名で警察に告訴したわけです。税務署長も告発しました。

(2) はじめての「不答弁罪」

数日後の早朝、約90名の武装警官が会員宅を囲み、その日に60歳の誕生日を迎えた本人と長男を逮捕しました。それでもさすがに暴行や傷害の事実はなかったのです。勾留がつかず釈放されました。3ヵ月が経ちました。税務当局からの強い要請があったのでしょう。知恵をしぼった検察官は本人だけを質問不答弁、検査拒否犯で起訴に踏み切ったわけです。はじめて不答弁犯が法廷で争われることになったのはそのためです。

この荒川民商広田事件は、第一審の東京地裁は無罪となりましたが、第二審では罰金3万円の有罪、そして上告審で棄却される結果となります。その最高裁決定が、質問検査権の要件について具体的に言及した最初の判例となるわけです。

(3) 何が問題になったか

争われた最大の問題点については、憲法論をはじめ論点はたくさんあるのですが、調査の時、広田さん本人が「申告は済ませている」「理由を示してほしい」と言ったことが、とりわけ重要な意味を持つことになりました。いわゆる「理由開示」の問題です。

所得税法は申告納税方式をとり、納税者の確定申告で具体的に確定するのが原則であり、申告に誤りがある時に限って例外的に税務署長が更正できるという構造をとっていることは先に述べました。そうだとすると、申告した税額を納付すれば納税義務はあり得ないわけで、もしまだ納税義務があると認められるというのであれば、税務署側にそれ相当の理由がなければならない。だからその「理由」を明らかにせよ。これが本人の要求であったわけです。それ相当な「理由」がなければ、質問検査の相手となるべき「納税義務がある者」「納税義務があると認められる者」に当たらないではないかという問題提起でもあります。

(4) 地裁の無罪判決とその手法

東京地裁昭和44年6月25日判決（判例時報565号）は無罪を言い渡しました。その理由を次のように述べました。

質問不答弁や検査拒否が処罰されるためには厳格な要件を必要とすると解すべきである。なぜなら職員が必要と認めるかぎり、これに応じなければどのような場合でも1年以下の懲役、20万円以下の罰金にあたるとすれば、所得税調査という広範な国民が対象となる一般的な事項であり、公共の安全にかかわる問題でないだけに刑罰法規としてあまりにも不合理であり、憲法31条のもとに有効に存立し得ないからである。所得税法242条8号（注記・旧法）の罪は、その質問検査に合理的な必要性が認められ、その不答弁等を処罰することが不合理といえないような特段の事情が認められる場合にのみ成立する。こう解するかぎり、憲法35条あるいは38条1項違反の問題を生じない。

弁護団が主張する憲法31条、35条、38条1項をふまえて、適用違憲の形をとった判決でした。これは、この年の4月2日に最高裁大法廷が地方公務員法違反の都教組事件の無罪判決（いわゆる「4・2判決」判例時報550号）で採用した手法を踏襲したものでした。ちなみに、これに続く広島地裁福山支部昭和44年10月9日判決（判例時報581号）も同じ見解をとっています。

そこから派生して、質問検査のあり方については、刑罰の威嚇のもとに「包括的」な質問検査が許されないこと、また「理由開示」についても、調査を必要とする理由を告げて応答を聞くという方法をとるべきであったと判示したわけです。この判決は、強権的な税務調査に反省を迫るものとして、大方から歓迎されました。

(5) 控訴審・東京高裁での暗転

ところが、控訴審の東京高裁昭和45年10月29日判決は、一転して被告に罰金3万円の有罪を言い渡したのです。この判決は、この時期の司法の動向を反映したものです。一審判決が「4・2判決」と同様の手法をとったと言いました。この「4・2判決」は財界や政権党筋から「偏向判決」の攻撃にさらされたわけです。自民党は「調査会」の創設を示唆しました。内閣による最高裁裁判官の入替えが進められた後の昭和48年4月25日、最高裁大法廷は、4年前の先例を覆す判決（いわゆる「4・25判決」判例時報699号）を行ったのです。ちなみに「4・2判決」の都教組事件は、一審の無罪を二審が逆転有罪にした事件でした。それを最高裁が「限定解釈論」で再逆転させたわけです。これと同じ手法で無罪にした広田事件を高裁で担当した裁判長は、ほかならぬ都教組事件を逆転有罪した実績を持つ裁判官でした。私どもにとっては、暗い巡り合わせというほかありません。

(6) 上告審・最高裁決定とその持つ意義

「4・25判決」直後の昭和48年7月10日、最高裁第3小法廷は上告棄却を決定（判例時報708号）しました。裁判長は、大阪高検検事長出身の天野武一氏でした。型通り上告理由に当たらないというのですが、余論が付記されているのが異例といえるでしょう。

実は、この「蛇足」部分が判例なのです。この判示には、積極と消極の両面があります。私どもとしては、税務職員の裁量権を基本的には認めている点で不当というほかありませんが、その半面、権限の行使に一定の法的な限界を画した点で、現実に横行する濫用の制約に役立つ意味では肯定的に評価できるわけです。

すなわち、質問検査権を適法に行使するためには、①諸般の具体的事情にかんがみ客観的に必要性があると判断される場合であること（質問検査の客観的必要性）、②実施の細目はその必要性と相手方（納税者や取引先）の私的利益との衡量において社会通念上相当な限度にとどまること（比較衡量）、そして、その選択が合理的であること（合理性）などの必要な枠組みを明らかにしたのです。

その他に「納税義務がある者」の意義について触れていますが、申告納税制度を前提とする限り、この論理にはかなり無理があり、かえって「ある者」と「あると認められる者」との区別が一段と曖昧になったうらみがあります。

ちなみに、この決定が力点を置くこの部分には、暦年終了前における税務調査（事前調査）の可否の問題をも内包していたのです。もちろんこの事件は事後調査ですから、直接は関係ありません。しかし、最高裁小法廷がこれに執着するには理由がありました。前に触れた小貫事件が、大阪地裁で厳しい対決を続けていたのです。この事件は、審理の過程で裁判所が検察官に手持証拠の開示を命じたことでも著名です（大阪地裁昭和43年7月30日決定判例時報525号）。大阪高検は裁判所の決定を争って特別抗告にまで持ち込みましたが、その時の検事長が、最高裁の裁判長席にいたというわけです。

(7)「理由開示」はどうなったか

ところで、一審判決が提起した「理由開示」の問題では、「調査の理由及び必要性の個別的、具体的な告知のごときも、質問検査を行ううえの法律上一律の要件ではない」としました。

税務当局は、当初「理由開示」が否定されたと思って、これを歓迎したのですが、「具体的事情にかんがみ」「一律の」との表現に込められた意味を見落としていたようです。実際には、これでは決着しなかったのです。すべての場合に必要とするわけではないが、個別事案によって「理由開示」が必要な場合があるという含みを残していたからです。

この最高裁決定後に行われた、例えば盛岡地裁昭和49年8月21日判決（判例時報782号）は、不答弁と検査拒否が問われた事件ですが、具体的な質問検査権の行使が運用の如何によって違憲となり、あるいは応じないことが正当として処罰されない場合がありうるとの見解のもとに、税務職員の理由不開示を不当として一部無罪を言い渡しています。これは総合食料品店ですが、税務署員が「昨日の売上を見たい」と言ったところ、店主が「昨日の売上は関係ない」と奥に引っ込んでしまったのが「検査拒否」を問われたものです。その検査要求が前年度の調査になぜ必要なのかを説明すべきだったと判決は言うわけです。松山地裁昭和48年10月11日行政訴訟判決（シュトイエル142号）も同様です。その後の判例を見ても、「調査理由」の開示の有無が税務署員の対応の適否の判断にかかわるものが少なくありません。

(8) 最高裁決定の影響と新たな論議

特筆すべきは、広田事件を含めた一連の事件によって、質問検査権のあり方をめぐる論議が、法廷内だけでなく法廷外でも急速に高まってきたことです。例えば、日本税理士会連合会では、任意調査の限界を超えない配慮、調査目的の明示、「納税義務があると認められる者」など規定の明確化などを盛り込んだ同会審議会の答申が出され、これを受けて昭和46年2月に国税庁に対し税務調査の適正化を求める要望を行いました。

現場の動揺を懸念した国税庁も、独自に「税務調査の法律的知識」を作成して職員に配布しましたが、これに対しては東京税理士会（昭和48年3月）や日本税理士会連合会（同年7月）が批判を込めた意見表明を行っています。学界でも論説が相次ぎました（この間の判例学説は北野弘久編『質問検査権の法理』（成文堂）に網羅されている）。日本税法学会でも論議が交わされる一方、税務当局側のイデオログも動員されて、税務関係の情報誌などを舞台に論争が繰り広げられました。そして今日にも及んでいるわけです。

破棄されたとはいえ、一審の無罪判決は、いくつもの同種事件で活かされています。調査の「理由開示」を求める見解は、その後の裁判例に少なからぬ影響を与えたことも指摘しなければなりません。理由を告知しないで納税者の調査非協力を口実とする推計課税を違法とした千葉地裁昭和46年1月27日判決（判例時報618号）や、公務の適法性を否定して公務執行妨害を無罪とした静岡地裁昭和47年2月9日判決（判例時報659号）などがあります。いずれも私はかかわりがあります。ただし、控訴審では破棄されました。

(9) 税務当局の「勇み足」

論争の裏面では、思いどおりに裁判が進まないことに苛立ったのでしょうか。税務当局が陰湿な報復を企てる一幕もありました。昭和48年2月28日、東京国税局長は管内（東京・千葉・神奈川）の弁護士のリストを作って、各税務署に対し「納税非協力者に関係がある弁護士の課税状況等調について」と題する極秘通達（直所極秘第62号、直法極秘第66号、総極秘第8号）を発したことがありました。これらの弁護士に対する調査の強化、資料の収集と永年保存を指示していたわけです。

第75回国会衆議院大蔵委員会（昭和50年6月25日）で、当時衆議院議員であった増本一彦弁護士が、これを暴露して国税庁長官や直税部長を追及しました。手に入れてみたら、私の名前も載っていました。怒り心頭に発する数名がつれだって、東京国税局に出向いて厳しく抗議しました（9月11日）。局長は姿を現さず、次長が数名をひきつれて応対しましたが、当局の周章狼狽は目を覆わんばかりでした。結局は通達の回収と廃棄を宣言させて落着しました。

⑽ 税務調査の濫用に歯止めをかけた

かくして論議の決着を目指した最高裁判例ではありましたが、今度は具体的な事案で、設定された枠組みをめぐる新たな論争を呼ぶことになりました。この判例が、今でも税務調査が問われる税務訴訟に常に引用されつつも、激しい論議の的とされるのはこのためです。この枠組みを広げようとするのが納税者であり、これを狭めようとするのが課税庁の立場であると言い換えてもよいでしょう。しかし、質問検査権の行使に一定の枠をはめた現実的な機能は、何人も否定できないわけです。税務職員の「裁量」が認められながら、税務行政の実務では、むしろ重い「桎梏」となったのは皮肉というほかありません。そのことは、例えば税務当局上層部（当時東京国税局査察部長）の「荒川民商判決（注・最高裁決定）のように、客観的必要性を厳格に要求されますと、事実上調査ができなくなるということも考えられます」（増刊「ジュリスト」昭和52年1月号）という発言などからも、うかがい知ることができます。

ともあれ、強権的な税務行政に反省を迫るものであったことはたしかです。様々な分野で論議が交わされました。例えば、自民党の零細小売商対策小委員会（塩崎潤委員長）がまとめた「小規模事業者の納税協力促進のための税制及税務執行改正試案」では、「税務職員の質問検査権その他課税権力行使の民主化」と題して「小規模事業者の納税申告の適否の調査のための質問検査権の規定は原則として廃止」などを謳い、さらに「質問検査権の規定を民主化するため」（イ）事前通知の義務化、（ロ）営業妨害、プライバシー等の侵害にならないよう制限をもうける、（ハ）調査目的（不審な点）を明示する等を定めたと伝えられています（日本経済新聞昭和48年10月26日付）。ただし実行されなかったのです。

⑾　国税庁も「税務運営方針」を配付する

国税庁も、最高裁決定を受けて「税務運営方針」を作成し、全職員に配付しています（「税理士界」昭和49年6月1日付）。昭和51年に一部手直しの改訂版が出され、それが今日も服務心得の建前とされています。そこには「調査方法の改善」として次のように書かれています。

「税務調査は公益的必要性と、納税者の私的利益の保護との衡量において、社会通念上相当と認められる範囲内で、納税者の理解と協力を得ておこなうものであることに照らし、一般の調査においては、事前通知の励行に努め、また現況調査は必要最小限にとどめ、反面調査は客観的に見てやむを得ないと認める場合に限って行うこととする」というのです。

この「方針」は、税務職員に配付されて指針とされました。ただ問題なのは、税務行政の現場では依然として建前に終わっていることです。これを本当に実務に根付かせ、貫徹させる不断の努力と納税者の権利擁護の法制度の確立が必要だろうと思います。少なくとも税務調査に対処するにあたり、不適切な質問検査をチェックするために、これを活用しない手はないと思います。

平成23年改正の通則法の施行にともなって発せられた国税庁の「事務運営指針」（平成24年9月12日）にも、この「基本的な考え方」が踏襲されています。

6 質問検査権行使の適法要件と限界を考える（所得税法を中心に）

(1) 質問検査権の規定を憲法上どう評価すべきか

憲法との関係では、13条、31条、35条、38条などが問題になります。適法な質問検査に従わない被調査者には刑罰の制裁がありますから、質問検査権規定は犯罪構成要件としての性格もあわせ持つわけです。そこで憲法31条の罪刑法定主義の観点から、明確性の要件を備えているか、保護法益と法定刑の均衡がとれているか、刑罰権実現の過程における合理性の要件を満たしているかどうかが問題となるわけです。

先に述べた鈴木事件の最高裁大法廷判決は、明確性につき「それが本件に適用される場合に、その内容になんら不明確な点は存しない」と含みを残しています。広田事件の決定は合理性につき「規定の不当解釈と濫用を招来すべき危険性が右規定に明白に存するものとは認めがたく、また質問検査制度の趣旨目的にてらし、同法（注記・旧法）２４２条所定の刑が著しく不合理、不均衡であるとも認められない」としました。

しかし、この義務違反に対する制裁は1年以上の懲役または20万円以下の罰金であり、他の法規（例えば古物営業法、質屋営業法、公衆浴場法、旅館業法、火薬取締法、鉱山保安法、電気事業法など）に基づく行政調査における罰則に比して、極めて重い法定刑となっています。他の法規には体刑はありません。前記最高裁大法廷判決も「行政上の義務違反に対する制裁として必ずしも軽微なものとはいえない」と認めています。

田中二郎氏は「直接には行政目的を侵害し社会的法益に侵害を加えることなく、行政上の秩序に違反し、間接に行政目的に障害を生ずる危険があるに止まる場合は、行政行為自体としては単純な義務の懈怠であって、これに対してまで一律に行政刑罰を科するのは必ずしも妥当ではない」「直ちに行政刑罰を科すべきものとせず、秩序維持の見地から秩序罰としての過料を科すのが妥当である」とされています（田中二郎『行政法総論』有斐閣422頁）。

質問検査権の行使は、課税処分という行政目的達成のための手段にすぎないわけで、過少申告が明らかに推認できるにもかかわらず、納税者側の不当な対応により課税標準の基因となる事実の確認ができないときには、推計による課税が許されており、十分に目的実現可能なのです。ですから、単なる受忍義務違反にすぎない質問検査非協力に、このような重罰を予定するのは憲法31条違反の評価を免れないと私は思いますが、いかがでしょうか。

憲法35条および38条との関係については、鈴木事件の最高裁大法廷判決（判例時報684号）があります。これらの条項は、もっぱら刑事責任を追及する刑事手続にのみ適用され、税務調査のような行政手続には適用の余地がないというのが下級審判例の大勢であったと思います。税務当局もこの見解をとっており、国税庁「税務調査の法律的知識」などパンフを配布して部内の統一を図っていましたが、この判決によって訂正を余儀なくされました。

行政手続における権限の行使に司法権による抑制の可能性を原理的に認めた点は、適正手続の保障の観点からの憲法31条の直接的適用を容認する方向が示されたものと評価してよいのではないでしょうか。最高裁昭和59年3月27日判決は、国犯法上の調査手続にも憲法38条1項の供述拒否権が及ぶ旨を判示しています（ただし、告知しなくとも違憲にはならないという）。

(2) 質問検査権の性格と当事者は誰か

① 質問検査権の性格は間接強制を伴う任意調査

まず質問検査権の相手方（被調査者）は、その具体的行使に従って税務調査に協力するかどうかはその者の任意の選択に委ねられている点をきちんとおさえておくことが必要です。その意味で任意調査であることは前に述べたとおりです。これには異論がありません。

判例としては、納税者の承諾なく事業所に立ち入った行為を違法とした京都地裁昭和59年３月22日判決（判例時報１１２７号）の事件が著名です。大阪高裁昭和59年１月29日判決（訟務月報31巻７号１５５９頁）と最高裁昭和63年11月20日判決（訟務月報35巻６号９７９頁）によって確定しています。

国税局の資料調査課の調査で承諾なく売上集計表を取り上げたり、２階に上がったり、タンスやベッドの引出しを検査した行為が問題とされた北村国家賠償事件の京都地裁平成７年３月27日判決（判例時報１５５４号）も同様です。ただし協力しない場合に、それが不当な場合には、罰則の発動があり得ます。制裁を背景に、協力させる方に誘導しようというわけです。

② 質問検査権の主体は当該職員

主体となる当該職員とは、大蔵省（現　財務省）設置法、大蔵省組織規程等で、課税標準等の調査について職務権限を与えられている職員ということになります。管轄上の制約があることは勿論です。職員は身分証明書の携帯を義務づけられています。請求されたら提示しなければなりません。それに応じないと、税務調査自体が違法でしょう。最高裁昭和27年３月28日判決（刑集６巻３号５４６頁）は「相手方は質問検査を拒む正当な理由がある」としています。

③ 相手方は「納税義務がある者」「納税義務があると認められる者」

相手方（被調査者）は、所得税の場合、国税通則法74条の2の1項の1号イ（旧所得税法234条1項1号）が定める「納税義務がある者」と「納税義務があると認められる者」ということになります。この意義は、申告納税制度と絡んで論議を呼んだものです。納税義務を具体的納税義務と解すると、申告以前の調査はあり得ないわけです。また、申告税額を納付すれば「納税義務がある者」には当たらないことになります。あとは「納税義務があると認められる者」しか残らないから、相手方に納税義務がまだ残っていると認めるに足りる何らかの根拠が把握されていなければなりません。また、これを暦年終了で成立する抽象的納税義務と解すると「納税義務があると認められる者」との区別がなくなってしまいます。

そこで、税額を納付しても除斥期間が経過するまで「更正されないことを条件」としているにすぎない、という課税庁サイドの理屈が唱えられたこともありましたが、かなり無理なのです。下級審の判決では、いろいろでしたが、先の最高裁決定は「『納税義務がある者』とは、既に法定の課税要件が充たされて客観的に所得税の納税義務が成立し、いまだ最終的に適正な税額の納付を終了していない者のほか、当該課税年が開始して課税の基礎となるべき収入の発生があり、これによって将来終局的に納税義務を負担するにいたるべき者をいい、『納税義務があると認められる者』とは、権限ある税務職員の判断によって、右の意味での納税義務がある者に該当すると合理的に推認される者をいうと解すべきである」としています。

これは、税務当局の要望に応え、事前調査の可能性を開くための論理のように思われてなりません。論拠として、法令上の職権調査事項には申告期間、暦年終了以前に調査すべきものが含まれている（予定納税額減額申請、青色承認申請の承認、却下の場合など）ことを挙げていますが、これらは納税者が利益を求めて行った申請に理由があるかどうかを検討するために、その必要な範囲内で調査を行うのであって、罰則の裏付けのある質問検査の方法によるべき必然性は全くないわけです。納税者本人が協力しなければ、申請が容れられないだけのことです。

また、決定は所得税法5条をも挙げていますが、これはおよそ居住者は所得税を納める義務があると宣言しているだけのことであって、特定の課税要件の充足による納税義務について規定したものではありません。この程度の根拠では「納税義務がある者」と「あると認められる者」あるいは「損失申告者」などを区別して条文に掲げる意味はありません。

そもそも「課税の基礎となるべき収入の発生」とは何を想定しているのか理解し難いものがあります。課税標準は総所得額であって、総所得額は暦年終了の時点で収入と経費をトータルしなければわからないわけです。それ以前は納税義務を負担するであろうと「合理的に推認される」だけのことであり、中身は「あると認められる者」の説明と変わらないわけです。論旨破綻というほかありません。やはりもっと素直に「納税義務がある者」とは確定申告によって具体的納税義務が確定して未だ納付していない者、「あると認められる者」とは確定申告をしていない者か、あるいは確定申告以外に納税義務があると合理的に推認される者をいうと解すべきでしょう。法人税の場合は、国税通則法74条の2、1項2号が定める「法人」が相手方になります。

④　取引先や家族、従業員はどうか

取引先が質問検査の対象とされることがあります。国税通則法74条の2、1項1号のハ、2号のロに該当する者ですが、その必要性は後述するように厳格に解すべきだと思います。「納税義務がある者」「あると認められる者」以外の家族、従業員は対象とはなりません。これらの者に対する質問検査に受忍義務がありませんから、間接強制も働きません。その意味では、質問不答弁、検査拒否は身分犯ということができます。ただし、検査妨げ犯は身分犯ではないというのが最高裁昭和45年12月8日判決の見解となっています。法人が対象とされる場合は、その直接の相手方は必ずしも代表者には限定されませんが、少なくとも当該法人の立場で的確に答弁し、検査要求に応えられる地位と権限を持つものであることが必要でしょう。

(3) 調査および質問検査の必要性

① 調査の「必要性」とは何か

国税通則法74条の2の1項は「調査について必要があるときは」として「必要性」の要件を掲げています。先の最高裁の決定も「諸般の具体的事情にかんがみ、客観的な必要性があると判断される場合」と述べています。調査には「客観的必要性」がなければなりません。税務職員の恣意的判断は許されないわけです。「客観的」というからには、通常人を基準に、誰の目にも「合理的理由」があると認められる性格と程度のものでなければなりません。無差別に抽出したら当たったとか、前の調査から3年たったのでまた来ましたなどというような、漠然としたいいかげんなことでは「理由」になりません。

そもそも申告納税制度の下では、課税標準と税額の原則的確定を納税者の確定申告にかかわらしめているのですから、確定申告がないか、あっても確定申告に誤りがあって申告以外に納税義務があることが課税庁において相当程度の蓋然性をもって推認できる場合に限り、その限度において調査の「必要性」が認められるべきものだと思います。この意味でも、事前調査はあり得ないわけです。

課税庁側は「申告が正しいかどうかを確認する必要がある場合等広くその行使を認められる」としています（前記「法律的知識」）。これを認める判例も少なくありません。実際に「何か問題がありますか」と聞くと「調べてみないとわかりません」などと平気で答える税務署員がいるそうです。しかし、このような「調査理由」の一般化抽象化がまかり通るならば、およそ事業主たる者や法人は、すべて調査の対象とされ、権力による随意の「監査」と変わらないものとなってしまうでしょう。最高裁決定も「具体的事情にかんがみ」と述べています。だから「必要性」の判断も具体的な内容を持つものであることが必要でしょう。

②　質問検査の「必要性」とは何か

調査の必要性に加えて、罰則の裏付けのある間接強制としての質問検査の必要性についても検討しなければなりません。最高裁の決定は「職権調査の一方法として」質問検査権を位置づけています。そうだとすれば、調査の「必要」があるから直ちに質問検査の「必要」があるとはいえないでしょう。条文は「調査について必要あるときは、……質問し、……検査することができる」と定めています。この文理は、税務調査の必要があって、その調査目的を遂行する上で必要があると認められる場合に限り、その必要の範囲内において、具体的な質問検査権の行使が許されるという趣旨に理解すべきだと思います。

したがって、ここで言う「必要」とは、様々な調査方法があり得る中でも、罰則の裏付けのある質問検査の方法でなければ、調査目的を達成し得ないという程度に高い度合いの、かつ限定された「必要性」が要求されていると言わねばならないと思うのです。だからこそ、後で述べる質問検査の方法にも関連するのですが、その「必要」な質問検査は、解明すべき要点をついた的確なものでなければならず、その客体や範囲もおのずから限定されるべきであって、具体性を欠き焦点の定まらないまま包括的に検査要求をしたり、漠然とした質問を発するようなことは許されないわけです。少なくとも罰則を伴う質問検査としては、適法になし得ないと言わねばなりません。例えば、かつての物品税法や印紙税法では「必要な範囲内で」と表現していました。それと同じように考えるべきです。調査のとき、職員が当然のように「帳簿書類を全部出してください」とか「得意先を漏れなく教えてください」などと言うそうです。それは間接強制を伴う質問検査としては認められないわけです。

③ 取引先につき、より厳格な「必要性」

取引先に対する反面調査としての質問検査では、その「必要性」において当該納税者本人に対するものよりもいっそう厳格に解されなければなりません。このことは、先の静岡地裁昭和47年2月9日判決（判例時報659号）が判示しているとおりです。

反面調査は、当該納税者の信用にかかわるだけでなく、取引先にとっても自己が納税義務を負っているわけではなく、たまたま当該納税者と取引関係にあったという理由だけで、自分が質問検査の受忍義務を負わされるのですから、それだけ高度の「必要性」の度合いが要求されるのは当然でしょう。納税者本人に対する調査のみでは解明できない場合に、その必要の限度で許されると解すべきでしょう。これを反面調査の補充性といいます。ただし課税庁のサイドは、この補充性を認めようとはしません。

なお、銀行に対する預金や出入金等の調査がよく行われていますが、昭和26年10月16日付国税庁長官通達（直所1―116）がありました。この5、6項によれば「所得税又は法人税の課税標準の調査に当り、所得金額の計算につき必要な帳簿書類がないか、若しくは不備な場合又は帳簿書類がある場合においてもその真実性を疑うに足りる相当の事由がある場合において、その者の業種、事業規模等から見て通常銀行取引があると認められ又は銀行取引のあることを推定するに足りる相当の事由があり、且つ、その銀行取引を調査しなければ取引の事情が明らかとならない場合」「所得税法等の規定により金融機関が徴収すべき所得又は提出すべき支払調書等につき監査上特に必要があるとき」とされています。

いわゆる銀行調査に関して反面調査の補充性を明らかにした当然の準則なのですが、今では銀行側が大蔵省（現財務省）や国税庁に全面屈服しているらしく、ほとんど機能しておらず、通達の存在も認められないのが実際のようです。この通達以来「金融機関の預貯金等の調査証」という文書を持っていくのですが、これを令状のごとく振りかざすことにもなりかねません。中央よりむしろ地方の小規模の金融機関や農協などで「本人の調査を尽くしたのか」とか「本人の承諾をとってほしい」などと言って抵抗する健全な例があるようです。

(4) 調査理由を開示すべきか

「調査の必要性」と「質問検査の必要性」を合わせて調査理由ということにしますが、質問検査にあたり当該職員が被調査者（相手方）に対して調査理由を開示（告知）することが必要かどうかは、すでに見たとおり裁判で最も鋭く争われた点でした。そして、今も争われている問題です。

これを認めた下級審の判例については前に述べました。最高裁の決定は「調査理由および必要性の個別的・具体的告知のごときも、質問検査を行ううえの法律上一律の要件とされているものではない」としています。調査の相手方が要求しないのに、理由開示をしなかったから違法だとはいえないでしょう。しかし「理由」が明らかでなければ、相手方が適切な対応ができない場合も少なくないと思います。質問検査権規定と罰則の関係をどう捉えるかという問題と絡んでくるのですが、少なくとも当該質問検査が罰則による間接強制を伴うものとして行使される場合には「調査理由の開示」も欠くことのできない前提要件であるといわねばなりません。

その論拠は後述のように色々に説かれていますが、基本的には、憲法31条の適正手続の観点をふまえて、納税者の人権と適正な課税の要請との調和を見出そうとすれば、この「調査理由の開示」はそのポイントとなる重要な要素であり、不可欠の前提だと言ってよいのではないかと思うのです。

また最初に述べましたように、質問検査は、いわゆる「任意調査」であって直接的な強制になじまない性格のものであることも重要です。最高裁決定も「相手方においてあえて質問検査を受忍しない場合にはそれ以上直接的物理的に右義務の履行を強制しえない」ことを認めているのです。相手方が応諾するかどうかは、基本的には当人の自由な選択に委ねられているのであり、それ故にこそ、その当人の判断が的確に為し得るためにも、あらかじめ「調査の合理的な理由と質問検査の必要性」が、職員の側から開示されねばならないと思うのです。それは相手方の協力を罰則の裏付けによって期待する規定のあり方、受忍すべきかどうかの選択を相手方の自由意思に委ねている構造自体が、そのことを要求しているといえるでしょう。その手掛かりが全く示されない以上、任意の選択が適切に為し得ないことは当然だからです。

そして、このように解してこそ、最高裁の決定が言うところの「必要性」の客観性が具体的な形で担保されることになるのです。それだけでなく、その「必要性」は、罰則の関係では犯罪構成要件の要素ですから、これが当該職員の内面だけの判断として外部に表示されないままであって、よいはずはありません。もしそれでよいというのであれば、犯罪構成要件のその部分は白地のままと見るほかありません。白地刑法を禁ずる憲法31条違反の評価を免れないだろうと思います。この白地を埋め、客観性を充たすためにも、その「必要性」は相手方に了知させることが必要なのです。行政罰ではあるが、体刑を含む重罰を法定する質問不答弁、検査拒否等の罪の故意の成立には違法性の認識を必要と解すべきですが、処罰を受けるべき相手方にその認識を付与するためにも、理由開示は不可欠の手続といわねばなりません。その開示の内容は、相手方において自己が具体的な受忍義務を負っており、これを拒めば刑事制裁の対象になるであろうことを理解させるに十分なものであることが必要です。

税務調査を受けるときには、必ず具体的な「調査理由」を問いただし、その問題意識をもって対応すべきだと思います。

(5) 質問検査の方法、対象、範囲について制約がある

任意調査ですから、被調査者、調査の相手方が適切に対処できるよう質問検査の方法も一義的で明白であるこ

とが必要です。漠然とした、あるいは概括的包括的で焦点の定まらない質問検査が不適当であることは前に述べました。質問の対象事項や検査要求の対象物件や範囲などが、相手方において理解できる程度に特定されるべきは当然です。それが「必要性」の認められる範囲内のものであることを要することも勿論です。最高裁の決定は、質問検査の「客観的必要性」の度合いと相手方の私的利益と比較衡量して、社会通念上の相当性を超えない態様と範囲内の限度において、質問検査が許されることを明らかにしています。これを逸脱した質問検査は、違法との評価を免れません。

つまり、質問検査をしなければならない客観的な必要性と相手方の受ける様々な不利益とを比較衡量して、バランスのとれた常識的に妥当な方法でもって質問検査を行うべき制約が課せられているわけです。当該職員の裁量に任せられているといっても、自ずから限界があるわけで、自分勝手に何をやってもいいというわけではありません。

例えば「理由開示」にせよ、次に述べる「事前通知」にせよ、日時の指定や場所の選定にせよ、調査の順序や具体的な方法にせよ、それが適切にして妥当であったかどうか、この側面からの検証を避けることはできません。現に個別的な調査が適切に行われたかどうかを、この視点から問題にされている事例が多いと言ってよいと思います。広島高裁松江支部平成5年12月22日判決（訟務月報40巻12号3123頁）が、納税者の事業の形態などに対する配慮を欠いた税務調査を「不適切」として課税処分を取り消しています。これなども、その一例でしょう。

⑹　質問・検査の方法

国税通則法は、税務調査の方法として、当該職員は相手方（納税者など）に必要な質問をし、帳簿書類その他の物件を検査し、又は提示若しくは提出を求めることができると定めています（所得税・法人税・消費税について通則法74条の2、1項)。「提示」と「提出」は改正で付加された文言です。税務職員に対して「提示」は閲覧に供すること、「提出」は占有(所持)を移すことです。カッコ書きに「写しを含む」とありますが、原本であることを要しない趣旨であって、謄写の権限を税務職員に認める趣旨ではありません。ほかに「提出された物件を留置くことができる」(通則法74条の7)との規定も新設されました。必要な質問に答弁しなかったり、検査を拒んだりすると罰則の適用があり得ることは後述するとおりですが、「提示」や「提出」の要求に応じない場合の処罰は、「正当な理由がない」場合に限られます。「留置」は、これに応じなくとも処罰の対象とされません。

(7) 事前通知と立会いの是非をどう考えるべきか

質問検査に当たって、相手方の協力が得られるようにするためには、事前の通知を励行し、日時、場所についても同意を求めることが必要であることはいうまでもありません。最高裁の決定は、これも「一律の要件ではない」としていますが、突然の調査が相手方の営業に支障をもたらし、私生活の平穏を害することは明らかですから、それを理由に相手方が拒否しても、延期の申し出とみなされ、拒否の正当な理由があると認められることになります。決定も「私的利益との衡量」を説いているのは、そのような事態を想定してのことでしょう。現に、事前通知なしの調査に応じなかったというだけで調査不協力とされた事例はありません。国税通則法の改正により、この「事前通知」が明記されました。国税通則法74条の9は、税務職員が相手方に出向いて質問検査をする場合には「あらかじめ、当該納税義務者に対し、次の事項を通知する」と定めて、「場所」「目的」「税目」「(対象期間」「帳簿書類その他の物件」「その他政令で定める事項」などを掲示しています。実務では11項目に及びます。税務代理人がついている場合は、税務代理人にも通知が必要です。「事前通知」に当たっては「私的利益との衡量」を計る観点が重要です。「場所」と「日時」は、相手方の都合と便宜を優先させ、納税者側の準備が可能な時間的な余裕を確保しなければなりません。また「目的」には単に「所得の確認」というような抽象的なことでなく、その調査を必要とした問題点の指摘（いわゆる「調査理由の開示」）が望まれるところです。

税務当局が指定した11項目の事項は確実に実行されねばなりません。それが欠けると当該税務調査は違法となりますから、条文では要件とされていませんが、書面による通知が望ましいことは言うまでもありません。

相手方が質問検査の現場に第三者の立会いを求めることが少なくありません。税理士などの資格のない者の立会権をめぐって論争が続いています。課税庁側は主に税務職員の守秘義務を根拠にこれを否定しています。判例もおおむね同様の立場をとっています。最高裁事務総局の「主要行政事件裁判例概観2―租税関係編―」では「立会いの拒否は収税官吏の裁量事項であるとしたものが有力になっている」と記述されています。判例では税務職員の合理的選択に委ねられていることを前提として原判決の事実認定の下では立会要求を拒否した点に違法は認められないとした最高裁平成5年3月11日判決（訟務月報40巻2号305頁）があります。

たしかに、調査の場に第三者を立ち会わせることが納税者なり相手方の権利であると積極的に認めた判例はありませんが、先の東京地裁昭和43年1月31日判決（判例時報507号）には「当該調査対象者の同意をもってなされるかぎり、立会自体は何ら違法な点はない」と判示している部分があります。静岡地裁昭和47年2月9日判決（判例時報659号36頁）が「質問検査権の行使が任意調査である以上、被調査者の依頼した第三者が調査に立ち会うことは何ら違法、不当なことではない」「このような第三者が立会っていることを理由に調査が不能であるということこそ不当なことである」と述べています。

そもそも「守秘義務」の定めは国家公務員法（100条）と国税通則法（126条）が考えられます。前者の法益は官庁が保有する秘密とされるべき情報ですが、後者のそれは調査の過程で税務職員が知り得た調査対象者の個人的情報で、いわゆるプライバシーにかかわる事項と解されます。税務調査で問題となるのは専ら後者であって、これら納税者等の個人的情報ですから納税者自身が第三者の立会いを求めている以上、守秘義務の対象とはなり得ません。そこで取引先の秘密が持ち出されるのですが、取引先固有の情報は、それが必ず守らなければならない秘密であるとするならば、納税者本人にも漏らすことができない性質のものに違いありません。そうだとすれば、調査自体を断念せざるを得ません。

例えば、医師や弁護士に対する調査などで顧客のプライバシーに密接にかかわる情報が、質問検査の対象となる場合があり得るでしょう。その場合には、その事項に質問検査が及んだ時点で事情を話して、立会人の退席を求めるという対応で十分なはずです。それが具体的な状況に即応した適切な調整というべきでしょう。

この問題は、質問検査が任意調査であることと、最高裁の決定が示す必要性、比較衡量、相当性の枠組み（質問検査権行使の法的限界）によって、税務調査の必要と相手方の立場とを調整しようという視点に立って考えてみる必要があります。決定によれば、その必要性の有無と程度は「諸般の具体的事情にかんがみて」判断されるべきものとされており、調査の相手方の「私的利益」（納税者等の都合）との比較、その利害調整も抽象的観念的なものでは足りないのであって、具体的状況に則し、具体的に妥当なものとして考えられなければなりません。

税務調査を受ける個人は、税法や税務に精通しない者がほとんどでしょう。課税処分を目的とする税務職員の質問検査に十分に対応し、自分の権利や利益を守る手だてを持たないのが普通なのです。日ごろから税理士や弁護士など専門家に依頼できる者ばかりとは限りません。しかも、税務調査は権力を背景に行われます。適切に対処するには、納税者本人だけでは不可能なのです。第三者の立会いによって不当な調査が行われないよう監視し、不当事例があれば本人に助言したり、その場で誤りの是正を図ることが必要なのです。

立会い問題を取り上げた論文はあまり多くありませんが、北野弘久教授が「帳簿不提示と青色申告の承認取消し」（『税経通信』97年2月臨時増刊号）で「むしろ第三者の立会いが現行法のもとでも憲法13条、31条の『適正な手続き』の要請の一つであると解している。被調査者自身の権利として第三者の立会いを許容すべきである」と主張しておられます。

他に、首藤重幸教授の「税務調査における第三者の立会い」（『税理』91年8月号）も参考になります。これは第三者の立会いの許容性という観点から論じておられますが、今述べた手法による検討をもとに調査拒否の是非を論じたものとして注目に値するわけです。その調査拒否の許容性は「現在の時点では前記最高裁判決の基準に従って法的許容性が判断されることになる」と書き出しておられます。そして立会いの「形態の多様性」を取り上げ、妨害的な立会いは別として「いかなる場合にも第三者の立会いは許容されないとすることは妥当でない」とし、「立会いの可否を税務職員の裁量に委ねるとしても、その裁量の逸脱の存否については、具体的な立会いの要求が問題となっている場面における納税者と税務職員の対立する利害をより詳細に把握・衡量したうえでの判断が必要であると思われる」と述べておられます。

(8)　調査非協力に対する罰則は、どういう場合に発動されるか

国税通則法127条2号、3号は、適法な質問検査に対して相手方が質問に答弁せず、あるいは偽りの答弁をし、または検査を拒み、妨げ、あるいは忌避した行為、正当な理由なく帳簿書類その他の物件の提示・提出に応じず、又は偽りの記載の帳簿書類その他の物件を提示・提出した行為を犯罪とし、1年以下の懲役又は50万円以下の罰金を定めています。

この権限規定と罰則を一体不可分のものと考えれば、調査非協力は直ちに犯罪が成立することになります。そうだとして、権限規定の要件を広く緩和して解した場合に、これに応じない者はすべて懲役や罰金を科せられるとすると、罪刑の著しい不均衡が生ずることになります。憲法31条違反の問題を免れません。逆に罰則との整合

性を追求すると、権限規定の要件を狭く解釈しなければならなくなります。そこで、罰則の適用がない質問検査の権限行使という範疇がありうるかという問題が起こってきます。これを認めて「純粋の任意調査」を認める見解があります。合憲的解釈論の立場から「処罰されるためには厳格な要件を必要とする」とした広田事件の東京地裁の判決なども、その部類といえるかもしれません。質問検査としては適法だが、それに応じなかったからといって直ちに犯罪が成立するわけではないと考えるのです。これを「二元説」と称しているようです（法曹時報二五巻一〇号、調査官の解説）。「純粋の任意調査」と呼ぶかどうかはともかくとして、穏当な考え方といえるのではないでしょうか。ちなみに税務当局では「純粋の任意調査」を認めたくなかったようです。税務当局（東京国税局課税第二部法人課税課）が若手職員向けに作った新たな「調査における法律的知識」と題するパンフレットには「調査を受けるかどうか任意ではありません」と書かれています。臨場する税務調査はすべて質問検査であって、罰則が伴うから協力する義務があり、任意ではないというわけです。しかし最高裁の決定も「職権調査の一方法」と述べているように「税務調査」のすべてが「質問検査」ではあり得ないのです。それでは「純粋の任意調査」の法的性質は何かという問題があって、これを容認する立場からは「行政指導」であると説明されてきましたが、税務当局の内部でも近年になって資料収集目的の協力要請などを「行政指導」と位置づけ始めています。主に個人情報保護法の関係からの対応ですが、税務調査を質問検査と直結させる見解には限界があることを示しています。

国税通則法改正後は、税務署長名による「行政指導」の形で従前に増して納税者を税務署に呼び出して修正を求める事例の多発が伝えられています。これに応じないと「調査」のうえ更正処分を行い、加算税の可能性を示唆する文言まで書きこまれており、行政手続法32条違反の疑いが濃厚です。国税通則法の「事前通知」や「調査終了時の説明責任」を回避する手法として「行政指導」が活用されているとすれば、納税者の権利の立場からは看過できない問題でしょう。

不答弁犯は、適法な質問に即応した答えをしない行為ですが、実行の着手や既遂、罪数など、現実に当てはめると判断が難しいのです。犯罪構成要件として不明確との批判を免れません。検査拒否犯、忌避犯も同様です。これらは身分犯ですが、検査妨げ犯については、先に述べたように最高裁は「公務執行妨害罪の補充的規定たる性質」があるとして否定しています。同じ条項の中に異質の犯罪が規定されているという解釈には、違和感を覚えざるを得ません。

7　違法な税務調査は課税処分の適否にどう影響を及ぼすか

国税通則法24条にいう税務署長の「調査」とは適法な調査をいうわけですから、違法な税務調査に基づく課税処分も違法となるわけで、その論理からすれば取り消されるのが当然のように思われます。

この「調査」について、大阪地裁昭和45年９月22日判決（行集21巻９号）は「調査」を極めて広い包括的な概念として捉えていますが、「調査」が違法の場合には処分の取消事由になると解していると見られる判例も少なくありません。

京都地裁昭和47年４月28日判決（行集23巻４号）、東京地裁昭和48年３月22日判決（シュトイエル１３８号）、東京地裁昭和48年８月８日判決（判例時報７２０号）、名古屋地裁昭和51年１月26日判決（シュトイエル１６８号）、名古屋地裁昭和53年１月23日判決（シュトイエル１９２号）などです。

学説では、違法になるとする説が有力です（例えば北野弘久『現代税法の構造』（勁草書房）、岩橋憲治「租税調査権をめぐる諸問題」『税理』12巻12号)。この他、質問検査が著しい違法の場合に処分が違法になるとする説(金子宏『租税法』(弘文堂))や、違法収集による資料は証拠能力がないから、これに基づく推計を違法とする説(南博方『所得税法の諸問題』(有斐閣))があり、質問検査が違法の場合は推計の必要性を欠くとした判例としては、前に述べた千葉地裁昭和46年1月27日判決(判例時報618号)があります。比較的近いところでは、広島高裁松江支部平成5年12月22日判決が同趣旨と見られます。調査方法が明らかに不当と思われる場合、推計の合理性を疑わしめる高度の事由になるとする名古屋地裁昭和40年12月28日判決(税務資料41号)もあります。しかし、税務調査の違法を理由に課税処分を取り消した事例は、希有に近いとしかいいようがありません。

8 青色申告承認取消事件で示された「社会通念上当然要求される程度の努力」とは

質問検査のあり方が問われる事件が、青色申告承認取消事件で相次ぎました。どうしてそれが問題になるのかというと、青色申告の場合、所得税法150条1項は、所定の帳簿書類の備付け、記録、保存が行われていないと、税務署長は青色申告の承認取消をすることができると定めています。青色申告を取り消すと156条の推計が可能となり、帳簿書類によらずに課税処分をすることができます。そこで、税務調査に非協力と認める納税者に対して帳簿書類の提示をしないのは、適式な備付け、記録、保存がないのと同じだとみなして取り消すことがかなり広く行われてきたのです。

しかし、帳簿書類があるのに提示しないということを備付け等がないと同視することは拡張解釈にほかならず、租税法律主義の原則から許されないという反論があったわけです。私自身はずいぶん前からそう主張してきましたが、裁判所にはほとんど通用しないまま十数年が経過してきたわけです。

課税庁に重宝なこの手法は、ますますエスカレートして納税者を屈服に追い込むのに活用されました。それに歯止めをかけたのが、東京地裁平成3年1月31日判決（判例時報１３７６号）です。納税者の非協力ゆえに調査できないということが、青色取消事由として「法律上明文をもっては規定されていないこと、また青色申告承認取消処分が納税者に対して一定の不利益を課する処分であること等からすれば、右のような取消事由の認定に当たっては、一定の慎重さが要求される」と述べ、「納税義務者の帳簿書類の提示拒否の事実の有無は、一定の時点においてのみ判断されるべきものではなく、税務当局の行う調査の全過程を通じて、税務当局側が帳簿の備付け状況等を確認するために社会通念上当然に要求される程度の努力を行ったにもかかわらず、その確認を行うことが客観的にみてできなかったと考えられる場合に、右のような取消事由の存在が肯定されるものと考えるのが相当である」との見解を明らかにしたわけです。そして「ある程度の時間をかけて冷静な態度で調査を継続し、原告のもとで所要の帳簿書類の備付け、記録又は保存が正しく行われているか否かを確認しようとすれば、これを確認することが可能な状況があったのではないかとの疑いを否定できない」と述べて、自己の裁量権に固執して、帳簿書類の検査をせずに調査を打ち切った当該係官の対応を不適切として当該青色申告承認取消を取り消したのです。控訴審の東京高裁平成5年2月9日判決（訟務月報39巻10号２０７０頁）もこれを是認しました。

その後も同趣旨の判例が累積しています。例えば、京都地裁平成6年11月7日判決（訟務月報4巻11号２８４４頁・確定）があります。「本件調査の全過程において、被告職員がもう少し企業組合の特殊性に配慮して本件調査を継続すれば、必要な帳簿書類の全ての提示を受け、また、帳簿書類の備付け等、不備，不正の有無について確認し得たものと推認できる」と述べて、被調査者の業務の実態を無視した強引な調査を問題視し、それを理由に青色申告承認取消を違法と断じています。続いて横浜地裁平成7年6月21日判決（判例タイムス885号181頁）では、税務署員において立会排除に拘泥し、約30分の短時間で調査を打ち切ってしまった行為は問題であるとして、青色申告承認取消を取り消しています。

控訴審の東京高裁平成9年9月30日判決（全商連運動資料集第33号）も「合理的な裁量の範囲を超えるというべきである」として課税庁の控訴を棄却しています。京都地裁平成12年2月25日判決（金融商事判例1106号57頁）は「課税庁が本件の税務調査の全過程を通じて帳簿書類の備付け状況等の確認を行うために社会通念上当然に要求される程度の努力を尽くしたか否かを判断するに、右判断は、国税調査官らによる一連の税務調査の方法・態様・適否、これに対する納税義務者の対応等を総合して社会通念により決すべきである」とし、居住者の拒絶に反して居住部分に立ち入った行為、承諾なく、タンスやベッドの下の引出しを捜索した行為、レジの金銭や机の引出しの中の帳簿類を調査した行為、屑入れの捜索、ノートの検査、バッグを強引に取り上げて開披し、在中の手帳を取り出して見た行為、合理的理由および必要性が全くないのに注意書きを店中に聞こえるような大声で読み上げた行為などを指摘して「社会通念上相当な限度を著しく逸脱した違法なもの」「任意調査として許される限度を著しく逸脱した違法なもの」と断じて「課税庁は、本件処分をなすまでの全調査過程を通じて、帳簿書類の備付け状況等を確認するために社会通念上当然要求される程度の努力を尽くしたものとは認めることができない」として青色申告承認取消処分を取り消しています。最高裁決定で示された基準をもとに法的限界を超えた具体例の適示として参考になります。松山地裁平成14年3月22日判決では「青色申告承認の取消しが納税者に与えられた特典を剥奪するものであり、帳簿書類の単なる提示拒否が青色申告承認の取消事由とされていないことなどにかんがみると、青色申告承認の取消事由の認定は慎重になされるべきであり、第三者の立会いの可否が調査担当者の合理的裁量に委ねられているとしても、当該場面における被調査者と調査担当者の利害等が具体的に衡量される必要がある」とし、「第三者の立会いの排除に拘泥して本件調査を進めず、最終的に本件調査を打ち切ったことは、合理的な判断に基づくものであったとは認め難い」と判示して、青色申告の承認取消処分を取り消しています。ただし控訴審（高松高裁）では破棄されています。

ちなみに「帳簿の備付けを確認するため社会通念上当然要求される程度の努力」を尽くすべきことに触れた判決は、これにとどまりません。広島地裁平成7年2月22日判決（判例時報１５５４号）、長野地裁平成5年11月25日判決（税務訴訟資料１９９号９０９頁）などがあります。最近では、消費税法30条7項の仕入税額控除の否認事件でも「保存」の有無の解釈に関して同様の論点が出されています。

いずれにせよ、質問検査を行う税務職員には「社会的な相当性」について、従来以上の努力と工夫が求められているように思います。

9　税務調査の対応が消費税の仕入税額控除否認の口実に

青色申告承認取消とも共通する点がありますが、消費税の仕入税額否認の問題があります。調査に臨場した職員に納税者が調査理由の開示を求めたり、立会人の同席を要求すると「調査拒否」とみなして消費税の仕入税額を否認して更正する事例が相次ぎました。

消費税法30条1項は、課税標準額に対する消費税から課税仕入れに係る消費税額の合計額を控除すると定めています。そして7項は「第1項の規定は、事業者が課税仕入れ等の税額の控除に係る帳簿及び（旧規定では「又は」）請求書等を保存しない場合には、当該保存がない課税仕入れの税額については、適用しない」と規定しています。その帳簿等が提示されなかったのは「保存しない」のと同じだとして仕入税額を否認するわけです。消費税法には質問検査の拒否には罰金10万円以下の制裁しかありませんが、これは罰則の発動よりも甚大な財産的損失を納税者に与えます。所得税は申告どおりだが、申告所得に係る税額をはるかに超える消費税額を課せられることもあるわけです。そして実際に保存が立証されても否認は取り消さないというのが課税庁の考えです。

判例は「保存」の解釈をめぐって若干の動揺が見られましたが、これまで納税者が求める更正の取消しを認めたものはありません。しかし帳簿等が検査できないことと「保存しない」こととは別のことです。これを拡張解釈で同視するのは租税法律主義に背きますし、消費税を「課税の累積を排除する方式」と規定した税制改革法10条の明文に違反します。保存の帳簿等は仕入税額の証拠方法にすぎません。少なくとも保存が証明されれば税額否認は取り消されるべきでしょう。

最高裁平成16年12月16日第1小法廷と同月20日第2小法廷が納税者側の上告を棄却しましたが、これには反対意見（滝井繁男裁判官）が付されている点が注目に値します。反対意見は、仕入税額控除は「制度の根幹をなすもの」とされ、帳簿等を提示しなかったことを保存しなかったものと同視する解釈は「申告納税制度の趣旨及び仕組み並びに法30条7項の趣旨をどのように強調しても採りえない」「保存していたことを主張立証することを許さないとする法文上の根拠はない」と断じています。正論というべきでしょう。日本弁護士連合会も、同月17日付意見書で法30条7項が付加価値税の本質に反するとして改正を求め、このままでは零細業者に過酷な結果を招くと警告しています。

10 税務調査の現実はどうなっているか

(1) 質問検査権に関する課税庁の態度
――今や、最高裁決定が桎梏となった

最高裁の決定について、金子宏教授は広い範囲で質問検査権を認めたものではないとされ、「まず質問検査権の行使については客観的必要性の要件をみたさなければならないと考えている。第二に、利益衡量、つまり質問検査権の相手方の私的利益との衡量が必要である。第三に、比例原則、つまり社会通念上相当な限度にとどまる限りで選択の可能性が認められる」そのような読み方が必要だと述べておられます（ジュリスト増刊「行政強制」昭和52年1月号１４８頁）。

この決定を受けて、国税庁が昭和49年に税務行政のあり方を見直し、全職員に指針を示したことは前述のとおりです。「税務運営方針」によると「税務調査の改善」として「税務調査は、その公益的必要性と納税者の私的利益の保護との衡量において社会通念上相当と認められる範囲内で、納税者の理解と協力を得て行うものであることに照らし、一般の調査においては事前通知の励行に努め、また、現況調査は必要最小限度にとどめ、反面調査は客観的にみてやむを得ないと認められる場合に限って行うこととする」としています。これは決定の引用といっても過言ではありません。昭和51年版にも踏襲されました。

ところが、課税庁の本音は違っているようです。すでに昭和52年には、次のような上層部の発言が公にされているからです。「荒川民商判決のように客観的必要性を厳格に要求されますと事実上調査ができなくなるということも考えられます」（ジュリスト増刊「行政強制」前掲１５４頁）。最高裁決定は桎梏と受け止められているの

です。

(2) 税務運営方針の建前と運用の実際が違っている

以前出版された「ザ・税金」(『別冊宝島』192号)に「彼らに背負わされしものとは何か――税務調査官のノルマと守秘義務の実態」というレポートが載っています。末端の職員が増差の到達目標を押しつけられて、調査の現場が荒廃している実情の報告です。

屋内に強引に入り込んで机の抽出や金庫を物色し、帳簿書類に難癖をつけ、店先でねばり、取引先を荒らし、納税者が音をあげたところを見透かして増額修正を迫るパターンが横行しています。修正申告の強要、誘導は日常化していると言ってよいくらいです。応じなければ、いつまでも調査が終わらず、さらに面倒なことになり、更正となればもっと多額になるという脅しにほかなりません。屈服しない納税者に対しては実際に推計で水増しされた税額の更正が行われています。青色申告者には承認取消が伴う場合も珍しくなくなりました。

(3) 人権無視に流れやすい税務調査の実態

税務職員の一部には、相手の人格を無視する野卑で権柄づくの言動も目立つようになりました。全国商工新聞によると「白い手袋の調査(査察)をさせたいか」「私が税金を取らないと国が滅ぶ」「仕事が大事かオカミが大事か」「子供の使いでアメを買いに来たんじゃない」「調査は健康診断のようなもの」など。突然来たので「電話ぐらいしてから来れば」というと「今度はトラックで来る」と喧嘩腰という具合です。

(4) 税務職員に対する人権蹂躙
――過重なノルマと勤務評定が脱線を招く

これらは末端職員の人権が懸念すべき状況にあることの反映でもあります。調査件数、増差所得、不正発見割合、更正割合、重加算税件数、資料収集枚数などの係数管理を徹底し、処遇や人事と結びつけて職員を競争にかりたてているのです。上司からは、真実の発見よりも増差税額のひねりだしを厳命されています。増差がとれない職員には、厳しい叱責と無能の査定が待っています。同僚の前で「給料ドロボー」「手ぶらで帰ってくるな」「バカヤロー」「やめちまえ」と怒鳴られるというのです（全国税の報告書）。窮余の偽造申告が起こるのも当然です。三文判を買ってきて修正申告を偽造してしまうのです。事件の発覚が跡を断ちませんが、それも氷山の一角にすぎません。

11　いわゆる「資料調査課」方式は違法（脱法）である

(1) その態様と濫用の実態
――多数職員の動員と「査察まがい」の畏怖に乗ずる

課税庁の部内では、税務調査は職員の専権に全面的に委ねられており、何らの法的制約を受けないとする見解が支配しているように思われます。それがエスカレートしたのが「料調方式」と呼ばれるものです。

国税犯則取締法による強制調査でもないのに、国税局に配置された「資料調査課」が主体となって地元の税務署員を多数動員し、有無を言わさぬ査察まがいの「ガサいれ」をする方法にほかなりません。

もちろん表向きは任意ですが、納税者からすると「国税局から来た」と言われ、大勢でどっと入ってくると強制調査と錯覚してしまうのが普通なのです。その「査察まがい」の見幕に恐怖にとらわれている納税者に乗じて引き出しを開け、金庫の中を探るわけです。声もあげられないでいる相手方から承諾があったとみなして存分の検査を強行してしまうのです。地元の職員の指導教育的な効果も狙っているようです。もちろんこれは脱法行為であり、違法な調査といわなければなりません。

(2) 違法性を明らかにした判例

これを違法として国家賠償を請求される事件が相次いでいます。京都地裁平成7年3月27日国家賠償判決（判例時報1554号）は、この「料調」方式の質問検査を違法と断じたものです。控訴審の大阪高裁平成10年3月19日判決（判例タイムズ1014号183頁）もこれを支持しました。具体的な調査のあり方を細部にわたって検討しているので、参考に値します。

12 納税者の権利を保障する法制度が是非とも必要である

(1) 諸外国の権利憲章や権利宣言の内容

行政手続法では、税務に関する大部分は適用から除かれました。すでに手続法が完備しているからだと大蔵省（現財務省）、国税庁は主張したそうですが、国税通則法は適正手続を保障する何らの実質を伴っていません。国民とのかかわりからいえば、税務行政こそ手続法の完備が求められています。まさに納税者の権利をどのようにして保障するかという法律でなければなりません。諸外国ではとっくに法的保障が打ち立てられています。カナダ連邦は１９８５年の「納税者の権利宣言」、イギリスは１９８６年の「納税者憲章」、フランスは１９７４年の「税務調査に関する憲章」、アメリカ連邦は１９８８年の「包括的納税者権利保障法」が制定されています。他にも相次いでいます。隣の韓国も１９９７年７月「納税者権利憲章」が制定されました。

これらに共通しているのは「納税者は誠実の推定を受ける」という規定です。「納税者を見たら脱税者と思え」といわんばかりの日本とは、出発点からして違うのです。「調査に先立って調査理由は納税者が有する権利について説明しなければならない」とか「職員の勤務評定にあたり、割当ての執行率や実績を使用してはならない」などの周到な規定も見受けられます。

(2)　その現場における実践と啓蒙

私は、カナダのトロントとアメリカのニューヨークで税務行政の現場を視察したことがありましたが、「納税者の権利」は税務署内のいたるところに額に入れて掲示してありました。納税者向けのパンフも多くの種類のものが用意されていました。それに比べて祖国の貧弱なことを痛感しました。「国民主権」の面では、何たる後進国かと思わざるを得なかった次第です。

(3)　我が国における権利保障の立法運動の経過と現状

日本でも「納税者の権利憲章」を制定させようという運動が続けられています。現に、平成23年改正の国税通則法の原案では曲がりなりにも「権利憲章」の制定が掲げられていましたが、最終的には、納税者の「権利」の文言も含めて全部削除の残念な結果で終わりました。今後の国民的な運動に大いに期待したいと思います。

13 通則法改正により、調査終了時の説明責任が明記された

質問検査の相手方にも一定の負担は避けられません。調査の対象に選定されながら、いつまでも結果を知らされず放置されたらたまったものではありません。そこで国税通則法74条の11は、実地調査（相手方の事業所に出向く場合を想定しています）の結果、更正する理由がないと認める場合には、その旨を書面で相手方に通知する（1項）とし、逆に更正が必要と認める場合には、その結果を相手方に説明すると定めています（2項）。これは書面によることを要求していませんが、更正は不利益処分ですから、説明責任を尽くす観点からすると、やはりこの場合こそ書面の方法で事実認定や判断の根拠を具体的に示すべきだと思います。通則法は、その説明の場合、当該納税者に対して修正（又は期限後）申告を勧奨することができると定めています。これに応じて修正すると不服申立てができなくなりますが、更正の請求はできることも説明し、これには書面によることが必要とされています（3項）。

更正に当たり、その具体的な理由を書面で明らかにすべきは当然と言えるでしょう。そのことは、国税通則法74条の14の1項が、行政手続法による「理由の提示」の適用を認めたことによって、税務における更正など不利益処分には例外なく理由を附記すべきことが義務付けられたことに深く関わってきます。個別の課税処分で相対する課税庁側と納税者側との論議の対象が、いわゆる「総額主義」から「争点主義」に脱皮していく好ましい契機となり得るものと思います。

14　むすび

日本の税務行政の適正手続の保障が甚だしく立ち遅れており、納税者の権利が著しく後退させられている現実を思うとき、人権擁護の使命を託されている弁護士が担うべき役割の大きさを自覚せざるを得ません。

最初の話に戻りますが、私たち弁護士は、いっそう税務行政の民主化に心を砕き、税務調査の現場にも目を注ぎ、納税者の権利救済の場である税務訴訟にも積極的果敢に取り組む必要があるように思います。そのことを再び強調して、私のつたない話を終わります。

【第7章】国税債権に優先せよ

租税債権の徴収と私債権

水野武夫
（弁護士）

《水野武夫　Takeo Mizuno》
大阪弁護士会（20期）。租税不服審査、税務訴訟、脱税事件など幅広く租税事件を担当。弁護士会・税理士会等の研修の講師も多数。今回のセミナーおよび友新会80周年記念セミナー「弁護士業務と租税」を企画。立命館大学教授（税法等を担当）。行政訴訟検討会委員として行訴法の改正に従事。行政不服審査制度検討会委員。著書・論文として共著『現代税法講義（四訂版）』（法律文化社）、「行政訴訟改革と税務訴訟」（税法学551号）など多数。

1　租税債権の成立と確定

(1)　租税法律関係の性質

今回お話しするのは、租税債権と私債権との関係、租税の徴収という分野です。まず、租税法律関係、つまり課税庁と納税者との租税法律関係がどういうものなのかについて、学者の間で議論があります。1つは、租税法律関係というのは権力関係だとする考え方。これは、国あるいは地方公共団体という優越的な地位に立つ税務官庁があって、その優越的な地位から租税公権という権力的な関係で租税が徴収されるという議論です。租税権力関係説といいます。

他方、租税というのは、公法上の債権債務の関係に過ぎない、ただ単に一方が公法上の当事者だというだけの債権債務の関係だという考え方があります。租税債務関係説といいます。ドイツなどで学者がそういう議論をしていたようです。日本の学者は、基本的には租税法律関係は債権債務関係だが、課税とか徴収という面では権力的な面があるとして、折衷説みたいなことを言っていますが、こういった2つの考え方があります。

(2)　租税債権と私債権との相違

租税債権と私債権がどう違うのかということを改めて押さえておきたいと思います。まず、私債権の場合は債権の発生、あるいは成立と言ってもいいんですが、契約その他の原因により債権は発生します。そして債権が発生すると、当然、債権の行使ができる。もちろん条件や期限はありますが、債権としては直ちに行使ができることになります。

ところが、租税債権の場合は、「成立」と「確定」というものがあります。まず、租税債権が「成立」しますが、租税債権は、成立しただけでは権利の行使ができません。租税債権者が成立した租税債権を行使するためには、租税債権の「確定」が必要です。そこで、租税債権については、成立したものを「抽象的納税義務」といい、確定したものを「具体的納税義務」といいます。租税債権については、成立と確定という２つの概念があるという点が私債権との違いの第１点。

２番目は、私債権の場合には債務名義がないと強制執行ができないし、裁判所による執行ということになりますが、租税債権については租税債権が確定していれば自分で執行ができる、つまり自力執行権があります。

この２点が租税債権と私債権との違いです。なお、税法では、租税債務のことを「納税義務」と呼んでおり、納税義務の成立と確定というのは、租税債権の成立と確定と同意義です。

(3)　納税義務の成立

租税債権は、課税要件に該当する事実があれば成立します。課税要件というのは、所得税法その他の法律に規定されているわけですが、学者は講学上、課税要件として５つを挙げています。１番目は納税義務者、これは納税の主体です。２番目は課税物件、これは客体です。３番目は帰属、これは主体と客体とを結びつけるもの、つまりその課税物件がどの納税義務者に帰属するかという問題。４番目が課税標準です。課税標準とは、それに税率を掛ければ税額が出てくるものです。５番目が税率です。この５つが課税要件だとされているわけですが、こういう課税要件に該当する事実があれば、納税義務は成立するとされています。

納税義務の成立については、いつ成立するのかという成立時期というものがあります。これは、国税通則法15条に規定されています。

期間税、つまり一定の課税期間を定めて課税する税金、例えば、所得税については、1月1日から12月31日までの期間の所得について課税するという課税期間というものがありますが、こういう課税期間のある期間税は、その期間の終了時、例えば所得税では12月31日をもって納税義務が成立すると規定しています。これは、12月31日が終われば、その人の納税義務は、すぐに計算できるかどうかは別にして、客観的には金額が決まっています。そういう意味で12月31日、つまり課税期間の終了時に納税義務が成立すると規定しているわけです。

随時税といって、課税物件が生じたときに税金がかかるもの、例えば相続税は、相続または遺贈によって財産を取得したことにより相続税がかかるということになりますから、相続または遺贈によって財産を取得したときに、納税義務が成立すると規定しています。国税通則法15条にはそういう納税義務の成立の時期に関する規定があり、納税義務の成立ということを決めています。

(4) 納税義務の確定

次に、納税義務の確定ですが、これには3つの方式があります。

1番目は「自動確定方式」であり、これは納税すべき税額が納税義務の成立と同時に、特別の手続を必要とせず、法規の定めに基づいて当然に確定する方式です。例えば、予定納税にかかる所得税があります。これは、例えば平成26年分の予定納税について言いますと、平成25年分の所得税の金額は決まっていますし、そこから源泉徴収されていた金額もわかっています。つまり、所得税の総額から源泉徴収されるべきものを引いた残りが、確定申告と同時に支払わなければならない税金です。それを3等分しまして、1期分、2期分という予定納税をする。これは、客観的に決まっているわけで、何ら手続を要しないで確定します。あるいは源泉徴収による国税。事務員さんに給与を払ったとしますと、翌月の10日までに源泉所得税を納める。例えば給与を10万円払ったとして、その人の扶養家族が2人だとしますと、扶養家族2人の場合の10万円の月給の源泉徴収税額がいくらかというのは決まっていますから、それは直ちに確定するということになっています。このように、何ら手続を要しないで自動的に租税債権が確定するものが1番目です。

2番目は「申告納税方式」で、納付すべき税額が納税者の申告によって確定することを原則としているものです。これは、法令の定めによって、納税者が申告をしなければならないと規定されているものです。もちろん、申告がない場合には決定という手続をしますし、申告が間違っている場合には更正という手続がされますが、申告納税方式というのが2番目の方式です。国税では、所得税、法人税その他、申告納税方式が原則的な方式になっています。戦前は賦課課税方式が原則で、所得税なども賦課課税方式だったのですが、戦後、日本国憲法の施行とともに、国民主権主義というところから申告納税方式が導入され、それが国税の場合は主流になっています。

3番目は「賦課課税方式」で、これは納付すべき税額が専ら課税庁の処分によって確定する方式です。自動確定方式ではなくて、しかも申告の義務が特に定められていない租税は、賦課課税方式ということで、課税庁から賦課決定通知書が届けられることになっています。地方税では、賦課課税方式が一般的です。皆さん方のところに、毎年5月ごろに固定資産税の通知が来ますでしょう。何気なく見ておられると思いますが、一度よく見てください。あれは「固定資産税の賦課決定通知書」とされており、固定資産税について、どういう根拠でどれだけの課税をしたかということが書いてあります。裏を見ますと、「この決定に不服のある者は市長に対して30日以内に異議申立てができます」ということが、教示として書いてあります。あれは普通郵便で送られてきますけれども賦課決定通知書なんですね。こういう賦課課税方式の税金があります。

(5) 確定税額の是正

① 課税庁からの是正

そういうことで租税債権、つまり納税義務が確定するわけですが、確定した税額がいつも正しいとは限らない。抽象的納税義務は、課税要件に該当する事実があれば成立し、具体的納税義務は、抽象的納税義務と一致しないといけないわけですね。ところが、実際には、これが一致しないことがあります。例えば、申告額が正しい金額より少ない場合や多い場合がある。

そこで、具体的納税義務として確定した税額が、抽象的納税義務の金額と異なる場合に、これを是正する措置が必要になってきます。これには、両者の側、すなわち、課税庁からと納税者からの是正措置があります。

(ア) 更正・決定

課税庁からの是正措置としては「更正」と「決定」とがあります。これは、申告納税の租税について、納税義務を確定させる課税庁の第二次的な権限ということになります。税務署長は、申告された課税標準等または税額等が、国税に関する法律の規定に従っていなかったときには、その調査により、課税標準等または税額等を更正することができるというのが「更正」の意味です。

「決定」というのは、申告をしなかった場合に、税務署長が行う処分です。よく「更正決定」が来たと言う人がいますが、厳密に言うと正しくない。更正処分が来たのか、決定処分が来たのか、どちらかでして、更正と決定とは、用語としては区別されています。更正は、税務署長が独自に行う場合と、納税者の更正の請求に基づいて行う場合、の2つがあります。そして、税額を増加させる更正、つまり「増額更正」と、税額を減少させる更正、「減額更正」とがあります。

更正または決定をした後に、それが正しくなかったことが判明したときには、さらにもう一度更正をしますが、これを「再更正」といいます。再更正の後にもまた更正というのがあり得るわけですが、その後の更正は、全部、再更正といっています。

(イ)　理由付記の意義

更正・決定は、書面で通知されます。更正や決定には理由付記が必要かどうかが、平成23年の国税通則法の改正前は問題になりました。青色申告の場合は明文の規定があり、青色申告の更正については、まず帳簿書類を調査し、その調査によって所得金額に誤りがあると認められる場合に限って更正を行うことができるとされており、その更正通知書には更正の理由を付記しなければならないとされています（所得税法１５５条、法人税法１３０条）。

青色申告は、戦後、シャウプ勧告に基づいて導入された制度です。当時は、日本人に記帳の慣行がなかったものですから、帳簿を備え付けて記帳させるために、帳簿を備え付けている者は青色申告者と認めて、様々な優遇措置を与えようということで導入された制度なのです。基本的には青色申告を奨励する立場ですから、青色申告承認の申請をしますと、一定の期間内に何らの返事がなければ青色申告が承認されたものとみなすという規定があります（所得税法１４７条、法人税法１２５条）。税務署長が、帳簿がきちっと備え付けてあるかどうかを調査した上で、青色申告の承認をするかどうかを決めるというのが本来なのですが、どんどん青色申告にさせたいということで、青色申告の承認が自動的に決まるようになっているんですね。ですから、青色申告の承認を申請されたら、返事がなくて承認されたとみなされるのがほとんどだと思います。

次に、青色申告の承認の取消しというのがあります。例えば帳簿を備え付けてなかったとか、帳簿書類について税務署長の指示に従わなかったとか、一定の場合に青色申告の承認が取り消される場合があります（所得税法１５０条、法人税法１２７条）。ただし、この取消しは税務署長の裁量で、該当する事実があっても取り消さなくてもいいことになっています。実際上、青色申告者はたくさんおります。法人では90何%が青色申告ですし、個人の場合にも約半分くらいが青色申告です。しかし、法人でも、法令の規定どおり帳簿を備え付けていない会社もありますし、個人の場合には、法令の規定どおりきちっと帳簿書類を完備していない人はたくさんいるだろうと思います。これを全部、青色申告の承認を取り消すわけにはいかない。ですから、そういうことがあったとしても、直ちには取り消さない。大体、税務署長が青色申告を取り消すのは、更正処分を行うときで、青色申告を取り消したうえで更正をするという例が多いわけです。

そこで、理由付記の問題に戻りますが、青色申告の場合の更正や青色申告承認取消処分については、従来から理由付記が法律上必要とされていました。しかし、行政処分一般については、理由付記が必要であるとする法律がなかったため、青色申告に関するこれらの処分だけが、行政処分一般より進んだものであったのです。

ところが、平成5年に行政手続法が制定され、「不利益処分」については、行政処分一般に理由付記が必要となりました（同法14条。これは理由の提示としていますが、理由付記と同義です）。しかし、国税に関する法律に基づき行われる処分については、行政手続法14条は適用除外とされていたため（改正前の国税通則法74条の14）、従来どおり青色申告以外の更正等については、理由付記は不要とされたままだったのです。

しかし、納税者に不利益を与える更正等の処分をするのにその理由が提示されなくてもよいなどというのは極めて不合理であり、時代遅れも甚だしいものといえます。そこで、日弁連や日税連などは、行政手続法の理由提示の規定を適用除外としている国税通則法の規定は削除するべきであると強く主張してきたのです。それらの運動が実って、平成23年の国税通則法の改正により、国税の更正等の不利益処分にも行政手続法14条の規定が適用されることとなり、国税の処分についてすべて理由の提示が必要となりました。

従前は青色申告についてだけではありますが、行政処分一般より進んだものであったのに、平成5年の行政手続法制定後は、国税だけは行政処分一般より遅れたものとなっていました。しかし、18年も経ってようやくその遅れが解消され、国税についても、行政手続法の不利益処分や申請に対する処分に該当するものは、すべて同法14条、８条により理由の提示が必要となっています。

（ウ）　理由付記の根拠と程度

理由付記が要求される根拠と、その理由付記の程度に関しては、最高裁により非常にいい判例が積み重ねられてきました。理由付記というのは、何も課税処分に限ったことではありません。例えば、許認可等の申請に対して拒否処分をする場合、あるいは、運転免許の取消処分のような不利益処分をする場合に、その理由を付記すべきかどうか、どの程度の理由付記が必要か。こういう理由付記というのは行政処分一般のテーマですが、行政処分の理由付記という分野では、税務に関する判例がこれをリードしてきたわけです。

理由付記が要求される根拠は、２つあるとされています。

まず１つは、処分庁の判断の慎重、合理性を担保して、その恣意を抑制するという機能です。これは「処分適正化機能」といいます。つまり、処分庁に慎重な判断をさせる、恣意的な判断をさせないということです。処分の理由を実際に文章で書いてみると、その処分ができるのかできないのかということがよくわかります。何となく処分ができそうな気がしていたけれども、実際に理由を書いてみると、これはちょっと処分できないのではないか、というようなことがあるわけでして、まさにそういう恣意的な処分を抑制するという、処分庁側の事情ですね。

もう１つは、処分の理由を相手方に知らせて不服申立ての便宜を与える趣旨です。これは「争点明確化機能」といわれます。処分の相手方に対して、処分の理由はこういうことであるということを知らせて、不服申立てや訴訟をするかしないかの判断をさせる。こちらは処分の相手方の便宜ということです。

行政処分の理由付記にはこの2つの要請があり、これが理由付記が要求される趣旨だということは、これまでいくつもの最判で積み重ねられてきています。

「一般に、法が行政処分に理由を附記すべきものとしているのは、処分庁の判断の慎重・合理性を担保してその恣意を抑制するとともに、処分の理由を相手方に知らせて不服の申立に便宜を与える趣旨に出たものであるから、その記載を欠くにおいては処分自体の取消を免かれない」（最判昭和38年5月31日民集17・4・617。以後、同旨の多数の判例あり）。

そこで、これを前提にしますと、更正通知書については、更正の理由の中身が具体的なものでなければならないことになります。どこまで書けば具体的かということについては、議論があり得ますけれども、具体的なものでなければならないことは、判例が認めているわけです。

「帳簿書類の記載自体を否認して更正をする場合において更正通知書に付記すべき理由としては、単に更正にかかる勘定科目とその金額を示すだけではなく、そのような更正をした根拠を帳簿書類以上に信憑力のある資料を摘示することによって具体的に明示することを要する」（最判昭和60年4月23日民集39・3・850）

青色申告承認の取消処分の場合にも、同じようなことがあるのです。青色申告の承認を取り消す場合というのは、例えば所得税の場合には、所得税法150条に、次の場合には青色申告の承認を取り消すことができるということで、1号、2号、3号と取消事由が書いてあります。かつては、税務署は、その1号か2号か3号か、どれに当たるかだけを書けばよいという勝手な解釈をしていたのです。青色申告承認の取消通知書というのが印刷してありまして、その下に所得税法150条の○号と書いてあって、その○のところに税務署員が1とか2とか3とか数字を書き入れて送っていた。ところが、判例が、それではだめで、具体的な事実を書いたうえ、その事実が1号ないし3号のどれに当たるのかを書くべきだと判断しまして、理由付記の不備を理由に青色申告承認の取消しを取り消していったんですね。したがって、青色申告承認の取消処分についても、具体的な取消の理由を書いて送ってくることになっていました。

次に、理由付記の方法ですが、これは当然、通知書自体に付記しなければなりません。口頭で述べてもだめです。異議申立ての段階や審査請求の段階で、税務署長が理由を述べる場合がありますが、それによりその理由付記の瑕疵が治癒されるかという点については、判例は一切そういうことは認めないということで、瑕疵は治癒されないとしています。そして、理由付記が不十分である場合には、当然、更正処分が違法になって、その処分が、それを理由に取り消されることになります。これは確立した判例で、この点では、判例は非常に進んでいます（最判昭和47年3月31日民集26・2・319、最判昭和49年4月25日民集28・3・405、一級建築士免許取消処分につき最判平成23年6月7日判タ1352・123）。

（エ）　申告と更正、更正・決定と再更正との関係

申告と更正、それから更正・決定と再更正、その関係がどうなるのか。これは、申告によって確定した税額が、更正によっていかなる影響を受けるかという問題です。

例えば、税額を100で申告したところ、税務署長が120だということで更正したとします。つまり20増やした。そうすると、元の100の申告で確定したものはどうなるのか。もう1つは、更正や決定によって確定した税額が再更正によっていかなる影響を受けるのか。例えば、100という申告に対して税務署長が120という更正をし、その後さらに、150という再更正をした。その場合に、元の更正はどうなるのかということです。これについては、国税通則法29条1項で、すでに確定した納付すべき税額に係る部分の国税についての納税義務に影響を及ぼさない、とされています。例えば100という申告をして120という更正をした。この場合、元の100というのが消えてしまって、120という更正処分によって、改めてその税額が確定したのだとしますと、例えば100の段階で差押えしていたものはどうなるのか、効力はどうなるかとか、そういう議論になってきます。したがって、100として確定した段階でそれを前提として行われたもの、例えば税金の納付、差押え、そういったものは全部有効として残し、20増えた分についてはその後の問題だというのが、29条の基本的な考え方なんです。

裁判を起こす場合に、気をつけなければならないことがあります。例えば、100という申告をし、税務署長が120という更正をした後、もう一度150という再更正をしたとします。この場合、120とする更正処分の取消しと、150とする再更正処分の取消しという、2つの方法が考えられますが、両方やらなければいけないのか、どちらか1つでいいのかという議論になるんですね。これは、結論的には「吸収説」といって、後の150の更正処分の取消しだけを求めればよろしい。つまり最初の120という更正処分は、150という再更正処分に吸収されているというのが判例の考え方です（最判昭和42年9月19日民集21・7・1828等）。したがって、一番最後の判断、すなわち150だという最後の再更正処分の取消しを求めたらいいということになります。

ところが、税務署長が、最初に150という更正処分をし、次に130という減額再更正処分をしたとします。そのときにはどれを争うのか。先ほどの吸収説と同じように考えると、一番最後の判断、つまり税務署長が最終的には130という判断をしたのだから、第2回目の130の再更正処分の取消しを求めたらいいのではないか。先ほどの例と統一的に考えると、そうなりますね。ところが、この場合はそうではないんです。この場合の再更正処分は減額更正処分である、つまり150を130に減額した再更正処分であり、これは納税者に有利な処分であるから、その取消しを求める訴えの利益がないというのです。結論的には、最初の150という更正処分の取消しを求めるということになるわけです（最判昭和56年4月24日民集35・3・672）。請求の趣旨はどうするかというと、平成何年何月何日付で税務署長がした150という更正処分のうち、平成何年何月何日付でした再更正処分によって取り消された20を除く部分を取り消す、という形で裁判を起こすことになっています。これは、増額更正の場合と減額更正の場合で理論的には統一されていないという気がしますが、最高裁の判例はそうなっていますから、更正が２回以上あるときには、どの更正処分の取消しを求めるのかということを、慎重に考える必要がある。まあ、全部の更正処分を取り消すと言っておけば間違いない。ただし、１つの方は却下になりますから、ちょっと格好悪いということだけですよね。そういうことで、この点は注意が必要です。

②　納税者からの是正

(ア)　修正申告

次に、納税者の側からの是正手段であります。その第１番目は「修正申告」です。これは、申告が間違っていた場合には自らこれを修正するということで、修正申告ができることになっています(国税通則法19条)。ただし、修正申告ができるのは、自分に不利な場合だけなんですね。税金を申告したけれども、少なすぎたのでこれを増やすという場合。あるいは純損失の金額があったと申告したけれども、その金額が過大であったという場合。要するに、納税者が自分に不利な方向で申告をするという場合だけ修正申告が認められています。

(イ)　更正の請求の意義

それでは、自分に有利な方向に変えてもらいたいという場合はどうするかと言いますと、「更正の請求」という方法をとります(国税通則法23条)。先ほども言いましたように、税務署長は、法律に従って税金を取る義務があるわけですから、税金を取るのが少なかったらいけないわけですが、法律の範囲を超えて多額な税金を取ってても、これまたいけないわけです。税務署長は、法律に従って公正に厳密に税務執行する義務があるわけですから、間違っている場合には、税金を高くする場合は当然として、税金を減額する場合も、当然、更正処分をするわけです。そこで、納税者は、税金が間違って高くなっているという場合には、更正の請求ということで、税務署長に対し、減額更正処分をしてもらいたいという請求をするわけです。

税務署長は、更正の請求を受けますと、まず調査をします。調査の結果、税金が過大に申告されていた場合には、減額更正処分をすることになります。もっとも、納税者の請求した更正の請求どおりの減額更正処分をするかどうか、これは税務署長の判断ですから、100%納税者の意向に沿った減額更正処分が出るかどうかはわかりません。一部に理由があると認められるときは、その部分については減額の更正処分をし、更正の請求のうちその余の部分を棄却することになります。また、更正の請求について、その全部につき理由がないと税務署長が判断したときは、更正の請求を棄却する処分をすることになります。

更正の請求には、2つの種類があります。「通常の更正の請求」（国税通則法23条1項）と「特別の更正の請求」（同条2項）と呼んでいます。通常の更正の請求は、納税申告書に記載した課税標準等または税額等に誤りがある場合にする更正の請求であり、申告をした時点で最初から誤っていた場合です。例えば、計算違いがあったとか、思い違いがあったとか、いろいろなことがありますが、申告した時点で間違っていたというものです。もう1つは、特別の更正の請求で、これは、申告した時点では間違いではなかったが、後から発生した事由によって結果的にはその申告が正しいものではなくなった場合、つまり後発的な理由によって申告が正しいものでなくなった場合に認められる更正の請求です。これを特別の更正の請求といいますが、後発的理由による更正の請求という言い方もします。

（ウ）　更正の請求の期間制限

まず、通常の更正の請求ですが、この更正の請求は、平成23年の国税通則法の改正前は、法定申告期限から1年以内に限るとされていました。申告から1年以上経ってから気付いたのでは、もうこれを修正するための更正の請求はできないことになるわけで、これはいかにも短すぎます。

一方、減額更正処分は5年間できるため、1年を経過した後は、税務署長に対し職権による減額更正をしてほしいというお願い（これを「嘆願書」と俗称していました）をするしかなかったのです。税理士会なども1年というのは短すぎる、もっと長くしろという法律改正の建議を何度もしていましたが、なかなか実現しなかった。それが、平成23年の国税通則法の改正によりようやく実現し、通常の更正の請求の期間は、減額更正ができる期間と同じく5年となりました。ところが、それまで3年であった増額更正ができる期間も、5年と延伸されました。

次に、特別の更正の請求は、その事由があった日の翌日から起算して2月以内にしなければなりません。この期間もせめて6月以内くらいに伸長させるべきですが、今回の改正では実現しませんでしたから、従前どおり2月という短い期間ですから、注意が必要です。

納税申告というのは、私人の公法行為と言っていますが、これには、原則的には民法の規定が準用されると解されています。そうすると、例えば錯誤があったから申告は無効といえないか、前の申告は錯誤により無効だからもう一遍改めて申告書を出し直すといえないかという議論があり得るわけですね。前の申告は無効で、それに基づいて納めた税金は不当利得になるとして、不当利得返還請求ができないかという議論も考えられるわけです。しかし、税法が、申告が間違っていた場合には更正の請求という手続を踏みなさい、しかも、それは1年間しかできませんよという明文の規定を置いている以上、やはりその手続に乗っかってやるしかないというのが判例の考え方です。

（エ）　更正の請求に関する判例

更正の請求に関する判例を少し紹介しておきます。

1つは、いつも税制の不平等ということで引き合いに出される医師の優遇税制に関するもので、最判昭和62年

11月10日です。租税特別措置法26条では、いわゆる社会保険診療報酬について、経費の概算控除が認められています。売上げに応じて、例えば70％という形で経費の概算控除が認められますと、実際の経費は50％しかなくても70％で申告してよろしいということになる。そうすると、20％分というのは無税の所得となるわけです。これが医師の優遇税制で、けしからんと昔から言われている。なぜ、こういう制度が設けられたのでしょうか。

戦後、健康保険制度が導入されました。お医者さんは、それまではいわゆる自主診療でやっていたのですが、健康保険制度が導入されたからお医者さんに健康保険を扱ってもらわないといけない。そこで、お医者さんに健康保険を扱ってもらいたいために、こういう優遇税制で誘導したわけです。ところが、今や50年も経って、全部、健康保険になっていますから、もうこのような優遇措置を置いておく必要が全くないのに、いまだにこれが廃止できないというのが現状です。

この原告の医師は、この優遇税制を適用して、概算控除で申告した。ところが、後になってよく調べてみると、実額の方が上だったので、これは損をしたということで、更正の請求をしたという事案です。税務署長はこれを棄却したので裁判になりましたが、この判決は、納税者の主張を認めませんでした。その理由として、次のように述べています。

「(措置法26条1項) の規定を適用して概算による経費控除の方法によって所得を計算するか、あるいは同条項の規定を適用せずに実額計算の方法によるかは、専ら確定申告時における納税者の自由な選択に委ねられているということができるのであって、納税者が措置法の右規定の適用を選択して確定申告をした場合には、たとえ実際に要した経費の額が右概算による控除額を超えるため、右規定を選択しなかった場合に比して納付すべき税額が多額になったとしても、納税者としては、そのことを理由に通則法23条1項1号に基く更正

の請求をすることはできない。」（最判昭和62年11月10日判時１２６１・54）

福岡地判平成９年５月27日も同じような判決で、これは消費税の仕入税額控除に関するものです。我が国の消費税は、多段階非累積型の消費税ですね。つまり取引が何段階かに進んでいくときに、その段階、段階で付加された価値について消費税を納めていくという制度です。したがって、例えば、売上げが１０００万円だとしますと、80万円の消費税を納めることになります。ところが、仕入れが８００万円あったとすると、仕入れの時に64万円の消費税をプラスして８６４万円払っているわけですから、その仕入れのときに払った消費税の64万円は、税額控除で引くわけです。つまり売上げの１０００万円に相当する消費税80万円から仕入れの８００万円に相当する消費税64万円を控除して、16万円の消費税を納めるというのが消費税の制度です。要は、８００万円で仕入れて１０００万円で売ったのですから、その取引の段階では２００万円の付加価値になる。２００万円の８％、つまり16万円を納めると、こういう計算をしても同じですが、我が国の消費税法は、その差額について８％を払うという計算の仕方ではなくて、売上げに対する消費税を計算して、そして仕入れに対する消費税を控除するという税額控除という制度になっています。

ちょっと余談になりますが、最近、その仕入税額控除で大きな問題になっているのがあり、大阪地裁や東京地裁その他で相次いで、判決が出ています。どういう問題かと言いますと、仕入税額控除を認めてもらうためには、それを証明しなければなりません。そのために、帳簿及び書類を備え付けておかなければならないことになっています。弁護士の場合も同じで、消費税を申告するときに、事務所の賃料とか文房具などの経費について支払った消費税は、当然、控除してもらいますが、そのためには、経費についての帳簿と書類を備え付けておかなければなりません。これは、かつては「帳簿または書類」ということで、どちらか一方が備え付けてあればいいことになっていたのですが、消費税法の改正で平成９年４月から、「帳簿及び書類」ということになり、帳簿も書類も両方備え付けなければならないことになりました。仕入帳簿だけでなく、例えば賃料の請求書や領収書なども全部置いておかないと、仕入税額控除が認められないことになります。この点は注意する必要がありますし、依頼者にもそういう指導をする必要があります。

我が国の消費税法は、納税者に負担をかけないということで、いわゆる帳簿方式で出発したのですが、ヨーロッパなどはインボイス方式という帳票の方式でやっています。インボイス方式の方が確実なんですね。そこで、この改正は、我が国の消費税も、帳簿方式からインボイス方式に転換する布石ではないかと言われています。

そこで、例えば、領収書には必ず相手方の表示が必要である、僕の場合だと「弁護士水野武夫殿」と相手方が書かれていないといけない。それから、何を買ったかということが書いてないといけない。例えば「ノート何冊」とか「便箋」とか、そういうことが書かれてないといけない。「文房具」ではダメだと言うんです。「上様」ではだめなんですね。そういうことで、かなり厳格に適用しようとしています。そういう書類をちゃんと置いておかないと、仕入税額控除が認められないことになるわけです。

問題は、税務署員が調査に来たときに、帳簿書類を見せろ、見せないでもめることがあるわけです。前回の鶴見先生の質問検査権のときに聞かれた方はご記憶だと思いますが、そういうことでもめることが多々あります。そこで、税務署員が、帳簿を見せないのなら帰ると言って帰ったとします。そうしますとね、その帳簿書類が備え付けてあるかどうかが議論になる。税務署が言うのは、法律上、帳簿書類の備付けというのは、税務署員の調査があったときには見せることだと。見せなかったら帳簿書類の備付けに当たらないと言うんですよ。だから、実際に帳簿書類が備え付けてあっても、税務署員の帳簿書類の提示要求に対して提示を拒否すれば、帳簿書類の備付けをしていないことになり、仕入税額控除は認められないというわけです。

そうすると、どうなるかというと、例えば、８００万円で仕入れて１０００万円で売ったという業者があるとします。１０００万円の消費税は80万円で、そこから仕入れの８００万円の消費税64万円を引いてもらって、16万円だけ納めればいいわけです。ところが、帳簿書類の提示拒否ということで、64万円の仕入税額控除を認めないということになる、つまり80万円丸々納めないといけないということになるのです。例えば、卸売業の場合ですと、自分のところで物を造っているわけではありませんから、当然、他から仕入れて売っているわけです。仕入れがあるのは当然で、仕入れなしというのはあり得ない。ところが、一切それを認めないということになる。つまり、16万円で済む税金が80万円払わなければならないことになりますから、これは大変な負担で、延滞税や重加算税の比ではないんですね。仕入税額控除を認めないという処置をされると、大変なペナルティーになる。ところが、税務署員が提示要求したがトラブルがあってそれを見せなかったというだけで、しかも、現場の税務署員の判断だけで、そのような重大なペナルティーを課すことができるのかというのが大きな問題になっています。

大阪地判平成10年８月10日（判時１６６１・32）は、帳簿の保存というのはあくまで保存であって、提示ということは書いていない。保存という法律の文言を提示と読み替えるのは、これはいかにも法律の解釈の域を超えている。そんな税務署の解釈はだめと言いました。これは正しい判断だと思います。ところが、津地判平成10年９月10日（同・40）は、税務署の言うとおり、提示しないことは保存していないことだと言って、税務署の主張を認めています。この点については、その後最高裁の判決が出されました。最１小判平成16年12月16日判タ１１７５・１３５及び最２小判平成16年12月20日判タ１１７６・１３１で、いずれも、税務職員が適法に提示を求め、これに応じ難いとする理由も格別なかったにもかかわらず帳簿等の提示をしなかった場合には、消費税法30条７項にいう帳簿等を保存しない場合に当たるとして、納税者の請求を退けた原判決を支持しました。後者の判決には、滝井繁男裁判官の反対意見がありますが、この反対意見をこそ支持するべきだと思います。

この福岡地裁の判例に戻りますと、この原告は、仕入税額控除について一括比例配分方式を選択しました。仕入れの中には、課税仕入れと課税されない仕入れとがあり、課税仕入れの消費税は引いてもらえるが、課税されない仕入れについては引いてもらえない。そこで、課税仕入れの税額の計算について、課税仕入れを個別に算定して計算するのが個別対応方式で、課税仕入れの税額に課税売上割合を乗じて算出するのが一括比例配分方式。この両方の方式がありまして、それを選択することになっています。この原告は、一括比例配分方式で仕入税額控除の計算をして申告したところ、後になって、個別対応方式の方が有利だということがわかって、更正の請求をしたという事案です。これも、先ほどの最高裁判決と同じように、原告の主張を認めませんでした。

「一括比例配分方式による税負担が個別対応方式による場合に比し大となる場合であっても、両方式の選択が納税者の任意に委ねられている以上、その不利益を甘受するものとして同方式を選択したものと見るほかはない。そして、右の点は、両方式による納税額の格差が顕著となるからといって別異に解すべきでなく、この場合に一括比例配分方式の適用が税負担の公平に反するということにはならない。」（福岡地判平成９年5月27日行裁例集48・５＝６・４５６）

このように、いくつかの方式からひとつを選択して申告ができる場合に、一旦申告した後に、選択した方式が有利だと考えたことに錯誤があったと言っても、これは認められませんから、注意する必要があります。

ところが、平成2年6月5日に最高裁の判決が出ました。これは、前述の昭和62年最高裁判例と異なる興味ある判例です。この事件の原告もお医者さんですが、社会診療報酬について一旦概算控除で申告をした。ところが、後になって、漏れている所得や計算違いがあり、修正申告をすることになった。修正申告の段階で、前回申告の概算控除より実額控除の方が有利だと思ったので、実額控除に変更したわけです。

例えば、１００と申告したが、別の所得が50あったということで、１５０とする修正申告をしなければならない。ところが、経費を実額で計算してみたら、概算控除よりも20増えたとしますね。そうすると、新たな所得50が出てきたのですが、経費の増加分20を引くとプラスするのは30でいいこととなるので１３０という修正申告をしたんですね。税務署長は、あなたは前に概算控除で申告しており、今回、新たに50の所得が出てきただけだから１５０で修正申告すべきだ、前に選択した概算控除を実額控除に変更することはできないとして更正処分をしたケースなんです。この事件で、高裁は納税者の主張を認めなかったのですが、最高裁が原判決を破棄しまして、修正申告の範囲内でやるのであれば、そういう錯誤があった場合に方式を変更してもいいという判決をしていますので、紹介しておきます。

「修正申告をするに当たり、修正申告の要件を充たす限りにおいては（すなわち、確定申告に係る税額を増加させる限りにおいては）、確定申告における必要経費の計算の誤りを是正する一環として、錯誤に基づく概算経費選択の意思表示を撤回し、所得税法37条1項に基づき実額経費を社会保険診療報酬の必要経費として計上することができると解するのが相当である。」（最判平成2年6月5日判時１３５５・25）

（オ）　特別の更正の請求

次に、特別の更正の請求です（国税通則法23条2項）。これは後発的理由による更正の請求というもので、我々弁護士は当然、知っていないといけないことです。どういう場合に特別の更正の請求ができるかというと、１つは、申告した税額の計算の基礎となった事実に関する訴えについての判決（判決と同一の効力を有する和解その他の行為を含む）によって、その事実が当該計算の基礎としたところと異なることが確定したときです。例えば、不動産売買契約をして譲渡所得の申告をし、税金を納めた。ところが、買主から、あの売買契約は無効だという裁判を起こされ、そして判決では、売買契約が無効だということになった。この場合、不動産売買を前提にして申告し納税したのは、その時点では正しかった。ところが、その後の判決で事実関係が変わったことに確定すれば、その事実に基づいて更正の請求をして、税金を返してもらうことになる。例えば、売買代金が１０００万円ということで申告をしたが、売買代金額に争いがあって、８００万円だという判決が出た。これも２００万円の分については納めすぎになりますから、更正の請求により税金を返してもらうことになります。

その他、後発的理由により更正の請求ができる事由が、国税通則法23条2項に規定してあり、同項3号の「その他やむを得ない事由」については、国税通則法施行令6条1項に規定されています。その中で、我々弁護士に関係があるのは、「計算の基礎となった事実に関する契約が解除権の行使によって解除され、もしくは当該契約の成立後生じたやむを得ない事情によって解除され、または取り消されたこと」、この場合にも更正の請求ができることになっています。

さらに、個別税法で、後発的理由による更正の請求が認められている場合があります。例えば、所得税法63条は、事業廃止後に生じた事業に係る必要経費について規定しています。例えば、平成17年で事業をやめたところ、翌18年になって必要経費が生じたとします。これは、本来は18年の収入金額から控除すべきですが、18年はもう事業をやっていないから控除できない。そこで、こういう場合には、遡って17年分の必要経費から控除することとし、そのために更正の請求ができるという所得税法１５２条があります。また、資産の譲渡代金が回収不能になった場合、その回収不能になった部分については更正の請求をして税金を取り戻すことができるという規定があります（所得税法１５２条、64条）。法人税などについても、いくつかの規定がありますから、これらの規定をしっかり勉強しておいて、更正の請求をして税金の還付を受けることが必要です。特に、破産管財人になった場合には、そういうことが出てくる場合が結構多いと思います。

(カ)　更正の請求後の手続

更正の請求をしますと、税務署長は調査をして、減額更正処分をするか、あるいは更正の請求を棄却する処分をします。そこで、それについて不服がある場合には、更正の請求の棄却処分の取消しを求める裁判をすることになります。「税務署長の、平成何年何月何日付更正の請求に対する平成何年何月何日付更正の請求の棄却処分の取消しを求める」と、いうことになります。もし、この裁判に勝てば更正の請求が残る状態に戻りますから、税務署長は、改めて更正の請求に基づいて減額更正処分をしなければなりません。しかし、これは迂遠な方法でしてね、最初から減額更正処分をせよという裁判をやればいいじゃないかと皆さん思われませんか。

減額更正処分をせよというのは義務付け訴訟です。義務付け訴訟というのは原則的にはできない、つまり行政の第一次判断権というのがあって、司法がこれを犯すことはできない、とされてきました。しかし、平成16年の行政事件訴訟法の改正により、義務付け訴訟が認められました。更正の請求に関する事件などは、申請型の義務付け訴訟が認められるケースで、裁判所が、更正の請求は理由があると判断したのであれば、減額更正処分をせよという判決をします（行訴法３条６項２号、37条の３）。その判断が一部認容の場合だってある。例えば１００の申告をしたけれども、80だったから20減額してほしいという更正の請求をした場合に、裁判所が審理の結果、10しか認められないのであれば10の減額更正処分をせよという判決をし、その余の請求は棄却することになります。

ところで、以上に述べたことは、適法に更正の請求がされた場合のことですが、更正の請求の期間が過ぎてしまった場合には、義務付け訴訟はできないのでしょうか。私は、その場合であっても、非申請型の義務付け訴訟（行訴法3条6項1号、37条の2）は、その要件に合致する限り、できていいと考えています。更正の請求の制度がある以上すべてそれでやらなければならない、すなわち、更正の請求の排他性を認めるべきだなどという主張は、説得力がないと思うからです。この点については、水野武夫「改正行訴法による行政訴訟実務」（日弁連研修叢書『現代法律実務の諸問題（平成17年版）』８０８頁）をご参照ください。

2　租税債権と私債権との優劣

(1)　租税債権優先の原則

租税債権と私債権の優劣ということでお話をします。租税債権が優先するというのは、もう皆さんよくご承知だと思います。国税徴収法8条、地方税法14条に定められています。租税債権は、公課その他の債権、私債権も含めて、これらに優先するというのが大原則です。なぜこんな優先権を認めなければいけないのかについては議論がありますが、それは省略します。租税債権は、国税と地方税とは同順位で、国税が優先することはありません。

租税債権相互の間でも優劣があります。まず第1は、強制換価手続等の費用です（国税徴収法9条、10条）。これは費用ですから当然です。2番目は差押先着手主義といいまして、差押えを先にした租税です（同法12条）。後からするのは参加差押え、あるいは交付要求となりますが、それよりも優先することになっています。交付要求同士では、交付要求先着手主義ということで、交付要求を先にした方が優先します（同法13条）。これらは租税相互間の優劣ということで規定されています。

(2)　租税債権に優先する私債権

国税徴収法15条以下の規定で、一定の場合には私債権が租税債権に優先することとされています。これは要するに、租税債権の優先という要請は認めざるを得ないが、他方、担保権も尊重すべきである。租税がみだりに担保権を侵害するといった事態になると、これは私法上の取引に悪い影響を与えるから、租税も一定の場合には遠慮すべきではないか。そこで、近代担保制度における公示の原則というのがありますから、その原則との調和ということで、租税債権と担保権との調和を図る制度が設けられています。

①　質権・抵当権付債権との優劣

まず、質権及び抵当権付の債権ですが、これは、法定納期限と質権又は抵当権の設定時期と、どちらが先かによって優劣が決まります（国税徴収法15条、16条）。もちろん、設定の時期というのは、登記を要するものは登記の時で、契約をした時ではありません。例えば、公正証書で契約していてもだめで、登記の時との優劣です。登記のない動産質権等の場合は、公正証書その他、証明の手段が決まっており、その確定日付のある日によって優劣を決めることになっています。

私債権との優劣の基準は、「法定納期限」が原則なのですが、「法定納期限等」という省略用語がありまして、法定納期限等とどちらが優先するかということが問題になります。国税徴収法15条に規定が置かれています。これは、条文を読まれてもわかりにくいかもしれませんが、なぜ「法定納期限」だけでなくその例外があるかというと、ひとつは、法定納期限に国税を知り得なかった場合です。この場合には、国税が優先するというのはおかしいということになりますね。

例えば、平成26年分の所得税について平成27年3月15日に１００という申告をしたが、その１００という税金が滞納になっている。平成28年に、その人に抵当権をつけて金を貸そうと考えた人がいるとします。１００の税金が滞納になっており、これが優先債権であることは承知したうえで、それ以外の税金はないということで抵当権をつけますね。ところが、抵当権をつけた後に、税務署長が、税額は１５０だとして更正処分をしたとすると、増えた分の50は後から出てきたわけです。しかし、法定納期限は平成27年3月15日ですから、もし原則どおり法定納期限で勝負したら、私債権は負けてしまうことになり妥当ではない。つまり、更正処分で増額された50については、抵当権者はこれを知り得なかったわけですから、この場合は、更正により増額された部分については、その更正処分をした時で勝負することとされています。したがって、この場合、抵当権者は、100については負けるけれども、50については勝つということになります。

逆に、法定納期限より前に、国税があることを知り得る場合があります。例えば、繰上請求という制度がありまして、税額の確定した国税で、法定納期限までにその納税者が倒産したというような事情が生じて保全の必要がある場合は、繰上請求が認められています（国税通則法38条1項）。こういう場合は、法定納期限よりも前で勝負するということなのです。

このように、原則は法定納期限で、法定納期限に国税を知り得ない場合には、それより後になる。反対に、法定納期限より前に知り得る場合には、それより前になるということでして、その時期を「法定納期限等」といっているわけです。

次に、納税者が抵当権又は質権の設定された財産を譲り受けた場合。例えば、Aさんが、借金をして抵当権をつけている財産を、納税者Bさんが譲り受けたとします。その後、Bさんの租税債権者である税務署長がその財産を差し押さえたが、その法定納期限は、元の抵当権よりも前だったとします。この場合、その抵当権が飛んでしまう、租税債権に劣後するとなったら、これはおかしなことになりますよね。そこで、そういう場合には、常に抵当権が優先するという一種の注意的な規定が置かれています（国税徴収法17条）。

次に、納税者の担保付財産が他に譲渡された場合です。法定納期限後に質権や抵当権を設定した財産については、その国税が優先しますね。例えば、納税者Aさんが抵当権を設定したが、その時すでに滞納税金があったとします。抵当権者は、Aさんに滞納税金があることを承知の上で抵当権をつけたわけですから、当然、抵当権が負けるわけですね。ところが、Aさんがその財産をBさんに譲渡したとします。その後は、その財産はBさんの所有ですから、Aさんの税務署長がその財産を押さえることはできません。しかし、もともとは、抵当権よりも先に税金が取れたわけです。それが、Ｂさんに譲渡されてしまったからその財産を押さえることはできませんが、抵当権は残っていますから、Ｂさんの名義になっていても抵当権者は競売の申立てをして債権の回収を図ることができる。

つまり、抵当権者が債権の回収を図れて、それに優先するはずの国税の徴収ができない。それは不合理だということで、その場合には、抵当権者が受け取るべき配当金から国税を徴収することができるというのが、国税徴収法22条なのです。いわば、抵当権者の債権に横から手を入れて持っていくということでありまして、こういう規定があるということに注意する必要があります。

②　その他の担保権付債権との優劣

同じように、法定納期限等とで優劣を決めるというのが仮登記担保付債権です。これは、抵当権や質権と同じようなやり方で優劣を決めます。

先取特権については、常に抵当権等に優先する先取特権については、租税にも常に優先するということと、それから、質権または抵当権との優劣が登記の先後等により決まる先取特権については、法定納期限等で優劣を決めるという規定が置かれています（国税徴収法19条、20条）。

次に、留置権ですが、留置権のある債権は、租税に優先します。例えば、機械の修理代金債権で留置権を行使する。その財産が滞納者の財産だとします。税務署長は当然、差押えをしますね。これは、第三者の占有する物を差押えできるのかということですが、国税徴収法58条に、引渡命令というのがあり、これにより税務署長は、これを差し押えます。その場合、その機械を売った代金の中から、留置権のある債権は先に弁済を受けられます。これは、例えば時価１００の機械で、機械修理代金が10かかったとします。この場合、元の機械が１００で10の修理代金をかけたから１１０で売れるはずだ、だから、その10は留置権者に渡すのが筋だ。その修理代金、つまり価値を付加した分まで税金が取っていくのは酷ではないかということで、こういう制度が置かれています。

譲渡担保権との関係では、法定納期限等以前に担保の目的で他に譲渡している場合は、すでに他に譲渡していますから、税務署長は手出しができないことになります。ところが、一定の場合に、譲渡担保権者を第二次納税義務者とみなして、そこから税金を取るということが国税徴収法24条に定められています。

③ ぐるぐる回りの調整

ぐるぐる回りというのがありまして、国税徴収法26条にその調整の規定が置かれています。例えば、私債権と税金と社会保険料の3つの債権があるときに、それが、じゃんけんみたいに三すくみで、優劣がつかない場合がありますが、これを調整するための規定が26条です。

この規定については、最高裁の判例があります。どういうケースかといいますと、社会保険料と労働保険料と抵当権付きの私債権があり、これがぐるぐる回りとなっている。このような場合、26条はどういうやり方をするかといいますと、まず、私債権のグループと公租公課グループの2つに分け、そこでまず優劣を決めて割当てをするのです。

例えば、社会保険料が抵当権付私債権よりも優先するとしますと、代金はまず、優先する公租公課のグループに回されます。公租公課のグループに回された代金について、今度は、公租公課の中で、その優劣で配当額を決めるのです。そこで、社会保険料よりも労働保険料の方が優先だったとすると、社会保険料に充てるとして渡された代金は、労働保険料に回ってしまい、社会保険料には配当がないことになる。こういうやり方をすることになっています。

このケースでは、不動産が4つあり、同一の競売手続でやっていたのですが、最初に2つの不動産が売れたので、それをまず配当することにした。ぐるぐる回りがあるので、社会保険料にまず配当する。つまり公租公課のグループへ行ってしまって、抵当権者への配当はなしということになった。ところが、公租公課のグループの中では、労働保険料の方が優先するために、全額、労働保険料に配当されて、社会保険料は未納のまま残ったのです。その次に、残り２つの不動産が競落になった。そうしたら、また社会保険料が出てきたわけですよ。うちは抵当権に優先するよと。

抵当権者としては、自分に優先するのは社会保険料だけであり、その社会保険料は、すでに最初の競落で先に持っていっているじゃないか、労働保険料に行ったか知らないが、それは公租公課グループの内部の問題であって、抵当権者に向けるのはおかしいじゃないかということになりますよね。広島高裁は、抵当権者のこの主張を認めまして、少なくとも同一の競売手続の中で一旦社会保険料分として持っていったのだから、抵当権者の予測可能性からしても、その次の競売代金は抵当権者に配当すべきだとしたのです。ところが、上告されまして最高裁でひっくり返った。

要は、そうかもわからないけれども、社会保険料にはまだ配当されていない、未納として残っている以上は、26条の規定に従って、公租公課グループに配当されても仕方がないと言ったんです。

「同一の不動産競売事件について、不動産が順次売却されてその都度配当がされるなど、配当手続が数次に及び、先行する配当手続で国税及び地方税等と私債権とが競合したことから国税徴収法26条の規定による調整が行われた場合において、私債権に優先するものとして国税及び地方税等に充てるべき金額の総額を決定するために用いられながら（同条2号）、国税、地方税等相互間では劣後するため（同条3号）、現実には配当を受けることができなかった国税、地方税等は、後行の配当手続においても、同条2号（地方税法14条の20第2号）の規定ないし国税徴収法16条等（地方税法14条の10等）の規定の適用上再び私債権に優先するものとして取り扱われることを妨げられない。」（最判平成11年4月22日判時1677・66）

したがって、何回、競売をしても、抵当権に優先する公租公課が残っている限りは、持っていかれるわけです。そこで、気をつけなければならないのは、例えば抵当権をつけるときに、自分より優先する公租公課が１００あると考えて取引しますね。ところが、不動産が複数ある場合には、１００ではいけない。不動産が３つあれば、３００を覚悟しなければならないわけです。

例えば、1回目の不動産が１２０で売れたとすると、１００は社会保険料に行き、それが他の税金に配当されて、残り20しか配当を受けられない。２回目の売却代金のうちからも、１００は社会保険料に行き、それがまた税金に配当されてしまう。３回目の代金のうち１００がまた社会保険料に行って、全部他の税金へ行ってしまうということになるわけです。

要は、不動産の数掛ける優先する公租公課の金額について、優先する可能性があるということを覚悟しなければならない。これは大変おかしなことだと思いますし、一旦優先するものを取ってしまったら、後は優先権を行使できないという制度にしないと、抵当権者の予測可能性が損なわれると思いますが、この判例では、このようなことになっていますので注意が必要です。

こういう場合の対抗手段としては、国税通則法41条の第三者納付を利用する手があります。今の場合に、優先する社会保険料を代わりに納めるんです。１００納めたとすると、優先する社会保険料が消えたわけだから、１回目の競売代金の１２０は全部抵当権に入ってきます。2回目と3回目の競売代金（いずれも１２０とする）も、1番優先する抵当権に配当されます。仮に、抵当債権が３６０だとすると、１００代位弁済し３６０回収したわけだから、実質２６０を回収したことになる。しかし、代位弁済しなければ60しか回収できなかったのだから、それよりはましです。１００については、求償権を行使して回収したらいい。こういう第三者納付という対抗手段を用いることを考える必要があります。

3 滞納処分

(1) 滞納処分に対する対抗手段

滞納処分の説明については、時間がありませんので省略しますが、滞納処分に対する対抗手段として、「超過差押・無益な差押の禁止」という国税徴収法48条がありますから、この規定によって対抗することができる。ここに引用した東京地裁の判例は、公売の価格が市価に比べて非常に低かったということで、国家賠償が認められた非常に珍しいケースですので、参考にしてください。

「公売処分については、見積価格の決定は滞納者の権利に重大な影響を及ぼすから、国税局長等が公売物件等を一般取引の通念に照らし市価に比して著しく低く見積り、その結果著しく低い価格で公売した場合には、その公売処分は違法である」としたうえ、本件公売の見積価格（約2億3400万円）は、市価（約7億円、なお公売の特殊性を勘案した公売見込価格は約5億6000万円）に比して著しく低く、公売価格（約2億5800万円）も著しく低廉で、本件公売処分は違法であるとして、国に対する3億円余りの国家賠償請求を認容（東京地判平成7年4月24日判時1551号105頁）。

差し押えられた財産に担保権が設定されている等、第三者の権利がある場合には、差押換えの請求ができることになっていますから、そういう対抗手段もあります（国税徴収法49条～51条）。

(2) 滞納処分と強制執行等との関係

滞納処分と強制執行等が競合する場合がありますが、その場合に備えて、「滞納処分と強制執行等との手続の調整に関する法律」（「滞調法」と言っています）があります。これは、基本的に、両方が差し押えて、そして続行決定をもらって裁判所が手続を進めるという構造になっています。

この法律は、平成10年に改正がありまして、手続が簡単になりました。ひとつは、従前は、競売の申立てをした後で、差押債権者が、徴収職員に対して、速やかに売却すべきことを催告していました。催告の結果、当分やる予定はないという回答が来たとか、あるいは回答が来ないということで、初めて続行決定の申請をすることになっていました。

ところが、今は催告の必要がなくなりましたから、競売の申立てをして、直ちに続行決定の申立てをすることができます。だから、先に滞納処分がある場合は、競売の申立てをして、同時に続行決定の申立てをしておけばよいということになります。それから、続行決定の申請があった場合、従前は、裁判所は徴収職員の意見を聞いて、債務者・所有者を審尋するという規定があったのですが、債務者・所有者の審尋はなくなりましたから、簡便にやれるようになりました。以前の法律をご存知の先生は、法律が変わっていることに注意していただきたいと思います。

4　租税債権の第三者からの徴収

⑴　連帯納付責任

（ア）　連帯納付責任の意義

第三者から税金を徴収することができる場合があります。いくつかありますが、弁護士が注意しなければならないのは、「連帯納付責任」です。これは、相続税法34条に規定がありますが、他にも地価税法29条に同種の規定があります。

1つは、相続人が2人以上ある場合の、相続税の連帯納付責任です（相続税法34条1項）。例えば、長男と次男が、相続財産を取得し相続税の申告をしたが、次男が相続税を滞納している場合には、長男は、次男の納付すべき相続税について、連帯納付の責任があることになっています。ただし、限度があり、長男は、自分が相続により取得した財産の範囲を超えてまでは、責任はありません。我々は、相続争いの事件を扱っているわけですが、ようやく遺産分割の協議を成立させた。ところが、次男がいい加減な奴で、税金を払わず姿をくらました、といった場合には、長男が責任を負わされるわけです。したがって、そのようなおそれがある場合には、あらかじめ次男の相続税の分を確保するよう注意しておく必要があります。

もう1つ、贈与税の連帯納付責任があります。贈与税は、当然、財産をもらった人にかかるわけで、財産を贈与した人には贈与税はかからない。ところが、もらった人が贈与税を払わない場合には、贈与した側に連帯納付責任があるという規定（同条4項）があります。これも注意する必要があります。

例えば、ある女性とトラブルになって、手切れ金を支払うことで和解したとします。それが、慰謝料と認められるものはいいのですが、贈与と認められる部分があったとします。その場合、手切れ金をもらった女性が贈与税の申告をして税金を払えばいいのですが、これを払わなかったとすると、贈与した側に税金がかかってきて、手切れ金の上乗せといったことになる。ですから、贈与する場合は、将来、自分に贈与税が課税されるかもわからないということを、注意しておかなければなりません。

(イ)　相続税の申告

相続税、遺産税の課税には、2つの方式があります。ひとつは、「遺産取得税方式」といわれるもので、遺産を取得した人が、取得した財産の価格に応じて、それぞれ相続税を納めるという方式です。もうひとつの制度は「遺産税方式」であり、遺産それ自体に税金を課する制度です。この場合は、被相続人に課税され、遺産税を支払った残りの財産を、相続人が相続により取得するという方式です。国によって制度が違いますが、我が国は、遺産取得税方式であり、遺産を取得した人が、各々、自分の取得した財産に応じて相続税を払う制度です。

したがって、相続人は、自分の相続税についてだけ、申告すればいいわけです。相続税法62条、27条では、相続税の申告は自分の納税地でするると書いてあります。だから、例えば、長男は東京に、次男は大阪にそれぞれ住んでおり、死んだ親父さんは京都に住んでいたとしますと、この場合の申告は、相続税法の本文を読めば、長男は東京の税務署に申告し、次男は大阪の税務署に申告することになります。ところが、相続税の申告書を見られた方はご存じのように、申告書は、複数の相続人が連名で判を押して税務署に共同申告することになっています。それでは、どこの税務署に申告するかというと、死んだ親父さんの税務署、つまり京都の税務署に申告することになっています。

どこにそのような規定があるのかというと、実は、相続税法の昭和25年の附則③にそういう規定があるのです。相続税法の条文では、相続人がそれぞれ自己の納税地で申告せよと規定しているのですが、「その規定にかかわらず、当分の間、被相続人の死亡の時における住所地を納税地とする」という規定が附則にあるんですね。なぜそんな規定が置かれたかというと、相続税法が施行された時に、それまでは被相続人の住所地で申告することになっていましたから、すぐには変えられないだろう、したがって当分の間、被相続人の住所地で申告することにしようということで、附則にこの規定が置かれた。その「当分の間」が、50年以上続いているというおかしなことになっている。ただ、だから共同申告ができるわけですね。

しかし、必ず共同申告しなければならないわけではありません。相続人の間で相続財産の範囲に争いがあるような場合、当然、バラバラに申告することになりますよね。例えば、長男は、１億円の相続財産があると申告する。次男は、それ以外に５０００万円の不動産がある、これは長男名義になっているが長男のものではなくて相続財産だと主張しているとすると、次男は、相続財産は1億５０００万円だとして相続税を申告するという事態があり得るわけですね。つまり、相続人の間で、それぞれが申告した相続財産の総額、つまり相続税の総額が異なるということは、十分にあり得るわけです。そこで、次男がそういう申告をしたが自分の税金を払えないとなると、それが、長男にかかってくる。しかし、長男にすれば、次男の申告自体が認められないことになるわけですね。

（ウ）　連帯納付責任の手続

そこで、連帯納付責任を負担させられる者が、本来の納税義務の存否について争うことができるのか。今の例ですと、長男が、次男の納税義務の存否を争えるのかが問題になります。一般に、租税債権については確定手続が要るということからすれば、連帯納付責任を負わせるときにも確定手続が必要であるということになりますよね。そこで、相続税の連帯納付責任については、申告も要らないし成立と同時に当然に確定するものでもない。したがって、国税通則法の規定によれば、賦課課税方式にしかならず、連帯納付責任については賦課課税処分が要るはずだ。つまり、次男の相続税を長男に課税するためには、長男に対する賦課課税処分が要るのに、それがされていないとして連帯納税義務の存在を争ったケースがあります。一審の大阪地判昭和51・10・27（訟月23・1・15）は、納税者のこの主張を認めたのですが、大阪高裁は、これは徴収手続であって、課税手続ではない。課税手続は、次男の方で済んでおり、次男の関係では納税義務が確定している。その確定した税金を長男から徴収するという徴収手続だから、あらためて確定手続は必要ないという判断をして納税者の主張を退けたのです。最高裁も、高裁の判断を維持しました。

「右連帯納付の義務は法が相続税徴収の確保を図るため、……共同相続人に課した特別の履行責任であって、その義務履行の前提条件をなす租税債権債務関係の確定は、各相続人の本来の納税義務の確定という事実に照応して、その都度法律上当然に生ずるものであり、本来の納税義務につき申告納税の方式により租税債務が確定するときは、その他に何らの確定手続を要するものではない……それゆえ……本来の納税義務者との間で確定した租税債権に基づいて、直ちに連帯納付義務者に対し徴収手続を執ることができる。」（大阪高判昭和53年4月12日行集29・4・514。最判昭和55年7月1日民集34・4・535は原審判決を支持）

(2) 第二次納税義務

第二次納税義務の場合も、これと同じ問題があります。国税徴収法32条以下には、いくつかの種類の第二次納税義務が規定されています。これは、本来の納税義務者から税金が取れない場合には、第二次納税義務者から税金が取れるという規定です。その場合、第二次納税義務者に対して賦課決定処分が要るという議論があり得るわけですが、それは要らないということになっています。なぜ要らないかというと、第二次納税義務というのは徴収手続であり、本来の納税義務者に対する課税処分はすでに確定しているから要らないということなんです。

そこで、例えば、清算人の第二次納税義務を例にとると、清算手続で、その会社の出資者が財産を分配してもらったときに、その清算会社に未払いの税金が残っていたとしますと、税金を払わずに残余財産を分配してしまったということで、分配を受けた出資者に第二次納税義務がかかるという規定があります（国税徴収法34条）。

ところが、会社に対する課税が間違っている場合があるでしょう。そこで、第二次納税義務を課せられた人が、その会社に対する課税が違法だということを争えないとおかしいわけです。ところが、次の最高裁判例は、本来の納税義務者の関係で納税義務が確定しているかどうかだという議論をしまして、第二次納税義務者が、本来の納税義務者に対する課税について、異議申立て等の手続を取らず確定してしまったら、それはもう争えないというのです。だから、これは相続税の連帯納付責任の場合と全く同じなのです。

「第二次納税義務の納付告知は、主たる課税処分等により確定した主たる納税義務の徴収手続上の一処分としての性格を有し、右納付告知を受けた第二次納税義務者は、あたかも主たる納税義務について徴収処分を受けた本来の納税義務者と同様の立場に立つにいたるものというべきである。したがって、主たる課税処分が不存在または無効でないかぎり、主たる納税義務の確定手続における所得誤認等の瑕疵は第二次納税義務の納付告知の効力に影響を及ぼすものではなく、第二次納税義務者は、右納付告知の取消訴訟において、右の確定した主たる納税義務の存否または数額を争うことはできない。」（最判昭和50年8月27日民集29・7・1226）

したがって、主たる納税義務者に課税処分がされたが、それが間違っている場合には、将来、第二次納税義務を課されるおそれがある人は、その段階で、主たる納税義務者の納税義務を争っておかなくてはならないわけです。その場合、訴えの利益があるのかという議論にもなるのですが、それは訴えの利益があるというのですね。

「第二次納税義務の納付告知は、主たる納税義務の徴収手続上の一処分としての性格を有し、右納付告知を受けた第二次納税義務者は、あたかも主たる納税義務について徴収処分を受けた本来の納税義務者と同様の立場にあるものというべきこと、したがって、主たる課税処分等が不存在又は無効でないかぎり、主たる納税義務の確定手続における所得誤認等の瑕疵は、第二次納税義務の納付告知の効力に影響を及ぼすものではなく、第二次納税義務者は、右納付告知の取消訴訟においては、右の確定した主たる納税義務の存否又は数額を争うことができない（違法性の承継の否定）ものといわなければならないことなどに照らすと、第二次納税義務者は、主たる課税処分等そのものの取消を求めるについて、法律上の利益を有する者にあたる。」（大

阪高判平成元年2月22日行集40・1＝2・111）

ところが、本来の納税義務者が、将来、租税を滞納するかどうか、その時に課税庁が第二次納税義務を追及してくるかどうかわからないような状況のときに、わざわざ、自分から、私は将来、第二次納税義務を課せられるかもわからないので、本来の納税義務者に対する課税処分に異議申立てをしますというようなことができるかというと、そんなことは、通常、期待するのは無理な話ですよね。だから、こういう判例の立場はどう考えてもおかしいと思います。

その後、この点についての最高裁判例が出されました。最判平成18年1月19日判タ1213・83です。この事件は、国税徴収法39条の第二次納税義務の納税告知を受けた人が2ヵ月以内に主たる納税義務者に対する課税処分の異議申立てをしたところ、不服申立期間を経過した後の申立てであるとして却下されたため、主たる納税義務者への課税処分に対する不服申立適格の有無と、不服申立期間の起算日について争われていたものです。

最高裁は、不服申立適格を肯定したうえ、不服申立期間の起算日は、納税告知がされた日の翌日であるとして、納税者の請求を認容した1審判決を支持しました。この判決には、泉徳治裁判官の意見があり、第二次納税義務者に対する納税の告知には、本来の納税義務者とは別人格の第二次納税義務者に対し、新たに納税義務を成立させ確定させる性質も有しているとし、したがって、第二次納税義務者は、納税告知処分の取消請求の中で主たる課税処分の違法性を主張することができると解すべきである、としています。私は、この意見に全面的に賛成です（水野武夫「第二次納税義務」北野弘久編『日本税法体系1』163頁参照）。

バランスよく時間の配分ができませんでしたので、分り難い点も多かったと思います。細かい規定の説明もできませんでしたが、これはさっと口で言ってもなかなか頭に入らないと思いますから、後で解説書とか条文に当たっていただきたいと思います。大変お聞き苦しい報告を致しましたけれども、これで報告を終わらせていただきます。

【第8章】マルサとの対応のポイント

査察事件への対処

大堅　敢
（弁護士）

《大堅　敢　Susumu Ohno》
大阪弁護士会（26期）。検事25年。この間、訟務部付検事として税務訴訟を担当したほか、大阪地検特捜部等において、ほ脱事件の捜査を多数担当。法務省若手検事在外研究員、在中華人民共和国日本大使館一等書記官、大阪地検特捜部副部長等を経て、平成11年４月同総務部長を最後に退官、弁護士登録。

1　はじめに

直接国税のほ脱事犯、いわゆる査察事犯ということに絞ってお話しさせていただきます。そういう意味では、所得税であり、法人税であり、相続税であるというのが査察事案の対象だというふうに理解していただいていいと思います。それ以外に、消費税や軽油引取税などがありまして、これらがある程度大きな事件として、いわゆる検察の方が強制捜査をするということもあるわけですが、それは別の機会に勉強していただきたいと思います。

その次に関税ですけれども、通常、関税（かんぜい）と言うとややこしいので、関税（せきぜい）と呼んでいますが、関税法の関係も、いわゆる直接国税とは違いまして、税関当局が主に調査、そして検察に引き継いでやっていくということで、今回の私の話の対象からは除外されることになります。

話の中身としましては、最初に調査・捜査手続の概要について、その後、ほ脱所得の立証方法、それから、ほ脱行為の態様としてどのようなものがあるのかというあたりを少しお話しして、実際の租税公判はどのようになされるのか、さらには、そこで被告人にとって一番興味のある量刑事情は一体どのような実情になっているのか。最後に、それらをとりまとめるような形で、弁護活動を行う上で、どのような点に留意すればよいかという点についてご説明してみたいと思います。

最初にお断りしておきたいのは、あまりなじみのない分野だと思いますので、非常に初歩的なところから説明させていただきますので、ご了承ください。

2 調査・捜査手続の概要

国税局の調査というのは、いわゆる犯則調査手続で、あくまでも行政手続です。そういう意味で、検察官、警察が行う捜査手続とは場面が違うといわざるを得ません。いわゆる国犯法（国税犯則取締法）が、国税査察官が依拠する法律というわけでして、中心となるのが国税査察官（マルサ）と呼ばれる人たちです。まず、どのような端緒を得て査察着手に至るのかという点についてですが、いくつかに分けられると思います。

1つが「部門内偵」といいまして、査察部の中に、実際に査察に着手してからほ脱所得の立証などに従事する部門の他に、いわゆる情報部門ということで、査察が立件するに足る事件の情報を主に調査していくという部門があります。この人たちは国税局の査察部に所属して、方面を決めて各税務署の方へ行って、具体的に何かそのような事案があるのかどうか、常に目を光らせている立場にあります。

その他に多いのが、課税部門からの連絡とか引継ぎというものです。この場合、国税局の資料調査課、通称「料調」と言っていますけれども、この料調から連絡を受けるものがあります。料調はどこから調査の端緒を得るかというと、独自にやる場合もありますし、税務署から情報が上がってくる場合もあります。法人でいうと、資本金が1億円を超える法人は国税局が直接担当しますし、それ以下のところであれば、所轄税務署の法人税部門が担当するというのが今のシステムです。

所得税については、特にそれが分かれているわけではないと聞いていますが、税務署レベル、あるいは規模の大きなものになってくると国税局の課税部門、主に料調が担当しまして、いわゆる課税処分、つまり更正処分を行ったり、修正申告を慫慂したりという場合があります。そのような処分に向けた調査の過程で規模が非常に大きく、手段、方法も非常に悪質である場合は、すぐに査察に引き継がれることになっています。これが査察への引継ぎ、つまり査察の部門からしてみれば、課税部門からの連絡・引継ぎがあったということであり、この2つが着手端緒を得る割合としては大きな部分です。

その他に、例は少ないですけれども、部外情報と言いますか、通報であるとか、投書であるとか、さらには刑事事件の過程で査察対象事案が判明するというのもあります。検察庁からの通報もあるでしょうし、捜査の段階でも警察の方から非常に悪質な、「たまり口座」というふうに言いますが、ほ脱所得を留保している口座を見つけた、あるいは不法な収益を得ているのが判明した場合で、これは課税処分もした方がいいだろうということで、警察の方から刑事事件を通して判明した捜査の過程で得られた資料を通報する場合があります。いわゆる課税通報と言われている分ですが、課税通報から査察にまで行くというのも若干はあるわけなんです。

課税通報からはなかなか全体像がわからないので、通常の課税処分のみにとどめるという例の方が多いかもしれませんが、中には悪質な規模の大きなものということで、査察事案にまで発展する例もあります。そのような端緒を得て、実際に査察に着手するわけです。

査察の着手後は、それぞれの担当部門が決まります。1つの部門であれば、その部門の統括、いわゆる国税局の課長クラスの人がヘッドになりまして、以下主査とか査察官、いろいろな方で大きな部門では10名ぐらい、小さな部門でも6名ぐらいで担当することになります。当然ながら、担当の主査というのもこの時点で一応決まるわけですが、査察調査の発展に従って、部門が2つでないと対応できないとか、あるいは人間を増やす必要があるといったように、体勢の変更も臨機応変に行われているようです。

先ほども言いましたように、国税局の調査はいわゆる行政手続で調査ですので、捜査とは違うわけですけれども、国犯法ではいわゆる強制調査が認められています。裁判所の令状を得て、国犯法では「臨検」という言葉を使っていますが、中身は刑事訴訟法でいう検証と同じです。その他に捜索、差押えということで、事実上、刑事訴訟法を準用するというか、刑事訴訟法と同じような形で強制捜査が行われます。

当然ながら、任意捜査に準ずるものとしての任意調査も認められているわけでして、各種の調査、検査、領置という手続でもって任意調査が進められていきます。

刑事事件で言う供述調書に該当するものが、我々「質てん」というふうに略していましたが、質問てん末書です。これが供述調書と違うのは、「私はいついつどうのこうのして、こうなりまして」という、いわゆる供述の形をストレートにとるのではなく、質問てん末書ということで、まず問い、「何々について述べてください」、答えとして、「それはこうこうこうで」というように、一問一答の形で作られます。

しかしながら、実際の質問てん末書を見ますと、どうも供述調書と同じように最初の問いが非常に簡単で、答えの方がてん末書の２ページぐらいにわたるというような例も結構あります。そういう意味では、実際、査察官が相手方の供述をとりまとめて記載するという意味においては、供述調書と中身的に変わりありません。違いといえば、被疑者の場合、国税の調査段階では被疑者といわずに嫌疑者という言葉を使うようにしていますが、嫌疑者の場合にも、いわゆる黙秘権の告知をした上で質問するのではなく、手続はあくまでも行政手続ですので、刑事訴訟法でいわれるような黙秘権ということは告知しません。通常の調査の対象者、法人税であれば会社の従業員であるとか、刑事事件でいう参考人に当たるような人たちについても、こういう形で質問てん末書を作っていくことになります。

その他に、査察段階で非常に重要な、証拠としてとりまとめられるのが、査察官調査書といわれるものです。これは略して「査官調書」と呼ぶのが通常ですけれども、この査官調書というのは一定の争点ごとに査察官の調査結果をとりまとめたものです。ですから、勘定科目ごとに作られていることが多いのですが、場合によっては勘定科目における、更に部分的な一側面だけをとらえて、それについての査察官の調査結果、例えば銀行調査の結果を踏まえたり各人の供述結果を踏まえたりして、とりまとめていくものもあります。

この査官調書の後ろには、重要な物証といいますか、証拠書類の写しをそのまま添付して説明することもありまして、ほ脱所得、真実所得の立証の過程では、これが非常に物を言うことになります。膨大な査官調書もありますし、論点を絞った査官調書ということで、非常に細かい部分もあります。さらに大きなものになってきますと、何通かの査官調書をとりまとめて、その勘定科目の総計を出すという形での査官調書もあります。そういう意味では、査官調書というのは非常に中身も様々ですし、切り口も様々です。

それらを最後に集大成して、勘定科目ごとの総括的な査官調書を作るというのが一般の場合です。いずれにしろ、査察調査の過程で多数の査官調書が作成されていく、多数の質問てん末書（質てん）が作成されていくことになります。

その他に、確認書という書面が作成されることもあります。確認書というのは、査察調査のかなり初期の段階に作られるもので、例えば「これとこれは、こういうことで間違いありません」、「この書面は私がいつ作成したもので間違いありません」というような簡単な内容の供述書です。この確認書は、いずれ質てんに、あるいは査官調書にとりまとめられていくものですので、そういう意味では、査察段階で作られる非常に重要な証拠としては、質てんと査官調書に尽きると言っても過言ではないと思います。

一般的な査察の調査期間は、事案に応じて様々ですので、一定の期限が決まっているわけではありません。捜査における身柄事件だと、当然ながら10日間、20日間というような勾留期限がありますけれども、国税局の査察調査の期間には特に定められたものがありません。ごく一般的には、通常は着手後、3ヵ月から半年くらいでまとまる事案が多いというか、7～8割はそれぐらいの期間になると思います。もっとも、非常に争点が多岐にわたるような場合は、１年を超える調査期間でやっとまとまる案件もあります。

しかし、後でふれますが、国税当局の調査ではまとまりきらないということで、検察庁との合同で対処する場合もあります。合同となると、通常は身柄をとって、つまり関係被疑者を逮捕して調べるということになります。ですから、国税段階での調査がある程度長引いているときには、争点が多岐にわたるか、あるいは関係者の供述が得られないので、任意では事件が固まらず、検察との合同捜査を念頭に置いているんじゃないかな、ということを弁護士としては当然考えて、その対策を立てなければいけないわけです。一般的にしか言えませんが、調査期間というのは、３ヵ月から６ヵ月を１つの目処として考えていただきたいと思います。

私が経験したのは大阪国税局管内の事件だけですので、件数的なことは明確には申し上げられませんし、その時々の社会情勢によっても、査察立件の件数というのはかなり流動的です。査察案件は、世間の景気に１、２年遅れて件数が増えていくというのが、私の考え方です。バブル経済のころ、派手に土地が取引されたり、株が取引されたりといったときには、それに１、２年遅れて査察事件のピークが来ました。景気がいいときは、どうしても悪いことをするというか、所得を隠す連中が多いんですね。

私の経験した中でピークのときには、大阪国税局管内で着手件数が年間80件ぐらいの数字だったと思います。あまり細かな数字は覚えていませんが、そのうち、告発まで至るのが８割から８割５分ぐらいで、これが刑事事件になり、残りの１割５分から２割程度は、事件によって犯意の立証が難しいとか、あるいは立証手段がどうも合理的な疑いを超えるまでに得られないということから、課税処分にとどめるということで、再度、査察から課税部門に引継ぎをすることになります。

余談ですが、査察の統計は検察庁の統計のように、暦年、つまり１月から12月ということで統計をとるのではなく、いかにも財政御当局らしく、会計年度で統計をとっています。ですから、統計も４月から翌年３月末までということで、統計がとられています。2月、3月ぐらいになると、たまっていた分を1つの切れ目までに処理したいということで、2月、3月はどうしても告発になる件数が増えてくる傾向がなきにしもあらずだと思います。

大阪国税局管内で一番告発件数が多いのは、当然ながら大阪地検に対してでして、後は京都、神戸が年間で、大阪の5、6分の1という感じです。あえて数字を挙げると、大阪がやはり30件台から40件近く、京都地検、神戸地検に告発されるのが10件内外、その他に和歌山地検、奈良地検、大津地検が年間数件という感じでしょうか。もちろん年によって違いますし、世間の動向によっても違ってくるので、あくまでも一般的な件数ですが、そのくらいになるだろうというのが私の経験的な数字です。

このように、担当部門で査察着手と調査が継続されるわけですが、国税局は組織体ですので、折にふれて部内検討会というものが開催されます。そこで方向づけをしたり、一定の査察当局での結論を出したりということが繰り返されます。どんなことを検討するのかというと、じゃあこの部分について、さらにもう少しこういう方法で証拠を集めよう、あるいはこういう関係者から事情を聞いていこう、こういう面について反面調査なりいろいろな調査を継続していこうということが検討されます。

我々弁護士からすると若干気になるのは、派生立件という手続です。当初はAという法人を査察調査したけれども、その過程で、どうも関連法人といろいろな証拠が共通であるとか、向こうも所得を隠しているといったことが判明してきますと、当初着手した法人なり個人に加えて、そこから派生してさらに関連法人についても査察立件をしていくということで、件数が増える場合も当然あります。それが派生立件といわれるものです。

先ほど言いました課税部門への引継ぎという結論も、最終的にはこの部内検討会あたりで出されるものです。刑事事件として耐えられるまでの証拠が得られなかったとか、あるいは規模が小さいとかいうものです。そういうものは課税部門へ引き継がれます。

査察部門では、担当部門が主となって調査を継続していくわけですけれども、審理という部門がありまして、これは専ら自らが調査に関与するのではなく、「頭脳」ということで、方向づけを議論したり、現場査察官に対して、種々の立件あるいは告発へ向けたアドバイスをする部門です。

そして、一応、査察部内での調査が終了しますと、告発要否勘案協議会というものが開催されます。通常、略して勘案協議会と言いますが、これは査察官と検察官とで、当該事件を告発すべきか否かについて協議をするものです。査察官の方は査察部長以下が出席しまして、大阪の場合では、検察官は高検の財政経済係検事、地検の財政経済係検事が出席するのが普通です。もっとも地方によっては、検事正以下が出席するような大きな勘案協議会が開かれる場合もあります。一般的に、大阪などの場合は、月末近くに月１回開かれるのが普通です。もっとも検察官との合同調査ということで、身柄をとって対応する場合などは、月末にかかわらず、身柄の満期に合わせて告発要否勘案協議会が開かれます。

勘案協議会では、査察調査によって収集されたすべての証拠に基づき、また、場合によっては、検察捜査によって収集された証拠も加えて、告発をすべきか否かについての協議がなされるわけですが、告発についても、当然ながら基準があります。これはおそらくマル秘だったと思いますので、細かい点は申し上げないことにしますが、量的な基準と質的な基準というものがあります。

量的な基準では、告発するのはほ脱税額で法人税ならいくら以上、所得税ならいくら以上というような一応の基準が定められています。さらに質的な基準という意味で言いますと、悪質性であるとか、全体の申告のうちのどれぐらいのほ脱か、つまりほ脱率が一体どの程度かというようなことも含めて、一応の基準があります。バブルのころは、ほ脱事犯が多発した段階では、量的基準なんていうのは明らかにクリアしている事件ばかりでした。

一時は、ほ脱税額で億を下回るようなものは年に数件しかなく、そんなにやってられないというぐらい大規模なほ脱事犯が相次いだのですが、最近見ていますと、1億円を下回るようなほ脱税額の総額で告発、起訴されているものも相当あるようです。

ちなみに告発されるのは、通常3期・3年分、法人税で言いますと3期分、所得税で言いますと3年分、相続税などは単発ですので、そういうことはありませんけれども、3期・3年分というのが一応の目安です。時効の関係では7年までいけるわけですが、何せ調査に半年もかかる事案で、最終的な起訴までにそれなりの日時を要しますので、どうしても確実なところということで、起訴されるのは3年分、3期分というのが今までの一般的な例ではないかと思います。

もちろんこれは、継続的にほ脱を繰り返している業者、個人についてであって、告発基準に達している不正が1期・1年分しかなければ、当然そのようになります。例えば、譲渡所得のような場合で1回限りのものであれば、その年分だけが告発基準に達しているかどうかというあたりで処理されていくことになります。ちなみに、継続的なほ脱事犯の場合で起訴が3期・3年分と言いましたが、課税処分の場合はそれプラス2年の5年分にわたって修正を求められるというのが通常のようです。つまり、継続的にほ脱行為が行われている場合については、起訴については3年分、課税については一般的には5年分、つまり起訴されないけれども、課税処分を受けるのがあと2年分遡るわけです。非常に悪質な事案は時効ぎりぎりまで、6年、7年分修正申告を求められる。あるいは更正決定を受けることになると思います。

その他に、この告発要否勘案協議会で検討されるのが、立証手段と犯意です。立証手段としては、後で申し上げますようにP／L立証で行くのか、B／S立証で行くのか、さらに犯意についてはどの程度きちっとした証拠が収集されているのかというような点を総合考慮します。不十分な点があれば、場合によって翌月の勘案協議会に回すべく結論が留保される場合もないわけではありません。このようにして、最終的に「告発」に至るわけです。

ちょっと横道に逸れますが、間接国税の場合には、告発は一応、例外的な場面に当たります。つまり、いきなり告発するのが直告発で、額が大きいとか、非常に悪質であるとか、否認している状態にあるとかいうような場合は、いきなり告発される場合がありますが、そうではなく、嫌疑者が、あるいは犯則者が頭を下げている場合は通告処分にとどめるということです。まず、交通違反の反則金と同じで、反則金を納めればそれで行政手続の段階で終了し、刑事手続には移行しません。ただし、悪質なものは直告発で、いきなり刑事事件の手続に乗ります。さらに通告不履行の場合は、通告不履行告発ということで、また刑事手続に乗ってきます。そういう意味で間接国税等の場合は、交通の反則事件と同じような取扱いだと理解していただいて結構です。

このように告発がなされれば、次に検察官捜査ということで、検察官の通常の刑事訴訟法に従った強制捜査、任意捜査に移るわけです。もちろん告発前でも、かなり初期の段階から、検察官が査察調査に関与する場合がいくらでもあり、一般的な検察官に対する相談案件というのは常時あります。その他、先ほど申し上げたような合同捜査、合同調査ということを求められる場合もあります。それは、告発前に検察官が国税査察当局からの事実上の資料提供を受けて、事件として認知立件し、検察官も捜索差押許可状を取り、国税当局も再度、検察官と日を定めて一緒に令状を取り、合同で捜索を行い、それを踏まえて検察の方は逮捕状、勾留状まで得て身柄を取って事案を解明する。これが合同の強制捜査です。以上が、査察官調査と検察官捜査の概要です。

3　ほ脱所得の立証方法

ほ脱所得の立証というのは、言葉を換えれば、実際所得金額（真実所得金額）をいかに立証するかということです。帳簿等には不備、不完全があるのが普通ですので、帳簿以外の物証であるとか、金融機関の調査であるとか、査察時の実地の棚卸しであるとか、取引先等の反面調査、当然ながら被疑者、嫌疑者、従業員等の供述を得るなどして、実際所得を立証すべく調査を積み重ねていくわけです。合理的な推計というのも、当然ながら1つの立証方法ではあるのですが、何せ行政訴訟事件との違いは、この推計を用いる場面というのが、刑事事件ではやはり相当限定されざるを得ないということになろうかと思います。

推計によらざるを得ない部分については、合理的な推計ということで、言葉の上では合理性は担保されていると言いながらも、推計であることには変わりありません。実際の立証の段階の困難性とか争点の絞り込みというようなことも踏まえて、推計によらなければ立証できないような部分については、後で説明しますが、犯則に含めずにその他所得に落とします。要するに、犯則所得以外の部分ということで非犯則とかその他所得とか言いますが、その他所得として刑罰の対象、つまり起訴の対象にせずに、課税処分のみにとどめるという例が結構あります。

そういう意味では、査察、検察も立証方法は割とシビアに見ていますので、「ちょっと疑問が残るな、これは裁判所を説得するのに苦労するな」という部分はあえて最初から非犯則に落とすといった処理をする例がありますので、推計によらざるを得ないところは、そちらの方に傾きがちなのが実情です。

それでは、大きな立証手法の2つである損益計算法（P／L立証）と財産増減法（B／S立証）について、ごく簡単にふれておくことにします。

まず、原則はＰ／Ｌ立証であるということはご存じのとおりです。期首から期末までの期間に発生したすべての収益と損費とを明らかにして、その差額を損益とする方法です。いわゆるＰ／Ｌ（損益計算書）に基づいて立証していきます。証拠上、Ｐ／Ｌ立証が可能な場合は、原則としてこれによるということで、その根拠としては、税法が所得計算について期間的損益計算を原則とするという意味の規定を所得税法、法人税法それぞれに置いているからです。

その他に、実際には損益の発生源泉による表示が可能で、所得増減の経過が明確になるという利点があります。つまり、どういうことで損益が発生したのか、というのを端的に立証するわけです。これは後に述べますＢ／Ｓ立証、つまり期首と期末の資産・負債の残高を比べて「これだけ増えている、増えている分が所得である」という間接的な立証に比べて、より直接的な立証です。真実所得金額、言葉を換えれば、ほ脱所得も実際の金額に沿った立証ができるというので、原則としてＰ／Ｌ立証によるわけです。

ただし、難点と言いますか、実際、それができればいいわけなんですが、そのためには収益と費用に関する証拠がそろっていることが前提になります。帳簿書類がほとんど完備しており、穴をいろいろな形、別の証拠で埋められるという場合に可能な手法ですし、仮装、隠ぺい、脱漏部分についても確実に算定できる証拠が存在する場合という一定の立証上の困難を克服できる場合に限定されることは確かです。けれども、それだけに、より端的に実際所得を立証できる方法であることは間違いありません。

それに対してＢ／Ｓ立証（財産増減法）というのは、先ほど言いましたが、期首の正味の財産高と期末の財産高を明らかにして、その差額を損益とする、いわゆる貸借対照表（Ｂ／Ｓ）によって立証していく方法です。一般にＢ／Ｓ科目は、Ｐ／Ｌ科目に比べて立証しやすいといわれています。流動資産であれ、固定資産であれ、売掛金であれ、買掛金であれ、銀行調査あるいは取引先の調査によって把握しやすいわけです。しかしながら、P／L立証と違って、組織的な簿記を用いて、すべての収益を発生的には明らかにし得ないことになります。結果を明らかにするわけですから。つまり、収益が形を変えて資産に転化しているものを見て期首と期末を比べるという方法ですので、結果でもって把握できた分だけが立証できるわけです。把握できない部分、特に負債などは、嫌疑者は「こんな負債もあります、あんな負債もあります」と、いろいろ言いますけれども、資産の場合は逆に隠すことが考えられます。ですから、国税当局、検察当局にとってみれば、B／Sのうちの資産というのは調査、捜査によって把握した限度でしかなく、うまく隠されてしまって把握できない場合、B／Sの資産の把握漏れは常に存在します。それは結果によって立証しようとする以上、ある意味でやむを得ないというか、ジレンマではあるわけです。

その他、B／S立証の場合は、当期以外の期に由来する財産の増減が混入していないことを明らかにする必要があります。特に、対象期の期首における資産・負債の在り高の確定が重要です。持ち込み資産の主張、つまり「対象期の期首これだけの資産が既にあったんだ」ということを言われてしまうと、期首の資産が膨大になり、期末との差額はあまり出てきません。期末では把握できていない資産が期首に存在していたとする主張の検討については、その資産について、発生原因まで遡って解明する必要が出てきます。立証する側からすれば、対象期の期首の資産の把握に非常に神経を使うわけです。そういう意味では、やはり非常な困難性を伴う部分が出てくると思います。

それから、非課税所得及び計算方法を異にする他種所得を含んでいないことを明らかにする必要がありますが、これは、所得税についてよく問題になる部分です。所得の場合は、10種類の所得に区分してそれぞれ計算するわけですので、非常に立証しやすい不動産所得をやり、利子所得をやり、配当所得、雑所得、一時所得などを分離して、これをＰ／Ｌ的に計算した上で、Ｂ／Ｓの増減によってそれらを差し引いた残り、これを主な所得、つまり事業所得として立証するという方向をとらざるを得ないわけです。やはりＢ／Ｓ立証には把握漏れも出てきますし、端的に立証していないという負い目のようなものもあります。

理論的には、Ｐ／Ｌ立証の結果とＢ／Ｓ立証の結果とは合致するはずで、差異はないはずなんですが、先ほども言いましたように、資産の把握は負債の把握に比べて困難を伴います。当然ながら、このＢ／Ｓ不足という現象、Ｂ／Ｓの計算結果とＰ／Ｌの計算結果とが合わないこと、これは不突合と言われますが、このような不突合があまりに大きければ、本来、合致すべきＰ／Ｌの結果とＢ／Ｓの結果が食い違うことについて、どこに原因があったのかということを検証しなければいけなくなります。ただ、実際の公判における立証は、Ｐ／Ｌ立証で行くとすればＰ／Ｌだけで行きますし、Ｂ／Ｓ立証の結果を立証する必要はなく、不突合について解明する必要もありませんので、その不突合が裁判の過程で問題になるようなことはありませんが、実際はそこまで検証しています。

実際、捜査の過程においてＢ／Ｓ立証によらざるを得ない場合は、資産の最小限の把握という観点から、若干、求刑などの面で考慮することがあるように聞いています。私は、Ｐ／ＬとＢ／Ｓは理論的には一致すべきものだということを前提にして、そのような量刑上の差異まで設けないようにしていましたが、実際、Ｂ／Ｓ立証でしますと、査察官にしろ、検察官にしろ、嫌疑者は若干得したな、というニュアンスで感じることは否定できないと思っています。

4 ほ脱行為の態様

ほ脱行為の態様について若干分析めいたことを言います。1つは、所得の帰属主体を仮装または曖昧ならしめるものです。他人名義を使い、あるいは架空人名義を利用するといった方法です。仮名・借名取引による売上、収入の除外です。さらには会社名義であるとか、団体名義を利用する手口もあります。B勘屋といわれるようなところや休眠会社を利用したり、欠損・赤字会社に帰属するように装ってみたり、ダミー会社を間に挟んでみたり、エセ同和団体を利用したりというふうな手法が見られるのが通常です。

所得の帰属主体を間違えますと、検察官の主張が全部消えてしまうことが稀にないわけではないでしょうが、全体の帰属が争われるというよりも、個々の取引の帰属が争われるのが普通ですので、一部の収益所得について、これは被告法人あるいは被告人に帰属しないんだということで争われます。

その次に、パターンとしては、収入、支出を過少または過大ならしめるものという区分けができます。P／Lでいうと、収益を減少させ、費用を増加するということですし、B／Sでいうと、資産を減少させて負債を増加させるということにつながります。帳簿を備え付けないことが結構ありますが、実際、やはり法人であれ個人であれ、事業を継続していく以上は帳簿を備え付けておかないと、企業の実質、実態、今後の事業の経営方針などが立たないわけですので、いかに疎い事業者といえども、帳簿は備え付けているのが普通です。

ですから、査察などの場合には、いわゆる本来の帳簿、裏帳簿というものを探すわけです。バブルのころの一発勝負屋のような人たちは、ハナから帳簿も備え付けていないということで、ほ脱所得の立証に非常に苦労する場合があります。帳簿を備え付けていないわけではなく、備え付けているんだけれども、帳簿とは関係なく前年度の金額並みの所得で申告したり、景気が上向いているから前年の１割増しぐらいの金額で申告するというのが、いわゆる「つまみ申告」と呼ばれるものです。所得の一部分だけをつまんで、その分だけ申告するということから、つまみ申告という言葉ができたわけです。

一部記帳、つまり収入の一部を除外するという手法を取られる場合もありますが、こういう場合も、通常はその除外した部分だけ別帳簿につけるといったことで、事業の経営者などは、必ず収入を把握しておかないと経営戦略にかかわる問題ですので、どこかにその証拠痕跡が残っているはずだ、と我々教えられてきました。査察当局も、そのような観点から調査を進めています。収入であるとか、経費の架空計上、水増し計上というのも同様の手法の１つです。

それから、棚卸しの除外というのも結構経験してきた手法でした。期末の在庫品の数量を削減してみたり、あるいは評価額を切り下げてみたりということで、差額減分、評価減分を簿外資産とすることができます。決算段階において利益が予想よりも多くなった、あるいは利益を去年の１割増ぐらいに抑えようという場合などに、利益操作をする金額だけ期末棚卸を除外すればいいわけです。割と経営者にとっては誘惑的な、とられがちな方法だと巷間言われています。

このようにしてほ脱した所得を、一体どのような形で留保しているのか。いわゆる映画の「マルサの女」などで皆さんよくご存じだと思いますが、典型的なのが仮名預金、借名預金です。これは財務省（旧大蔵省）の指導で、仮名預金は非常に厳密になって、口座を開くのに、そもそも身分証明事項が必要になったので、今後は難しくなってくると思います。けれども、かつて開設した口座がまだ生きていることがあるでしょうし、おかしな口座があれば、金融機関は行政当局に通報する義務がありますから、今しきりに法律改正もしているようですが、どこまで功を奏することができるのだろうか、というところです。借名預金については、やはりまだ結構残っているようですし、これからも途絶えることはないんじゃないかなと思います。

当然、現金で箪笥に隠す、あるいはベッドの裏に隠す、御先祖様に守ってもらうために仏壇の裏に隠すというような手法もあります。これは、あまり巧妙にやられると把握できないということで、財政当局は定期的に紙幣のデザインを変えるんだという、まことしやかな噂が流れたぐらいです。旧札を新札に変えてしまえば、現金で多額に持っている者については、交換するときに脱税がばれてしまうということで、現金による留保を排除できるのではないかというわけです。

他に、株式であるとか、無記名債権であるとか、宝石・貴金属であるとか、海外資産へ流してみたり、一時はゴルフ会員権もありましたが、今時ゴルフ会員権は値下がりしていますので、留保形態としてはあまり大したことないのではないかなと思います。

このように様々な留保形態がありまして、査察の方としては「たまり」という言い方をしますが、「たまりを探せ」と言われます。留保というのは不正をした所得をどこかに貯めているはずなので、たまりはどこにあるのか、どういう形態になっているのかということで、査察調査着手のときには部門を総動員して数百人規模で関係箇所を一斉に捜索します。貸金庫から何から一斉に捜査してたまりを探し、見つかれば、これについては一体どういうふうに発生してきたんだと追及することによって、ほ脱の過程が明らかになりますし、たまりを見るだけでも、大まかなほ脱の規模がわかります。通常、このたまりがあるのが普通ですし、たまりがない場合、もう既に簿外経費等に全部使ってしまったということで告発・起訴に至らない場合もあり得ます。

留保形態がこのように隠匿性を伴わない、隠すという行為を伴わない形態であれば、それだけでも公判段階において弁護人としては非常に有利な、いい情状として裁判官に強調できます。逆に、非常に隠匿性の高い、秘匿性の高い留保形態だというのが情状面の悪質さを裏付けるものになりますので、公判段階での検察官の立証、あるいは論告での強調材料になります。ですから、そういう意味では留保形態がどのようなものであるのか、どのような形でたまりが存在していたのかという点は、査察案件での１つの争点というよりは、大きな注目点、量刑に反映する大きな事情だといえます。

5　租税公判

租税公判といいましても、基本的には通常の刑事事件の公判と何ら変わることはありません。ただ、立証の対象が数字ということで、若干特色的なものがあります。大きな特色は、やはり検面調書、検察官に対する供述調書と査官調書が立証の中心を占めているという点です。質問てん末書というのは、先ほど言いましたように黙秘権の告知をしていません。もちろん、通常の黙秘権の告知の必要のない参考人の立場の人たちについては、そのまま質てんを使っていいわけですが、実務からしますと、供述については検面調書でカバーするのが普通で、質問てん末書を公判段階で提出することは、基本的にはないことだと考えています。

それから、参考人の供述についても、立証に必要な主要部分については検事調書で押さえますので、調査手続で作成された質問てん末書については、そのまま捜査段階で証拠に提出するのは非常に例外的な場合になると思います。もっとも供述面については、そういう意味で質問てん末書よりは検面調書が非常なウェイトを占めるＰＳ（検事調書）立証主義と言っても過言ではない状況です。

一方、実際の金額を立証していく部分については、査察官調査書（査官調書）が非常なウェイトを占めています。先ほど説明しましたように、査官調書は、各勘定科目ごとに、あるいは各勘定科目のさらに細かい部分について、場合によっては証拠となる証書の写しまでつけて、詳細にその金額が出てくる根拠まで説明しているものです。租税公判の立証は、PS立証というよりもむしろ査官調書立証だと言われるほど査官調書が大きなウェイトを占めています。検面調書で押さえているのも、しょせんは査官調書の上塗りじゃないかという面があるぐらいですので、査官調書が調査の過程を集大成する機能を果たしているわけです。これが本当の重要証拠であって、査官調書立証が、租税公判の検察立証の実態です。

次に、公判前整理手続が争いのある租税公判でも活用されています。裁判所により違いはありますが、起訴後、裁判所が検察官・弁護人と三者で打ち合わせをし、それぞれの意見を聞いた上で整理手続に付するか否かを決めることが多いようです。弁護人として、公訴事実を本格的に争い、検察官の手持ち証拠を確認したいのであれば、整理手続に付するよう積極的に求めるべきでしょう。とはいえ、整理手続に付されると、様々な証拠の開示が受けられる一方、裁判所から、迅速な手続への協力、つまり、証拠開示請求、主張明示、弁護人の証拠請求の時期等の厳守を強く求められますし、公判期日も相当早いペースで入れられ、弁護人としても相当の負担を覚悟する必要があります。また、整理手続後の証拠請求に対しても厳しい制限もあります。そういう意味では、大した争点もないのに整理手続をすると負担ばかりが増える結果になりかねませんので、争点が重大なものでなければ、あえて整理手続に付さず、検察官に関係する証拠の任意開示を求めていく方が賢明ではないかと思います。

あと、公判の段階でよく問題になるものとして、「犯意」という点について少し述べさせていただきます。文字どおり犯意というのは、偽りその他不正の行為により税を免れるということで、いささか分析的な言い方をすると、納税義務の認識、つまり総体としての所得が存在しているという認識、それから、不正行為の認識つまりほ脱のために当該不正行為を行うということの認識、それから、ほ脱結果の認識つまり税を免れることの認識、これがあればいいんだと講学上言われています。

ただ、この認識の中身に対して、個別認識説と概括認識説の対立があるのはご承知のとおりです。あまり深入りするつもりはありませんが、実務の大勢は、制限的な概括認識説にあると思います。個別認識説では、それぞれの不正行為の個々の内容を認識するのが犯意であるというのに対して、そんな個々の不正手段の具体的内容まで認識せずに、総体としての認識で足るんだというのが一番広い概括的認識説になろうかと思います。

納税義務者としては、そういう個々の認識までしていないのが普通なんですね。経理担当者にやらせる場合もあるでしょうし、場合によって税理士さんが噛んでいたり、あるいは脱税の請負人のような者がいたり、様々な関与形態、関与者がいます。ですから、納税義務者そのものが隅から隅まで個々の行為を認識して不正行為を行っているというのは、むしろ今のご時世からすると、非常に例外的です。

厳密な意味での個別認識説に立ってしまうと、犯意の認められるほ脱所得というのは、極めて限られた部分になってしまわざるを得ないと思います。そういう意味で、全くの概括認識というわけでもなく、その中間的な形をとっているのが実務の大勢です。ですから、不正行為と相当因果関係にあるような犯意という言い方をされる場合があります。

我々実務の感覚からすると、そんな難しい講学上の概念よりも、むしろ計算ミスとか、単純な計上漏れ等、いわゆる過失によるものについては犯則所得から除外する。つまり、その他所得に落としてしまって、課税としては当然対象にするけれども、刑罰の対象からは外すというような認識で運用されているのが実情です。

先ほど推計のところで、その他所得あるいは非犯則所得について言いましたけれども、全く同じようなことです。不正の認識を伴ってくるのが犯則所得で、それが起訴金額になり、そこまで犯意が及ばないんじゃないかな、つまり過失じゃないかな、いわゆる計算ミスじゃないかな、ちょっとこれは刑事処分の立証手法としてはいささか弱いんじゃないかなと思われる部分を起訴額から除外して、課税処分にとどめる。その課税処分にとどめる部分を、非犯則あるいはその他所得といいます。あくまでもこの非犯則所得、その他所得も立証上、起訴金額に加えないというだけで、課税の対象には含まれるという点については留意してください。

6 量刑事情

まず、法定刑についてですが、近年の法改正により、租税に関する罰則が大幅に強化されています。脱税に関して申し上げますと、平成22年には、法人税、所得税等のほ脱・不正受還付について、懲役刑の長期が5年から10年に、罰金刑の上限が500万円から1000万円に改正されました。また、平成23年には、故意に納税申告書を法定申告期限までに提出しないことにより税を免れた者を5年以下の懲役、500万円以下の罰金とする規定が新たに創設されています。

量刑については、原則は懲役と罰金が求刑され、判決もそのように下されるのが一般です。そこで、懲役刑に関して、実刑の目処が一体どこにあるのかということですが、一言で言うのは非常に難しいところです。けれども、やはり一番重視されるのは、ほ脱税額という面だと思われます。過去の例などを見ても、1つの基準として、ほ脱税額で3億円を超えるものは実刑の可能性が非常に高いといわれています。

話は逸れますが、以前、特に租税の公判というのは、関与する人が限られていたこともあって、文献も検察の内部的な資料、国税当局の内部的な資料にとどまっていました。外部の者の目に触れるのは非常に少なかったわけです。私が目にしたものでは、松沢智先生の『租税処罰法』（有斐閣）という本には、過去の裁判例を分析した資料が載っていました。著者の松沢先生も、やはり税額で3億円というのを1つの実刑判決の目処と分析しておられるようです。

ただ、これはあくまでも1つの目処であり、起訴されたほ脱税額の合計額が3億円を超えれば、実刑の可能性が非常に高いということにすぎません。3億円を超えたものであっても、例えば留保形態が秘匿性を伴わないものであったとか、動機、手法、さらには一般的な情状事実も考慮されて執行猶予がついた事例も少なからずあるのも事実です。もっとも、松沢先生の本は現在、絶版になっているようですし、冒頭述べました法定刑の改正により、実刑の目処も変わってくるものと思われます。

それから、次に罰金の基準ですが、これについても、必ずしも1つの基準があるわけではありません。後に述べるような個々の情状を考慮して決められているようです。ただ、実刑の目処があるように、罰金についても一応の目処があるのではないかと言われます。これも巷間言われているのは、罰金の求刑は、おおむねほ脱税額の3割ぐらいを目処にしてプラス・マイナスするというのが、過去の統計が表している事実ではないかなと思います。つまり、ほ脱税額が1億円だと3割ということで3000万円、それに個別情状の悪質性等を加味してプラス1000万円にしてみたり、マイナス500万円にしてみたりというのが、誤解を恐れずに言えば一応の目処になるのかもしれません。罰金刑についても、上限額が引き上げられましたから、その後の運用について注視が必要だと思われます。

それに対して、裁判所の判決における罰金額というのも、事案に応じて様々な面があります。検察官の求刑をもとに、ある程度下回る程度で罰金額を選択しているんじゃないかなと思います。もちろん税理士等の専門家がどのように関与しているか、あるいは脱税請負人のような者にどれだけの請負料を払ったのか、それが戻されているかというような事情もあります。脱税請負人自身であれば、その者が得た利得が考慮されるでしょうし、制裁的な罰金額もあると思われます。納税義務者に対する一般的な罰金の額というのも統計上の傾向程度にすぎませんし、それ以外の関与者については、個別的な事情によると言わざるを得ません。

それから、罰金と並んでばかにならないのが、重加算税、延滞税、地方税です。この低金利時代に、重加算税は35％、延滞税も、金利が1％にも届かない時代に、場合によっては10％を超えるという状況です。このような高額の重加算税、延滞税が課せられます。非犯則所得であれば重加算税ではなく過少申告加算税で済む場合も多く、両者の差は結構大きくなります。延滞税についても、何とか早く本税を納めてしまわないと、本税さえ納めれば延滞税はストップしますが、いつまでも納められない場合は、どんどん延滞税が発生していくことになりますので、このあたりも注意しなければいけません。

それから、ほ脱行為の反社会性であるとか、反道徳性、行為者についての一般情状、このあたりについて、過去の裁判例をもとにいいますと、業種というのも一応考慮の1つの事情になろうかと思います。社会的に容認されていない業態については、どうしても量刑に反映するようです。ヤミ金融であるとか風俗営業等の違法すれすれの業態については、悪い情状といいますか、悪情状にカウントされるのが通常です。

それから、一般情状として考慮されるものとして、指摘できるのは過去の申告状況です。これは、納税意欲の有無を示すものということで、起訴されている対象年以外にも、それ以前からどのような申告状況であったのかということは、1つの大きな量刑事情です。

当然ながら、ほ脱の動機は重要なものですし、ほ脱の始期、起訴されたのは対象3年分だけだとしても、それ以前からあるのか、かつて修正申告や更正決定を受けたことがあるのかないのか、それについてはどのようなことになっているのか、という点も量刑の大きな事情です。

ほ脱の動機について、事業をやっていくと不景気になることがあるので、余裕のある間に資金を残しておきたかったというのが、一般に供述されるところです。相続税の場合は、やはり子供のためにとか、後々のためにという動機が言われます。ただし、この動機については、なかなか客観的には解明できなくて、まさに本人の供述によらざるを得ないところがあります。裁判所としても、そのようなことは十分わかっておられますので、最近は、量刑面ではあまりウェイトを置かないんじゃないかなという気さえしています。むしろ、ほ脱所得の使途、何に使ったのか、留保形態が何かというあたりの方が、はるかに量刑事情として大きな地位を占めているのではないかなと思います。

不正行為の態様、手段、方法が一体どのようなものなのか、例えば売上の日計表から一律いくらずつ引いていくとか、非常にわかりやすい、後でトレースしやすいような不正手段もあるでしょうし、日計表を書き換えてしまうとか、B勘屋を間に挟むとか、一般的に悪質といわれるような手段、方法であれば、当然量刑に大きくはね返ってくることになります。

もちろん、一番大きな量刑事情は、やはり実刑の目処にもなる「ほ脱額とほ脱率」です。起訴されている状況を見ますと、99％のほ脱とかいう、無申告じゃないかなと言われるぐらいのほ脱率もありますし、赤字の申告をしておいて、ほ脱率100％というような事例もみられました。

次に、継続的な事業等の所得に係るほ脱か、それとも一過性の所得に係るほ脱かということも量刑事情では相当考慮されます。というのは、法人税、所得税のように継続的な事業に基づいたものであれば、裁判所にしろ、「常にやっていたんじゃないか、常習的な形態になるのではないか」ということで、悪質性のプラス基準にしているようです。それに対して、相続、不動産譲渡、株取引といった一過性の所得に係るほ脱の場合は、継続的なほ脱に比べると、量刑上は考慮してくれているようです。特に相続の場合、修正申告をきちんとした場合、相当高い、3億円を相当に超えた場合でも執行猶予が付せられた事例があります。単に継続的な所得に係るほ脱か、一過性の所得に係るほ脱かによって線を引いているわけではないでしょうが、これも1つの量刑に反映する事情であることは間違いなさそうです。

その他、罪証隠滅工作がなされているのか、なされていないのかという点も非常に大きな量刑事情となります。再犯のおそれの有無、つまり経理体制がどの程度改善されているのか。本税、重加算税、延滞税を既に納付しているのか。納付の見込みがどの程度ついているのか。あるいは脱税請負人等の関与があったのか、なかったのか。被疑者、嫌疑者それぞれが査察調査にどの程度協力したのか、というのも事実上の量刑事情にはなっているようです。

7 弁護活動

最後に、弁護活動について総括的に、私なりの考えをお話しします。

脱税事件だからといって、弁護活動が非常に特殊なものであるというわけではないと思います。基本的には通常の刑事事件と同様です。若干特徴的なことだけを、査察着手後・告発前の段階、それから告発後・起訴前の段階、起訴後、さらには判決後というようなあたりで、思いつくまま挙げてみます。

まず、査察着手後、告発前という時期であれば、当然ながら税理士との連携が一番の問題になろうかと思います。税理士さんも、やはりそれぞれ専門の部分があるようでして、法人の方か、所得の方か、資産税の方かということもあるでしょうし、査察調査に関与した経験の有無ということも考慮するべきだと思います。

通常の税務調査の場合と査察調査で、それほど変わったことがあるわけではありませんが、やはり厳密さというのが違うと言えば違うんだと思います。査察の場合は、査察官そのものが公判での立証ということを常に念頭に置いて調査を行っていますから、関与税理士、関与弁護士ともいい加減なところで妥協することはあり得ませんので、シビアな対応を双方が取っています。ある意味で、あるべき税法に基づいた丁々発止のやり合いがあるということになろうかと思います。

いずれにしろ、弁護士が単独で査察着手後・告発前に税務当局とやり合う、見解を述べ合うというのは例外的な場合で、あくまでも税理士さんと一緒にやるのが弁護士にとっても得だし、依頼者にとってもより効果が大きいのではないかなと思います。そのときに、依頼者の顧問税理士さんと一緒にやるのか、あるいは査察分野の得意な、経験のある税理士さんとやるのかはケース・バイ・ケースでしょうが、その分野の知識を持った税理士さんと連携する方が効果的であるということは、間違いのないところだと思います。

この時点で必要なのは、告発事案か否かという見極めにあると思います。先ほど言いましたように、告発率は非常に高いものがあるのは確かですけれども、逆に言えば、告発に至らないのもいくらかはあります。告発に至らない、課税だけで済み、起訴されず、懲役、罰金もないというのは、依頼者にとっては非常に望ましい結果ですので、そこへ向けて活動を集中していくことになろうかとも思います。この見極めができないままだと、最後は検察との合同捜査ということで、身柄を持っていかれてしまうということもありますので、証拠関係をかなり詳細に立ち入って依頼者から聞く。つまり、査察が入った段階では身柄が取られることはありませんので、弁護人と依頼者との打ち合わせの時間をたっぷりとる。弁護士の方がどれだけ割く時間があるかはともかくとしまして、早期の段階で証拠関係を依頼者なり、経理担当者なり、関与税理士さんなりからきちんと説明を受けて、はたしてこれが告発に至るのが必要であるか、あるいは課税部門に引き継ぐ可能性があるのかということを検討する必要があろうかと思います。

当然ながら、先ほど言った派生立件についても、念頭に置いておかなければいけません。この会社だけに査察の着手がなされたから、そこだけで終わりというものではありません。査察調査の進展によっては、関連会社へ飛び火する場合がいくらでもあります。そうしますと、さらに嫌疑者が増える場合もあるでしょうし、調査対象事象が増えていく場合もあります。そのような飛び火の可能性については、弁護士として十分分析して、可能性があるのかないのか、見極めることが必要だと思います。

それから、これも先ほどの繰り返しになりますけれども、検察官との合同による強制捜査の可能性の見極め、これが非常に難しいのですが、一般的に言われているのは、実刑の可能性がある場合は強制捜査にする。ここで強制捜査と言ってるのは身柄を取るという意味で、逮捕、勾留の上、身柄のまま公判請求することを言っています。実刑になる可能性がある事案については、検察官の心理としては、実刑の可能性がある以上、やはり逃亡のおそれが客観的には考えられなくはないので、そのためにも保釈金を積んでもらおうという発想に傾きがちですし、実刑の可能性がある以上、非常にシビアな争い方をされる、つまり罪証隠滅のおそれもある、通謀のおそれもあるという観点から強制捜査によって証拠固めをしようという判断に傾きがちだと思います。

もっとも、身柄を取るといっても、本人が罪証を自認している状況では、何が何でも身柄にできるものではありません。ほ脱税額が合計額で3億円を超えるものでも、在宅捜査という場合はいくらでもあります。どのあたりで強制にするかは、やはりほ脱税額がどれぐらいあるのか、さらには供述状況、証拠がどうかということにかかわってくると思われます。

罪証隠滅工作がなされているようなことがあれば、ほ脱税額が低くても強制捜査に移る可能性は当然ながら高くなってきますし、脱税請負人を間に挟んでいるといった場合は、強制捜査に振り子が振れるのは当然のことだと思います。罪証隠滅工作ということでは、やはり会社ぐるみとか、経営者が経理の担当者に罪をかぶせるとか、そのようなことがストレートに出てくる場合は稀ですが、裏帳簿が完全に出ているにもかかわらず、本人に聞いてみても、それをがんとして認めずに否定しているという状況があると、強制捜査に移行しがちだと思います。ですから、安易に依頼者の言ってることをそのまま信用して、どんどん対決的な弁護をやっていると、検察官の強制の方に移られる可能性があるわけです。だからといって、査察官・検察官の言うようにしろというわけではもちろんありませんので、その見極めが非常に難しいところなんですが、査察官・検察官と面談し、証拠に照らして本人が虚偽の弁解をしていると把握できた場合には、本人を説得して事実を述べさせることにより、強制捜査を回避することができる場合もあると思われます。

ただ、実際、検察官が身柄を取って、その結果、全員が不起訴になったという例は、まずなかったんじゃないかと思います。つまり何人か身柄を取って、そのうちの１人、２人については関与程度の関係から不起訴にするという例はいくらもありますが、全員を不起訴にしたという例はまずなかったと思います。

それだけ事前に検察と査察とが打ち合わせをして、最後に身柄を取ることになります。もちろん、身柄を取る段階の査察当局のほ脱見通し額と捜査終了時のほ脱額では、差が生じることがあります。増えることも減ることもありますが、検察としては、捜査の結果、ほ脱税額が下がってもかまわないけれども、起訴基準を超えるという見極めだけはきちんとつけた上で、身柄を取ることになります。

弁護活動が功を奏したり、検察官の方の証拠が十分収集できなかったりとか、あるいは先ほど言いましたように、犯則ではなく、非犯則その他に落とそうということで、起訴税額が下がることはいくらでもあります。そこがまさに弁護人としての活動の余地、妙味でもあるわけですが、起訴がなくなるということはまず考えられません。強制捜査になると、依頼者の、つまり被疑者の負担が非常に大きいですね。身柄拘束だけではなく、特に最近は保釈金の額が非常に高額化しているということからしても、かなりの負担を依頼者にかけることになりますので、できればここの見極めをきちっとした上で、身柄にならずに済めばそれが一番いいわけです。ここは、弁護人としての腕の見せどころになろうかと思います。

それから、告発後・起訴前という段階については、今までお話ししたことがほぼ当たるのですが、在宅で告発された後に検察官が強制捜査、つまり身柄を取るという事例も少なからずあります。ですから、告発された後、国税では認めたようなことを話していながら、検察の段階で曖昧なことになるとか、あるいは告発税額から見て、やはりこれは身柄にしておかなければという判断をする場合も、検察官としてはあり得ます。国税当局から在宅で告発された、検察の方は在宅で告発を受けたから、これでもう身柄を取られることはないんだというのは早合点という場合もありますので、注意が必要です。

やはり検察官が考えるのは、どのような供述が自分のところでもなされるのか、罪証隠滅のおそれがないのかということです。さらには、在宅だけれどもほ脱税額があまりに多く、実刑の可能性が相当強いとなってくると、逃亡のおそれが類型的には認められますので、この際、保釈金を積んでもらおうかという判断になる場合もあります。在宅で告発を受理されたからといって、検察官の強制捜査があり得ないわけではないということは、弁護人として頭の片隅に置いておくべきだと思います。

それから、起訴後については、これも保釈請求の関係とか、争点の整理とか、今まで申し述べたとおりのことです。保釈については、どうも最近は、ほ脱税額が相当額に上れば、第1回公判期日で認めない限りは保釈しないという傾向も少なからず認められるようです。弁護人としては非常に難しいところでして、安易に保釈を取るために証拠を同意するのがいいのかどうか。一般の刑事事件で認められるのと同じような論点がここにもあるのではないかなと思っています。

それから公判段階で、租税専門部ではない裁判官の場合、中には税金事件に必ずしも慣れていない方もいらっしゃいますので、立証についてはそれなりにきちんとしたことをし、争点については、むしろこちら側から、もう裁判所はわかっているだろうと思われる点でも、繰り返し主張することが必要ではないかなと思います。
最後に、非常にテクニカルな、手続的なことですが、判決後に罰金の金額が非常に多い場合、分割納付ということを検察の方に頼んでほしいと依頼される場合もあると思います。

通常の場合、判決が確定してからしばらくして、検察庁から納付の書類が被告人のところへ送られてきます。今は日銀納付とか金融機関納付が認められていますので、別に検察庁へ持ってくる必要はなく、指定金融機関に納付すればそれで終わりですけれども、１回では納付できない高額になった場合には、改めて検察庁へ分割納付の申立てをする必要があります。

そのときに肝心なのは、今後の納付の見込みについてどれだけの疎明資料を検察庁に提出できるかということです。法人などの場合には、税理士さんとか経理担当者と協議して、決算見通しなどをきちっと整えて持っていきますと、検察庁の方もある程度は言うことを聞いてくれます。その交渉は個々の事案に応じて様々ですが、弁護人の依頼者に対する最後のサービスになるのではないかなと思います。

【第9章】税務争訟はこう戦う

納税者の権利を守るために

山田二郎
（前東海大学教授・弁護士）

《山田二郎　Jiro Yamada》
第2東京弁護士会（7期）前東海大学法学部教授（税法担当）。裁判官の後、訟務検事として税務訴訟を担当。その後、東京高裁判事、東京地裁総括判事を経て、弁護士登録。現在は、弁護士として主に税務事件を受任。主な著書・論文として、『税法講義』（信山社）、「租税法の解釈と展開」Ⅰ．Ⅱ（信山社）、「租税法重要判例解説」Ⅰ．Ⅱ（信山社）など多数。

1　はじめに

私は、昭和32年から35年ごろまで大阪地方裁判所の行政部に所属していました。そのころ、今の方を決して悪く言うわけではありませんが、大阪地方裁判所の行政部は、年配の方は名前を覚えていると思いますが、平峯隆、宅間達彦、宮川種一郎など、そうそうたる裁判長がおられました。しかも、その大先輩たちは、東京の裁判所よりも大阪の裁判所が立派な判決をするんだ、という非常に強い意気込みで仕事をされていたことを、我々若い裁判官として非常に薫陶を受けたように考えています。

ところで、一般に「税務争訟」という呼び方が定着しています。税務争訟というのは税務に関する行政不服申立て、これには異議申立て、審査請求という2段階のものがありますが、税務処分に対する行政不服申立てと税務訴訟と、この2つのものを合わせて税務争訟と呼んでいます。そして、これからお話ししますように、税務に関する処分については、一般の行政処分については、行政不服申立てを国民が選ぶのか、それとも行政訴訟を選ぶのかという選択権が国民に認められているにもかかわらず、税務に関する処分については、旧態依然としています。

というのは、行政事件訴訟特例法時代を引き継いで、また戦前の行政裁判所時代と同じような考え方で、行政不服申立前置主義、昔の言葉でいうと、訴願前置主義という建前がとられています。改正行政事件訴訟法（以下「改正行訴法」）が平成17年4月1日から施行されていますが、改正行訴法のもとでも税務訴訟について行政不服申立前置主義が承継されています（改正行訴法8条、国税通則法115条）。今回は「税務争訟はこう戦う」というテーマを与えられていますが、主として税務訴訟に焦点を当ててお話しします。

私は昭和58年に裁判官をやめて、東海大学で税法を講義していましたが、あわせて第二東京弁護士会に登録して、現在まで弁護士活動をしています。私の弁護士活動は税務訴訟に特化して、お引き受けしてやっているという、税務訴訟専門の弁護士です。そういうことで、私の裁判官時代の経験、それから国の代理人であった訟務検事の間の経験、それに合わせて大学の研究者としての経験、それから弁護士の経験、こういう４つの経験を織りまぜてこれからご説明します。

税務訴訟も行政事件訴訟の一種であり、ルールとしては行政事件訴訟法という法律に従って裁判が行われることはご承知のとおりです。行政事件訴訟法（以下「行訴法」）は昭和37（１９６２）年に制定されたもので、今から振り返ると、52年前につくられたものです。21世紀にふさわしい国民の権利利益の救済をはかる制度改革が必要であるということから、平成11年7月に司法制度改革審議会が設置されました。

司法制度改革審議会では、裁判所の行政に対するチェック機能が非常に不活発であるということで、「裁判所の行政に対するチェック機能の強化」が取り上げられました。裁判所の行政、特に税務行政に対するチェック機能を強化するためには、国民が使い勝手の良いように、行訴法を改正することが大事なことであるということで、行訴法が42年ぶりに改正され、改正行訴法が平成17年4月1日から施行されています。

私が「税務訴訟と納税者の権利救済」(注1)という短い論文を書きましたが、そこに私がどういう問題意識で税務行政を考えているかということを書かせてもらったつもりです。それから、有斐閣のPR誌「書斎の窓」２００２年3月号に「ドイツ、フランスの行政裁判所を訪ねて」という、我が国の行訴法の問題点を指摘したものも書いていますので、ぜひともご覧いただきたいと思います。

(1)　山田二郎「税務訴訟と納税者の権利救済」成田頼明ほか編『行政の変容と公法の展望』所収（１９９９年）４２０頁以下。この他に最近発表したものとして、山田二郎「行政訴訟制度改革に求められているもの」ジュリスト１２１６号67頁、同「固定資産税争訟の成果と残した課題」税金オンブズマン固定資産税国賠訴訟を支援する会編『税の民主化を求めて』所収（2002年）201頁、同「固定資産税の評価替えと納税者の強い反発」財政法叢書18号160頁（2002年）、同「動きだした租税訴訟の現状と展望」財政法叢書20号192頁（2004年）、同「固定資産税の評価の仕組みと課題」土地問題双書36号364頁（2005年）、共著「実務 租税法講義」（2006年）

2　税務訴訟はなぜ少ないのか

まず、我が国の税務訴訟が、なぜこのように極端に少ないのかを考えてみたいと思います。当地の故中坊公平弁護士は、2割司法ということをよく口にされていました。ところが、行政事件訴訟あるいは税務訴訟についていうと、2割司法どころか1割司法以下です。つまり税金に関するトラブルというのは国民の間にたくさんあるわけですが、それが裁判所へ持ち出されない。裁判所というのは、紛争を民主的に解決する民主主義の安全弁なのですが、そういう争いごとが裁判所へ持ち出されない。法律に従って判断を受けることがほとんどない状況になってしまっています。税務訴訟が極端に少ないこと、国民が税務訴訟を利用しないこと、それは一体どこに原因があるのかを、まず考えてみます。

このように税務訴訟が極端に少ない理由については、5つの原因があると言われています。1つは、国民の権利意識がまだ十分に成熟していないこと。権利を主張するということが、まだ国民に根づいていないということ。2番目には、税務官庁の行政指導がかなりきめ細かくされていること。特に修正申告の慫慂という点では、かなりきめ細かくされていること。これは良い面と悪い面がありますが、これが2つ目の原因だと言われています。

それから3番目は、国民性、国民のカルチャーとして、紛争を争訟手続で解決することを好まない国民であること。これは皆さんもお読みになったと思いますが、川島武宜先生の著書に『日本人の法意識』（岩波新書）という名著があります。その中の川島先生の言葉を借りると「日本人というのはオープンの救済手続きを好まない国民なんだ」と言っています。それが3つ目の原因として挙げられます。4番目は、税務というのは、相続税はともかくとして、所得税や法人税というのは継続して税務署とのつき合いが続くので、訴訟を起こしたりするとしっぺ返しを食うのではないかという心配が、やはり国民や税理士にも根強くあるということ。これが4番目の原因に挙げられています。5番目は、税務訴訟が有効な救済手段として機能していないこと。

このように、税務訴訟が極端に少ない理由として、5つの原因が挙げられています。

しかし、私はこの5つの理由の中で、一番大きな理由は、5番目の税務訴訟が有効な救済手段として機能していないことだと思います。お金や労力を使い、また、弁護士に委任しても、税務訴訟の勝訴率が非常に低い。これが、やはり税務訴訟が極端に少ない何より大きな原因ではないでしょうか。不満がある場合に訴訟を起こして勝てるものなら、もっともっと国民は税務訴訟を利用することになります。税務訴訟が利用されないのは、裁判を起こしてみても、勝率が非常に低い。これがやはり一番大きな、税務訴訟が少ない理由ではないだろうかと考えています。

3　税務訴訟はなぜ勝てないのか

次に、ではどうして税務訴訟は勝てないのか。勝てない原因はどこにあるのかということを考えてみます。勝てない理由としては、一応4つに整理してみました。1つは制度上、運用上の欠陥があるのではないかということです。2番目は納税者側の対応がまずいのではないかということ。3番目は、税務官庁側の対応に問題があるのではないかということ。それから4番目は、裁判所の対応、つまり裁判所の行政に対する、特に税務行政に対するチェックが、非常に腰が引けてしまっているのではないかという問題です。この勝てない4つの原因について、1つ1つ、もう少し詳しく見てみたいと思います。

まず第1の原因は、先ほども触れましたように、税務訴訟を起こした場合に適用される改正行訴法でも、非常に使い勝手の悪い法律であるということが挙げられます。まず第1に、先ほども説明しましたように、他の行政処分では行政不服申立てをするか、それとも直接、税務訴訟を起こすかということは、国民が救済を受けやすい方を選択してやればよいことになっています。それにもかかわらず、税務については例外として、従来どおり行政不服申立前置主義がとられており、行政不服申立てを通ってこなければ税務訴訟は起こせない。しかも税務については、審査請求という行政不服申立てを通ってこなければ税務訴訟を起こせないというように、国民の、納税者の権利を阻害するような高いバリアが作られてしまっています。このバリアをまず取り払うことが必要です。平成26年の国税通則法の改正前は、異議申立てと審査請求の二段階の不服申立前置が必要とされていましたが、改正国税通則法により、税務署長の処分に不服がある者は、選択により、直接審査請求ができることに改められました（同法75条2項）。また、異議申立ては「再調査の請求」と改称されました（同法81条）。

今、説明したことを条文で示しますと、一般には行訴法8条で選択主義ということになっているにもかかわらず、税務については、その例外として行政不服申立前置主義がとられています。その根拠法は、国税通則法75条、115条、地方税法19条の12に、その例外の根拠規定が置かれています。

少し細かい話になりますが、出訴期間の起算日というのが、税務事件についても定められています。行政処分については、不安定な状態をなくす必要から、出訴期間、処分を受けてから訴訟を起こすまでの期間制限を置いています。一般には、処分があったことを知った日から6ヵ月が原則になっています。期間の計算の原則は、初日は不算入で、処分を受けた日の翌日から6ヵ月を計算することになっています。これは、行訴法14条1項に規定されています。

ところが、税務事件のように行政不服申立てを経由しなければ訴訟を起こせないという種類のものについては、14条3項が適用されるということで、その場合は、裁決のあったことを知った日の翌日から出訴期間を計算することになっています。ところで改正前の行訴法14条4項では、裁決を経由する場合の出訴期間の計算について、「起算する」という法律用語が使用されていて、「起算する」という用語が使われている場合は初日算入だということで、1日だけですが、そういう煩わしい、国民を非常に混乱させるような規定が置かれていました。これは法律用語の用語例だと最高裁判決（最判昭和52年2月17日・民集31巻1号50頁）も言っていますが、このような用語は、国民、納税者にとってはわかりにくいことで、このような例外は早く改める必要がありましたので、改正行訴法では、原則どおり初日不算入で、出訴期間を計算するように改められています（改正行訴法14条3項）。

それから3番目は、行政不服申立ての中に、閲覧請求という制度があります。税務事件についていうと、国税通則法96条に規定があります。他の行政訴訟事件でも同じことがいえますが、情報をたくさん入手することが、訴訟を有利にするため、訴訟に勝つために必要な戦略です。特に税務事件のように、税務当局は質問検査権を使ってたくさんの資料を収集し、それに基づいて課税処分や滞納処分がされています。このように証拠に偏在があるところでは、税務官庁の手元資料の開示を求めて、それを納税者が入手できるようにする必要があります。そして、それを訴訟に使うということは、訴訟を有利に戦うための有効な戦略なのです。そういうところからいうと、行政不服申立ての中の審査請求の段階で閲覧請求制度を使って税務情報を入手するのは、非常に戦略的に大事で有効なことだと考えられます。

ところが、閲覧請求制度が置かれているにもかかわらず、この閲覧請求手続をとっても、ほとんど原処分の理由となった資料の開示が受けられないのです。閲覧請求制度が生かされていないというのが、残念ながら現状です。ようやく、平成26年の国税通則法の改正で、審理関係人に書類等の閲覧請求権に加えて謄写権が認められました（改正国税通則法97条の3）。それに併せて改正法では、原処分庁から担当審判官に提出された書類等だけでなく、担当審判官が職権で収集した書類についても閲覧・謄写が認められていますので（改正国税通則法97条の3）、このことを活用することは意義があり、有用なことであります。最近は若干改善されましたが、それでも原処分の理由となった資料は見せてもらえないのが現状です。この制度を生かすのが、非常に大きな課題です。

「行政機関の保有する情報の公開に関する法律」（以下、「情報公開法」）が、平成11（1999）年に成立し、平成13（2001）年4月1日から施行されています。同法には税務行政手続についての適用除外規定はありませんので（国税通則法74条の14、地方税法18条の4）、情報公開法は税務行政についてもその公正の確保と透明性の確保、税務当局の説明責任を果たす上から言って、原則として税務情報を納税者に積極的に提供する義務を負っていることになっています。しかし、税務当局や審判所の対応は未だ改まっていないのが現状です。これらの制度が税務行政で活用されていないことは、非常に大きな問題です。

もっとも、平成23年の国税通則法の改正（改正国税通則法74条の2以下）で、行政手続法の適用除外規定（旧国税通則法74条の2）が削除され、事前手続について、抜本的な改正がされ、税務調査手続（質問検査権）の規定の整備、処分時の「理由の提示」（処分の理由附記）の一般義務化、更正の請求と増額更正の期間制限の延長（5年）などの事前手続に係る規定の整備、充実が図られました（税務調査手続及び理由の提示に関する改正は、平成25年1月施行）。

昨年、ドイツ、フランスの行政裁判所を見てきましたが、ドイツ、フランスの行政裁判所では同じように行政不服申立前置主義がとられていますが、処分の根拠資料は、納税者である国民に開示するというのが建前になっています。しかし、日本ではそれがまだ実行されていない。情報公開法が制定された今日でも、何ら改善されていないというのが現状です。

それから、さらに問題なのは、訴訟の前に通ってこなければいけない再調査の請求、それから審査請求の手続の運用の実態です。特に問題は審査請求の手続です。審査請求の手続は、現在の運用は陳情型です。これまでは、審査請求した納税者のご意見を聞きましょうということで、課税処分の根拠になった理由についてのやりとりができる対審構造にはなっていませんでした。建築審査会とか、あるいは労働委員会の手続では対審構造がとられています。

税金の関係でも、地方税の固定資産税の評価に不服がある場合は、各市町村に設けられた固定資産評価審査委員会に評価の見直しを求めることになっていますが、この固定資産評価審査委員会の審査手続は、対審構造がとられています。もっとも平成12年の改正でだいぶん後退してしまいましたが、それでも口頭審理を開くときには、公開の対審構造で審理をするということが規定されています。

それに引き換え、国税の審査請求、地方税の審査請求は、対審構造はおろか陳情型の審理になってしまっているということが大きな問題であり、行政不服申立前置が活かされていませんでした。審査請求をしても、「原処分がおかしいというなら、審査請求した納税者の方から資料を出してください」ということで、資料を出さないと、原処分どおりの裁決が出てしまう。職権による積極的な見直しは、ほとんどされていないのが現状です。こういった現状が改まらなければ、なかなか税務訴訟を有利に進めることができない大きな隘路となっています。このことをよく認識して、改善に向けた努力をしていく必要があります。ようやく52年ぶりに現行の行政不服審査制度が抜本的に改正されることになり、総務省内に設けられた研究会の「行政不服審査制度研究報告書」が平成18年3月に公表され、行政不服審査制度の改正の方向性が示されました。改正方針の軸として、行政運営の透明性を確保するということから、①現行制度では認められていない原処分担当者に対する質問権、②原処分の関係書類全般の閲覧請求権、③審査の過程を第三者機関が監視する制度を設けることなどが取り上げられています。平成26年改正国税通則法では、審査請求人が原処分庁に質問することが認められ（同法97条）、審査請求の審理が口頭審理から対審構造の審理に近づいたといえます。税務行政について例外扱いをせず、不服申立制度が機能することに大きな期待をもっています。

次に第2の原因として、納税者側の対応に問題がないのか、ということです。残念ながら、私たち弁護士の税務知識が不十分であり、裁判所に対するインパクトが弱いことは否めない事実です。新司法試験では選択科目の中に租税法が加えられましたので、状況は急速に変わってきています。

弁護士が税法の知識を向上させることは大事なことですが、裁判官の方でも、税法や行政法の知識が非常に不足しています。弁護士も裁判官も税法、行政法の知識が乏しい。それが自信のなさに結びついてしまっています。税務訴訟を活性化するためには、お互いに心がけないといけない大事なことではないかと考えます。ただ、うれしいことは、大阪や東京の弁護士会等で税法の研修会が行われるようになりました。これは、改善のための非常に大きなステップではないかと考えています。

それに引き換えて、本来、弁護士が関与しなければならない税務事件について、税理士とか公認会計士の方が関与しています。私は税務事件で国際税務をやっていますが、皆さんも言葉だけは聞かれていると思いますが、タックス・ヘイブンの問題、あるいは移転価格税制の問題、外国税額控除の問題、そういうことが国際取引ではまず大事なことなのです。しかし、これに対応できる弁護士がいない。対応できるのは、会計事務所や税理士事務所の方々だということで、本来、弁護士が関与すべき仕事に、税理士や公認会計士の方が関与しているのが現状です。

これなども、私たちが職域を侵されているというと言い過ぎですが、本来、やはり弁護士がもっとそういう仕事にタッチして、適正な税金の負担が行われるように活動していく必要があるのではないでしょうか。弁護士がやらないものだから、税理士や公認会計士の方々がそれをカバーしているのが現状です。ただし、これは、それに関与した場合、専門家責任ということで責任問題がついて回るということは、よく承知しておかなければいけません。

それから第３に、税務官庁側の対応の問題点ですが、よくいわれるのは、訟務検事の制度が本当に有用なものであるのか。さらに、訟務検事という制度が裁判の公正さを疑わしめる原因になっているのではないかということです。

私もそうでしたが、訟務検事は、裁判官あるいは検察庁と人事交流で行っています。訟務検事になった者は、また裁判所へ帰るというように交流しています。このように、裁判官から訟務検事になって国の代理をした者が、また裁判所へ帰って税務事件を含め行政事件を扱うというのは、やはり裁判の公正さからいって問題があるのではないかということが、かねがね指摘されています。

私の時代からは、訟務検事になった者は行政事件や労働事件を扱わせないというように、けじめは裁判所でもなされるようになっています。ただし、そのけじめだけでいいのかどうか。

私は率直に申し上げて、訟務検事制度はやめるべきだと思っています。必要であれば国も弁護士に頼めばいい。訟務検事という制度も、裁判にとって一番必要な、裁判の公正さを疑わしめるという点で、廃止すべきだと考えています。

さらに、最近の訟務検事の対応ですが、皆さんの中にも、苦々しい思いをされている方がおられるかもしれません。最近は、訟務検事が非常に行政庁とベッタリになってしまって、何でもかんでも勝たなければいけないということで、非常に無理をして訴訟をするということが目につきます。

かつては、訟務検事というのは勝つべき事件には勝ち、勝つべきでない事件は処分の取消しを勧めると。そういうプライドを持つべきだと訟務検事時代に指導を受けましたが、どうも最近は行政庁にベッタリしてしまっていることを憂えています。

それから、最近、税務事件だけではありませんが、特に税務事件でひどいと思いますが、税務官庁側が負けると、片っ端から控訴する。それから、片っ端から上告する。そういうことで、非常に事件の解決が長引かされています。これも非常に問題ではないかと思います。

平成10年1月1日から新民訴法が施行され、上告が厳しく制限されました。上告と上告受理申立てという2段階制度になって、憲法違反、判例抵触、それから法律の解釈に対する重大な誤りがあった場合以外は、上告受理申立てという2段階の関門を通らなければいけないことになりましたが、上告受理申立てがほとんど通らない。国側が上告している事件については、割と上告受理申立てが却下されていませんが、納税者側から上告受理申立てをした事件については、非常に短期間で却下されてきます。

そういう点で、全体の情報に不足しているかもしれませんが、非常に差別的と言ってもいい扱いで、上告の壁が厚くなったといえるのではないでしょうか。憲法では3回裁判を受ける権利が認められているにもかかわらず、現状では、日本の裁判はほとんど一審だけです。控訴審は裁判らしい裁判をしないのが現状ではないでしょうか。こういう現状で、はたしていいのかどうか。最高裁は固く門が閉ざされているということで、現状の日本の裁判制度について、おかしいぞという声を上げていくことが必要ではないだろうかと考えています。

それからもう１つ問題になっているのは、東京高判平成９年６月18日・訟月45巻２号３７１頁の判決です。どういうことが問題かというと、税務訴訟については、税務官庁側の代理人は訟務検事と国税局の訟務官という職員が担当しています。その訟務官の調査権が問題になった事件です。

税務職員につきましては、質問検査権（平成23年改正国税通則法74条の2、国税徴収法１４１条等）という特別の強い調査権が認められています。質問検査権というのは、正当な理由なくして調査を拒否すると処罰を受けるということで、間接強制を伴う調査権といわれています。

問題になったのは、訴訟を担当する訟務官に、所得税法や法人税法等の個別税法に決められている質問検査権があるのかどうかということです。つまり、訴訟になってみて、資料、証拠が不足しているため、国税当局側では補充の資料収集をする必要があるということで、証拠の追加収集を行いました。その追加収集を、訴訟の代理人である訟務官が行ったわけです。訟務官は国税局の職員と兼務なので、今お話しした質問検査権があるのかどうか、ということが問題になったわけです。国税当局では当然、訟務官も質問検査権があるんだという主張をしました。そして、裁判所も国税当局の主張を認めて、訟務官も質問検査権があるんだという判決を出しています。

しかし、これは非常におかしい。外国の例を見ても、訴訟になった以上は、武器対等の原則です。証拠が不足するというのであれば、訴訟手続の土俵の上で当事者照会をするとか、文書の提出命令を求めるとか、訴訟法のルールに従って証拠の追加収集を行うべきなのに、一方の税務官庁側だけが質問検査権に基づく証拠の収集権があるというのは非常に偏ったことではないかと思います。

私は、まさか裁判所がこれを認めるとは考えていませんでしたので、判決を見て唖然としました。外国でもそういう例はないはずです。訴訟になった以上は、武器対等の原則を持ち出すまでもなく、訴訟手続を通じて証拠の収集を行うのが、当たり前になっています。それが日本の裁判所では、こういう偏ったことをおかしいと感じずに認めたというのは、日本の裁判官の法意識というものについて、我々はもっとおかしいぞというボールを投げる必要があると考えます。

第4に、裁判所の対応についての問題です。平成6年10月1日から行政手続法が施行されました。それから情報公開法、言い直すと、公文書の情報開示法が制定され、平成13年4月1日から施行になりました。

行政手続法は、「処分の正しさは、正しい手続によって行われて初めて保障される。」という手続保障の原則（憲法31条）から生まれているもので、それをようやく行政手続法という形で成文化したものです。行政手続法1条を見ると、行政処分の公正さの向上、行政処分の透明性の確保がそのキーワードになっています。ところが、この行政手続法はナショナル・ミニマムであるはずなのに、税務事件については、国税でも地方税についても行政手続法1章を除いて大部分の規定が適用除外になってしまっていました（旧国税通則法74条の2）。それが平成23年の国税通則法の改正でこの適用除外規定が改正され、行政手続法の主要な規定（例えば、不利益処分の理由の提示）が税務事件にも全面的に適用されることになりました（改正国税通則法74条の14）。それは国税当局の強い抵抗があって、このような形になっていたわけです。国税については旧国税通則法74条の2、地方税については地方税法18条の4に、行政手続法の大部分の規定は税務事件については適用されないという適用除外規定が置かれていました。

このような適用除外規定が置かれた理由として、立法者は、税務行政については、今さら改めて手続法を制定しなくても、既に判例法上固まっているということで、適用除外規定を作ったといわれています。その判例とは、最判昭和48年7月10日・刑集27巻7号１２０５頁等のことなのですが、何も固まっていません。これらの判決で言っているのは、税務行政は特殊な分野で裁量権があるということだけで、最高裁の判決があるから行政手続法を適用しなくてもよいことにはならないのに、従前はそういうことになってしまっていたのです。

言葉を足しますと、アメリカでもドイツでも、税務行政は特殊な分野だということで一般の行政手続法が適用されないことになっていますが、大事なことは、一般の行政手続法は適用されないが、それと同時に租税手続法という法律が作られています。しかし、日本の場合は、そのような手当てがされないまま適用除外になってしまっていたということに、大きな問題が残されてしまっているわけです。このたび情報公開法が制定されましたが、情報公開法には、税務事件についての適用除外規定はないので、情報公開法を手がかりに、どの程度税務情報が開示されるのか、この点は情報公開法や改正民訴法の文書提出命令制度を使って、税務情報の開示ということを積極的にやる必要があります。

繰り返し説明しますが、税務情報を納税者が入手することなくして、税務訴訟には勝てません。証拠が隠されていたのでは、税務訴訟をどれだけ頑張っても勝てないわけで、やはり税務訴訟を勝つための大きな手がかりは、閲覧請求制度を活用する。それから、情報公開法の積極的な活用、改正民訴法２２０条４号、２２３条４項の公務文書に対する文書提出命令の改正、行訴法23条の２（釈明処分の特則）等を大きなバネにして、税務情報を納税者が入手することが、税務訴訟を活性化させ、勝率を上げるための必須条件です。

改正民訴法２２３条４項の文書提出命令について敷えんしておきます。平成13年12月１日から、民訴法の公務文書に対する文書提出命令に関する規定が改正され、インカメラという審理方法も導入されました。インカメラの審理方法は公害訴訟とか、薬害訴訟とか、製造物責任とかを念頭に置いてつくられたわけで、インカメラというのは、裁判官だけが証拠の原本（オリジナル）を見る。カメラというのは裁判官室ということで、裁判官室内で原本を見るという手続です。

この制度がアメリカの情報自由法（Freedom of Information Act）を手本にして、我が国にもようやく導入されました。アメリカでは最近、このインカメラに行き過ぎがあるということで、それに代わるものとして、ボーインデックスというものが利用されるようになっています。これは、原本を裁判所に提出することが、国家の秘密とか公務員の守秘義務といった観点から問題のある場合、原本を出す代わりに、どういうことが書いてあるかという詳しいインデックスを作って、そのインデックスを代替物として裁判所に出すという手続です。

ところが、我が国では、インカメラの制度が新民訴法によって導入されましたが、公務文書については適用除外になっていました。それが情報公開法の施行に伴う民訴法の改正で、公務文書も原則として文書提出命令の対象となることになり（例外は、民訴法220条4号、223条4項に規定されています。）、またインカメラの審理方法で提出義務の存否が判断されることに変わりました。

改正民訴法による公務文書に対する文書提出命令の導入で一番問題になるのは、推計課税の事件、それから移転価格税制を適用して独立当事者間価額（通常の価額）に引き直して課税を受ける事件、それから今回説明するつもりですが、行為計算否認規定を使って否認をしている事件です。これらの事件については、税務官庁が収集した資料の開示がなければ、とても税務訴訟を有利に展開したり、税務訴訟に勝つのは至難なことです。証拠が偏在している状況で税務官庁を相手にして戦うわけですから、まるで高い壁を相手にして訴訟を起こしているようなもので、壁に頭をぶつけるだけであって、とても訴訟には勝てません。この壁を打ち破らなければ訴訟には勝てないというのが必然のことではないでしょうか。

先ほど訟務検事のことをお話ししましたが、さらに問題なのは、国税庁から出向している調査官が、東京や大阪の裁判所に配置されているということです。国税庁出向の調査官制度です。東京や大阪の裁判所に国税庁から出向している調査官が、裁判官の仕事を手伝っています。知的財産権（特許、職務発明など）の事件についても、特許庁から職員が裁判所に出向していますが、税務訴訟とは仕組みが違います。国税庁、税務官庁は、相手方なんです。その国税庁から出向している調査官が裁判官の仕事を手伝い、黒子になっているというのでは、はたして公正な裁判を国民は期待できるでしょうか。

裁判にとって大事なことは、裁判官が公正な態度で裁判することはもとよりのことですが、公正らしさということが必要です。裁判の公正らしさを疑わしめることが現に行われているということは、早く改める必要があります。私は、この国税庁出向の調査官制度について、弁護士会が黙っているのはおかしいのではないかと考えています。

税務訴訟に勝てない原因を整理すると、ここまで取り上げたことになるのではないでしょうか。そういう壁を破らなければ、税務訴訟で勝つことは非常に難しいのではないかと考えています。

それでは次に、税務訴訟に勝つのはそんなに難しいことなのかということですが、私は、税務訴訟に勝つということは、非常に難しいことだと思っています。ハードルはかなり高い。刑事事件で無罪を勝ち取るのと同じぐらい難しいと考えています。

かつて私は、こんな経験をしたことがありました。同期の集まりに出て、同期の弁護士がいかにも誇らしげに、「自分は最近、税務事件で勝訴の判決を取ったんだ」と自慢げに話しているのを聞いて、「勝てる事件を勝つのは当たり前じゃないか。何を自慢しているんだ」と思ったことがありました。それが、私が訟務検事をやめ、裁判官をやめ、弁護士になってみて、友人の弁護士の自慢話が本当にひしひしとわかったのでした。税務事件に勝つのは何と難しいことかということが、ようやく弁護士になってみてわかりました。

そういう面でも、訟務検事をしているとき、それから裁判官をしているとき、やはり甘かったんですね。本当に難しい。私は今、税務事件に特化して弁護士をしていますが、こんな事件は税法の解釈や適用が間違っているのだから勝って当たり前だとか、こういう事件は税務官庁の事実認定が偏っているのだから勝って当然じゃないかと思っている事件でさえ、なかなか勝てません。

それは、やはり「裁判所の行政に対するチェック機能」が非常に甘いことに大きな原因があります。言葉を換えれば、裁判所が行政については腰が引けてしまっているということです。それからもっと大事なことは、日本の現状は、立法機関が提出する法律が非常に数が少ない。最近、議員立法が増えましたが、それでも数が非常に少ない。ほとんどの法律は行政官庁が提出するものです。そういうことから言って、日本は行政庁はもちろんのこと、立法府も行政国家です。それどころか、裁判所も行政国家になってしまっているのではないでしょうか。というのは、今までの裁判所は、行政庁はそんな間違いはしないだろうと、行政庁に対してかなりの信頼を持っており、一方で必要以上に行政に与える混乱を取りこし苦労してしまっています。それからもう1つは、やはり行政法や税法等の知識が不足しているから自信がない。そういうことで、日本は裁判所も含めて行政国家になってしまっています。裁判所がしっかりしなければ、法治主義というものは浸透しないにもかかわらず、裁判所の自信や能力がないために腰を引いた裁判をしてしまっています。そういうことで、日本では法治主義というもの、憲法で保障されている租税法律主義、法治主義が生きたものになっていません。

税務事件も含めた行政事件について、訴訟を起こすと、被告である税務官庁側が課税処分なり滞納処分、つまり税務官庁が行った処分が適法であることについて主張・立証しなければならないことになっています。主張・立証責任は、被告である行政庁側にあることになっていますが、主張の裏付けとなる証拠、適法性の裏付けとなる証拠が十分でなくても、裁判所が「事実上の推定」という認定手法を駆使してかなり甘く、事実認定をしています。これは原告の納税者側、原告の弁護士側の対応が甘いということもありますが、やはり裁判所が行政庁に対して厳しく対応していないということに、大きな問題があります。

国税通則法116条を見ますと、「原告が行うべき証拠の申出」という税務訴訟に特別の規定があります。被告税務官庁で処分が適法であることを主張した場合には、遅滞なく原告納税者の方で有利な証拠を提出しなければならないという規定です。しかし、これは立証責任を決めた規定ではありません。訴訟指揮を決めた規定ということになっています。そういうことで、税務訴訟を含めて、行政事件については、行政庁側、税務官庁側に主張・立証責任があることに、一応はなっていますが、実際の運用はかなり甘いということを警戒しながら、税務訴訟をしていただく必要があります。

繰り返しになりますが、税務訴訟に勝つには、税務官庁が課税処分等を行ったその証拠資料を入手することが大事ですので、行政不服申立段階の閲覧請求、それから新民訴法の当事者照会、行訴法の釈明処分の特則等あるいは文書提出命令を活用して処分の根拠とされた証拠を集めることが、税務訴訟を有利に展開し、税務訴訟に勝つための必須の条件です。

4　個別の税務訴訟の検討——行為計算否認規定の適用事案

今まで一般論でお話ししてきたことを、もう少し具体的に事例を通じて解説します。個別事案の検討ということで、今回は、行為計算否認規定の適用事案についてお話しします。

所得税法や法人税法の中に、行為計算否認規定があります。税法も民法や刑法と同じ法律の仕組みになっています。法律要件に該当する事実がある場合には、一定の法律効果が発生します。一定の法律要件を定め、ある事実がその法律要件を充足した場合に発生する法律効果を決めているのが法律の規定です。税法も同じように、法律要件に該当するものが課税要件、それから滞納処分の要件、それから法律効果に該当するものが納税義務、それから滞納処分を受忍する義務ということになります。課税処分だけ取り上げますと、法律要件に該当するものは課税要件、法律効果に該当するものは納税義務ないし課税権ということになります。

その点では、税法は他の法律と特異なものでは決してありません。ただ、特異なのは、課税要件をいわゆる生の事実を要件としているのではなく、私法上の法律効果、売買とか贈与という法律効果を課税要件にしている点に、税法の特殊な課税要件の定め方があると理解してもらえればいいのではないでしょうか。

ところで、租税回避行為というのは、課税要件に該当しないように法律行為を行って、納税義務が生じないようにすることをいいます。租税回避行為と並べていわれるものに、脱税行為があります。脱税行為というのは、課税要件に該当する事実があるのに、それを該当しないようにごまかして租税義務を免れる行為であり、そういう点で租税回避行為と脱税行為とは、全く違います。わかりやすくいうと、租税回避というのは1つの節税行為、タックスセービングに当たります。

ところで、所得税法や法人税法等では、租税回避行為を放任したのでは租税負担の不公平を招くことから、租税回避行為について不公平が生じないように税制を設けています。その税制の対応には、2つの方法があります。一般的な否認規定、つまり課税要件に該当しないような取引をして税金がかからないようにする場合には、それを普通の取引に税法上では置き直して納税義務を負担させるという一般的な否認規定を設けている国と、一般的な否認規定を設けないで個別の取引だけ否認規定を設けている国と、立法例は2つに分かれています。

一般的な否認規定を設けている国として、ドイツ、アメリカ、イギリス等（矢内一好「一般否認規定の各国比較と日本への導入」租税研究2014年9月号281頁以下参照）があります。それに対して、日本はそういう一般的な否認規定は設けておらず、個別的な否認規定で対応しています。つまり否認規定としては、これからお話しする同族会社の行為計算否認規定、それから今回はお話しできませんが、組織再編成にかかる否認規定（法人税法132条の2）、連結納税にかかる否認規定（同法132条の3）、国際取引の移転価格税制（租税特別措置法66条の４)、タックス・ヘイブン税制（同66条の７）があります。そういうことで、我が国では国内取引だけについていうと、一般的な否認規定はないので、同族会社絡みの事件だけは、異常な取引をしたような場合には、通常の取引に置き直して課税を受ける仕組みになっています。そういう個別的な否認規定のことを同族会社の行為計算否認規定と呼んでいて、法人税法１３２条、所得税法１５７条、相続税法64条、地方税法72条の43に、税務官庁にとって非常に強力な、納税者側からいうと、非常に恐ろしい規定が置かれています。

ところで、行為計算否認規定というのは、私法上では有効な取引ですが、それは税法が予定している通常の取引ではないので、税法上、通常の取引に置き直して課税要件を充足するかどうか。もっとわかりやすく言うと、課税要件に充足するようにフィクションをして、納税義務を負担させる規定です。一番わかりやすい例は、同族会社が安い価額で売買した場合や、同族会社が無利息でお金を貸した場合に、それを通常の価額、通常の利息付きの貸付金に置き直して課税するというのが、この否認規定の適用例です。

ところが、最近、非常に気をつけなければならない問題が起こっています。裁判所も、日本には他の国と違って個別的な否認規定しかない、同族会社絡みの取引しか否認規定は適用されないということは頭に置きながらも、事実認定で「税法特有の事実認定」（「私法上と異なる税法適用面での特別の事実認定による否認」）をして課税を認めているという事例が、最近いくつか出るようになっています。このような、特に最近になって目立つ税務事件の領域で行われている事実認定の手法のことを、「私法上の法律要件による否認」と呼んでいます。これは、非常に警戒しないといけない問題です。

大分瓦斯事件（大分地判平成８年２月27日・判タ９６０号１１７頁）は、同族会社ではない会社が原料を高価で仕入れたという高価仕入が問題になった事件です。仕入価額は当然に原価として損金に計上できます。ところが、裁判所では、その高価仕入について、適正な仕入価額までは原価で、その適正価額を上回るものは、仕入という名前で買っているが、それは仕入先に対する寄附金だということで、事実を2つに分解して認定しています。私法上の効果は高価仕入です。仕入であることを認めながらも、税法の適用面では仕入価額のうち適正価額までは仕入として認めるが、その適正価額を上回る分については、仕入先に対する寄附金であるということで、仕入価額を2つに分解して否認しています。これは、行為計算否認規定を使って初めてできることが事実認定されているということです。

こういったことが最近の裁判例の中に散見されますし、非常に残念なことに、学者の中でもそういうことが許されるようなことをおっしゃっている方がいます。「別冊ジュリスト」第3版の中の裁判例に関する解説（同書29頁）の中に、以下のようなことが書かれています。これは高価仕入の事件ではなく、これから説明する安い価額で不動産を賃貸したという、その賃料が安過ぎることが問題になった事件です。

「本件の場合、果たして同族会社の行為計算の否認規定を適用すべき場合であったのかどうかが問題となり得よう。必要経費に関する一般規定である所得税法37条により、過大管理料分は必要経費として控除できないと考える余地があると思われるからである。同条により管理業務の内容に相応する金額の範囲内でのみ管理料の支払いがあったとされ、その限りで必要経費の控除が許される。もしそうであれば、通常の課税規定では租税負担の不当な軽減・排除に対応できないときにその適用があると考えられる租税回避の否認規定としての性格からして、所得税法157条の適用の余地は本件ではなかったと考えられる。もっとも、同条と所得税法37条のいずれも適用できるとの考え方もみられる。」

本件は賃料の問題ですが、「賃料（管理料）の過大分については、必要経費として控除できないという考え方ができる余地もある」とこの著者の方もおっしゃるものですから、裁判所を迷わせています。最近の大分瓦斯事件もそうですが、私法上の効果を否認しないで2段階に分解して適正分だけ必要経費と認める。過大分は経費ではないんだ、原価ではないんだという2段階の事実認定が、学者や裁判所の中で行われるようになってきているという点に注目してもらいたいと思います。私は、これは間違っていると思いますが、こういうことが最近の裁判例の中に見られるようになってきています。

この大分瓦斯事件は、既に福岡高裁判決も出て、福岡高裁でもそれが認められてしまっています。私が申し上げたいことは、行為計算否認規定を使わなければできないようなことが、行為計算否認規定を使わないで事実認定で分解して、行為計算否認規定を使ったと同じようなことが行われてしまっているということを軌道修正してもらう必要があるということです。(注２)

(2)　私法上の事実認定と異なる事実認定を行った代表的な事例として、大阪高判平成12年1月18日・訟月45巻6号１１５３頁（フィルムリース事件）、東京地判平成10年5月13日・判時１６５６号72頁。このような裁判例を支持する学説として、渕圭吾「フィルムリースを用いた仮装行為と事実認定」ジュリスト１１６５号１３０頁、中里実「課税逃れ商品に対する租税法の適用」ジュリスト１１６９号１１６頁。この問題を取り上げている参考文献として、金子宏「租税法と私法」租税法研究６号20頁、山田二郎「私法と税法との間のゆがみとその対応」税法学５４８号71頁。フィルムリース事件について、最判平成18年1月24日・判時１９２９号19頁が出ています。この判決は、納税者である組合員側からの上告を棄却していますが、税務当局が主張した「私法上の構成要件による否認」という私法上の事実認定のレベルではなく、法人税法の解釈として賃貸している映画フィルムが「減価償却資産の範囲」に含まれるか否かによって判断を示していることと、その背景に租税法律主義について考慮をしていることが注目されます。

話を前へ進めますが、この行為計算否認規定というのは非常に歴史が古くて、大正12年にできていますが、この否認規定が適用される事案の中で最も問題なのは、所得税法１５７条の否認規定です。適用事例としては、過大な不動産管理料、過大な不動産賃貸料の過大分の必要経費の算入を否認したという事例と、反対に過少な不動産管理料について、過少分について収入金額に加算するように扱った事例。これは既に最判平成６年６月21日・

訟月41巻6号1539頁が出ていて、税務官庁の扱いが最高裁で認められた形になっています。これはおわかりいただくように、所得の分散であり、取引の間に同族会社を介入させることによって所得を分散し、租税負担を不当に軽減しようということが行われているというものです。そのやり方として、管理委託方式と転貸方式（サブリース方式）という2つの方式があり、この2つが行為計算否認規定の対象となっています。

それから、最近、無利息貸付の利息相当分の収入金額への加算というのが問題になりました。これは平和事件（東京地判平成9年4月25日・訟月44巻11号1952頁、東京高判平成11年5月3日・訟月51巻8号2135頁）で、パチンコ製造メーカー「平和」のオーナーが同族会社に無利息でお金を貸したということで、その利息相当分が否認規定の適用を受け、利息相当分を収入金額へ加算するという更正処分を受けた事件です。この事件につきましては、双方から最高裁に上告しましたが、納税者側からの更正処分（本税部分）に対する上告については平成16年4月20日上告棄却・上告不受理決定で確定し、一方、税務官庁側からの過少申告加算税賦課決定の取消部分についての上告受理申立てについては、最判平成16年7月20日・判時1873号123頁は、上告受理申立てを取り上げて加算税賦課決定を取り消した東京高判を破棄しています。（注3）

(3) 行為計算否認規定の適用事例を紹介しているものとして、最高裁事務総局監修「主要行政事件裁判例概説2（改訂版）租税関係編」（2001年）36頁。

2番目の事例の過少な不動産賃貸料について、その過少分の収入金額の加算を受けた事案について説明します。Xという個人が、同族会社Aにビルを一括賃貸借しました。そして、賃借人であるA社がそれを何名かの者に転貸借したという事件です。ところで、本件ではXが受け取る賃料が非常に安い賃料であったということで、その適正分との差額を収入金額として本来受け取るべきものであるということで、収入金額の加算を受けた事件です。

税務官庁では平均管理料割合というものを出して、A社が受け取るべきものは平均管理料で、それを上回るものは賃料としてXに支払うべきであるということで、行為計算否認規定を使ったわけです。それを見ると、平均管理料割合というのは、大体11％です。それに対して本件の場合は、A社が50％を上回るものを賃料として受け取っています。それはおかしいということで、11％を上回るものは賃料としてX個人に払うべきだということで更正処分をした事件です。

行為計算否認規定はどういう規定かを説明しておかなければいけませんが、この規定は、私法上の効力は有効であることを前提としています。しかし、その私法上の取引が通常と違う異常なやり方をしていると、税金の負担を非常に安くしてしまっているということで、私法上では有効な取引を税法上では通常の取引にいわゆるフィクションをして置き直して、課税要件事実を作って、そしてその課税要件に当てはめて納税義務を負担させる。これが行為計算否認規定の構造です。

本件の場合、説明しましたように、A社が転借人から受け取っている賃料の50％を上回るものを取得してしまって、X個人にわずかしか払っていないというのはおかしいということで、平均管理料を上回る分については、Xに本来払うべきものであるとフィクションして課税しているということです。ここでは、賃貸借と管理委託した場合とを全く同一視して、平均管理料ということで適正家賃を計算しているところに1つの大きな問題があります。

なぜ私が今回、特に所得税の行為計算否認規定のことを紹介したかというと、法人税の否認規定の対象（主体）は同族会社です。同族会社が異常な取引をした場合には、それを通常の取引に置き直し、通常の取引にフィクションをして課税するというのが、法人税法１３２条の同族会社の行為計算否認規定です。

ところが、所得税法の否認規定の主体は個人なんです。個人が同族会社を相手にして通常と違う取引をした場合には、行為計算否認規定を適用して否認するというのが所得税法１５７条の否認規定の内容です。何をもって通常と違う異常な取引かということが、まず問題となります。従来は、異常かどうかの判断基準として、非同族会社を取り上げて、非同族会社と比較して異常さを判断していました。しかし、非同族会社では対象が不足し、非同族会社だけを基準とするのは合理性を欠くということで、税務の取扱いが非同族会社から純経済人に代わりました。

純経済人ならどういう取引をしたであろうということで、純経済人というものをモデルにして異常さを判断するようになっています。しかし、純経済人ってわからないですね。純経済人という言葉を税務の取扱いでも判決でも使いますが、純経済人というのは一体どういう人をいうのか。私は、こんな曖昧なことがまかり通ってはいけないと考えますが、実際には純経済人であるならどういう取引をしたであろうかということで、異常さを判断しています。

さらに問題なのは、所得税の場合、個人対個人の問題は行為計算否認規定の対象になっていません。個人対非同族会社の場合はもちろんのこと、個人対個人も問題になっていません。それは、個人は純経済人でないからということで、対象にはされていないわけです。ところが、個人が同族会社を相手にして取引した場合だけが、この否認規定の対象に取り込まれることになっています。はたして、これに合理性があるのか。個人対個人が対象にならないのに、なぜ個人が同族会社と取引した場合だけが行為計算否認規定の対象になるのか。このような法律は、はたして合理的な規定といえるのでしょうか。私は、この規定の合理性について大きな疑問を持っています。しかし、先ほども説明しましたように、裁判例として既に最高裁の判決が出ていて、この規定は合理的な規定なんだと言ってしまっています。私はもう一度根本から、所得税法の行為計算否認規定の合理性を問い直す必要があるのではないかと考えています。

それから、さらにこの行為計算否認規定の問題について、これは法人税法の否認規定と所得税法の否認規定とを含めてですが、行為計算否認規定を適用して、今の場合、Ｘ個人の所得に収入金額を加算すると、それだけＸに支払われる賃料収入が増えるので、Ａ社の方でそれだけ賃料の経費の控除（損金計上）をたくさん認めないと辻褄が合わない。そのように行為計算否認規定を適用した場合には、相手方の計算をもう一度見直すという取扱い、これを対応調整と呼んでいます。行為計算否認規定を使う場合には必ず対応調整をするというのは、外国の立法例では当然のことになっています。ところが、我が国では、この対応調整の規定がありません。そして、現在の税務署は規定がないからやらなくてもいいということで、二重取りになってしまっています。そういうことが許されていることが、この規定のもう１つの欠陥ではないかと考えています。

本件では、サブリース方式と管理委託方式を全く同じように考えて、適正管理料、すなわち平均管理料で適正家賃を算出していますが、平均管理料を算出している事例の管理料割合が４・75から18・73まで開きがあります。このように個別の管理料にバラツキがあるのに、平均で適正管理料を出していることに問題があります。さらに、転貸借方式と管理委託方式を同一視していますが、サブリース方式の場合は一括賃貸ですから空室のリスクがあるわけで、それは大きなリスクで、一種の家賃保証みたいなものです。そういうことで、現在の税務がサブリース方式と委託管理方式を全く同一視していること、サブリース方式の場合にも平均管理料から適正家賃を算出していること等に、はたして合理性があるのか問われています。

そして、適正管理料というものも、今見ていただいたように大きな開きがあるのに、平均でやっているというところにも大きな問題があります。さらに、訴訟になると、適正管理料すなわち平均管理料の算出資料として、Ａ、Ｂ、Ｃ、Ｄ、Ｅ、Ｆと符号をつけて証拠を出して、その賃料を得ているビルは、どういう規模のビルなのか、どういう管理をしているのか、管理人が常駐しているのか、あるいは常駐していないのか、どういう管理システムをとっているのかということが、このＡ、Ｂ、Ｃ、Ｄ、Ｅ、Ｆでは全く見えない。こういうものを平均管理料の裏付け資料として出してきて、裁判所もこれが出されると、信用してしまっているというのが現状です。時にはこれを作成した税務職員を証人として調べるということが行われていますが、これも原告側でやかましく言った場合に行われるわけで、やかましく言わなければ、訴訟段階になって集め直したＡＢＣ方式の資料が証拠としてまかり通ってしまっているということです。

この種の事例でよく行われるのは、原処分の資料と訴訟で使われる資料とは、全く違ったものが出てくるということです。原処分段階の資料が訴訟でも使われるのではなく、訴訟になってから、訴訟に勝つために作った資料が訴訟では使われています。そして、出された資料はこのようにＡ、Ｂ、Ｃ、Ｄ、Ｅ、Ｆと符号化したもので、個別性が抽象化されたものです。それが裁判所にも通ってしまっているということで、冒頭にお話ししましたように、かつてはこういうことが許されたとしても、行政手続法、情報公開法が制定された今日では、このような資料を証拠に使う以上は、その根拠資料を出さなければならないことになるのではないでしょうか。証拠に使いながら根拠資料を出さない。守秘義務を理由として根拠資料を出さないということでは、不公正な裁判、不透明な裁判につながっていくのではないでしょうか。根拠資料を証拠として出せないものは、証拠から排除すべきではないでしょうか。証拠能力がないと、むしろ厳格に扱う必要があるのではないでしょうか。根拠資料を証拠として出せないものを証拠に使い、根拠資料を出せと要求したら、それは守秘義務があるというのでは、非常に矛盾したことではないでしょうか。根拠資料を出せないものは証拠として使うことができないということが問われなければならないのではないでしょうか。

しかし、現状ではそうではありません。同種のことは、最近問題となることの多い国際課税のうちの移転価額課税の独立当事者間価額（ＡＬＰ）の算定についても指摘できます。

また、最近になって、平成13年度の法人税法の改正で創設された「組織再編成に係る行為又は計算の否認規定」

（同法１３２条の２）を適用した東京地判平成26年5月9日・タインズZ８８８―／８３１（ヤフー・ＩＤＣＦ事件。請求棄却、控訴）や、平成14年度の法人税法の改正で創設された「連結法人に係る行為又は計算の否認規定」（同法１３２条の３）を適用した東京地判平成26年3月18日・タインズZ８８８―１８４６（ＩＢＭ事件。原処分取消、控訴）に関心が寄せられており、否認規定の適用事例が増えてくることが予測されていますので、その研修が必要となっています。

5　総括に代えて

今回お話ししたことをもう一度まとめて、締めくくりにさせていただきます。

税務訴訟をどう戦えばいいのかということですが、税務訴訟は、現状では勝つのは非常に難しいということです。ではどうしたら勝てるのかといえば、やはり税務資料を入手することが、勝つための必須の条件です。税務情報の入手なくしては勝てないのが現状です。それから、やはり、裁判所の行政に対する態度を意識改革していただくことが不可欠です。

今まで行政庁に対しては我々もかなりの信頼を置いていましたが、最近は官僚組織が制度疲労を起こして、税務官庁であっても非常に疑わしいことをやっています。そういうことで、今までのように裁判所が行政に対して腰の引いた裁判をするのではなく、日本は裁判所も含めて行政国家になってしまっていますので、裁判所がしっかりしなければ法治国家とはいえません。

法治国家というのは、いわゆる憲法が要求している法の支配を浸透させ、貫徹させることです。法の支配を浸透させるのは裁判所の責務であることを、裁判所はもっとわかっていただく必要があります。それともう1つ大事なことは、まず手がかりとして、改正された行訴法だけではなく、行政不服審査法、国税通則法を納税者が積極的に活用できるよう、実力を身につけるように心がけることが必要なことであります。

【第10章】〈パネルディスカッション〉

弁護士業務にまつわる税法の落とし穴

しまった…では遅い

関根　稔
三木義一
山名隆男
山本洋一郎
水野武夫

○水野　今回のお話は、非常に中身の濃い、きっとお役に立つお話になるだろうと確信しています。改めてご紹介いたします。立命館大学（現在、青山学院大学）の三木先生、大分弁護士会の山本先生、京都弁護士会の山名先生、東京弁護士会の関根先生です。

この4人の先生方と議論をしながら進めていきたいと思います。

以下の事例は、民法の第1章、総則から始まりまして、親族、相続に至るまで民法の編別に従って設定してあるという趣向です。それではまず、最初の事例から見ていきたいと思います。

事例1

取得時効と益金計上時期

Xは、平成元年11月27日に訴訟を提起し、Yに対し、昭和26年7月31日に時効取得を原因とする所有権移転登記手続を請求した。この訴訟について、平成2年11月21日に裁判上の和解が成立し、昭和26年の時効取得を原因とする所有権移転登記手続を受けることになった。Xは解決金として270万円をYに対して支払った（静岡地裁平成8年7月18日判決・行裁集47巻7・8号632頁）。

○水野　それではこの事例について、山名先生から、どういった問題があるのかということをお話しいただきたいと思います。

○山名　それでは始めます。時効で資産を取得した場合は、そもそも課税の対象となる利得があるのか、という根本的な問題があります。

というのは、取得時効というのは自分の所有物について主張することが多いわけです。なぜなら、取得時効には自主占有が要件になっているので、取得原因は売買や贈与など、所有権取得の原因を主張することになります。その取得原因が立証できない場合に備えて、時効を予備的に主張するわけです。裁判では、時効の主張が出ると、とかく時効に争点が絞られる傾向があります。そして結局、訴訟では、自分の所有物だと主張しながら、取得時効を援用することになるわけです。

しかし、そもそも自分の所有物を時効で取得したからといって、所得、いわゆる経済的利得が生じるのかという疑問があります。ただし、ここではその問題には触れません。

この事例に戻りまして、資産を時効取得した場合の所得の種類ですが、判例は一時所得説を採用しています。実務も一時所得説です。

所得の計上時期については、起算日説、完成日説、援用日説、それから判決確定日説が考えられます。民法の時効の効果は、占有開始時に遡ります。民法的な発想ならば、取得時期は起算日になるという考え方もあるかと思います。しかし、実務、判例とも援用日説を採用しています。

さらに、設例では、取得者は解決金を支払っています。この解決金が経費になるのか、取得費になるのか。そういった問題も発生します。また、受領した方は解決金にどのような課税がされるのか。これも税金の問題として登場します。

解決金というのは訳のわからないものです。税理士さんからも、和解するときに解決金という用語はやめてほしいと言われるのですが、解決金についての課税関係は、その実質によって異なってきます。

例えば、私が担当した事例では、固定資産税の清算という意味で解決金を授受しました。それから、金額も問題になります。対象資産の7割とか8割という金額が、仮に解決金名目で支払われた場合は何になるのだろうか。実質的な売買代金と見られる可能性がありますね。

これは取得時効の事例ですが、消滅時効の問題もあります。ただ、消滅時効に関しては、解説も、税法判例なども見かけません。債務者が買掛債務を時効で免れた場合にどうなるのか。理屈から言いますと、時効を援用したら債務の免除益が発生すると思います。

では、反対側にいる債権者は損金処理できるのか（法人）、貸倒処理ができるのかという問題も生じます。ただ、これは私の考えですが、時効期間が満了しただけでは、まだ債権が消滅したとは言い切れないと思います。債務者が援用した時にはじめて貸倒処理は可能になるのではないかと考えています。

取得時効で事件を解決する場合の対策ですが、援用日説が判例であり、実務ですので、訴状で時効を援用した場合は、品悪く言えば裁判では時間を稼ぐことができます。

ご承知のように、課税権（課税庁の賦課権）の時効は、申告をしていない場合は、申告の期限から5年です（国税通則法70条1項）。これは除斥期間です。5年の経過で（税務署長が決定処分をする権限）は消滅してしまうわけです。弁護士が裁判で時間を稼ぐという語弊があるのですが、結果的には、5年が経過してからの判決ということになると、援用日説では、課税できないことになります。

勝訴判決を得たとしても、移転登記をせずに放置しておくということもあるかもしれませんし、仮処分がしてあれば登記を急ぐ必要はありません。指摘できることは、時効取得した不動産の登記などは慎重に、ということです。登記をすれば、課税庁は事実を把握します。

ただ、このような弊害があることは、課税庁も当然承知していて、時効取得による一時所得について「収入に計上すべき時期」は援用日としながら、当事者間で時効取得について争いがある場合は「判決等によって確定した日」という見解も公表されています。その意味では、援用日に課税するとの判例を見つけただけで喜んでいてはいけないのが課税の実務です。課税の理屈は、常に、流動的に変化していきます。

消滅時効の場合は、時効の援用を受けてからの損金処理又は貸倒れ処理になります。対策と言えるかどうかかりませんが、そのようなことが考えられるかと思います。

○三木　山名先生から、この問題についての全体的なお話をいただきました。少し余計なことを言いますと、法科大学院の民法の講義ではこのような課税問題を視野に入れるべきなのですが、なかなか難しそうです。

時効の援用の場合に、一時所得として課税庁は考え、判例実務もそうなっています。一時所得の場合は、収入金額から差し引けるのは、必要経費ではなく、収入を得るために直接要した金額だけなのです。非常に限定的なのです。

一時所得の代表的なもので、例えば、競馬の馬券が当たった場合なども、勝ち馬券から差し引けるのは、そのレースの掛け金だけという考え方になっているのです。その競馬場へ行くまでの電車賃などはダメだとの理屈です。なお、インターネットで大量に行われる特殊な馬券等は、一時所得ではありません。

一時所得に分類されますと、差し引ける金額が非常に限定されることになります。しかし、その差し引いた残額を2分の1にして税率を乗じるという課税方法になりますので、その点だけは助かるかなと思います。

先ほどの時効取得の問題との関連で、消滅時効の問題についても山名先生からご指摘がありましたが、例えば相続財産でも次のような問題が出てきます。

相続財産が既に時効期間が経過してしまっている財産だったという場合です。ただ、相手方から時効は援用されていない。このような場合、先生方はどうなさいますか。

○山名　その前に、一時所得の経費の問題が出ましたので少しつけ加えますと、時効の裁判を担当した弁護士に支払った報酬は、残念ながら、経費としては認められないというのが判例です。

では、消滅時効の期間が経過してしまった財産は、相続財産に含めるのか否か。相続開始前に時効が援用され、訴訟中の場合の財産は、登記名義は残っていますが、第三者からの時効の援用があるのですから、裁判の結果は予想できません。このような事例では相続財産から外しておくことになると思います。

次に、相続開始後に時効が援用された場合はどうか。これは援用日説を採用すると、相続財産に加えなければなりません。ただ、時効の効果が占有開始時に遡及するということで、もともと相続財産ではなかったのではないかという問題があります。さて、そこはどうなるのでしょうか。

○関根　債務でしたら、相続税基本通達14－4に、消滅時効の完成した債務として、「相続の開始の時において、既に消滅時効の完成した債務は、法第14条第1項に規定する確実と認められる債務に該当しないものとして取り扱うものとする」としていますので、実務では、時効期間が経過していたら、そういうものは借金として引いてあげないよとしています。

相続開始の前に援用されている場合ならば、債務自体が存在しません。したがって、この通達があるということは、債務はあるけれども援用されていないことを謳っているのだと思います。

○山名　今のは債務の場合でしたが、仮に相続財産が不動産で、既に第三者の占有が時効期間を経過している場合はどうでしょうか。相続開始後に占有者が時効援用した場合です。

○関根　それについては、農地の事例がありました。農地の引渡請求権で、10年の消滅時効期間が経過していた事例です。相続人は、相続後に判子代を支払って移転登記してもらったのです。

そのような事例について、相続人は、農地を資産に計上するのなら、判子代は債務として差し引くべきだと主張しました。農地は相続財産として不完全だったのですから、その不完全分はマイナスされるべきだとの主張です。ところが、「判子代はあなたが相続後に勝手に支払ったのだから、差し引きは認めない」との判決の結論になっていました。

相続した農地の引渡請求権と、相続後に支払った判子代を分けて考えれば判決のような結論が出せるのかとも思いますが、非常に不合理な判断だと思います。

○**山名**　そこで民法の解釈との関連なのですが、時効の起算日が相続開始前の場合は、時効の遡及効がありますので、民法の理論どおり考えると、相続開始時に遺産でなかったことになるはずです。しかし、課税の場合はどうなるのでしょうか。

つまり、相続財産について相続開始後に時効が援用された場合に、援用されて遺産でなくなったのだからという理由で、更正の請求ができるかという問題です。

○**関根**　取得時効と相続税の関係について、幾つかの事例が紹介されています。とりあえず、そこから二つを紹介してみます。

被相続人は遺言でAに土地を遺贈し、Aは遺贈を受けた土地について相続税を申告したのですが、その後、第三者から、その土地について取得時効を主張され、敗訴してしまいました。そのため、Aは、相続税について更正の請求をしたのですが、認められなかったという事件があります（大阪高裁平成14年7月25日判決・判例タイムズ1106号97頁）。

所有権移転の時期は時効の援用のときですが、時効の援用は相続後に行われたという理由です。したがって、相続時には、土地は相続財産として存在したと判断されてしまいました。この事例は、相続段階では20年の時効期間が成立していなかったので仕方がないかもしれません。

ただ、その後、相続時点では20年の時効期間が完成しているとして、次のような事案について、納税者の主張を認めた裁決が紹介されています。

Bは、耕作人がいる農地を相続しましたが、農地法3条の許可を得ていない耕作地なので、その農地について耕作権等の負担のない自用地として評価し、相続税を申告しました。

しかし、その後、耕作人から賃借権の取得時効を援用され、敗訴してしまいました。そこで、Bは、耕作権の負担部分について、土地の評価減をすべきだと主張し、相続税についての更正の請求をしたのです。

審判所は、相続開始日には既に賃借権の取得時効の期間が満了し、賃借権の取得時効は完成していたという事実を認定し、「申告の基礎とした事実と本件判決で確定した事実とに相違があり、相続税の課税標準等ひいては税額等の計算に影響を与えるものといえる」と判断しました。

そして、既に賃借権（耕作権）の取得時効が完成していたという事実を前提にして土地の価額を鑑定し、その結果に基づく更正の請求を認めました（国税不服審判所平成14年10月2日裁決・事例集64号1頁）。

税法について素人である裁判所ではなく、税法のプロである審判所が、時効の援用と相続税の更正の請求について判断したというのは、結構、重要な意味があるように思います。

これからは、時効の援用時期の問題ではなく、時効を主張されると失われてしまう財産の評価という理論で、取得時効と相続税の関係は整理されることになりそうです。

○山本　議論を整理します。まず、後ほど議論する事例の15番目に「係争中の債権債務の相続税申告」というテーマがあるので、相続税絡みのことは後ほど深入りした方がよいのではないかと思います（笑）。

まず、一時所得の関係でいいますと、実務的には一時所得の収入に計上する金額の査定はどうするかというと、これは時価評価となりますので、不動産鑑定士に時価評価を頼むことになります。

つまり、現在の判例を前提とすれば、訴状で取得時効を援用した時点で、その年度分の一時所得の申告を行うために不動産鑑定までもが必要になります。そして、不幸にして時効が排斥され、敗訴判決が出た場合については、判決確定後2ヵ月以内に更正の請求をして、納付済みの税金を取り戻せる制度が国税通則法に準備されています。そのあたりをまず大前提として理解しないと、後の議論が理解しにくいのではないかと思います。

次に、一時所得の計算で、差し引くべき経費として何が認められるかというもう一つの問題があります。それについて、静岡地裁の判決は、訴状の印紙と切手代は費用として差し引いてよいが、弁護士費用はできないと判断しています。

○水野　債務が消滅した場合も債務者は利益を得ますが、その場合には同じように一時所得になるのでしょうか。

○関根　取得時効について裁判所の理解と整合性を持たせようと思えば、消滅時効にも課税すべきですね。ただ、事案によって異なると思います。

会社の場合で、貸借対照表が作られており、そこに買掛債務が掲載されていたとします。そして、消滅時効を主張して買掛債務の支払いを免れたという場合だと、やはり課税所得を構成するのではないかと思います。

ただ、父親が死亡した後に、親戚の叔父さんが訪ねてきて、「お前の父親には5000万円を貸してある」と請求をされたとします。それに対して消滅時効を主張して借金の支払いを免れた。そのような場合に、後に税務署長が訪ねてきて、「一時所得課税をします」などとは絶対に言わないと思います。

○水野　絶対に言わないというのはどうしてですか。

○関根　消滅時効に課税したという事例は聞きませんが、やはり、これは常識的に課税できないということだと思います。そうでないと、所得について課税漏れがあり、それが更正の除斥期間を経過することによって課税できなくなったという場合に、今度は、除斥期間の経過によって課税を免れたとの利益を一時所得として課税するという理屈が成立してしまいます。

それに、消滅時効に課税できないということは、そもそも、取得時効に課税するのもおかしいということです。取得時効という言葉に踊らされて、何か取得したような気になってしまいますが、何も取得していないのですから。つまり、自分の所有物だと確認されただけです。

○**水野**　民法は時効の効力が起算日に遡るとしています。ところが、実際には援用したときに所得があったと見るという判例がある。ですから、民法と税法で齟齬があるのではないでしょうか。

○**関根**　起算日に遡るというのは、時効の効果が遡るとの意味であって、時効を主張することによって経済的価値が生じたのはいつか、という議論とは別だと思います。

訴訟でも、納税者は、時効の効果は起算日に遡るのだから20年前の所得だと主張しています。20年前になれば、課税権の除斥期間は5年ですので課税できません。しかし、その主張は、裁判所には全く考慮されていないのです。

事例2

消費税と物件引渡し時期

ゴルフ場を経営する会社の破産管財人は、ゴルフ場の造成工事と建物建築工事の引渡しを受けたものとして課税仕入に係わる消費税の還付申請をした。還付請求した税額は2億6005万円。これに対して税務調査があり、課税仕入の要件を欠くとの認定を受け、破産管財人は還付税額を2993万円に減少させた修正申告書を提出することになった。2億6005万円の段階での還付は実際には行われず、実際に資金が動いたのは2993万円（水戸地裁平成8年2月28日判決・訴月43巻5号1376頁・週間税務通信平成8年6月10日号、東京高裁平成9年6月30日判決・税資223号1290頁も同旨）。

○水野　この破産管財人はもちろん弁護士ですから、消費税の処理によって、弁護士が損害賠償責任を問われるかもしれないという事例です。これについては山本先生の方からお願いします。

○山本　まず、事実関係を押さえてください。破産管財人は、会社の資産を1億6274万円で売却しました。それについて488万円の消費税が計算された。破産会社はゴルフ場でしたので、88億3100万円の工事費を負担しています。その工事についての消費税額は、2億6493万円になります。こういう事実関係が前提になっています。

消費税の計算は、消費税の課税対象になる売上金額に平成26年4月からは108分の8（地方消費税分を含む。裁判は103分の3の事例）を乗じて、売上に係る消費税額を算出し、それから仕入に係る消費税額を差し引いて、その差額を納税するという仕組みです。ですから、差し引くべき金額の方が多いと還付になります。それが本件事例です。

このような場合には、消費税を戻してもらう還付という手続をとることができます。この事案でも、管財人は還付の請求をしました。つまり、2億6005万円の還付の請求です。

ところが、この事案では、破産管財人が就任し、会社からゴルフ場の引渡しを受けたのですが、会社自体は、まだ、ゼネコンから工事の引渡しを受けていなかった。つまり、消費税法に定める課税仕入を受けていなかったわけです。

そうしますと、課税仕入にそもそも該当していないので、2億6005万円の還付は認められないという結論になります。ここで問題になったのは、間違った還付請求をしたことに対するペナルティーとしての過少申告加算税です。過少申告加算税が課税されたことについて、それが仕方のないものなのかどうか。これがこの事件の問題です。

過少申告加算税を、わかりやすく消費税額の1割としますと、1割の余分なペナルティーが課されたわけです。これが、税金を納める場合も、逆に税金を取り戻す場合も、共に1割の過少申告加算税が課税されるというのが、この判例の結論です。

つまり、正しい申告をした納税者と、間違えた申告をした納税者では、国としては差をつけ、間違えた申告を行った納税者にはペナルティーを課そうという制度であって、それは、過少申告した場合も、逆に過大な還付請求をした場合でも、同じように過少申告加算税を課税するという理屈が明らかになった事案ということです。

○水野　破産管財人は、破産会社はゼネコンから建築した施設の占有を引き継いだという前提で消費税の還付を申告したのです。ところが、ゼネコンは、まだ破産会社に建築した施設を引き渡していなかったという事案です。申告後に課税庁から指摘され、破産管財人としては、還付請求を取り下げました。しかし、過大な還付請求額について過少申告加算税が課税されてしまったのです。

○**関根**　この件について、税理士は、まだ引渡しを受けていないから、消費税の還付請求は認められないのではないかという意見だったようです。こういう場合は、還付請求をせずに、とりあえず手堅いところで、最終的に認められた２９９３万円だけについて還付請求を求めるという申告書を提出した上で、その翌日にでも更正の請求をしておく方が安全です。

消費税の申告の後に、２９９３万円の還付請求は間違っており、正しくは2億６００５万円を還付してもらう必要があるという更正の請求をすれば安全なわけです。更正の請求が認められなくても、過少申告加算税が課税されることはありません。

○**水野**　危ないときの対策ということですね。この事件は、判例を見ますと、負債総額１２００億円で、債権者総数５万人という大型のゴルフ場の破産事件です。

会計帳簿書類等が法人税法違反容疑で国税当局に押収されており、十分な内容が把握できなかったということを、管財人は弁明したわけですね。ところが、そうであってもダメだと厳しく言われたという判例です。皆さん、管財人になるときは注意していただきたいと思います。

○**山名**　過大な還付請求を行った場合にも過少申告加算税が課税されるとは、なかなか思い至らないのではないかと思います。言葉の意味での過少申告ではないのです。過大還付申告でも過少申告になるのですから、おそらく税法を勉強していないと、これが過少申告になるのだという感覚は出てこないと思います。

○**三木**　日本の税務行政で、特に税理士が盲目的に通達追従主義になってしまう背景の一つが、この加算税制度です。アメリカや日本のような申告納税制度をとっている国は、加算税制度をつくっています。逆に、賦課課税を採用している国には加算税などありません。そういう国々でも申告していますが、確定効果はなく、資料の提出となります。ドイツなどが典型的です。

アメリカと日本は、加算税制度を置いているという意味では同じですが、アメリカの場合は、納税者が採用した法解釈が馬鹿げた解釈だったと認定される場合に加算税を課すということになっているのです。しかし、日本の場合は、結果として納税者の解釈が認められない場合は、すべて加算税ということになっています。

正当な理由がある場合には課税しないとの規定があるのですが、正当な理由を認めた事例は、ほとんど存在しません。弁護士あるいは税理士の合理的な解釈があった場合には加算税は課税しないという制度ならよいのですが、そのようにはなっていません。

このような取扱いですと、納税者が税法を解釈し、仮に課税庁の考え方と違うところがあっても納税者の考えるところで申告し、課税庁との考えと異なるところは裁判所で判断をしてもらうとの姿勢には立てません。判決で負けてしまうと、加算税が課税されてしまうからです。これが日本の税務行政を悪くしている一つの原因だと思います。くれぐれも、この加算税には気をつけていただきたいと思います。

○関根　例えば路線価格が10億円の物件について、納税者がこれを6億円ということで相続税を申告したとします。しかし、それが認められず訴訟になった。訴訟では、税務署が主張する10億円も認められず、裁判所が最終的に8億円という判断をしたとします。

納税者も2億円間違えたが、課税庁も2億円間違えているわけです。しかし、そこでペナルティーを支払うのは納税者だけなのです。このような加算税というペナルティーを覚悟して訴訟をしなければならないのが、行政訴訟の辛いところなのです。

過少申告加算税については、最近の最高裁が次のような判断をしました。

ストックオプションで得た利益を一時所得と申告したところ、給与所得と認定され、過少申告加算税が課税されてしまった事件について、最高裁は、加算税を賦課するのは違法だと判断しました（最高裁判所平成18年10月24日判決）。

判決理由で、「国税当局は課税上の取り扱いを変更したにもかかわらず、通達で明示しなかった」と指摘しています。「一時所得に当たると申告しても無理からぬ面があり、納税者の誤りということはできない」とも述べています。

課税庁が公表した路線価に誤りがあったら、それに従った申告をしない納税者に対して加算税を課税するのは不合理だという理屈が、この判決理由から導き出せそうに思うのですが。しかし、無理でしょうね。最高裁の判断が、過少申告加算税についての一般原則として採用されるようになるとは思えません。

事例3

貸倒損失が否認された事例

X会社は、設立当初から赤字経営でその後も業績が悪化する一方のY会社に資金を貸し付け、あるいは、Y会社の債務の代位弁済を行ってきた。しかし、Y会社は倒産し、X会社は大きな貸倒損失を被ることになった（那覇地裁平成7年7月19日判決・週刊税務通信平成7年11月20日号）。

○関根　不良債権が発生したら、貸倒損失に計上します。1億円の不良債権を損金に計上すれば、他の所得と通算することによって法人税が4000万円の減額になります。1億円の貸倒れですが、その実質負担額は600

0万円で済ますことができます。

しかし、この事例では、貸倒損失の計上が否認されてしまいました。なぜならば、社長が好き勝手に貸し付けた貸金だとの判断がされてしまったのです。ですから、社長自身が、その貸倒れについて会社に対する損害賠償義務を負うというわけです。

したがって、会社の貸付金は貸倒損失に計上するけれども、同時に、社長に対する損害賠償請求を計上するので、これが相殺され、結局は貸倒損失が否認されたのと同じことになったわけです。

しかし、貸倒損失が否認されるだけならまだ仕方がないのですが、このような形式で否認されたのでは、社長個人は会社に対し損害賠償金を支払わなければなりません。もし支払わなかったら、債務免除が行われたことになり、債務免除益が役員賞与になるとして、それに所得税が課税されることになってしまいます。1つの取引に、ダブルの課税です。法人に対して法人税が課税され、個人に対しても所得税が課税されます。このようなダブルパンチの課税が行われるのが、怖いところなのです。

こういう事例に遭遇することは少ないと思いますが、これを取り上げたのは、貸倒引当金に関する条文が改正されたということを説明するためです。おそらく債権償却特別勘定という言葉をご存じだと思いますが、これは平成11年から廃止されました。現在は貸倒引当金という制度に吸収されています。

なぜ、債権償却特別勘定が廃止されたかというと、これが法律に根拠のない制度だったからです。ですから、債権償却特別勘定の争いが裁判所に上がってきたら、何を基準に裁判所が判断するかというと、通達を基準にして判断するしかないわけです。しかし、通達は裁判所を拘束しません。そこが不思議な状態だったのですが、これが廃止されました。

○**水野**　この事例は同族会社だったので、こういう処理になりましたが、これが同族会社でなければ否認はできなかったのでしょうか。

○関根　同族会社でなければ、社長が好き勝手な融資をするということは通常はありえないと思いますが、しかし、本事例は同族会社の行為計算を理由としての否認ではありません。

○山本　この判例は、同族会社だけれども、社長が個人的に独断専行したのだから、会社は社長個人に対して権限濫用に基づく損害賠償請求権を有すると判断しました。少々珍しい判例だと思います。

○三木　この具体的事例についての問題点はそれぞれの先生が説明してくださいましたので、関連して一言だけ付け加えますと、法人間の取引の場合は、いろいろと留意していただきたいのです。

法人Aが法人Bに1億円を無利息で貸してあげた、この場合にどういう課税問題が生じるか、あるいは生じないのかという問題を、大学院の面接試験で出しました。

法人は経済的に不合理な行動をするはずがないと税法は考えていますから、株式会社であれば無利息で貸すことはあり得ないので、利息を取っているはずだという前提で課税問題を考えます。そういうことをわかっているかどうかをチェックしたのです。

本件事例を考えるときに、この会社が無担保、無保証で多額の代位弁済を行っている、これは極めて異常だ、通常の法人ではあり得ないというところが相当に考慮されたのだろうと思います。いずれにしても、法人間の取引の場合は、経済的合理性というものを絶えずチェックされますので、その点、ご留意いただきたいと思います。

○水野　この事例は、Y会社自体が債務を支払えなくなったというのが明らかで、当然誰でも貸倒損失が発生すると思ってしまうのですが、そうではなく、個人に対する損害賠償請求があるのだから貸倒処理はできないという議論なのです。ここは落とし穴だと思います。

同族会社でなくても、例えば、いろいろな銀行などの関係で、不良貸付で株主代表訴訟などを起こされているものをみると、相手が倒産して回収不能になったけれども、その分は取締役に損害賠償請求ができると主張されています。そういう事例であっても、貸倒処理ができないということがあり得るかもしれないと思わせる事件だと思います。

事例4
保証債務の履行のための資産の譲渡

Xは、息子であるYの債務を連帯して保証した。その後、Yは事業に失敗し、Xは保証債務を履行するために資産を売却することになったが、その売却前にYが死亡し、XはYの債務を相続した（東京高裁平成7年9月5日判決・租税判例年報平成7年度版435頁・週刊税務通信平成8年2月12日号）。

○山名　保証債務の履行をした場合は、それを履行するために資産を譲渡しても、それについては、譲渡所得課税は行われない。つまり、収入がなかったものとみなされることがあります。

この特例は、税法をそれほど勉強されていなくても、弁護士の方も知っている特例だと思います。また、相談も多いところだと思います。このような事案について、裁決例や判例に出てくるのは、否認された事例が多いのです。非常に要件が厳しいわけです。ただ、厳しいのですが、実際にはこれは活用できないかというと、そんなことはありません。判例には否認された事例が多いのですが、実際にこれを活用している領域は非常に多いのです。

まず要件ですが、所得税法64条2項に記載されています。大事なところは、保証債務の履行のための資産の譲渡であるということです。第一の要件です。

しかし、この要件は通達で拡大されています。資産を譲渡する前に銀行から融資を受けて債務を弁済し、この融資金を返済するために資産を譲渡した場合は本特例の適用を認めます（所得税基本通達64－5）。ただし、融資の日から資産の譲渡までにあまり長い期間を置くとダメなのです。通達では概ね1年以内としています。

それから、問題になることが多いのが、求償権の行使が不能であるという要件です。保証人の求償権を行使する法律的な手段がすべて不可能になっていることが必要だとしています。さらにもう一つ、問題になることが多いのが、債務者が履行不能になっていることを知って行った保証はダメだという要件です。

この事例に戻りますと、保証人Xが債務者Yを相続してから資産を売却したことになっています。Xが保証人の地位にあったとしても、Yを相続することによって、Yに対する求償権は混同によって消滅してしまいました。求償権の履行不能が要件ですから、求償権そのものが消滅する混同による消滅の場合は含まないというのがこの判例です。

対策というのはあまり思いつかないのですが、この場合でしたら、Xが相続を放棄してしまえばOKですね。そうすれば、求償権が混同によって消滅することはありません。

○三木　この事案は、すごくかわいそうな事案です。父親が息子の保証人になっていたのです。息子は、日本で融資を受けて、アメリカで事業を起こしていました。息子から電話があり、なかなかうまくいかないので援助してほしいと申し込まれ、父親は追加して送金したのです。

送金したら、普通なら、すぐに礼の電話があるはずなのに、今回に限っては連絡がない。心配な父親は息子が住んでいるアメリカのマンションに行ってみた。部屋を開けてみたら、息子がピストルで撃たれて死んでいたということなのです。

父親は相当ショックだったと思います。何とか後始末をして日本に帰ってきたら、債権者から、「おまえが保証人なんだから弁済しろ」と言われた。それで、父親は自分の土地家屋を売却して保証債務を履行しました。所得税法64条2項の保証債務の履行のための譲渡として特例の適用を受けられるはずだと考えたわけです。

ところが課税されてしまった。税務署は次のように考えたわけです。「あなたは保証債務の履行だというけれども、違うではないか。あなたは債務者を相続し、息子の債務はあなたの債務にもなっている。だから、あなたは保証債務を履行したのではなく、主たる債務を履行しただけなのだ。したがって、所得税法64条2項は適用されない」と言ってきたわけです。

父親はびっくりして、審判所で争い、裁判所でも争ったのですが、審判官も裁判官も、皆さん、「本当にお気の毒に、どうして弁護士さんか税理士さんがそのときに相続放棄しなさいと言わなかったのでしょうね。本当にお気の毒に」と同情してくれるのですが、しかし、課税は避けられませんという判断をしているケースなのです。

税務署は先ほど説明しましたように、相続によって債務は父親の債務になったのだと言ったわけですが、裁判所はそこまでは言わず、保証債務としての側面も残っているけれど、求償権が問題になると判断しています。求償権を行使する相手は息子だが、息子に求償権を行使しようと思ったら、息子の地位を自分が承継している。これは弁済と同じだとの理屈です。こういう論理で、判例は所得税法64条2項の適用を否定しているのです。しかし、疑問だと思います。父親は、経済的効果は全く得ていないわけです。

○**関根**　私は逆に、税務上は仕方がないと思います。その事の成り行きというか、事実の経過を聞いたのは初めてなのですが、こういう場合は3ヵ月以内に相続を放棄しなければならないわけです。借金があるのを知らないときは、気がついたときから3ヵ月は相続放棄を認めるという家庭裁判所の取扱いがありますが、これはその逆バージョンで、もともと借金があります。放棄しなければ特例が受けられないことに気がついたときから3ヵ月というのは無理でしょうね。

もう一つは、相続人は父親と、たぶん、母親もいると思いますが、そうであれば、半分については母親に求償権を行使できるわけですね。

○三木　そうです。母親も保証していたのです。これについては、2つ事件が起きています。両方とも裁判を起こしています。父親は、保証債務を履行し、半分は息子に求償します。息子は自分だから全額が消えます。もう半分は母親に求償します。しかし、母親も保証人になっており、保証債務を履行しているのです。そうすると、母親も半分は息子に求償するが、それは混同によって消滅する。もう半分は父親に求償するが、父親と母親はお互い請求し合ってるから、これは相殺によって消滅する。このような関係です。

○山名　かわいそうな話が出てきたので思い出した話があります。東京地裁平成元年10月31日判決です。保証債務の履行のため、実際に保証人が資産を売却し、売却した代金について、銀行に頼まれ、一旦は定期預金しました。そして、それを担保に銀行から借り入れたお金で保証債務を履行しました。

結果的には、その定期預金で借金の弁済をするのですが、銀行に頼まれて預金してしまったことから、特例の適用が否定されてしまいます。売買代金を保証債務の履行に充てていないとの理屈です。

○関根　私も、銀行の要請に従った事件を扱ったことがあります。債務者は無資力になりました。保証人が資産を売却して返済することになるのですが、売却の場に債務者が同席し、当然、債権者である銀行も同席しました。そして、銀行は売却代金からの弁済を受け、銀行は債務者宛の領収証を発行しました。

ですから、保証人が銀行に返済したのではなくて、債務者が返済したことになってしまったのです。そうすると、保証人は売買代金から債務者に資金を融資し、債務者が借金を返したことになってしまうのかと、少しドキドキしたことがあります。

しかし、税務署には上申書を提出し、経過を説明し、実際には保証人が弁済したとの事実を届け出ました。それでOKになりましたが、やはり保証人宛の領収証を発行してもらう必要があるとドキドキした事例でした。

○三木　保証債務の履行の特例については、今、ご指摘があった問題に加え、その他の要件の問題がいくつかあります。例えば、依頼者から次のような相談を受けたとき、どう答えたらよいでしょうか。

「いや、うちの息子は出来が悪くてね。あいつは借金ばかりこしらえて、私、今回、また息子の保証人頼まれてしまったんだ。返すあてもないやつだけど、しようがないから保証人になるよ」。このような相談です。

保証人になるときには、保証人は、必ず次のように思っていなければなりません。「こいつは立派なやつだから、必ずおれに返してくれる。求償できるやつだ」。こういうふうに思っていなければダメなのです。

最初から求償できないことをわかって保証した場合は、最初の時点で贈与したのと同様であり、したがって、所得税法64条2項の対象にならないと裁判所は判断します。

ですから、保証をする際には、必ずこいつは返してくれるやつだと、少なくとも本人は思い込み、客観的にそういう状況をつくっておかなければいけないということだけ留意しておいてください。

○水野　先ほど三木先生が、こういう事件で弁護士に相談しておいたらとおっしゃったけれども、はたして弁護士に相談したとして、所得税法64条の適用はないかもしれないから、これは相続放棄しておけとアドバイスできる弁護士が何人いるだろうかと思います。いずれにしても、こういう特例の適用というのは、一般的に非常に厳しいというのが判例の傾向でもありますから、ぜひ注意しておきたいと思います。

事例5

相続税の連帯納付義務

Xは Yと共に父親の遺産を相続した。Yは相続税の延納を申請したが、結局、相続税を納めることができずに倒産した。延納に際して差し入れた担保は大きく値下がりし、担保物件の処分をもってしては延納税額の完納は困難（国税不服審判所平成10年4月2日裁決・裁決事例集55集608頁）。

○山本　まず大前提として、本来の納税義務者以外の者が納税義務を負担するケースの一つとして、連帯納付義務という規定が税法の中にあります。その中で有名なのが、相続人間で他の相続人の納税義務まで連帯して負ってしまうという規定です。

もう一つは、贈与がされた場合に、贈与した側の者も、贈与を受けた側と同じように納付義務を負うという規定があります。これが相続税と贈与税についての連帯納付義務の典型的な事例です。

ぜひ今回は、これは重要な条文なのだということを、理解してもらいたいと思います。これらの規定に関する一番の悲劇的なケースが、この審判事例です。

Yさんは、自分が相続した財産に見合う相続税を納めることになり、一度には納められないということで、延納という分割払いの申請をしたのですが、結局、払い切れずにズルズルと滞納していったのです。そして、滞納金が溜まってしまった段階で、税務署は突然、他の相続人に対し、Yが滞納した相続税も納めてほしいと要求してきた事例です。

通常の借金でも、主債務者は少しずつ支払っていたとか、言い訳をして待ってもらっていたという場合は、延滞額が溜まってから、突然、保証人のところに代わって支払えと言ってきます。

請求された者は、なぜ途中で言ってこなかったのかと文句を言います。その際に、弁護士は、途中で保証人に連絡する義務は債権者にはないのだから、保証人になった以上は逃げようがないと答えます。それと同じことが相続税について起こった事案ということです。

それから、連帯納付義務とは別に、第2次納税義務という規定がありますが、これは国税徴収法にあるいくつかの条文です。やはり、本来の納税義務者ではない者に対して納税義務を負わせる規定です。

それでは、対策としてどうすればよいのか。これは簡単な話で、遺産分割が成立する時点で、少しでも心配な相続人がいたら、その人が納めるべき相続税はすべて他の相続人が預かり、納税を代行してあげることです。

なぜ、相続人が納めなかった相続税について、他の相続人が連帯納付義務を負うことになるのか。これはもともと、日本の相続税の計算の仕組みの中に、その思想があらわれています。

Xさんが死亡したときには、どういう遺産の分け方をしようが、相続税の総額は同じなのです。そして、取得した相続財産に応じて相続税額を割り振るという仕組みになっています。このような理屈ですので、相続人が相続税を納めない場合は、その分を他の相続人に負担してもらうとの理屈になるのです。連帯納付義務は、自動的に法律で発生するという形を取っています。

○山名　相続税の連帯納付義務の場合は、条文上、相続または遺贈によって受けた利益の範囲内との枠がありま す。贈与税も、同じように連帯納付義務が課せられているのです。ですから、クラブのママに多額の手切れ金を渡したら、ママは贈与税の申告をせずにどこかへ行ってしまったという場合は、贈与者に贈与税の連帯納付義務が発生します。

税務署は、行方不明になってしまっているママさんを追いかけません。贈与者の方に請求してきます。しかも加算税がついてきます。延滞税もついてきます。大変なことになりますので、クラブのママと別れようと考えている弁護士は、贈与税の連帯納付義務にも注意してください（笑）。

○関根　このような悲劇があったことから、相続税に限りますが、連帯納付義務について期間制限の制度が導入されました。平成24年4月1日以後に申告期限が到来する相続税についてですが、申告期限から5年を経過した場合と、納税義務者が延納や納税猶予の適用を受けた場合には、相続税の連帯納付義務が免除されることとなりました（相続税法34条）。

さらに、連帯納付義務者が負担する延滞税は、改正前は最初の2ヵ月間は4・3％、2ヵ月間経過後は14・6％と高利率でしたが、平成23年4月1日以後の期間に対応する延滞税については利子税が適用されることとなりました（相続税法51条の2、租税特別措置法93条、同94条）。

○水野　今、相手の相続税も預かっておけという説明がありました。実際に遺産分割の事件などを担当することがありますが、長男と次男が対立していて、ようやく遺産分割をまとめたという場合に、相手の相続税を預かるということは、なかなか現実問題としてはできません。このような場合は対策のしようがありますか。

○山名　まず先に、納税資金は別に除けてから遺産分割するのが一番いいのですが、その資金がないという場合が多いですね。

○水野　このケースでは、おそらく不動産を相続したために、延納の手続をとったのでしょうね。そうすると、延納の手続をとるなとは言えないわけです。こういう場合は対策がない。どうしようもないですね。

○関根　少し補足ですが、税法には、連帯納付義務や第二次納税義務、あるいは国税の優先という特有の概念があります。税理士は、連帯納付義務は知っているかもしれませんが、第二次納税義務や、国税の優先というところは、あまり知らないのです。では、弁護士は知っているかというと、弁護士も知らないところです。

けれども、連帯納付義務の条文も、第二次納税義務や国税の優先の条文も、国税徴収法に出てきますが、せいぜい8条ぐらいの条文です。そこを、マークをつけながら読んでいただいたら、極めて簡単にマスターできるところですから、一度読んでおいてください。

○水野　この連帯納付義務というのは、連帯債務と同じで、主たる債務者に請求しなくても、先に連帯債務者に請求してもよいとなっています。遺産分割の事件が無事終了した後も、相手は相続税を納めてくれるかを心配しなければならないのです。そういうことを、ぜひお考えいただきたいと思います。

それでは、ここまで5つの事例が終了しましたが、このあたりで、何か質問がありましたら、お聞きしたいと思います。おそらく、聞きたいと思うことは、ほかの方も聞きたいと思っているところではないかと思います。

○質問者A　非常に基本的なところだと思うのですが、**事例1**のところで、取得時効があった場合には、一時所得を実現する時期は援用の時という説明がありました。そのときに山本先生から、援用のときに所得が発生するので、その直後の時点で納税をして、判決で負けたら2ヵ月以内に更正請求をするという説明をいただいたと思うのですが、その前の山名先生の、判決を5年間引っ張って何とか免れるというお話と少し合わないという気がするのですが、それはどのように考えたらよろしいでしょうか。

○山本　私は公式記録に残る建前を言い、実務的に姑息なことは山名先生が言ったと、そういう理解でよろしいのではないでしょうか（笑）。

○山名　いや、姑息なというわけではないのですが（笑）、結果的には、そうなるのではないかなと思います。平成4年3月10日の東京地裁の判決（訟月39巻1号139頁）は、実際に裁判が長引き、結果が出たのが、援用から5年以上たってからなのです。

ですから、税務署は、一時所得課税はできなかったのです。一時所得課税で問題になった取得時効の判例ではなく、譲渡所得で問題になったのです。そこで結果的には、時効取得の取得時期が問題になりました。

援用したからすぐ申告するというのは、裁判を争っているときに非現実的な議論ですから、結果的には税金を免れることになるケースもあるのではないかと思います。もっとも、判例は援用をした時点で「一時所得に係る収入金額を具体的に計算することが可能」だとしていますが、私は援用者にそんなことまで期待するのは無理と思っています。要は、援用説というのが必ずしも正しくないのかもしれないという議論になっていくのではないかと思います。

そういうこともあって、**事例1**でも紹介したように、当事者間で時効取得について争いがある場合は「判決等によって確定した日」を取得の日と扱う見解を課税庁《ちょう》は出しているのだと思います。

○**質問者B**　**事例2**のところで、管財人である弁護士さんが何かヘマをやったと。現実に弁償させられたのでしょうか。

○**関根**　税務訴訟については、控訴審判決が出ています。やはり敗訴です。しかし、管財人が賠償したかどうかまでは、その裁判ではわかりません。

○**質問者B**　現実にどうなるのでしょう。見込みとしては、3000万円を超える多額になります。弁護士賠償保険か何かに入っていればよいのかもしれませんが、そうでなければ、弁償しろと言われても無理ですね。

○**山本**　結局それは、弁護士法3条の解釈の問題ではないでしょうか。3条2項で、弁護士は当然に税理士業務ができると書いてありますから。

○**関根**　破産事件という特殊事件で、破産管財人と裁判所というのはある意味で身内ですので、事件の特殊性でお目こぼしになってしまうかもしれませんが、ただ、税法も法律ですから（笑）。

それから、判決というのは後知恵で考えますから、後知恵で考えれば、還付請求が間違っていたのは見え見えでしょう。

○水野　この判決は、破産管財人に過失があったと言っているのです。つまり、破産者はまだ引渡しを受けていないのだから、破産事件になったからといって、当然、管財人が引渡しを受けたことにはならない。まだ未完成なのだから、引渡しは受けていないということがわかったはずだということです。

それを、引渡しを受けたという前提で税金を返してくれという申告をしたのは、これは過失があったのだと言っています。ですから、損害賠償請求は、請求されたら仕方がないかもしれませんね。

事例6

公正証書による贈与

Xは、父親Yから土地の贈与を受け、昭和60年3月14日に贈与契約公正証書を作成した。そして、平成5年12月13日に、Yからの贈与を原因としての所有権移転登記を受けた（名古屋地裁平成10年9月11日判決・国税速報平成10年10月1日号）。

○関根　昭和60年3月14日に贈与契約公正証書で贈与の効力が生じていれば、翌年の3月15日から5年間の経過で、課税権の除斥期間が過ぎてしまい、課税できなくなってしまうわけです。

脱法を狙ったと理解されている事例です。このようにうまくやれば税金を逃れられるという方法の紹介は、こことのテーマではないのですが、脱法の場合だけではなく、名義を何らかの理由で変えなければならないときは、税務署は非常に形式的に判断する可能性があります。

贈与の時期については、相続税法基本通達がありまして、「書面によるものについてはその契約の効力の発生した時、書面によらないものについてはその履行の時」とされています。

民法上の理解は、書面によらない贈与であっても、贈与契約のときが贈与のときです。ただ、書面によらない贈与は撤回できることになっています。しかし、税法上は、形式的に通達の基準によって判断することにしています。

それから、贈与税を覚悟して贈与するという人は、通常は存在しません。贈与税が課税される行為というのを、普通はやりません。贈与税は非常に税率が高いのです。

ですから、その意味では、贈与税が課税される事件は、失敗事例です。失敗事例だということを税務署もわかっていますので、贈与税については救済規定をいくつも置いています。

個別通達がいくつもあります。例えば、他人名義で財産を取得した場合です。形式からすれば、税務上は他人に贈与したことになってしまいますが、名義を使われた人が知らなかった場合は元に戻せばよいということを個別通達で書いてくれています。

強制執行を免れるために他人名義にした場合は、それは贈与とみなさないという通達も置いています。もっとも、強制執行を免れるために他人名義にしたら、税務署が許してくれても、検察庁は許してくれません。

贈与したけれどもこれは間違いだという場合は、翌年3月15日までに贈与を取り消せばよいという通達も用意してくれています。ですから、贈与税が課税されるという事件が来たら、すぐにあきらめるのではなく、通達を探してみるのも一つの解決策かなと思っています。

○水野　公正証書で贈与契約しているわけですし、しかも、仮に最初から税金をごまかすつもりでやったのであれば、その公正証書を作成したときに当然、当事者間では贈与の意思、契約があったという事実認定にならないとおかしいのではないかと思うのですが、いかがでしょう。
○関根　まさに、法律家の発想としてはそうだと思います。私も、その意見には同意します。なぜなら、これは、脱税しているわけですからね。ですから、なおさらきちんと贈与しておかなければいけないでしょう。
ただ、実務では、自分は確信犯だから無罪だというような逆転した発想は認められません。その意味では、いろいろな節税対策をとるとき、これは節税のために行ったのですとの説明は税務署に対して不親切です。

贈与するが、しかし、登記は留保するという場合なら、例えば、長男に贈与するが、登記をしたら、次男、三男がクレームをつける。だから、内緒にするために、登記はせずに公正証書で贈与せざるを得なかったというような、税金対策ではないストーリーを準備してあげるのが税務署に対する親切というものだと（笑）、実務の経験では考えます。
○水野　では、これが両者間で裁判になったとします。公正証書は勝手に作ったのだ、などと言って裁判になった。判決で、やはり公正証書のとおり、贈与の事実が認められ、贈与に基づく移転登記手続をせよという判決が出た。その場合でも、税務署は否認できますか。
○関根　それは否認できないですね。汚れた事件が税務訴訟になった場合は、裁判所は基本的には国側を勝たせるという前提で考えると思います。しかし、民事訴訟なら平等の戦いになります。民事訴訟なら、5年前に贈与を受けていたということで勝つかもしれません。それが本当に争われた訴訟の判決なら、課税庁も認めると思います。
○水野　それなら、公正証書ではなく、裁判を利用しようではないかということになりませんか。兄弟間でいかにも争っているような格好にして裁判をして、判決をもらう。あるいは場合によっては和解をする。5年以上前の日に贈与があったのだと、移転登記手続をするという和解なり判決、いわゆる馴れ合い判決です。その場合はどうなりますか。

○関根　いや、それはダメです。と言いますのは、例えば10年前に長男から次男が贈与を受けたとします。ただ、移転登記はしていない。今さら移転登記して贈与税が課税されると困るので、10年前に長男から贈与を受けたという事実を裁判所で確認してもらおうということで訴訟を起こす。

そのような相談を受けることもありますが、インチキの裁判記録は作れません。長男が贈与した事実はないと争って、記録が分厚くなるような事例ならよいかもしれません。本当の争いですから。でも、第1回結審、あるいは和解で解決したとしたら、やはり税務職員も、これは馴れ合い裁判だとわかってしまいます。馴れ合い裁判だからダメだと言った判決もあります。

○三木　公正証書で贈与契約をしておきながら、合理的理由もなく登記をしないというのはやはり問題ですね。このような贈与契約は登記移転請求を停止条件とする贈与契約であり、登記移転により贈与としての効力が生じると解する余地もあるように思います。

事例7

相互の低額譲渡

Xはその所有地（時価3億円で取得費2000万円）を欲しがっているAに対し、Aが2年前に3億円で取得した土地に加えて現金1億円を支払ってくれるのなら売却してもよいと考えた。しかし、売却価格が4億円になってしまうと所得税が高額になってしまうため、自分の土地を3億円で売却し、Aの土地を2億円で売却してもらうことにした（東京地裁平成10年5月13日判決・判例時報1656号72頁、東京高裁平成11年6月21日判決・判例時報1685号33頁・判タ1023号165頁）。

○山名　この事例を見たときに、実質的には交換しているのではないかと考えると思います。交換を売買と装っているのではないのかとの疑問です。

もっとも、ここで「交換」と言っているのは、所得税法58条のいわゆる固定資産の交換特例ではないです。特例の適用があれば課税は繰り延べされるのですが、これは交換土地の価額からして適用外ですね。交換する土地の価額差が高い方の20%を超えています。ですから、特例の適用がないので交換で取得した資産の時価が譲渡収入になります。ここを押さえておく必要があります。そうすると、交換ならXは3億円の土地と1億円の現金を取得したことになります。

しかし、XとAは、A所有土地を時価が3億円程度と見られるにもかかわらず、2億円と値決めして売買しています。だから、Xは3億円の代金債権のうち土地で支払ってもらったのは2億円だけでということになり、残りの1億円を現金で受け取ることになります。これで、Xの希望通りになりますね。でも、交換とはまったく違う課税関係になってしまいます。交換と同じことをしながら、２個の売買契約にしてしまえば課税も売買としてしかなされないのでしょうか。これが、本件の問題です。

ただ、右のような問題があることはわかったうえで、先にそれぞれの売買の課税問題という視点で検討しておきます。

まず、Ｘの譲渡を見ますと、３億円の土地を３億円で譲渡しました。これは別に問題ないだろうと思います。今度はＡの譲渡ですけれども、３億円で取得した土地を２億円で譲渡しました。３億円が時価とすると、ここで低額譲渡の問題が出てきます。

低額譲渡の問題について、一通り整理しなければなりません。低額譲渡というのは、実は非常に厄介な問題です。何が厄介かといいますと、当事者が個人か法人かで、課税関係が変わってくるのです。

個人から個人というのは、さほど問題になりません。法人から見ると、低額譲渡には、非常に税法的発想が特殊なところと言いますか、法律家であればこそ、よりわかり難いところがあると思うのです。

まず簡単に言いますと、個人から個人への低額譲渡の場合、譲渡者は、通常の譲渡所得課税です。金額にかかわりません。安くても構わないわけです。ところが、譲受人には、時価との差額分について「みなし贈与課税」というのがあります。これは相続税法７条です。

法人から法人の場合は、譲渡者には時価で譲渡したものとみなした譲渡益課税が行われます。譲受人は時価との差額が受贈益になります。

個人から法人。これがよく問題になるのですが、低額譲渡になるか否かの基準は、時価の２分の１に満たないか否かなのです。時価の２分の１以上の場合は、譲渡者個人は、通常の譲渡所得課税です。譲受人は、時価との差額が受贈益になります。２分の１未満の場合、譲渡者個人は、時価で譲渡したものとみなすとの「みなし譲渡になります。

それから、法人から個人への時価未満の取引の場合は、譲渡人は時価で譲渡したものとみなされ、譲受人は時価との差額について一時所得として課税されます。会社の役員が低額譲渡を受けた場合なら給与所得です。このように整理されています。

この事例の場合、XとAが個人なら、Aが3億円の土地を2億円で買ったのなら1億円についてみなし贈与課税があり得るということです。

Xが法人の場合でも、Aは3億円の土地を2億円でXに売却したのですから、2分の1以上の価額になりますので、Aにみなし譲渡課税はありません。ただし、Xは、時価との差額が受贈益になります。

所得税法59条というのは、弁護士が知っておかなければ、ミスになってしまう箇所です。

社長が自分の土地あるいは建物を会社に貸与している場合に、遺言で、これを会社に遺贈するとします。これは、とんでもないことになります。土地は時価で譲渡したことになります。

なぜかと言いますと、法人に遺贈した場合には、そこで値上がり益課税（キャピタル・ゲインの清算）をするという考え方になっているからです。

対策としては、低額譲渡のとき、特に法人に対する低額譲渡は慎重に処理することが必要です。低額譲渡に限らず、遺贈の場合も、あるいは無償譲渡の場合も、慎重に処理してもらわなければなりません。

○**水野**　この事案は、Xの3億円の土地とAの3億の土地プラス現金1億円、これを交換しようというところから出発しています。

交換契約をしたら一番簡単なのです。ところが、交換契約という形式をとらずに、Xは3億円の土地を売り、

Aは時価3億円の土地を2億円で売ったということにしました。双方の売買という形にして、代金を相殺し、Xは現金1億円を手に入れました。結果的には、交換した場合と同じ結果になっています。

このような契約をしたわけですが、第一審は、法形式的に双方の売買契約書を取り交わしていても、実質的には交換契約であると認定して、交換契約を前提にされた課税処分を正しいとしたのです。

ところが、高裁は次のように言ったわけです。両当事者間でどういう契約を結ぶかは自由な選択に任されている。私的自治の原則ですね。確かに経済的な実態からすれば、交換契約という方がその実態により適合しており、直截であるという感は否めない面があるが、だからといって、譲渡所得に対する税負担の軽減を図るという考慮から、つまり税金を安くするという考慮から、より迂遠な面のある方式である2つの売買契約という法形式を採用することが許されないとすべき根拠はないと判断したのです。

そして、租税法律主義のもとにおいては、という大原則を出しまして、当事者が選択した法形式を課税庁が勝手に置き直して課税処分をするということは認められないと判示し、納税者を勝たせたのです。

税務訴訟でよく問題になるのは、いわゆる租税回避ですが、税金を安くするために、通常の簡単な形式ではなくて迂遠な形式をとりますと、それが租税回避行為として否認できるか否かという問題になります。

例えば、2つの売買契約をしたという契約書があっても、いや、それは実質的には交換なのだと事実認定をし、課税するという手法です。つまり租税回避という行為を、課税庁による否認という伝家の宝刀を抜かないで、事実認定で阻止するという手法が取られていまして、裁判所は結構それを認めてきているのです。

ですから、先ほどの名古屋の贈与の事件も、まさに租税回避、あるいは脱税かもしれませんが、公正証書を作成しておいて、5年が経過した後に登記する。ところが事実認定は、公正証書の作成時の贈与ではなかったというのです。贈与があったのは移転登記の日だという事実認定をします。

そういう判決が相次いでいましたが、東京高裁の判決は、まさに契約を尊重した素直な事実認定をしたということで、非常に評価できる判決です。この判決に対し税務署長から上告受理の申立てがされましたが、最決平成15年6月13日が上告不受理を決定し、この判決は確定しています。

つまり、民商法上の法形式を採用した取引について、課税庁がどこまでその事実を変えることが可能かという問題が問われているわけです。「私法上の法律構成による否認」の可否という議論です。そういう問題を含んでいるということを、ご紹介しておきたいと思います。

○**関根**　その後も同様の判決が出ていますが、裁判所の認定には疑問を感じます。

Xが、所有地をM社に5億8000万円で売却したという事案です。しかし、Xは、同時にM社から4億円で別の土地を購入しています。

ところが、M社がXに4億円で売却した土地は、同社が今回の取引のために第三者から7億9000万円で購入してきた土地だったのです。

M社は、その土地を4億円と評価し、それに現金1億8000万円を加えて5億8000万円として、相互に売買契約を締結したという事案です（東京地裁平成13年3月28日判決・判例時報1745号76頁）。

納税者は5億8000万円の売買だと主張し、課税庁は交換類似の売買契約であり、その時価は7億9000万円と、現金1億8000万円を合計した9億7000万円だと主張しました。

裁判所は、**事例7**と同様の理屈で、納税者の主張を認めたのですが、これは疑問に思います。Xは、土地を5億8000万円で売却し、その対価として、土地と現金を合わせて5億8000万円を受け取っていますが、Xの利得は、それだけではない。7億9000万円の土地を、4億円で購入できるという利得、つまり、3億9000万円の利得を得ているわけです。

他人の土地を安く買える利得も、所得税法36条の収入金額を構成しますので、Xが得た対価は、契約の表面に出てきた5億8000万円だけではなく、これに3億9000万円を加えた9億7000万円になるはずです。

この点について、課税庁が主張をしなかったのか、裁判所が無視したのかはわかりませんが、しかし、税法理論について掘り下げが浅いと批判されても仕方がない判決だと思います。
○三木　この事例は第一回目の新司法試験の「税法」の試験問題になりましたね。

事例8
M&Aと債務の処理

X社の代表取締役Aは、B社との間に、Aが所有するX社の発行済株式1000株（額面500円）を総額3億円で譲渡する契約を締結した。譲渡契約において、Aは、X社の第三者に対する債務4000万円を代位して弁済し、Xに対する債権6000万円と合わせて合計1億円を放棄することを約束した。その後、Aは、譲渡代金3億円から1億円を差し引いた2億円を譲渡所得として申告した（東京地裁平成7年12月18日判決・週刊税務通信平成8年4月22日号）。

○山本　M&Aという手法が非常にはやっていますが、実は、税務が極めて重要な問題として絡んできます。M&Aの一つの手法は、本件のような株式の売買方式をとります。非常に実例が多い方法です。もう一つが、会社法で認められている営業譲渡方式です。これは、営業を包括的に移していく方式です。さらにもう一つは、土地や建物、機械などを単体で売る方法です。大まかには、この3通りの方法があります。2番目の営業譲渡方式の場合も、結局、税務的に見た場合は3番目の個別財産のちぎり売りと同じです。そして、1番目の株式の売買方式が本件の場合です。

手放すオーナー社長の方で、会社の負債をゼロにしてから株式を引き渡しましょうという約束があった事例です。そういう約束があって、ゼロにするためにオーナー、つまりAさんが会社に対する債権1億円を放棄しました。そこで、1億円の損をしたから、その分を株式の売値3億円から差し引くという申告をしたところ、1億円を差し引くのはダメだということで課税されて訴訟になった事例です。

この判決の理由は、弁護士なり法律家として考えれば、非常にもっともな結論だろうと思います。つまり、もともと存在した4000万円の債務をオーナーが代位弁済すれば、オーナー社長であるAさんは、当然、4000万円の求償権を会社に対して所有します。

もともと自分が金を貸した6000万円も持っているので、合計で1億円の債権を持っているという状態です。それを会社に対して放棄するということと、自分が持っている株式をB社に売るということは直接のつながりがありません。つまり、会社の債務と個人の義務というのは、全く別個です。このような、単純明快な結論の判例ということです。

契約の税法上のメリットですが、最初にM&Aには3つの手法があると言いました。その3番目の個別の財産を個別に売却するという方式を採りますと、通常は、その売却に伴って譲渡益の課税関係が生じます。

それと比較して、株式の譲渡方式の場合は、経済的に見れば、その株式の中に個別の財産はすべて含まれていますので、株式の売買で処理してしまえば、その株式の譲渡益だけで済ませることができるのです。

しかし、M&A契約の注意点は、まさに本件のような事例だろうと思います。X会社には資産としては3億円の土地がありました。そして負債としては、第三者からの４０００万円の借入れがあり、オーナーAから６０００万円の借入れがありました。

このような状態の場合、正味の会社の財産は、資産3億円から負債1億円を差し引いた2億円ということになります。そうすると、対策として、株式の譲渡価額を2億円に設定するというのは、非常に合理的な当たり前のことです。会社の財産価値は2億円だからです。

では、2億円で株式を売却してから1億円をX会社から返済してもらえば、特別の課税関係は生じなかったのではないかと思います。課税されるのは、株式の譲渡益だけです。

しかし、本件の方法ですと、株式の売値は3億円になってしまいます。今言いましたように、2億円で株式を売却すれば、こんな目に遭わずに済んだのにと思います。これが注意点です。

○関根　課税するのは気の毒な話だと思います。というのは、この事案を見る限り、どう見ても素人が契約をして処理しているのです。

借金を帳消しにして会社を渡すという話は一般に行われることです。つまり第三者に対する借金を返済し、また自分の会社に対する貸し金を免除するやり方です。

しかし、このようなことは、専門家は絶対に行いません。６０００万円と４０００万円の債権を放棄してしまったら、会社には1億円の受贈益が生じてしまいます。

当事者の意思としては、会社に対する債権も1億円で譲渡することになるはずです。税務署の第一線なら、契約書の文言にかかわらず、契約の実質を見て、債権を1億円で譲渡し、株式を2億円で譲渡したとの処理で、何の苦情も言われる話ではなかったはずです。

ただ、課税庁で揉めてしまい、裁判所に行きますと、契約を形式的に判断しますので、株式についての3億円の売買契約が存在すると認定されてしまうわけです。

○水野　このM&Aの契約も、弁護士として頼まれるというケースがあると思います。しかし、このような課税が行われてしまった場合は、やはり弁護士過誤だと言われても仕方がないかもしれません。

これなどは、まさに契約の仕方によります。当事者の意思は、あくまで2億円で会社を売るということなのですね。ところが、処理を間違えたために余分な課税を受けることになってしまった。このあたりは注意する必要があるだろうという一つの事例です。

○関根　商法が会社分割を認め、法人税法に組織再編税制が導入されて以降、M&Aは、格段に難しくなりました。私が相談を受ける事件でも、M&Aについての税務上の失敗事例が多くなってきました。

会社法が施行され、平成18年度税制が施行されて以降、ますます、組織再編税制は難しくなっています。自己株式の取得や、債務の現物出資、つまり、デット・エクィティ・スワップなどを、税法を知らずに実行することは非常に危険です。

さらに指摘すれば、税法を知っていても、これらを実行することには危険がつきまといます。

金額が大きくなりますし、税務上のミスは取り返しが付かない場合がほとんどですので、注意していただきたい箇所です。

事例9

同族会社株式の譲渡

原告が所有する同族会社の株式を別の同族会社に売却した。ところが、譲渡価額と時価との差額について譲受会社に受贈益課税が行われた。また、原告に対しても譲渡所得課税が行われた。このため、株式の売却は、原告に納税義務が生じないこと（非課税）を前提に行われたものだから錯誤により無効だったとして課税処分の取消しを求めた（東京地裁平成9年11月25日判決・速報税理平成10年6月21日号）。

○**水野**　課税関係についての錯誤があったということで、課税処分の取消しが認められるかというケースです。

○**関根**　この頃、課税関係の錯誤を理由として主張するというのが流行になっています。この手法が認められた最初の事件は、後に財産分与のところで取り上げます。

ここで単純な結論だけ言ってしまえば、民事裁判では、課税関係の錯誤を主張すると、認められることが多いのです。ただ、税務訴訟で課税関係の錯誤を主張しても認められません。これが今現在の実態です。

本件は、株式の譲渡に対する課税が行われてしまったのですが、そのような課税は行われないという前提で取引をしていたので、それなら契約は錯誤により無効だと主張したのです。

つまり、錯誤だから契約自体が無効になり、課税関係も取り消していただきたいとの主張です。

どのような課税関係かというと、同族会社の株式を、別の同族会社に売却しました。そこで課税関係は発生しないと思っていたのですが、譲受会社に対しては受贈益課税が行われ、譲渡人に対しては譲渡所得課税が行われてしまいました。

これは、譲渡所得の課税関係のまさに基本のところで、個人が会社に対して資産を無償で渡すときの課税関係です。渡した方には譲渡益課税が行われ、もらった方には受贈益課税が行われるというダブルパンチ課税が起きてしまうのです。

これが土地を安く売る場合でしたら、当事者には安く売っているという自覚があるのですから、課税関係を予見できると思います。例えば10億円の土地を1億円で会社に譲渡するときは、9億円について会社に課税が起きるのではないかと考えますから、そういう無謀な取引をする人はいないと思います。

ただ、同族会社の株式の場合は、こういう無謀な取引を行い、課税されている事例が、時々見られます。なぜ同族会社株式だと、こういう課税関係が起きてしまうかというと、取引相場のない株式には2つの価額が存在するからです。

なぜ2つの価額が存在するのかといいますと、財産評価基本通達がありまして、そこで株価の評価方法を定めています。取引相場のない株式の価額については「評価しようとするその株式の発行会社が大会社、中会社又は小会社のいずれに該当するかに応じて、それぞれ次項の定めによって評価する。ただし、同族株主以外の株主等が取得した株式又は特定の評価会社の株式の価額は、それぞれ188又は189の定めによって評価する」と定められており、ここで2つの価額が計算されてしまうのです。

普通の会社は、大中小の会社に分け、会社が持っている純資産価額、あるいは会社の利益などを基準として株価を算定します。ただし、同族株主等以外の株主、つまり少数株主が持っている株式については、配当還元価額で評価すればよいこととなっています。これが財産評価基本通達188の定めです。

配当還元価額で計算するときは、基準となる配当率を考えなければならないけれども、これを年10％としています。

年間で50円の配当を受け取っていれば、５００円の株式ということになるわけです。配当がなかったらどうなるかというと、最低でも５％の配当がある株式とみなし、２５０円という株価が査定されるのです。けれども、その会社がたくさん資産を持っていれば、支配株主にとっての一株の価額は、５万円にも10万円にもなります。このように正確な株価を算定して取引すればよいのですが、設例の場合は、そのような株価計算をせずに、例えば、過去に社員株主から買い受けた価額などを使って取引をしてしまいました。ところが、これが低額譲渡だと言われてしまったのです。

例えば、取引価格を１０００円として売却し、その時価を一株５万円だと言われてしまったら、渡した方には５万円で売却したものとしての課税関係が生じてしまうし、もらった方に対しては５万円の株式を１０００円で買い受けたという課税関係が生じてしまいます。これがダブルパンチ課税なのです。

では、どのような場合に配当還元価額が適用されるのか、あるいは同族会社株式として高額な価額が算定されるのかといいますと、それもまた通達で決められています。

同族株主の場合は、高額な価額を採用します。では、誰が同族株主になるかですが、自分だけの持株を考えるわけではありません。６親等の親族の持株を合計して、支配株主になれば高額な株価になります。

６親等の親族の持株を合計するのですが、どういう立場で合計するかというと、通常の場合は、買主の立場で考えて合計します。つまり、購入後の株式数を合計して、支配株主になるか否かが判定されます。

相続税についてはそういう財産評価基本通達があり、それが法人税基本通達でも準用されています。法人が取引する場合も、取引相場のない株式については、相続税で使う財産評価基本通達で評価しなさいということになりました。ただし、法人税において利用する場合は、会社が所有する土地の評価については路線価を使わずに、適正な時価で評価しなさいとされています（法人税基本通達９－１－14）。

さらに、会社が所有する資産について、含み益相当に対して課税される法人税額の控除を認めないことにしています。

そして、課税されないと思って取引したところ、課税されてしまった。ではこの契約は錯誤により無効だと主張したが、その主張は認められなかった事例です。後に、認められた事例というのも取り上げます。

○山名　私、非上場会社の株式の価額というのは、通達に載っているのですが、それを見ても正直言ってわかりません。なかなか理解できません。

そこで単純な理解で記憶しておくことにしていますが、端的に言って、配当還元方式というのは株価が安くなります。純資産方式、これは社長が頑張って資産をどんどん増やしていると株価が高くなります。単純に言ってそういうことだと思います。

○山本　質問を兼ねての確認なのですが、この事例は、原告というのはどうも個人のようですので、そうすると先ほど取り上げたテーマの低額譲渡事案ということですね。

低額譲渡事案であれば原告が時価で売ったとみなしますので、それについての譲渡所得課税というのはわかるのですが。

○関根　そうですね。個人が会社に対して時価1億円する株式を、はたしていくらで売ったのか。これが税法上の取扱いで5000万円を超えた価額、つまり、時価の半額を超えた価額で会社に売れば税務署は認めてくれるのです。要するに、6000万円で売却した事実を所得税法は認めてくれるわけです。

けれども、半分以下の価額、例えば4000万円で売却したという事実は認めてくれません。この場合は1億円で売ったとみなされてしまう。それは、著しく低い価額で売った場合はダメだということです。それが所得税法59条に書いてあります。

この事例では、1億円の株式を5000万円以下の価額で売却してしまいました。だから、みなし譲渡所得課税が行われてしまった。

しかし、今説明してきたことは条文の形式的な読み方であって、6000万円で同族会社に株式を売却したら認めてくれるかといったら、これは認めません。所得税法59条では、50%を超えた価額で売却すればよいということになっているのですが、これとは別に、同族会社の行為計算否認という条文があります。

「これを認めた場合は納税者の税額が少なくなる場合は税務署長の認めるところにより課税することができる」という条文です。時価1億円の株式を6000万円で売却してもOKだからよいだろうと形式的に解釈し、6000万円で売却したりすると、同族会社の行為計算否認の適用を受け、他人になら1億円で売るはずではないか、それをあなたは同族会社だから6000万円で売った。そのため、税務署長としては1億円で売ったとみなすという認定を受けてしまう可能性があります。

○**山本**　もう1点、財産評価基本通達の中に、株式の評価の方式が細々あるのですが、評価通達というのは、相続税の計算の評価だけに限定するという趣旨ですが、法人税と所得税でも、この評価方法を準用しているのですね。

○**関根**　株式の評価方法は、法人税でも所得税でも使えることになっていますね。法人税基本通達も、所得税基本通達も、わざわざ財産評価基本通達を準用しています（法人税基本通達9－1－14）。

ただ、法人税の課税関係について財産評価基本通達を使う場合は、会社が所有する土地については、路線価でなく実勢価額で計算しなさいとしています。それから、会社が上場株式を持っていたら、それは時価で計算しなさいとしています。そして、含み益に対する法人税相当の控除は行わないとしています。この3つの修正をした上で、株式については財産評価基本通達を使ってよいということになっています。

○水野　非上場株式の評価が難しいということは、譲渡制限のある株式や、合併での買取請求ですとか、いろいろな場面で我々はよく知っているところですが、税金の面でも要注意だということと、課税されないと思ったのに課税されたから錯誤だという主張は、このケースでは通らなかったということを注意していただきたいと思います。

○関根　そうですね。さらに、旧商法、あるいは会社法では、会社の自己株式の取得を認めました。自己株式の取得について、はたして、会社にとっての時価は幾らなのか。会社が時価に比較し、低額な価額で自己株式を譲り受けた場合に、受贈益課税が為されるのか否か。この場合に、株主に対しても、みなし贈与として、贈与税が課税されてしまう場合があるなど、税法の専門家でも混乱してしまう箇所です。

取引相場のない株式が取引の対象になる場合には、民法だけではなく、税法も登場し、その税法も、法人税法、所得税法、相続税法と、全てが登場することを覚悟していただく必要があります。

事例10

借家立退料についての消費税の事例

X（会社）は、所有する建物の借家人に対して3億3509万円の立退料を支払って建物の明渡しを受けた。Xは、この支出については976万円の消費税（3％）が含まれると考え、これを仕入税額控除として差し引いた消費税の申告書を税務署に提出した（東京地裁平成9年8月8日判決・判タ977号104頁）。

○山名　消費税は、自分の所得申告に関しては別として、弁護士が事件で経験することは少ないと思います。これはおもしろい事例でして、借家の立退料は、消費税法上の仕入税額控除に当たらないというのです。消費税法では、立退料というのは資産の譲渡等の対価とはされていません。借家権消滅の対価が含まれていても、それは資産の譲渡に対する対価ではないということです。消費税の特殊性といってよいと思います。立退料は、我々の理解では、借家権を買い取るための代金であり、仕入代金のような感覚ですから、立退料を支払った場合は、当然、仕入ではないかと考えます。そこで、消費税法の仕入税額控除の対象になるとの錯覚に陥ることがあるのですが、消費税法上は、そのようになっていません。

ここでの対策は、消費税法基本通達5－2－7です。本文の最後に「資産の譲渡等の対価に該当しない」ときちんと書いてあるのですが、「注」がありまして、「建物等の賃借人たる地位を賃貸人以外の第三者に譲渡し、その対価を立退料等として収受したとしても、これらは建物等の賃借権の譲渡に係る対価として受領されるものであり、資産の譲渡等の対価に該当することになるのであるから留意する」とあります。

つまり、家主に返すというのと、第三者に譲渡するというのは違うというわけです。借家権の資産性や譲渡所得課税の面からはいろいろ問題もありますが、それはさて置いて、この事例で考えると、対策としては、「注」が使えるのではないかということです。

どういうことかと言いますと、賃貸人自身が立退料を支払うのではなく、役員とか子会社に賃借権を買い取ってもらえば、この「注」に該当し、その役員とか子会社（原則課税である消費税の課税事業者に限る）で仕入税額控除ができるということです。

○関根　消費税の理解は難しいですね。山名先生が一生懸命噛み砕いて説明しても、やはり、消費税は難しい。5年くらい前から、税理士を訴える風潮が起こりまして、たしか、毎年50人に1人の割合で賠償保険が支払われています。そのうちの7割が消費税事案なのです。

それくらい税理士にとっても消費税は難しい。税理士の場合は、仕事に消費税が必ず出てきます。弁護士の場合は、仕事に消費税は登場しません。

しかし、消費税も感覚的に理解しておかないとつまずくことがあります。所得税や法人税は感覚的に理解できます。儲かったら所得税や法人税の課税原因が発生し、経費を支払ったら差し引いてくれるわけです。けれども、消費税の課税売上と課税仕入の概念というのは、所得税や法人税とは全く異なります。法律事務所を開業するために、マンションの一部屋を購入したとします。法人税では、建物を購入しても減価償却費だけしか経費に算入されません。しかし、消費税では買った価額の全部が課税仕入として控除の対象になるわけです。消費税の課税仕入と課税売上は資金繰りと同じ概念です。

同じように、借家の立退料についても、資金繰りの概念で考えればわかりやすくなります。そして、資金繰り的に考え、何千万円かの立退料を支払うわけですから、当然、仕入税額控除の対象になるはずだと考えたわけです。

しかし、これはダメだと言うのです。なぜダメかといえば、消費税の課税対象になるのは、単なる資金繰りでなく、資産の譲渡または役務の提供の対価でなければならないからです。確かに、立退料は何も仕入れていません。だから、課税仕入にならないということです。

○三木　よく消費税はシンプルな税制だといわれます。これは税率だけをみて、税の現場を見ない人の発言ではないかと思います。消費税は、実は大変難しく、税理士のミスが最も多い税の一つです。

○水野　破産管財人のケースで出てきましたが、消費税には還付というものがあります。課税仕入の方が多い場合には、還付されます。

しかし、課税仕入は所得税と同じように考えてはいけないという一つの例として、課税仕入というのは、きちんとした書類、帳簿が揃っていないと認められませんし、税務調査に際してこれらを提示しなかった場合も同様です。この点は、相次いで判例が出ています。大阪地裁、津地裁、東京地裁と、6、7件の判例が出ています。その後、最高裁第一小法廷平成16年12月16日判決も出ており、いずれも納税者側が負けています。注意しなければならないところです。

事例11

路線価方式を否定した事例

Xは、所有する土地に借地権を設定し、地上にマンションを建築すると共に、借地権付マンションとして分譲した。その後、Xが死亡したが、このマンションの敷地の相続税評価額（更地価格から借地権価格としてその7割を控除する路線価方式）による評価額を計算すると1億2728万円になる（東京地裁平成11年3月30日判決、公表されていない）。

○山本　先ほどの、株式の低額譲渡の事例とは異なり、本件は、ずばり相続税の評価通達そのものについて争いになった事例です。

財産評価基本通達というものの中には、土地の評価の仕方が細々と書いてあります。例えば、借地権が付いている土地を評価するときには、更地の評価額から借地権の価格を差し引くとか、そういうことが通達の中に書かれています。

では、更地の評価額はどのように決めるのかというと、路線価で決めるということが書いてあります。路線価は、国税局が道路1本ずつに設定しています。税務署に行けば、分厚い電話帳のような資料があります。現在では、国税庁のホームページでも公開されています。その路線価図で探しますと、路地裏にも1本1本、すべて価額が付けてあります。私が住んでいる大分県中津市みたいな人口9万人弱の町でも、1本1本にすべて路線価が付いています。

その上で、借地権の価格も決めています。この事例では、借地権価額は更地価額の7割です。全国に路線価を付ける際に、ABCDEという記号を振っています。Cなら借地権割合が7割地区、Dなら6割地区とか、そのように記号を付けています。

路線価として、一平米当たり何千円で借地権割合は何%というのを、日本中に張り巡らしています。その根拠はすべて通達というものです。つまり、上級の行政庁が下級の行政庁に対し、職務を遂行するときにはこれによってやりなさいと命令しているわけです。

それを、税理士の方々が、後生大事に法律と同じような感覚で使っているのです。別に税理士が悪いわけではありません。課税してくる相手方は上司の命令どおりに動くし、それでしか動かない。したがって、将棋や野球と同じで、相手の攻め口は通達で目に見えていますから、まずそれを覚えて利用するという対応です。その上で、納税者側の防御としての法解釈を、国民の側で行うべきです。

この事件は、どういうことかと言いますと、税務署が評価通達と路線価、それに借地権割合を適用して、1億2728万円ということで課税してきました。それに対して裁判所が独自に2800万円と評価をし、それをオーバーした課税は取り消すという結論になった事案です。

独自に、というのはどういうことかというと、不動産鑑定士による収益還元価額を採用したわけです。通達では、収益還元価額などは採用していません。しかし、通達にとらわれずに相続税法上の評価をしてもよいのだという判決が出たということなのです。

対策ですが、相続税の財産の評価に限って言えば、通達どおりでなくともよいとの判例がいくつか出始めています。したがって、相続税評価額が不合理な場合は、事案によっては、訴訟を考えてもよいのではないかと思います。それ以外の通達に関しては、今の税務訴訟の裁判官というのは、国税庁のやることには間違いがないはずだという国税庁依存症にかかっていますので、学者は応援してくれるけれど、多くの場合は、納税者が敗訴する。私が常時4件くらい税務訴訟をこの30年間やってきた体験です。

○水野　路線価方式というのは、先ほどご説明がありましたね。もう一つ評価の方式があるのはご存じですか。路線価がないところです。これは倍率方式といいまして、固定資産税の評価は必ずありますから、固定資産税の評価に何倍かするという方式です。ですから、評価は2つあります。路線価方式と倍率方式です。

借地権割合が何割かというのは先ほどご説明がありました。これは相続税でなくても、いろいろな民事事件でも使いますし、税務署の基準では何割だから、これくらいで和解しようという基準になりますから、それも利用できると思います。

事例12

和解と更正の請求

昭和57年7月6日の相続について、課税価格3億2000万円、納付税額1億4000万円とする相続税の申告を法定期限内に行ったが、その後、訴訟になり、平成3年2月19日に他の相続人との間の和解が成立した。これを受けて弁護士は2月28日に和解調書正本送達申請を提出し、3月4日に和解調書正本を受け取った。そこで、6月27日に、課税価格を2億3000万円、納付税額を8000万円とする更正の請求を行った（国税不服審判所平成10年8月6日裁決・税のしるべ平成11年11月22日号）。

○関根　この事例で何が問題かというと、更正の請求期間を徒過してしまったのです。そのために更正の請求が認められなくなってしまったわけです。

どういうことかと言いますと、平成3年2月19日に和解が成立し、4ヵ月以内に更正の請求をしなければならない。つまり6月19日です。ところが、6月27日になって更正の請求をした。ですから、4ヵ月を過ぎてしまってからの更正の請求になり、これは認められないということで蹴られてしまったのです。

国税通則法23条が更正の請求に関する基本規定ですが、その第1項では、計算を間違えた場合には、法定申告期限から5年以内（平成23年12月改正で1年から5年に延長）に更正の請求をすることができるとしています。

2項では、特別の理由が生じた場合は、その理由が生じた日から2ヵ月以内に更正の請求をすることができるとしています。これとは別に、相続税法に基づく更正の請求は4ヵ月という規定がありますので、本件の更正の請求期間は4ヵ月です。

通常の場合は、2ヵ月以内に更正の請求をしなければならないのです。ですから、売買契約を締結したが、それが解除になったとか、敗訴判決によって財産を失うことになったときは、2ヵ月以内に、税務署に対して更正の請求をしなければならないということを頭に入れていただきたいのです。

実務の知恵としては、遺産分割については家庭裁判所で、遺留分減殺なら地方裁判所で和解をするというときには、修正申告書と更正請求書を作成して、和解の席で「こういうことで処理しましょう」と合意するくらいのことをしないと、少々危険という感じがします。

○山名　更正の請求の期間なのですが、ご紹介がありましたように、国税通則法23条2項、それから相続税法32条、これは更正の請求の特則と言われています。どちらも後発的な更正理由の規定なのですが、国税通則法23条2項は「その事実が発生した日の翌日から2ヵ月以内」という規定です。相続税法32条は「知った日の翌日から」と規定をしています。この事例は相続税法の更正の請求ですから、「知った日」の意味が何時かという問題です。

○関根　税務訴訟などは、90％が納税者の敗訴判決です。勝訴判決は10％です。あるいは勝訴判決は5％で、95％が敗訴判決だと言われています。

ですから、税金というのは非常に厳しいと皆さん理解していると思うのですが、税務訴訟は非常に厳しいけれども、税務署は非常に柔軟です。税務職員は、ミスで揚げ足を取るような処理は、こちらが喧嘩腰で行かない限りはしないわけです。

平成23年12月の改正前は、法定申告期限から1年以内に更正の請求をしなければならないとなっていました。私も1年を経過していたらダメなのだと思っていたのですが、例えば更生会社で倒産した会社などは、きちんと5年間分について遡っての更正処分をしてくれているわけです。

ですから、法には1年と書いてあり、裁判所は1年と言っていても、結構、柔軟に常識を通してくれるのが税務署です。その意味で、初めから喧嘩腰で行かずに、税務署員と円満な交渉をしてみるのも必要なのではないでしょうか。

さらに実務の知恵を言えば、税務署には、弁護士は行かないで税理士さんに行ってもらった方がよいと思います。弁護士が行くと向こうも構えてしまいます。向こうに言わせれば、弁護士は難癖付けに来るのですから。

けれども、厳しいところもあります。例えば、相続税の配偶者の軽減の規定ですが、これにつきましては法定申告期限から3年以内に遺産分割ができなくてもよいが、しかし、その場合は3年経過した日から2ヵ月以内に「未だ遺産分割が終わっていないけれど特例の適用を受けます」という申請書を出さなければならないことになっています。その提出が遅れたのでダメとした事案が紹介されています。

どこまで税務署が優しく処理してくれるのか、どこまで厳しく処理するのかというのは、また実務で感覚的なものがあるのですが、やはり期間は注意しなければなりません。けれども、頼みに行くとOKがあるかもしれないという、ファジーな話になってしまいます。

○山本　今の話をもう少し細かく説明しますと、相続税法19条の2の2項及び相続税法施行令4条の2の2項に、申告期限から3年以内に分割が成立しないときは2ヵ月以内にもう少し待ってくれという延長承認申請を税務署長に提出して、承認を受けなければならないという規定があります。

○水野　遺産分割の和解や調停をするという場合ですが、わかりやすく、長男と次男とが1億円の相続財産の協議をするとします。最初は分割が未了として5000万円ずつ相続したということで申告して、それぞれが5000万円に相当する税金を納めますよね。

ところが長男が後に8000万円、次男が2000万円を取るということで調停が成立したとします。その場合には、長男は必ず修正申告をしなければならないのですか。

○山本　税法の条文では、国側が長男に課税する規定はありません。規定があるのは、次男が、「私は遺産分割の結果、法定相続分より小さくなったので税金を返せ」という更正の請求をしたときに、減額となった人がいる場合は、増額となった人が必ずどこかにいるわけですから、増額となった長男が修正しなければ更正をするという条文（相続税法35条3項）になっています。

当事者が、修正申告とか更正の請求という面倒なことはせずに、お互いに清算しようという合意をするのなら、それもＯＫということになります。

○水野　今の例で言うと、次男は、実際は2０００万円しか取得しなかった。ところが税金は、5０００万円を得たということで自分の名前で支払っています。次男がそれを返してくれという更正の請求をすれば、税務署は長男の方に、8０００万円を取得したということで更正をするということです。

ところが、次男が黙っている限りは、税務署にしてみれば長男から取ろうが次男から取ろうがトータルで一緒ですから、何も言ってこないということなのですね。そういう意味で、調停調書を作るときには、次男は還付申請をするのか否か、するという前提で調停するのか、しないという前提で調停するのかということをきちんと決めておけばよいという話です。

この件は、おそらく弁護士がミスをしたということになるのでしょうが、その前提としては、後発的な事由によるものは2ヵ月、相続税法などの特例では4ヵ月などという紛らわしい法律があることが、根本的な間違いだと私は思います。

けれども、弁護士としては、期間は十分に注意しなければならないということと、後発的な事由によるものについても5年間は国税通則法23条1項による更正の請求が可能であることをアドバイスすべきだと思います。

○三木　このように更正の請求期間を経過してしまった場合には、税務署に対して訴えても勝てません。でも、それであきらめてはいけません。まだ、実際には和解で相続を多く取得しているのに、その分の税負担を免れている相続人がいるわけです。この人に対する不当利得返還請求が可能だからです。横浜地裁判決平成13年3月28日判決などが参考になります。ただし、この判決は判例集には未登載です。

事例13

●財産分与に譲渡所得課税をした事例

Xは、妻から離婚を申し渡され、建物と敷地のすべてを妻に財産分与することにした。ところが、上司から、財産分与を行うと所得税が課税されるとの指摘を受け、試算したところ、2億2224万円余の所得税額になることがわかった（最高裁平成元年9月14日判決・判例時報1336号93頁）。

○水野　この最高裁の判例は、新聞で報道された極めて有名な話ですから、皆さんご存じかもしれません。

○山名　いよいよ弁護士には縁の深い領域に入ってきました。この事例は今、水野先生が言われましたように有名な最高裁判決なので、皆さんご存知のところだと思います。

この判例は、財産分与に税金が課せられたということもさりながら、それが錯誤で無効になったことを認めたところに目新しさがあるわけです。

一般的に、税法の錯誤というのは救済されません。これが確定した実務であり、判例の趨勢です。税法解釈を誤って思わぬ課税を受けたという場合に、これは錯誤で無効だから課税処分をやめてくれと言ったところで、無理だということです。

ただ、錯誤というのは、私法契約の無効事由ですね。私法契約が無効なら課税要件がなくなります。平たく言えば、課税の根拠がなくなるわけです。しかし、税務署相手に課税処分の取消しを主張したところで、訴訟はほとんど勝ち目がない。まして税法解釈の錯誤は救済されないという、鉄則と言ったらおかしいですが、そういう背景があります。それなら、私法契約を錯誤無効にしてしまえばよいわけです。

税務訴訟ではなく、民法上の契約の効力を争うことによって課税処分を結果的に有利に導くという方法は、税務訴訟で税務署を相手にするよりは、活路が開ける可能性は高いと思います。

対策と言えるかどうかは別として、我々が行う契約の中で「課税された場合は契約を解除できる」という約款をつけたらどうなるでしょうか。合意解除は税法上なかなか認めてもらえない。けれども法定解除は更正事由なのです。更正の請求の事由なのです。

約定解除もよいと思います。契約締結する際に、「これは課税をされないことを前提とした契約です。だからもし課税された場合は、解除することができます」というような特約をつけた場合には、この特約を使って、課税されたときに解除して更正の請求ができるのではないか。約定解除権の行使ということで、有効な武器になるのではないかと考えています。

この特約を否定する根拠はないと思います。この特約方式が現実に使えるのかどうか。まだ使ったことはありませんが、弁護士として考え得る一つの方法だと思います。

○関根　今の件ですが、この判例より以前は、税金というのは結果であって、民法上の取引をした結果として税金が出てきたら、それは仕方のない話だというのが実務家の認識だったと思います。

ところが、結果が出て課税されることになったから、遡って原因を取り消してしまってもよいと最高裁が言ってくれたわけです。その後には、交換特例に課税上の錯誤があったから契約を取り消すという判例が出ています。では、これがどんどん広がるかというと、これは少々違うのではないかと思います。仮に自宅を売却する際、「これは居住用財産だから、3000万円の控除が使えるのですね」とみんなで話しながら契約を締結したら、3000万円の控除が使えなかった。このような場合に、契約を錯誤により取り消しますなどと言われたら、その土地を買って家を建てて住んでいる人は困ってしまいます。

ですから、税金上の錯誤というのは、重大なる過失があったというあたりで裁判所は否定するのではないでしょうか。少なくとも、弁護士が関与しているケースで課税関係に錯誤があったという主張は認めないでしょう。これも山名先生が説明されたことですが、この判例自体に活路を求めるのではなく、錯誤を理由として契約の解除を認めるのなら、特約を入れておいたら、なおさら認めなければおかしいとの対策に使える知識ではないかと思います。

交換契約を締結するときに、交換特例の適用があるか否かは微妙な要件がありますので、その要件をすべて書き込んで、特例を受けることを前提にこの交換契約をするとし、もし要件が欠ける場合は契約を解除することができるという特約を入れておいたら、効果があるのではないかと思います。

それに、課税関係のミスは、他人に資産を売った場合ではなく、身内間の売買でミスをするのです。資産を他人に売却して課税されないと思ったなどということは通常はあり得ません。

課税上のミスをするのは、当事者間に利害が対立していない場合です。社長が会社に土地を貸した、あるいは奥さんが相続したゴルフ会員権を夫名義にした場合などです。

利害の対立していない場合だと課税関係を失念してしまうことがあります。逆に言えば、利害が対立していないのであれば、どんな特約でも書き込めます。ですから、もし相談を受けたら、そういう特約を書き込んでおくのも弁護士自身の免責になってよいのではないかと考えています。
○水野　最高裁は、動機の錯誤も表示があれば要素の錯誤になるのだとの前提を置いて、夫が、財産分与を受けるときに奥さんの方に課税されるという誤解のもとに、奥さんの方は課税は大丈夫かという発言をしていたとの事実を重視し、自分には課税されないとの黙示の表示があったとしています。
それを前提に、錯誤無効で差し戻したというのが判例です。もし、この事実を前提に課税処分されていたとして、課税処分取消訴訟を起こしたとしたら、結論は異なりますか。
○関根　負けるでしょうね。この判例の後に、税務訴訟で、錯誤無効だから無効だと納税者が主張した事案が3つぐらい紹介されていますが、すべて、納税者敗訴です。
○水野　夫婦間の財産分与契約は錯誤で無効だというわけですから、無効な行為を前提に課税処分はできないので、その取消しを求めるということは、私は当然できてよいはずだと思います。
けれども、関根先生はそういう主張を税務訴訟で行っても勝てないとおっしゃる。これは、民事訴訟と税務訴訟とで、かなり考え方が違うわけです。

つまり、税務署には勝てないということですね。この事案も、税務署を相手にしたら敗訴したのではないか。だから、まず夫婦間の契約が無効だという判決を当事者間で確定させてから更正の請求をすることになります。そうすると、認めざるを得ないですね。
○関根　おっしゃるとおりです。もちろん事案にもよりますが、私が依頼者に説明するのは、税務上のトラブルは民事訴訟で解決し、民事訴訟のトラブルは税務処理で解決するという手法です。
例えば、時効取得の事例で、時効取得で勝訴して一時所得課税をされてしまうのだったら、和解金を少し支払って40年前の売買契約という事実を確認してもらえばよいわけです。

その意味では、民事上のトラブルは税法上のテクニックで解決し、税務上のトラブルは税務訴訟など起こさずに民事訴訟を起こすことを、まず最初に考えてみたらどうかと、この頃は思っています。

○水野　ということが、関根先生の税金訴訟に対する絶望感から出ているわけなのですよね。そういう感じを持たざるを得ない状況にある。これを現状として認識していただければと思います。

確かに難しい。だから、税務訴訟はまず民事訴訟で闘え、というのが残念ながら今の状況だということです。

事例14

●遺産分割未了中の再相続

甲の相続人は、先妻との子Aと後妻乙及び同人との子B、Cの4人。甲は、生前に遺産のすべてをAに相続させるとの遺言書を作成していた。乙、B、C等はAに対して遺留分減殺請求をし、調停中であるが、その間に乙が死亡した（相談事例）。

○関根　まず、甲が死亡したのを第1次相続、乙が死亡したのを第2次相続としますと、甲が死亡して、乙とBとCが遺留分減殺請求をしていた。その後、乙が死亡した。それが第2次相続です。

遺留分減殺請求で話をすると切りがないくらいに、遺留分減殺請求と課税関係は議論のあるところです。民法上は、遺留分減殺請求をしたら、その段階で遺産について共有関係が生じます。ですから、最終的な解決は、裁判所での共有物分割訴訟になります。

しかし、税法上の取扱いでは、最終的に遺留分減殺請求の結論が出たときに、遺留分減殺の効果が生じます。そこで課税関係を修正し直せということになっているわけです。通達でもそうなっていますし、最高裁判例でもそういう判断をしています。

さて、事案に戻って、遺産が未分割だったとします。甲が死亡した段階では相続人というのは、Aと後妻乙とBとCです。

仮に10億円の財産があったとしたら、後妻乙は5億円を相続します。でも未分割です。その段階で後妻乙が死亡したら、後妻乙が取得できる権利、これは未分割ですが、法定相続分5億円について、BとCが相続税を納めることになります。

しかし、そのような処理をしなくても済む方法があります。例えば、乙が死亡した段階でAとBとCが話し合い、第1次相続について遺産分割すればよいわけです。

甲の死亡についての遺産分割として、A及び後妻乙の法定相続人B、C及び当事者B、Cということで遺産分割をして、結局後妻乙は一銭も相続をしなかったという遺産分割をしたら、すべて第1次相続だけで終わってしまうわけです。この結果、第2次相続の段階では、後妻乙は財産を持っていなかったことになります。

後妻乙が死亡した第2次相続についての法定相続期限が到来したので、法定相続分、例えば5億円の財産の請求権があるのだということで、BとCは相続税の申告をしていた。その後に、甲の相続についてはA、B、Cで遺産分割をして、後妻乙は結局一銭も相続しなかったという形に遺産分割をし、後妻乙の分について更正の請求をしたら、税金はすべて返してくれます。

第1次相続が解決する前に第2次相続が発生したら、まさに税金を利用した解決方法で、A、B、Cがニコニコ笑って調停室を出てこられるという遺産分割が可能なのではないかと思っています。

○山名　A、B、Cが甲の遺産について遺産分割しただけだと、そういう結論でいけるということですね。

事例15 係争中の債権債務の相続税申告

Xは、所有権の帰属をめぐって係争中だった不動産を除いて、相続税の期限内申告書を提出した。なお、申告書には「本件不動産については係争中であり、遺言書に記載されているがとりあえず相続財産から外して申告し、判決が確定次第申告する」と付記してある。しかし、その後、税務調査を受け、その資産を加えた修正申告書を提出することになった。その後、所有権の帰属に関する争いは和解により解決した（最高裁第一小法廷平成11年6月10日判決・判例時報1686号50頁）。

○水野　不動産について、長男は自分の財産だと主張している、次男は、長男名義になっているがこれは相続財産だと主張している。

このような事案は、結構、存在しますね。長男が相続税の申告をするときには、自分の財産として申告したいですからね。

○山本　この問題に関しては、係争中の場合にどう対応すべきかということです。係争中の権利についての評価に関する通達（財産評価基本通達210）があります。

これを読みますと、「訴訟中の権利の価額は、課税時期の現況により係争関係の真相を調査し、訴訟進行の状況をも参酌して原告と被告との主張を公平に判断して適正に評価する」とされています。

これは、評価の額まで踏み込んだ通達と解されます。とすると、時価1億円の不動産をめぐって、オレのだ、オレのだと争っていると、今読み上げたような、係争関係の真相を調査し、進行状況を参酌して双方の主張を公平に判断して、３０００万円と評価するとか８０００万円と評価するとか、１億円まるまる評価するとか、ゼロと評価するということが可能であるかのようです。

そんなことは裁判官が判決で決めるのであって、どちらかの当事者になって裁判を進めている者が、公平にどうこうするなんて、できるはずがないと思います。

この事件では、どういうところが具体的に争点になったかというと、問題になったのは過少申告加算税です。過少申告加算税の条文には、正当な理由がある場合には課税しませんと書いてあるのだから、本件での過少申告加算税の課税は間違いだと主張したのです。納税者の側は、正当な事由があったのだ、当時は財産の状況について訳がわからなかったのだというような形で争ったわけです。

正当な事由とはどのような場合なのかということについて、この最高裁判例が過少申告加算税に関する正当事由のリーディングケースになるような答えを示しました。

「危なっかしいときはすべて正当な理由はないのだ。危なっかしいときはすべて相続財産で申告しなければダメだ」とまでは言いませんが、しかし、具体的事情によっては正当な事由が認められる余地はあり得るが、本件の程度ではダメだという判断です。

○三木　要するに、自分のものだとして係争しているものは、申告においても自分のものとして行い、態度を一貫させろということですよね。しかし、自分のものと確定していないので、それを除外することを明記した上で、申告した場合についてまで加算税を課税する必要はないはずです。

加算税は申告納税制度を担保するための制度で、この納税者のように善良な納税者に負担を課すのは不合理です。裁判官が、加算税制度に対して無感覚すぎると思いますね。

○**関根**　係争中の財産は評価して申告するのだと通達は言っていますが、そんなものは評価できるはずがないのです。

裁判官のその日の気分だって判決の結論に影響を与えるでしょうが、裁判官の気分までは予想できません。この事例についての判決を考えると、不安な財産は申告しておけとなるように思います。

そして、判決が出たときは、それから2ヵ月以内に更正の請求ができるという規定があります。権利があると思っていたのが、権利がないことが判決で確定したときは、2ヵ月以内に更正の請求をすることができると、国税通則法23条2項で決めてあるのです。

ですから、遺留分減殺やいろいろな問題があって争われているときに、裁判外の当事者間の話し合いで協議がまとまり、わざわざ裁判を起こす必要がないとしても、税務のことを考えたら、家庭裁判所に調停を申し立てて、調書で処理した方が安全ではないかと思います。

○**水野**　これは過少申告加算税が課税されない「正当な理由」があるのはどういう場合かという一つの事例です。課税処分するのは、本当はおかしいのではないかと思います。この上告人は、「日本に住むのが嫌になりました」という上告理由書を書いて提出したのですが、その気持ちもわかります。

しかし一方で、少々争いがあるからといって財産を外すことを認めてしまうと、これは課税の先送りが意図的に行われるということになりますから、そのあたりが悩ましいところではないかと思います。

事例16

遺産分割の錯誤無効

Xは、遺産分割についてB弁護士に相談していた。ところが、他の相続人がXを訪問し、遺言書に従って遺産分割をすればXの取り分は460万円程度にすぎず、相続税の申告期限を経過すれば数千万円の無申告加算税が課税されるなどと説明したため、4200万円を取り分とする遺産分割協議書に署名押印した。しかし、本来であれば、相続税を差し引いた後でも2億6000万円の財産を取得できる状況にあった。このため、他の相続人を被告として遺産分割協議を無効とする訴訟を提起した（東京地裁平成11年1月22日判決・判例時報1685号51頁）。

○山名　遺産分割について、まず合意解除が認められるかどうか。判例は合意解除は認められると言っています（最高裁平成2年9月27日判決・判時1380号89頁）。錯誤無効が認められるかどうか。これも、錯誤があれば無効になるというのが、この事例の判例です。

遺産分割について、債務不履行での解除権行使は認めないというのが判例です。平成元年2月9日の最高裁判例があります。合意解除はできるし、錯誤無効もOKだが、解除権行使はできないということです。

遺産分割は協議が成立した段階で課税要件は充足しているわけです。この場合、遺産分割を合意解除した場合の課税関係というのが気になるところです。

先ほど言いましたように、合意解除はできるのですが、課税の領域では、合意解除は新たな契約関係とみなされます。

ですから、遺産分割で相続税が課税され、その後の合意解除に基づく財産の移転というのは、これが無償なら贈与になりますし、有償なら売買等になります。遺産分割の合意解除と、無効確認の和解はしないことです。危険すぎます。

ただ、無効になったらどうなるかというと、遺産分割は白紙に戻ってしまうでしょうね。再分割に基づく相続税が課税されることになり、相続税について更正の請求や修正申告という領域に入ってくるのだと思います。

この判決は、非常におもしろい事例です。弁護士も関与しているし、税理士は分割案を提案しています。読めば読むほど、これは錯誤救済もやむを得ないなと思います。

これはむしろ詐欺に近いと思うのですが、錯誤無効の方が通ったので詐欺の認定はしていないだけです。要するに、遺言書があって、遺言書どおりに遺産分割したら、「おまえの取り分は460万円だけだが、この遺産分割協議書でやれば4200万円の取り分があるぞ」と言って承諾させたのですが、本当は相続税を差し引いても2億6000万円が取得できた事例です。

○山本　遺言書があり、かつ遺言書と違う内容の分割協議書を作るということに関してどうなのかという税務上の議論がありまして、それは構わないとされています。

○水野　それでは、時間が来てしまいました。最後まで熱心にご清聴いただきまして、ありがとうございました。

三訂版《さんていばん》 弁護士業務《べんごしぎょうむ》にまつわる税法《ぜいほう》の落《お》とし穴《あな》

2015年1月30日　発行

編　集　大阪弁護士会《おおさかべんごしかい》・友新会《ゆうしんかい》
発　行　大阪弁護士協同組合
大阪市北区西天満1-12-5　大阪弁護士会館内
〒530-0047　電話06（6364）8208　FAX 06（6364）1693
発売所　株式会社　清 文 社
東京都千代田区内神田1-6-6（MIFビル）
〒101-0047　電話03（6273）7946　FAX 03（3518）0299
大阪市北区天神橋2丁目北2-6（大和南森町ビル）
〒530-0041　電話06（6135）4050　FAX 06（6135）4059
URL http://www.skattsei.co.jp/
印刷・製本　大村印刷株式会社

■本書の追録情報等は、発売所（清文社）ホームページ（http://www.skattsei.co.jp）をご覧ください。
ISBN978-4-433-53034-1